St. Katharinen
Frauenkloster, Bibliothek, Bildungsstätte – gestern und heute

ST. KATHARINEN

FRAUENKLOSTER, BIBLIOTHEK, BILDUNGSSTÄTTE –
GESTERN UND HEUTE

Katrin Eberhard
Ursula Hasler
Riccardo Klaiber
Rezia Krauer
Monika Michel-Rüegg
Josef Osterwalder
Claudia Reeb
Stefan Sonderegger
Claudia Sutter

Appenzeller Verlag

Unterstützt und ermöglicht durch:

© 2013, Appenzeller Verlag, CH-9101 Herisau
Alle Rechte der Verbreitung, auch durch Film, Radio und Fernsehen, fotomechanische Wiedergabe, Tonträger, elektronische Datenträger und auszugsweisen Nachdruck, sind vorbehalten.

Gesetzt in Janson Text und Univers
Gedruckt auf Lessebo Smooth Natural FSC 120 g/m²,
Umschlaggestaltung: Mélanie Hangartner, St. Gallen
Gestaltung/Layout: Appenzeller Verlag, Herisau
Bildbearbeitung und Druck: Appenzeller Druckerei, Herisau
ISBN: 978-3-85882-654-1
www.appenzellerverlag.ch

INHALT

VORWORT
Thomas Scheitlin   11
Adrian Künzi   13

VOM KLOSTER ZUR BANK
<small>Josef Osterwalder</small>

Eine Frau wie Katharina   15
   Die Legende   17
Konvent mit Herz   22
   Beginen: Antwort auf die Frauenfrage   24
   Ein Stadtkloster   26
   Auszug nach Magdenau   27
   Frauen unter Verdacht   28
   Suche nach Schutz   30
   Auf dem Weg zum Kloster   32
   Auswirkung der Konzilien   34
   Entscheid für die Observanz   36
   Wahl der Seelsorger   36
   Der Schritt in die Klausur   39
   Insel in den Wirren der Zeit   42
   Porträt eines blühenden Konvents   43
   Gebet begleitet den Tag   43
   Erlebte Karwoche   44
   Heilige, Reliquien, Askese   45
   Ein neuer Frömmigkeitsstil   47
   Leben in der Gemeinschaft   48
   Ämter für alles und jedes   49
   Sorge um den Nachwuchs   52
   Textilerinnen   53
   Beziehung zur Aussenwelt   55
   Begehrte St. Galler Nonnen   57
   Persönliche Armut, wirtschaftliche Blüte   57

Wachsen und Bauen	58
Bibliothek und Skriptorium	59
Zentrum weiblicher Schreibtätigkeit	62
Spätblüte	63
Reform oder Reformation?	64
Wetterleuchten	65
Auflösung, Widerstand und Neubeginn	66
Heimfall als Glücksfall	69
Es werde Schule	71
Kaufleute als Schulmäzene	72
Unterweisung und Zucht	75
Zwischen Humanismus und Orthodoxie	76
Theologie made in St. Gallen	78
Revolution schafft neue Verhältnisse	80
«Der schöne Büchergarten»	81
Unter den Fittichen der Ortsbürger	85
Migrationskirche	87
Kaufleute als Kirchenälteste	88
Von Krokodil bis Bürgermeister	90
Schimmel, Mäuse, Bücherwurm	93
Projektieren, Schubladisieren	94
Steinbruch oder Arche?	98
Achtsamer Pietismus	100
Bekenntnis zur Französischen Kirche	103
Anhaltende Gefahr	105
Serenaden öffnen Ohren und Augen	106
Zwischen Stadt und Bank	108

KLOSTERFRAUEN WIRTSCHAFTEN
Rezia Krauer

Der schriftliche Nachlass des Klosters St. Katharinen	112
Getrennte Aufbewahrung	113
Im Stadtarchiv der Ortsbürgergemeinde St. Gallen	113
Im Klosterarchiv St. Katharina in Wil	117
Stand der Erschliessung	120

Stefan Sonderegger
Das erste Zinsbuch: Spiegel von Wirtschaft und
Gesellschaft im Spätmittelalter ... 121
    Grundbesitz als wirtschaftliche Grundlage ... 123
    Mischwirtschaft ... 125
    Leistungen und Schulden gütlich miteinander
    abrechnen ... 129
    Konflikte austragen ... 134

Claudia Sutter
Das Konventsbuch: Quelle zur Wirtschaftsgeschichte
von St. Katharinen ... 137
    Die Jahresrechnung der Schaffnerin ... 137
    Die Jahresrechnung der Kornmeisterin ... 142
    Daten zur wirtschaftlichen Entwicklung ... 145
    Das Kloster als Unternehmen ... 146

Monika Michel-Rüegg
Das Konventsbuch: Quelle für die historische Forschung ... 147
    Quellenbeschrieb ... 148
    Entstehung der Handschrift ... 148
    Die Schreiberinnen des Konventsbuchs ... 153
    Die Adressatinnen des Konventsbuchs ... 163
    Die Eigentümer des Konventsbuchs ... 166
    Inhalt und Bezeichnung des Konventsbuchs ... 170
    Die Bezeichnung «Konventsbuch» ... 174

BAUGESCHICHTE: VERSTECKTER REICHTUM

Niklaus Ledergerber
Denkmäler sind die Bausteine unseres Gedächtnisses ... 177

Katrin Eberhard
Grundlagen der Baugeschichte ... 179
Klosterbauten und Klosteranlagen ... 182
    Konventshaus mit Refektorium und Dormitorien,
    Schulhaus, Bibliothek ... 183
    Kirche mit Sakristei und St. Anna-Kapelle ... 198
    Kapitelhaus mit Kapitelsaal, Brockenhaus ... 211

Kreuzgang	220
Klostermauer, Klostergarten und Friedhof	225
Gäste- und Pförtnerhaus, Wettachhaus, Brockenhaus	230
Östlicher und nördlicher Trakt, Lehrerwohnung, Fundushaus, Freihandbibliothek	232
Vereinshaus, Forum St. Katharinen	238
Weitere Bauten für das Klosterleben	243
Klösterliches Nebengebäude, Lehrerwohnung, Restaurant Franziskaner	246
Klösterliches Nebengebäude, städtisches Zeughaus mit Hinterflügel, Stadttheater, Markt am Bohl	251
Auch Katharinen befand sich einst am Tor zur Stadt…	256

RENOVATION: RÜSTEN FÜR DIE ZUKUNFT
Claudia Reeb

Ausgangslage – Kirche zu verkaufen…	259
Komplexe Besitz- und Nutzungsverhältnisse	261
Zustand vor Baubeginn	262
Nutzung	263
Bestandesaufnahmen	263
Aufnahmepläne	263
Thermographie-Aufnahmen	264
Dendrochronologische Datierung	265
Historische Bauforschung	267
Rissaufnahmen und Setzungsmessungen	281
Sondagen	282
Projekt	282
Baubewilligungsverfahren	283
Bauplatzinstallation	283
Erste Skizzen und schriftliche Erläuterungen	284
Feuerschutzmassnahmen	285
Energetische Sanierung	286
Raumakustik	288
Architektur	289
Umgang mit historischer Substanz	290

Kirche	290
Haus Katharinengasse 21	305
Beleuchtungskonzept	318
Signaletik	320
Materialien	322
Orgel	325
Technik	330
Audiovisuelle Technik	330
Elektrotechnik	332
Energietechnik (Heizung, Lüftung, Klima)	333
Ostfassade – Fenster und Natursteinarbeiten	334

Riccardo Klaiber

Dank des Architekten	338

Claudia Reeb

Bauchronologie	339
Bauherrschaft, Berater, Behörden, Amtsstellen, Planer, Bauforscher und Unternehmer	341
Projektausschuss Bauherrschaft	341
Behörden und Amtsstellen	341
Planer	341
Bauuntersuchungen	342
Unternehmer	342
Anmerkungen	347
Bibliographie	359
Quellen	359
Literatur	359
Bildnachweis	364
Autorinnen und Autoren	366

Ursula Hasler
Umschrift des Konventsbuches
Beilage CD-ROM

Innenhof St. Katharinen, 1954.

EIN STÜCK ST. GALLEN

Ich freue mich, dass mit diesem Buch zum Forum St. Katharinen ein bislang fehlendes Kapitel St. Galler Stadtgeschichte erschlossen wird.

St. Katharinen wurde 1228 dank einer Schenkung als Frauengemeinschaft gegründet und erlebte seine Blütezeit zwischen 1460 und 1520. In dieser Zeit hat das Kloster seine bauliche Gestalt erhalten.

Im Jahr 2008 übernahmen Wegelin & Co. Privatbankiers die Kirche und die nördlichen Gebäude des ehemaligen Konvents St. Katharinen von der «Freien Evangelischen Gemeinde Stadtmission St. Gallen». Sie unterzogen sie einer aufwendigen Renovation, wobei die ursprüngliche Substanz möglichst bewahrt und freigelegt wurde. Damit erhielt die Anlage ihr Herzstück, den Kirchenbau, zurück. Dieser ergänzt nun den Kreuzgang und die südlichen Klosterbauten, die bereits vor einiger Zeit in Stand gesetzt wurden und die die Ausstrahlung des mittelalterlichen St. Katharinenklosters erahnen lassen. Saniert wurde zudem die zweihundert Jahre alte Orgel, die den Kirchenraum besonders prägt. Ebenfalls erneuert wurden die anschliessenden Räume an der Katharinengasse, die nun auch zum Forum St. Katharinen gehören.

Die Stadt St. Gallen wird durch die grosszügige Renovation des Forum St. Katharinen wesentlich bereichert. Die heutige Eigentümerin, die Notenstein Privatbank, nutzt das Forum St. Katharinen als Stätte der Bildung und Kultur. Wir sind dankbar, dass die historische Substanz im Herzen der Stadt durch die grosszügigen Investitionen für zukünftige Generationen erhalten bleibt und zur Bedeutung unseres Standorts beiträgt.

Thomas Scheitlin
Stadtpräsident St. Gallen

Innenhof St. Katharinen, 2012

FORUM ST. KATHARINEN

Das ehemalige Kloster St. Katharinen ist heute ein idyllischer Ort der Musse, nur wenige Schritte vom Bohl entfernt, einem der zentralen Plätze der Stadt St. Gallen. Damit befindet sich das ehemalige Kloster gleichzeitig in nächster Nähe zum Haus «Nothveststein», welches seit je der Sitz unseres Bankhauses ist. Für uns ist es ein Glücksfall, dass die Notenstein Privatbank mit dem Forum St. Katharinen über grosszügige, neue Räumlichkeiten im Herzen der Stadt verfügt.

Es ist uns ein grosses Anliegen, nicht nur die historisch wertvolle Substanz der Gebäude zu erhalten, sondern das Forum St. Katharinen wieder zu einem Ort von Strahlkraft über die Stadt St. Gallen hinaus zu machen. Unsere Bank will hier Wissenschaft, Bildung und Kultur verankern. Entsprechend sollen im Forum St. Katharinen Schulungen und Seminare von Notenstein stattfinden, welche die relevanten Themen unserer Zeit aufgreifen und beispielsweise die wissenschaftlich fundierte Vorgehensweise in der Vermögensverwaltung unseres Bankhauses weiterentwickeln. Die Kirche mit der prachtvollen Orgel und das angrenzende Foyer bieten sich zudem für diverse Anlässe an. Mit unserem Engagement für die Erhaltung dieses einmaligen Gebäudekomplexes im Zentrum der Stadt St. Gallen wollen wir als Privatbank schliesslich auch unsere Verantwortung gegenüber der Öffentlichkeit gebührend wahrnehmen.

Bei der Realisierung des Forum St. Katharinen wie auch des vorliegenden Buches konnten wir auf die grosse Unterstützung zahlreicher Personen zählen. Unser herzlicher Dank gilt allen, die zum erfolgreichen Gelingen beigetragen haben.

Dr. Adrian Künzi
CEO Notenstein Privatbank

VOM KLOSTER ZUR BANK

JOSEF OSTERWALDER

EINE FRAU WIE KATHARINA

Schön, tapfer, überlegen, so wird Katharina von Alexandrien geschildert.[1] Sie soll im 4. Jahrhundert gelebt haben. Doch ihr Stern ist erst im Mittelalter aufgegangen. In dieser Zeit wird sie zur Patronin vieler Kirchen, zur Schutzherrin zahlreicher Berufsleute sowie von Dienstmädchen, Schülern und Philosophen. Und vor allem wird ihre Biographie erzählt. Eine Lebensgeschichte, die mit geschliffenen Dialogen, sadistischen Martern, höllischen Qualen und himmlischen Interventionen wie eine Mischung aus Drama und Fantasy wirkt. Der Katharinen-Kult steht jedoch auf wackligen Füssen. Erste Hinweise auf ihr Martyrium gibt es erst gegen Ende des 8. Jahrhunderts in Rom und in Frankreich; dann aber breiten sich Legende und Verehrung rasch aus. Kultzentren werden im 11. Jahrhundert die Benediktinerklöster, unter ihnen auch St. Gallen, wo das Katharinenfest seit dem 11. Jahrhundert in den liturgischen Kalendern auftaucht.[2]

Die magere Quellenlage fällt auch der Ritenkongregation des Vatikans auf, die unter der Leitung des Schweizer Kardinals Benno Gut 1969 den Katharina-Tag kurzerhand aus dem Römischen Kalender streicht. Sie begründet dies mit der Bemerkung: «Nicht nur der Bericht über das Leiden der heiligen Katharina ist völlig legendär, sondern auch die Existenz der heiligen Katharina kann nicht als sicher gelten.»[3]

Dem gleichen historisch-kritischen Kraftakt fallen auch Margareta und Barbara zum Opfer, die zusammen mit Katharina über Jahrhunderte hinweg besonders verehrt werden, sind sie doch die einzigen Frauen im Kreis der vierzehn Nothelfer, zudem die populärsten, wie sich im volksreligiösen Brauchtum zeigt. «Margareta mit dem Wurm, Barbara mit dem Turm, Katharina mit dem Radl, das sind die drei heiligen Madl», lautet der Spruch, der jeder der drei Frauen das Kennzeichen ihres Martyriums zuordnet. Ihre Popularität ist allerdings nicht einfach in der Legende begründet. Vielmehr gelten sie als Repräsentantinnen und Sinnbilder der drei Säulen der mittelalterlichen Gesellschaft, des Wehr-, Nähr- und Lehrstands. Hier liegt auch der Schlüssel für die Beliebtheit, die Katharina im Mittelalter geniesst. Nicht die äussere Geschichte, sondern der innere Gehalt dieses Frauenlebens steht im Vordergrund. So fängt die im 13. Jahrhundert verfasste Legende auch nicht einfach mit der Jugendzeit Katharinas an, sondern der Autor, Jacobus de Voragine, stellt seiner Geschichte eine «Gebrauchsanweisung» voran: Er will gleich klar machen, was am Leben Katharinas bedeutsam ist. An ihrem Beispiel erkenne man die vier wichtigsten Stufen, auf denen der Mensch in den Himmel gelange: Unschuld des Tuns, Reinheit des Herzens, Missachtung der Eitelkeit, Wahrhaftigkeit.

Noch deutlicher wird Jacobus de Voragine am Ende seiner langen Katharina-Erzählung. Dort sagt er, was an dieser Frau so «wunderbarlich» sei: der Kosmos nämlich von Weisheit und Tugend, den sie verkörpere. Und bis ins Detail zählt er alle Aspekte auf, die dazu gehören, zum Beispiel Katharinas theoretische, praktische und logische Weisheit. Dabei weist jede dieser Fähigkeiten drei Aspekte auf. So gehören zu Katharinas theoretischer Weisheit ihre intellektuellen, natürlichen und mathematischen Fähigkeiten. Ihre praktische Weisheit gliedert sich in den Dreiklang von ethischem Sinn, ökonomischem Sachverstand und politischer Überzeugungskraft. Mit mehr als zwei Dutzend solcher Stichworte entwirft der Autor das Bild einer in jeglicher Hinsicht aussergewöhnlichen Frau. Das Bemühen, alle Aspekte und Unteraspekte aufzuzählen, erinnert an die Feingliedrigkeit, die in der plastischen Kunst der Spätgotik zu beobachten ist.

Barocke Katharinastatue aus dem Kloster St. Katharina in Wil.

In den Legendenbüchern wird dieses Seelenbild Katharinas meist weggelassen. Zu unrecht, denn dieses ist der Grund, warum ihre Lebensgeschichte überhaupt erzählt wird. In der Legende mag manches, vielleicht sogar alles, erfunden sein. Nicht erfunden ist jedoch das Bild einer Frau, die Weisheit mit Anmut, Standhaftigkeit mit Würde zu verbinden weiss. Ob diese Frau wirklich Katharina hiess, wann und wie sie genau gelebt hat, ist wohl für den Legendenschreiber nebensächlich. Wichtig ist ihm, das Bild einer tapferen, lebensklugen, überlegenen und liebenswerten Frau zu zeichnen, wie es sie nicht nur ein-, sondern abertausendmal gegeben hat. Das ist nicht nur der Volksreligion des Mittelalters, sondern auch jener des 20. Jahrhunderts bewusst. Darum taucht die 1969 aus dem Römischen Kalender verabschiedete Katharina bereits vier Jahre später, 1973, im liturgischen Kalender der deutschen Bischöfe wieder auf.

Die Legende

Katharina ist die Tochter des Königs Costus. Aufgewachsen im 4. Jahrhundert im ägyptischen Alexandrien, geniesst sie eine sorgfältige Ausbildung in den freien Künsten, denen sie mit Fleiss und Einsicht anhängt. Ihre Eltern verliert sie bereits in jungen Jahren. Mit achtzehn lebt sie allein im grossen Palast und gebietet über eine ansehnliche Dienerschaft. Eines Tages hört sie, wie in Alexandrien viele Menschen, unter ihnen auch zahlreiche Christen, zusammengetrieben werden. Ägypten ist zu jener Zeit den Römern tributpflichtig. Kaiser Maxentius weilt persönlich im Land am Nil und will alle Menschen dazu bringen, den römischen Göttern zu opfern. Auf diese Weise hofft er, sie besser unter seiner Fuchtel halten zu können. Katharina, die das Treiben auf dem grossen Platz vor dem Tempel beobachtet, fasst sich ein Herz und tritt vor den Kaiser. Erst versucht sie, ihn mit weisen Worten und kunstvollen Reden zu gewinnen. Davon begreift er allerdings nichts. Darum wählt sie einfachere Formulierungen. «Kaiser», sagt sie, «was bewunderst du diesen von Bauleuten errichteten Tempel? Bewundere viel eher den Himmel und die Erde, die Sonne und die Sterne. Und erkenne, dass der Gott der Götter und der Herr der Herrscher dies alles gemacht hat. Er, der sogar seinen Sohn zu uns Menschen gesandt hat.»

Die Rede lässt den Kaiser nicht unberührt. Katharinas Klugheit und Schönheit irritieren und faszinieren ihn. So gibt er Befehl, sie in seinen Palast zu führen, um sie in weiteren Gesprächen von der Macht

Tafel aus dem Bilderzyklus zum Martyrium Katharinas von 1611 im Kloster Wil: Katharina disputiert mit den fünfzig weisesten Männern Ägyptens.

Roms und seiner Götter zu überzeugen. Die junge Frau widerlegt aber alle seine Argumente. Der Kaiser kann sich nicht mehr anders behelfen, als die fünfzig klügsten und schlagfertigsten Philosophen des ganzen Reiches zusammenzurufen. Sie sollen mit der geballten Kraft ihrer Weisheit Katharina zur Vernunft bringen. Die Philosophen sind ob dieses Ansinnens ungehalten. Sie finden es eine Zumutung, nur wegen eines Mädchens die lange Reise in die Hauptstadt anzutreten. Jeder ihrer Schüler sei fähig, ein solch junges Ding zu widerlegen, meinen sie.

Am Tag der öffentlichen Diskussion steht Katharina allein den fünfzig Gelehrten gegenüber, sie legt ihren Glauben an Gott und Jesus

Katharina wird vor den Kaiser geführt.

Christus dar. Dem halten die Redner entgegen, dass ein Gott niemals Mensch werden oder leiden könne. Doch Katharina zitiert Platos Metaphysik, der gesagt habe, Gott sei rund und gebogen, was bedeute, dass Gott nicht nur ruhendes Sein, sondern auch schicksalshafte Bewegung ist. Zudem erinnert sie an die Weissagungen der Sibylle. Diese habe aus einer Vision heraus gesagt: «Glücklich der Gott, der vom hohen Kreuze hängt.» Das wirkt. Die fünfzig Philosophen sind vielleicht stolz, aber nicht verstockt. Sie geben sich geschlagen und wollen sich gleich taufen lassen. Der Kaiser aber rast, als er den Ausgang der Disputation vernimmt, und lässt alle fünfzig Gelehrten ins Feuer werfen. So werden sie mit ihrem Blut getauft.

Letzte Tafel des Bilderzyklus von 1611: Katharina trägt den Palmzweig des überstandenen Martyriums; ihr zu Füssen der unterlegene Kaiser.

Der Kaiser hofft, dass dies Schrecken genug sei, um Katharina auf seine Seite zu bringen. Er verspricht ihr, sie in seinen Palast aufzunehmen, nach der Königin zur zweiten Frau des Reiches zu machen, wenn sie nur bereit sei, den Göttern zu opfern. Doch weder Drohung noch Schmeichelei verfangen. Wutentbrannt befiehlt er, Katharina zu entkleiden, mit eisenbestückten Geisseln zu schlagen, in den Kerker zu werfen und hungern zu lassen. Als der Kaiser daraufhin eine Reise antritt, ergreifen seine Frau und der Befehlshaber der Soldaten die Gelegenheit, Katharina aufzusuchen. Was sie finden, ist aber keine elende, leidende Gestalt, sondern eine strahlende Frau, so lichterfüllt, dass keine Wunden mehr zu sehen sind. Sowohl die Königin als

auch der Kommandant sind fasziniert und nehmen den Glauben an. Kaum ist der Kaiser zurück, lässt er Katharina vorführen. Doch da tritt ihm nicht, wie erwartet, eine ausgehungerte, geknickte Gestalt, sondern eine Frau in strahlender Schönheit entgegen. Erneut versucht Maxentius, sie mit Locken und Drohen auf seine Seite zu ziehen, doch wiederum bekennt sich Katharina zu Jesus Christus. «Er ist mein Gott, mein Liebhaber, mein Hirte und mein einziger Gemahl.» Der Kaiser, von Wut erfasst, lässt in drei Tagen eine Foltermaschine von ausgesuchter Grausamkeit bauen. Sie besteht aus vier mit Eisensägen und spitzen Nägeln bestückten Rädern, die in entgegengesetzter Richtung laufen und Katharina in einen leidvollen Tod mahlen sollen. Doch kaum wird die junge Frau zu den schrecklichen Rädern geführt, zerspringen sie. Als die Frau des Kaisers dies sieht, stellt sie sich vor den Tyrannen und tadelt ihn öffentlich wegen seiner Grausamkeit. Doch dieser steigert sich nur noch mehr in seine Wut hinein, lässt seine Frau enthaupten, ebenso den Befehlshaber und dessen Soldaten, die sich auch zum Glauben an Christus bekennen. Schliesslich wird Katharina zur Richtstatt geführt. In ihrem letzten Gebet denkt sie an die Menschen, die ihr lieb sind: «Jeder, der meines Martyriums gedenkt oder mich im Sterben oder sonst in seiner Not anruft, erlange den Erweis von Gottes Gnade!»
Katharinas Tod wird von wundersamen Ereignissen begleitet. Man hört eine Stimme vom Himmel, sieht, dass aus ihren Wunden kein Blut, sondern Milch fliesst. Ihr Leib wird entrückt und am Fuss des Sinai würdig bestattet, genau an der Stelle, wo einst Moses aus dem brennenden Dornbusch Gottes Stimme vernommen hat. Dort, wo bis heute ihr zu Ehren das Katharinenkloster steht.

Ausschnitt (Anfangszeile) der Urkunde von 1228 aus dem Stadtarchiv, mit der den Frauen von St. Katharinen eine «feste Heimstatt» übertragen wird.

KONVENT MIT HERZ

Sehr gesprächig ist das Mittelalter nicht.[4] Doch bei der Gründung der religiösen Frauengemeinschaft am Irabach (Schwarzer Bach) macht es eine Ausnahme. Die Handlung wird in einer eigens ausgestellten Urkunde festgehalten. Sie ist auf den 30. Juni 1228 datiert und bildet eines der wenigen Dokumente aus jener Zeit; aus dem Jahre 1228 sind insgesamt lediglich fünfzehn St. Galler Urkunden erhalten.[5]

Die Gründungsurkunde beginnt mit der Anrufung Gottes und der feierlichen Proklamation des St. Galler Abtes Konrad von Bussnang, der allen «lebenden und künftigen Christgläubigen» dies zu Kenntnis geben will: «Einer Gruppe etlicher geistlicher Frauen [mulieres conversae], die ohne festen Standort an verschiedenen Orten innerhalb und ausserhalb der Stadt St. Gallen hausten und lange nicht sicher waren, wo sie eine feste Heimstatt bekommen konnten, haben Bernhard Kuchimeister [Cocus] und Ulrich Blarer aus göttlicher Eingebung und aus Barmherzigkeit, zu ihrem Seelenheil und zur Ehre des allmächtigen Gottes, einen Platz, den sie bei dem Bach, genannt der Schwarze Bach, besassen, zu schenken beschlossen. Sie haben uns [Abt Konrad] aufgegeben und gebeten, ihn den erwähnten Frauen zu übertragen, damit dieser Ort in Ewigkeit Gott geweiht sei und allen Menschen offenstehe, die ein frommes Leben führen wollen. Und damit dieser Ort und die dort mit Gott und den Heiligen Lebenden in künftigen Zeiten unter besonderem Schutz der Äbte bleiben, so haben wir, auf Bitte und mit Zustimmung beider genannter Männer und der Frauen, diesen Ort um einen Zins von einem Pfund Wachs, der dem Abt jährlich zu entrichten ist, verliehen und diese Wohnstätte in den Schutz der heiligen Bekenner Gal-

Der Beginenhof in Brügge, eines der hauptsächlichen Zentren der Beginenbewegung; der Hof gehört zu den Sehenswürdigkeiten der Stadt.

lus und Otmar und unter unseren Schutz genommen. Auch haben wir bestimmt, dass die ihnen künftig übertragenen Güter in diesem Zins inbegriffen sein und unter dem gleichen Schutz stehen sollen.»[6] So kurz der Text der Urkunde auch ist, lässt er doch Rückschlüsse auf die geistliche, gesellschaftliche und politische Situation der Gallusstadt im frühen 13. Jahrhundert zu. Die «etlichen geistlichen Frauen», von denen die Urkunde spricht, sind nicht einfach eine sanktgallische Erscheinung. Vielmehr gehören sie zu einer europaweiten religiösen Erneuerungsbewegung, die sich im Hoch- und Spätmittelalter gebildet hat. Besonders empfänglich zeigen sich Frauen, die im Umfeld der damals wachsenden Städte leben. Das Zusammenleben in Städten führt zu neuen gesellschaftlichen Situationen, die auch nach neuen Lebensformen verlangen. Namentlich gilt dies für jene Frauen, die keine Ehe eingehen können oder wollen.

Viele von ihnen finden Antwort in einem religiösen Leben, widmen sich dem Gebet und sozialen Aufgaben, kümmern sich um die Armen, pflegen kranke und alte Menschen. Sie schliessen sich zu kleineren oder grösseren Gruppen zusammen, die sie «Samnung» (Sammlung) nennen. Verbreitet und verankert ist die Bewegung vor allem im Gebiet des heutigen Belgien, namentlich in Flandern; sie breitet sich aber bald schon in weiten Teilen Europas aus. Seit dem Ende des 13. Jahrhunderts werden diese Frauen «Beginen» genannt, ein Name, dessen Herkunft und Bedeutung ungewiss ist. Die St. Galler Urkunde nennt sie «conversae», wie damals Laienschwestern bezeichnet werden. Daneben tragen sie auch andere Namen wie Devote, Waldschwestern oder Feldnonnen. Solche grössere oder kleinere Frauengemeinschaften gibt es in St. Gallen nicht nur am Irabach, sondern auch bei der St. Jakobs- und der St. Johann-Kapelle, bei St. Leonhard, auf Notkersegg und in St. Georgen.

Beginen: Antwort auf die Frauenfrage

Der Grund für die rasche Ausbreitung der Beginen-Bewegung liegt neben dem neuen städtischen Umfeld in der gesellschaftlichen und geistlichen Situation der Zeit, wobei die Forschung die Akzente verschieden setzt. Manche sehen den Grund in der «Frauenfrage des Hochmittelalters». Die Gründung von Frauengemeinschaften hänge vor allem mit dem Überschuss an ledigen Mädchen und verwitweten Frauen zusammen. Kreuzzüge und Kriege würden die Zahl der Männer dezimieren, der Zölibat der Priester trage ebenfalls zur zahlenmässigen Unausgewogenheit der Geschlechter bei. Zudem hätten Frauen, abgesehen von den Geburtsrisiken, eine längere Lebenserwartung. Auf unverheiratete Frauen warte damit ein wenig aussichtsreiches Leben. Anerkannte Frauenberufe gebe es nur wenige. Und die klassischen, im Frühmittelalter gegründeten Frauenklöster nähmen neue Mitglieder nur in begrenzter Zahl auf. Da biete die Beginen-Bewegung unverheirateten Frauen eine willkommene Möglichkeit, sich eine sichere Existenz aufzubauen.[7]

Diese sogenannte «Versorgungsthese» erklärt die Ausbreitung des Beginentums aber nur zum Teil. Hinzu kommt das Bedürfnis der Frauen, eigenständige religiöse Formen zu entwickeln. Im Frühmittelalter sind es hauptsächlich Männer, die sich zu klösterlichen Gemeinschaften zusammenschliessen. Sie pflegen eine Frömmigkeit, die in Christus vor allem den Weltenherrscher sieht, den Garanten des nahenden Gottesreiches. Für Frauen gibt es nicht nur weniger Klostergemeinschaften, es fehlt auch an einer Frömmigkeitsform, die ihnen entspricht. Dies ändert sich, als im Hochmittelalter das Christusbild neue Züge annimmt. Statt als Herrscher erscheint er als leidender Gottesknecht am Kreuz; die Darstellung der Pietà zeigt den toten Gottessohn im Schoss seiner trauernden Mutter. Solche Bilder helfen den Frauen, ihre eigenen leidvollen Erfahrungen religiös-spirituell zu deuten.

Neben dem Bedürfnis nach Existenzsicherung und eigenständiger Spiritualität gibt es noch einen dritten Grund, der zur Beginen-Bewegung führt: der Wunsch der Frauen, ihr Leben möglichst autonom zu gestalten. In den neu entstehenden Gemeinschaften stehen die Frauen nicht mehr vor der Wahl zwischen gebärfreudiger Gattin und strenger Zucht, die in den alten Klöstern herrscht. Gemeinsames Leben und religiöse Ausrichtung lassen neue Lebensentwürfe entstehen, die den einzelnen Frauen viel individuelle Freiheit gewähren.[8]

Die Urkunde von 1228 gibt nicht nur Aufschluss über die Lage der Frauen, sondern auch über das damalige Verhältnis von Galluskloster und Gallusstadt. Ausgestellt wird das Dokument zwar von Abt Konrad; doch die eigentlichen Initianten sind zwei Männer, die im Aufbau des städtischen Gemeinwesens engagiert sind. Der eine, Berchtold, versieht eine Aufgabe am äbtischen Hof, die mit «Cocus» betitelt ist, woraus bald schon der Familienname «Kuchimeister» wird. Der andere, Ulrich Blarer, gehört zu einer Familie, die mit ihren verschiedenen Zweigen sowohl in Konstanz als

Ulrich Blarer, einer der beiden Stifter von St. Katharinen, war auch Mitgründer des Heiliggeistspitals 1228.
Auf dem Wappenrelief von 1485 im Stadthaus könnte er zusammen mit dem anderen Mitgründer des Spitals, Ulrich von Singenberg, abgebildet sein.

auch in St. Gallen das politische und gesellschaftliche Leben mitgestaltet. Ulrich Blarer ist auch einer der beiden Stifter des Heiliggeistspitals, das nur zwei Monate nach der Schenkung an die Frauengemeinschaft gegründet wird. Drei Jahre zuvor ist Blarer an der Gründung des Spitals von Konstanz beteiligt, des ersten im schwäbischen Raum.[9]

Ein Stadtkloster

Die Gründung der Frauengemeinschaft fällt in eine Zeit des Übergangs, in der die städtischen Bürger mehr und mehr in eigenem Namen handeln wollen. Noch ist der Abt zwar der Feudalherr, in der Urkunde wird die neue Frauengemeinschaft unter seinen Schutz gestellt. Doch es ist nicht das Galluskloster, das sich um die Frauen kümmert, sondern die Bürgerschaft der Stadt. Und ihre spirituellen Begleiter finden sie auch nicht unter den Gallusmönchen, sondern bei Priestern aus dem Dominikanerorden.

Vom Galluskloster ist zu jener Zeit nicht viel zu erwarten, vor allem nichts Geistliches. Das Stift verwandelt sich vom 12. Jahrhundert an in eine Adligenherberge. Äbte und Mönche nennen sich Klosterherren, tauschen die Kutte mit der Kriegsrüstung, mischen mit in den politischen Kämpfen um die Macht im Reich, einmal als Gewinner, ebenso oft als Verlierer. Wenige empfangen noch eine kirchliche Weihe, zeitweise können sie weder lesen noch schreiben, für die Seelsorge stellen sie Weltpriester an.

Abt Konrad von Bussnang, der – im Wortlaut der Urkunde – die Frauengemeinschaft so huldvoll unter seinen Schutz stellt, unterhält ein kleines stehendes Heer, für das die Untertanen mit ihren Steuern aufkommen müssen. Als fünfzehn Stadtbürger gegen die zunehmende Belastung aufbegehren, greift der Abt zu einem drastischen Mittel: Er lässt die Häuser der Aufmüpfigen einfach niederreissen. Das durch vielerlei Schenkungen reich gewordene Galluskloster demonstriert jene Arroganz der Macht, die sich europaweit in den Klöstern, an den Bischofssitzen und am Hof des Papstes breitmacht. Genau dies aber wird Anlass zu einer spirituellen Gegenbewegung, die sich im 12. Jahrhundert bildet. Je trister der Zustand von Klerus und Klöstern, desto mehr greifen Laien selber zur Bibel und entwickeln einen eigenen religiösen Lebensstil. Ein spiritueller Aufbruch, der vor allem auch von Frauen ausgeht.

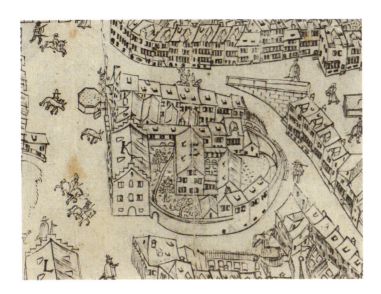

Der Ausschnitt des 1596 entstandenen Plans von Melchior Frank aus dem Stadtarchiv zeigt die Lage des Katharinenklosters.

In St. Gallen hat dies zur Folge, dass die Frauengemeinschaft am Irabach bald zu einem geistlichen Gegenpol des Gallusklosters wird. Während sich die Bürgerschaft aus der Abhängigkeit vom Kloster zu lösen sucht, fühlt sie sich der «Samnung» vor dem Markttor auf besondere Weise verbunden. Es sind Frauen aus städtischen Familien, die hier wohnen und mit ihren Verwandten einen offenen Kontakt pflegen. Die Gründung dieses «Stadtklosters» fällt just in die Zeit, in der in den Quellen erstmals von Spannungen zwischen der wachsenden Stadt und dem Abt als Feudalherrn die Rede ist.

Auszug nach Magdenau

Aus der ersten Zeit des späteren Katharinenklosters ist wenig bekannt. Sicher ist, dass die Gemeinschaft rasch wächst. Dies hat zur Folge, dass der grössere Teil der Frauen, angeführt von ihrer «Magisterin» Adelheid, nach Magdenau auswandert. Dort schenkt ihnen Rudolf Giel von Glattburg, ein Dienstmann des Gallusklosters, zusammen mit seiner Frau Gertrud im Jahre 1244 ein Anwesen. Als Anlass für den Auszug werden die Platznot am Brühl angegeben und die fehlende Ruhe in der Vorstadt, nahe beim Markttor.

Das Kloster Magdenau heute; dorthin ist 1244 ein grösserer Teil der Frauen von St. Katharinen ausgewandert, um ein Zisterzienserinnenkloster zu gründen.

Noch wichtiger dürfte ein anderer Grund sein. In der ländlichen Abgeschiedenheit von Magdenau erhalten die Frauen die Möglichkeit, sich dem Zisterzienserorden anzuschliessen. Damit befinden sie sich unter dem Dach einer anerkannten, unverdächtigen Ordensgemeinschaft, ohne den Argwohn kirchlicher Glaubenswächter zu wecken.

Frauen unter Verdacht

Bei den Beginen schaut die kirchliche Obrigkeit genauer hin. Die Frauen stehen seit je unter dem Verdacht, sich allzu frei zu bewegen, ihre religiöse Vorstellungswelt zu eigenständig zu entwickeln. Es braucht die Überzeugungskraft des einflussreichen Kirchenmanns Jakob de Vitry, um bei Papst Honorius III. die kirchliche Anerkennung der Beginen-Gemeinschaften zu erwirken. Dies geschieht im Jahr 1216; damit steht auch der Weg für die zwölf Jahre später erfolgte St. Galler Stiftung offen.

Die kirchliche Skepsis den religiösen Frauen gegenüber hat ihren Ursprung in einem anderen religiösen Aufbruch, der weit radikaler ausfällt. Kurz vor dem Auftauchen der Beginen-Bewegung bildet sich in Südfrankreich die Kirche der Katharer oder Albigenser, die die Bibel neu interpretieren, nach Vollkommenheit streben, ihr Leben auf Armut, Keuschheit, Demut und Geduld ausrichten.

Sie entwickeln neue religiöse Ausdrucksformen und entfernen sich dadurch von der orthodoxen Lehrmeinung der Kirche. Diese reagiert mit aller Brutalität, bietet Kreuzzüge gegen die Albigenser auf, was zu einer über zwanzig Jahre dauernden Schlächterei führt. Damit aber liegt über allen religiösen Aufbrüchen ein Generalverdacht, der auch auf den Beginen lastet, vor allem, als die kreativsten unter ihnen ihre mystischen Erfahrungen niederschreiben. Mystik, der persönlich Zugang zu Gott, enthält seit je ein institutionskritisches Moment, weil die subjektive Erfahrung zum letzten Massstab wird.[10] Für Margareta Porete, eine Begine, die die Freiheit der Seele und ihr Eintauchen in die göttliche Liebe in zu kühnen Bildern beschreibt, endet das Abenteuer der Mystik tödlich. Sie wird am 1. Juni 1310, an einem Pfingstmontag, in Paris auf der Place de Grève als Ketzerin verbrannt, ein Jahr später untersagt das Konzil von Vienne den Beginen jegliche theologische Betätigung. Die Kirche zeigt mit inquisitorischer Rücksichtslosigkeit, wie eng die Grenzen des eigenen Denkens und der persönlichen Erfahrung gesteckt sind.

Dies alles weiss man auch in St. Gallen. Bei den nach den Konzilsbeschlüssen von Vienne einsetzenden Beginenverfolgungen muss die Samnung auf dem Brühl um ihre Existenz bangen. Bedeutsam ist darum, dass Bischof Gebhard von Konstanz am 31. Mai 1318 in einer Urkunde die Beginengemeinschaften unter seinen Schutz stellt, namentlich gegen Beeinträchtigungen des Weltklerus. Dieser stört sich zwar weniger an den Beginen selbst, sondern an den Priestern der Bettelorden, das heisst der Dominikaner und Franziskaner, die die Frauen betreuen. Diese Konkurrenz in der städtischen Seelsorge ist den Weltpriestern schon lange ein Dorn im Auge, ist sie doch immer auch mit Vergabungen verbunden. So sehen die Priester in den Konzilsbeschlüssen von Vienne eine günstige Gelegenheit, sowohl gegen die Beginen als auch ihre Betreuer loszuziehen. Eine Spätfolge davon ist, dass die Schwestern auf dem Brühl noch längere Zeit der Pfarrkirche von St. Laurenzen und nicht dem Dominikanerorden zugeordnet bleiben. Umso wichtiger wird die Unterstützung, die die Frauen von der kirchlichen Obrigkeit geniessen. Am 14. Juni 1333 bestätigt auch Papst Johannes XXII. den Frauen in St. Katharinen in zwei Urkunden alle ihre Privilegien und stellt sie unter seinen Schutz.[11]

Urkunde von 1318 aus dem Kloster Wil, die die Beginen unter den Schutz des Bischofs von Konstanz stellt.

Suche nach Schutz

Einen gewissen Schutz bietet der Gemeinschaft der Frauen auch die Augustinerregel, die sie 1266 annehmen. Damit verpflichten sie sich zum Einhalten der Ordensgelübde und zum kirchlichen Stundengebet. Wie ernst dies genommen wird, zeigen die zahlreichen Breviere (hauptsächlich Psalmen für das Stundengebet), die in der Klosterbibliothek vorhanden sind. Mit der Annahme der Regel wird die «Magisterin» zur «Priorin», die «Samnung» zum «Konvent». Kirchenrechtlich unterstehen die Frauen in letzter Instanz dem Bischof von Konstanz, zu dessen Sprengel auch St. Gallen gehört. Aus dem Konstanzer Dominikanerkloster stammt zeitweilig auch der Seelsorger der Nonnen, der Lesemeister, wie er genannt wird.

1283 fassen die Schwestern den Beschluss, austretenden Nonnen die eingebrachte Mitgift nicht mehr zurückzuerstatten. Dies festigt die Gemeinschaft und gibt ihr materiellen Halt. 21 Schwestern unterschreiben diese Vereinbarung. Die Namensliste zeigt, dass die

Unentbehrlich für das Konventsleben: Eines der vielen Breviere (Psalmenbücher für das Stundengebet), die in St. Katharinen entstanden sind; Grösse 8 x 5,5 cm, heute im Kloster St. Katharina in Wil.

bekannten St. Galler Bürgergeschlechter vertreten sind. Manche Frauen stammen auch aus der Region: Balgach, Marbach, Waldkirch, Hundwil, Elgg und gar Meersburg werden als Herkunftsorte genannt. Mit der Zahl der Nonnen wächst das Vermögen des Konvents. Dies entlastet die Schwestern von der Erwerbsarbeit und gibt ihnen mehr Zeit für das spirituelle Leben. Es sind also auch wirtschaftliche Faktoren, die die Entwicklung zum kontemplativen Orden ermöglichen. Verwirtschaftlichung führt zur Verklösterlichung. Als persönlicher Lebensstil wird zwar das Armutsideal gepflegt, der gemeinsame Besitz an Gütern wächst jedoch an (siehe Kapitel: «Klosterfrauen wirtschaften»).

Das Bedürfnis, sich eine straffere Lebensform zu geben, hängt auch mit Erfahrungen zusammen, die die Gemeinschaft gemacht hat: Eine betrifft ausgerechnet Mechthild Seuse, die Schwester von Heinrich Seuse, der mit seiner mystischen Begabung auch das Leben in St. Katharinen beeinflusst. Arno Borst vermutet, dass Mechthild als junge Frau ins Katharinenkloster in St. Gallen eingetreten, von der damaligen Freiheit des Beginen-Lebens aber überfordert gewesen sei.[12] Sie verlässt öfters das Schwesternhaus, begibt sich «in schlechte Gesellschaft», läuft schliesslich ganz weg. Ihr Bruder Heinrich sucht sie, findet sie schliesslich als Bettlerin in einem elenden Häuschen. Mittellos und reumütig lässt sie sich nach Konstanz heimführen und vermutlich im Zoffinger Konvent, nahe Seuses Inselkloster, unterbringen.

Nicht bekannt ist, wie die Schwestern von den Heimsuchungen berührt werden, die über die Stadt hereinbrechen. Am 23. Oktober 1314 zerstört ein Brand fast alle Häuser, ebenso das Galluskloster. Möglich, dass die Lage ausserhalb der Stadtmauern das Schwesternhaus auf dem Brühl vor Schaden bewahrt. Das Gleiche könnte auf den Pestzug zutreffen, der 1349 die Stadt erreicht. In jenem Jahr kommt es in St. Gallen zu einem Pogrom an Juden, die der Brunnenvergiftung beschuldigt werden. Mit einer gefälschten Urkunde versucht die Stadt anschliessend, ihre Schuld zu übertünchen.

Immer wieder sind es politische Ereignisse, die die Entwicklung der Schwesterngemeinschaft beeinflussen. 1331 verhängt Papst Johannes XXII. das Interdikt (Gottesdienstsperre) über Anhänger König Ludwigs von Bayern. Betroffen davon sind der Bischof von Konstanz und das Benediktinerkloster St. Gallen, somit indirekt auch die Nonnen auf dem Brühl, die unter der Aufsicht des Konstanzer Bischofs stehen. Sie erhalten jedoch die Erlaubnis, in ihrer Kirche bei verschlossener Türe Gottesdienst zu halten, die Sakramente zu empfangen und Beerdigungen auf dem eigenen Friedhof vorzunehmen. Diese von zwei Konstanzer «Magistri» ausgestellte Erklärung hat allerdings nur formalen Wert, haben die Schwestern damals doch noch gar keinen eigenen Friedhof und keine eigentliche Kirche, sondern lediglich eine Art Hauskapelle. Dennoch zeigt sich, in welche Richtung man strebt. In dieser Zeit taucht erstmals die Bezeichnung «Monasterium», Kloster, auf, obschon «Samnung» weiterhin in Gebrauch bleibt.

Auf dem Weg zum Kloster

Spirituell wird die Verbindung zu Konstanz bedeutsam. Das dortige Dominikanerkloster erlebt im 14. Jahrhundert seine Blütezeit. In diesem wirkt auch Heinrich Seuse (1295 oder 1297–1366), einer der bedeutendsten Mystiker des Spätmittelalters. Seuse vertritt eine lebenskluge Spiritualität: Der Christ soll nicht mit bravouröser Askese zu glänzen versuchen, sondern jene Leiden geduldig ertragen, die ihm das Leben auferlegt: Böses mit Gutem vergelten, dem Nächsten helfen und sich um heitere Gelassenheit bemühen – dies mache offen für das Wirken des Göttlichen.

Mit ihrem «Monasterium» kommen die Nonnen auf dem Brühl immer näher an ihr Ziel, ein eigentliches Kloster mit einer eigenen Kirche zu werden. Ein entscheidender Schritt gelingt ihnen im Jahr 1368. Bis anhin gehören sie zur Stadtkirche St. Laurenzen, die für die Seelsorge der Bevölkerung zuständig ist, während der Dom der Repräsentation der Fürstabtei und der Wallfahrt zum Madonnenbild «Unsere liebe Frau im Gatter» dient.

Gerne möchten sich die Schwestern aus der Abhängigkeit von der Stadtpfarrei lösen und ihr spirituelles Leben in dominikanischem Geiste gestalten. Doch es braucht einige Überredungskünste, um das Einverständnis des Leutpriesters, des Pfarrers, zu erhalten. Für die Schwestern setzen sich die Ritter Johann von Zwingenstein und Konrad von Wolfurt ein. Dieser ist Prior des Dominikanerklosters in Chur und hat selbst zwei Verwandte unter den Schwestern auf dem Brühl. Am 8. Mai 1368 können die Frauen bereits Kirchweihe feiern; anscheinend haben sie mit dem Bau der Kirche schon vor der formellen Erlaubnis des Leutpriesters begonnen. Die Kirche wird Maria, der Mutter Jesu, und der Märtyrin Katharina von Alexandrien geweiht. Diese ist die Patronin des Dominikanerordens, bei dem die Schwestern Anschluss suchen. Sie übernehmen dessen Regeln und kleiden sich in der zugehörigen Ordenstracht.

Eines der beiden neuen Konventsiegel von St. Katharinen, das Katharina darstellt; das bisherige war mit dem Haupt Johannes des Täufers versehen.

Diese Ausrichtung bekräftigen sie auch mit einem neuen Konventsiegel. Das bisherige zeigt den auf einer Schale liegenden Kopf von Johannes dem Täufer. Auf den neuen Siegeln für den Konvent und für die Priorin findet sich das Bild Katharinas. Trotz allem Bemühen gelingt es den Schwestern aber nicht, ganz in den Dominikanerorden aufgenommen zu werden. Der Bischof von Konstanz hält dagegen und will die Oberaufsicht behalten. Es kommt ihm gelegen, mit einem Fuss in der Stadt St. Gallen präsent zu sein.

So sehr sich die Schwestern auch aus dem Pfarreiverband von St. Laurenzen herauslösen wollen, auf die enge Verbindung zur Stadt möchten sie nicht verzichten. 1376 wird der ganze Konvent ins

Bürgerrecht der Stadt aufgenommen. Dies geschieht in einer politisch unruhigen Zeit. Städtebünde werden geschlossen und wieder aufgelöst. Adelige Feudalherren und aufstrebende Städte leben in Dauerkonflikt. Da wollen sich die Schwestern von St. Katharinen unter den Schutz der Stadt stellen; von der benediktinischen Fürstabtei jedoch scheinen sie nichts zu erwarten, diese steht auf der Seite des Adels.

Die über Jahrzehnte wachsende Spannung zwischen Stadt und Galluskloster entlädt sich in den Appenzeller Kriegen. Von den Kriegshandlungen wird die Schwesterngemeinschaft nicht direkt heimgesucht, wohl aber vom Stadtbrand, der am 20. April 1418 wütet. Dessen Schäden können in St. Katharinen jedoch bald behoben werden (siehe Kapitel «Baugeschichte: Versteckter Reichtum»). In diese Zeit fällt die Erweiterung des Mauerrings, der nun auch die Irer-Vorstadt umschliesst und mit dem Brühl-, Platz- und Schibenertor drei neue Bollwerke erhält, dazu als Nebenpforte das Metzgertörli. St. Katharinen liegt nun innerhalb der Mauern, wird damit vollends zum «Stadtkloster».[13]

Die Schwestern des Konvents stammen auch zu Beginn des 15. Jahrhunderts hauptsächlich aus den St. Galler Bürgergeschlechtern, teilweise auch aus dem niederen Adel, wobei der Rayon der Herkunftsorte weit reicht, bis Zürich, Überlingen, Konstanz. Neben den Schwestern wohnen auch einzelne verwitwete Frauen als Pfründnerinnen im Kloster; in der Regel handelt es sich um Mütter von Schwestern, die in St. Katharinen leben.

Auswirkung der Konzilien

1414 bis 1418 tagt das Konzil in Konstanz, 1431 bis 1449 das Konzil von Basel. Beide drängen auf die Reform der Kirche, namentlich auch der Klöster. So will das Konzil von Basel im Jahr 1435 Visitationen in den beiden St. Galler Klöstern veranlassen. Im Benediktinerkloster setzen die Visitatoren einigen Druck auf, um eine Reform herbeizuführen. Ob und allenfalls wie St. Katharinen visitiert wird, ist nicht bekannt. Jedenfalls klingt unter dem Stichwort «Reform» ein Thema an, das die Schwestern in den kommenden Jahren stark beschäftigt. In der ersten Hälfte des 15. Jahrhunderts ist das geistliche Leben in vielen Dominikanerinnenklöstern eher erschlafft. Dies darf man auch für den Konvent in St. Gallen annehmen, auch wenn dazu die Quellen fehlen. Hier ist noch immer die Erinnerung an die offene Gemeinschaftsform der Beginen lebendig, mit ihrem betonten Bezug zur Welt. Gleichzeitig befolgen die Nonnen die Regel der Dominikanerinnen, die einen fester gefügten Konvent und eine strikter gelebte Armut zum Ziel hat. Diese zwei Auffassungen existieren zunächst nebeneinander. Mehr und mehr aber werden sie als Gegensätze aufgefasst, die zum Konflikt führen.

Zu Spannungen kommt es, weil sich im Schoss des Dominikanerordens gegen Ende des 14. Jahrhunderts eine Reformbewegung gebildet hat, die sich auf zahlreiche Klöster ausbreitet. Sie strebt eine Rückkehr zu den ursprünglichen Weisungen des Dominikus an, die nun wieder strikte beachtet, «observiert» werden sollen. Daher erhalten die Anhänger und Anhängerinnen der Reform den Namen «Observanten» beziehungsweise «Observantinnen». Jene aber, die an den bisherigen Gewohnheiten festhalten wollen, heissen Konventualen in den Männer-, Konventualinnen in den Frauenklöstern.

Wichtigster Reformpunkt ist die Auslegung des Armutsgelübdes. Die Schwestern wissen, dass sie nicht von nichts leben können. Entsprechend sind sie gehalten, eine «Mitgift» ins Kloster mitzubringen: so viel an Vermögen und Gütern also, dass die daraus resultierenden Zinsen und Abgaben für einen zumindest einfachen Lebensunterhalt reichen. In den ersten Jahren der Beginen-Gemeinschaft bleibt die Mitgift das persönliche Eigentum der Nonne. Später erst werden diese Gelder und Güter als gemeinsamer Besitz betrachtet, doch scheinen die Nonnen noch immer einen gewissen Zugriff auf ihre Mitgift zu haben. Dies ist der klösterlichen Disziplin nicht sehr förderlich und wohl ein Grund für den Niedergang, der in den Dominikanerinnenklöstern im 14./15. Jahrhundert zu beobachten ist.

Die Reform besteht darum im wesentlichen in der Rückkehr zur streng gelebten Armut, was bedeutet, dass die Schwestern auf allen persönlichen Besitz verzichten. Geld und Gut sind Eigentum des Klosters. Sie sollen das Überleben der Gemeinschaft als Ganzes sichern. In der Aussenwahrnehmung ergibt dies ein uneinheitliches Bild: Obschon die Observantinnen und Observanten ein einfaches Leben führen, werden ihre Gemeinschaften immer reicher. An diesem spannungsvollen Gegensatz scheitert später manches Kloster. Die Reform setzt in den Dominikanerklöstern ein, erreicht aber bald auch die Frauenklöster. 1423 schliesst sich bereits das Dominikanerinnenkloster in Basel an.

Die Reform hängt nicht zuletzt mit einer theologisch-spirituellen Frage zusammen. Sie hat ihren Ausgangspunkt in der Erzählung von den beiden Schwestern Maria und Marta im Lukasevangelium (Lk 10,38–42). Nach dieser empfangen die Schwestern Jesus als ihren Gast. Während sich Marta um die Bewirtung des Gastes kümmert, setzt sich Maria Jesus zu Füssen und hört ihm zu. In dieser Geschichte spiegelt sich die Spannung zwischen aktivem Engagement in und kontemplativem Rückzug aus der Welt, wobei im Mittelalter die Kontemplation zunächst höher gewichtet wird. Erst Thomas von Aquin (um 1225–1274) und Meister Eckart überwinden den Dualismus zwischen den beiden Lebensentwürfen und sehen Aktion wie Kontemplation als gültigen Ausdruck christlicher Existenz.

Entscheid für die Observanz

In der Regel geht in den Frauenklöstern die Reform vom Seelsorger, dem sogenannten Lesemeister, aus, der den Frauen die Ordensideale schmackhaft machen soll. In St. Gallen jedoch sind es einzelne Nonnen, die sich für die Ideen der Observanz erwärmen. Die Reform in St. Katharinen ist denn auch mit den Namen einzelner Nonnen verbunden: Anna Krumm (Priorin 1459–1476) und Angela Varnbühler (Priorin 1476–1509). Noch bevor sie zu Priorinnen gewählt werden, stossen sie eine Bewegung an, die um 1450 langsam einsetzt, dann aber zunehmend stärker wird. In dieser Zeit beginnt auch das von Angela Varnbühler angefangene Konventsbuch,[14] das einen plastischen Einblick in die grossen Entwicklungen, aber auch in die alltäglichen Freuden und Sorgen in St. Katharinen vermittelt (siehe CD-ROM im Anhang).

Erste Reformschritte versuchen 1453 die beiden Leiterinnen, Priorin Elisabeth Rainsberg und Subpriorin Anna Krumm, einzuleiten. Doch zwei Jahre später löst Ursula Visch, eine Gegnerin der Reform, die Priorin ab. Nach vier Jahren wird Ursula Visch wieder abgewählt und Anna Krumm ins Amt der Priorin eingesetzt, sekundiert von einer besonders reformeifrigen Subpriorin Ursula Eberli. Gegen Ende der 1450er-Jahre erreicht der Konflikt seinen

Der Ausschnitt des 1596 entstandenen Plans von Melchior Frank zeigt das Galluskloster als männlichen Kontrapunkt zu St. Katharinen.

Höhepunkt. Mitunter werden die Nonnen gar handgreiflich. So wird Ursula Eberli bei einem Handgemenge zwischen Konventualinnen und Observantinnen verletzt.

Schliesslich gewinnen die Observantinnen die Oberhand. Die Schwestern ringen sich 1459 zu einer sogenannten «Gemaind» durch, wie sie die Neuausrichtung des Klosterlebens nennen. Nun kann das Armutsgelübde wieder streng beachtet werden. Drei Schwestern, die den harten Kurs nicht mitmachen wollen, verlassen St. Katharinen. Ursula Visch jedoch, die frühere Verfechterin des bisherigen Weges, geht nicht mit ihnen. Sie schliesst sich ebenfalls den Observantinnen an.

Zu jener Zeit zählt der Konvent kaum mehr als vierzehn Mitglieder. Der Rückgang mag mit ein Anlass zur Reform sein. Halbherziges Klosterleben hat wenig Anziehungskraft. Klösterliche Zucht jedoch wirkt attraktiv, wie der bald einsetzende Zulauf zeigt – vorausgesetzt, Disziplin gilt nicht als Selbstzweck, sondern als Weg zu geistiger Reife und kultureller Leistung.

Dank der Eintragungen im Konventsbuch kennt man von einzelnen Schwestern nicht nur den Namen, sondern erfährt auch einiges über ihre Persönlichkeit. So gehört Priorin Anna Krumm zu einer der ältesten Familien der Stadt. Ihr Vater ist mit Anna von Sulzberg verheiratet, ihr Bruder ist Abt des Benediktinerklosters von Stein am Rhein. An ihrer Seite wirkt Ursula Fredigmann, die 38 Jahre lang das Amt der Subpriorin bekleidet, eine Schwester, die tatkräftig zuzupacken weiss. Das Amt der Schaffnerin versieht Afra Rugg, die erste Schwester, die nach Einführung der strengen Observanz in St. Katharinen eintritt. Sie ist 36 Jahre lang für die Wirtschaftsführung des Klosters verantwortlich, in einer Zeit, in der der Güterbesitz kräftig wächst. Mehr Schwestern bedeutet, dass mehr Güter dem Kloster zufliessen. Anna Krumm beispielsweise bringt bei ihrem Eintritt gleich zwei Weinberge in den klösterlichen Liegenschaftsbesitz ein. Doch nicht alle Schwestern sind gleich tüchtig. Von Verena Senn heisst es beispielsweise im Konventsbuch, dass sie zwar fleissig, aber etwas einfältig sei, beim Chorgebet könne man ihr keine anspruchsvolle Aufgabe zuweisen.

Wahl der Seelsorger

Zu den Reformbestrebungen gehört, dass die Schwestern ihren Seelsorger selber wählen wollen: ein Privileg, das ihnen der Bischof von Konstanz zugesteht. Bisher hat das Dominikanerkloster in Konstanz den Lesemeister gestellt. Doch dieser Konvent ist selber reformbedürftig geworden, der Geist Heinrich Seuses ist verflogen. So holen sich die Schwestern Johannes Bötscher aus dem reformfreudigen Dominikanerkloster Basel, der zwanzig Jahre lang die Schwestern geistlich begleitet. Er versieht sie mit spiritueller Literatur. Die Klosterbibliothek erhält in dieser Zeit die Lebensgeschichte der Katharina von Siena (1347–1380), der 1461 heiliggesprochenen Dominikanerin, die zu den bedeutendsten Frauen des Mittelalters zählt. Sie wird nun zusammen mit Katharina von Alexandrien ebenfalls verehrt.

Als Anna Krumm im Jahre 1476 stirbt, hinterlässt sie einen geordneten Konvent, eine weitgehend geeinte Gemeinschaft, die mit der 35jährigen Angela Varnbühler eine in jeglicher Hinsicht aussergewöhnliche Frau zur Priorin wählt. Über dreissig Jahre lang prägt sie das Leben im Kloster, führt es mit natürlicher Autorität zur eigentlichen Blüte. Aus ihren Konventsbucheinträgen geht die Umsicht hervor, die sie walten lässt. Sie weiss ihre Schwestern gut einzuschätzen, wirksam zu motivieren. Sie kümmert sich um die

Zeichen der Klausur: Nur noch eine Trülle verbindet mit der Aussenwelt; die alte, heute nicht mehr gebrauchte Einrichtung befindet sich im Kloster St. Katharina in Wil.

spirituelle Vertiefung des Konvents genauso wie um dessen wirtschaftliche Grundlage und Festigung.

Angela Varnbühler weiss, dass die Reform ein dauernder Prozess ist. In einem nächsten Schritt bewegt sie die Schwestern zur Einführung der strengen Klausur. So sollen sie ihren Lebensraum ganz auf das Kloster begrenzen, zudem dürfen nur noch Frauen die inneren Räume des Klosters betreten. Für dieses Vorhaben aber brauchen sie wiederum die Erlaubnis des Bischofs von Konstanz. Ausserdem muss auch der Rat der Stadt einverstanden sein. Die Nonnen wissen, dass es sich um einen einschneidenden Vorgang handelt, eine unwiderrufliche Trennung vom Leben und Treiben der Stadt. Mitten in der städtischen Siedlung wollen sie eine Insel schaffen, in der das Gebet den Ablauf des Tages bestimmt.

Der Schritt in die Klausur

Den Schritt in die Klausur wollen die Schwestern nicht stillschweigend vollziehen. Sie entschliessen sich, ihren letzten Ausgängen symbolträchtige Bedeutung zu geben. So begeben sie sich zu zwei Marienwallfahrtsorten, zuerst zur Schwarzen Madonna in Einsiedeln und anschliessend in das Gallusmünster, zum Gnadenbild «Unsere liebe Frau im Gatter». An beiden Orten wird für die Schwestern eine feierliche Messe gelesen. Der damalige Lesemeister Johannes Scherl, ein Dominikaner aus Eichstätt, unterstützt die Reformbewegung tatkräftig. Er widmet den letzten Reisen der Schwestern ein Lied mit 37 mehr oder weniger gereimten Strophen:[15]

«In des hailgen herren sant Gallen statt
da lit ain frowen kloster wol gemacht
zu sant Kathrinen ist es genampt
da sind der rainen kinden vil
von den ich jetz nun singen wil.»

Am 29. September 1482 wird die Klausur eingeführt, ganz nach den Reformvorstellungen von Angela Varnbühler, die zu dieser Zeit erst sechs Jahre im Amt ist. Mit der Klausur sind die Observantinnen aber noch nicht am Ziel. Sie wollen auch das Redefenster mit Blech überziehen. Beim Kontakt mit Besuchern kann man

Die 1607 geweihte Katharina-Kirche in Wil gibt Hinweise, wie die Kirche in St. Gallen eingerichtet war. In der Mitte der Kirche stehen zwei Altäre Rücken an Rücken, wobei sich der Zelebrationsaltar im allgemein zugänglichen Kirchenraum, also ausserhalb der Klausur befindet.

dann nur noch die Stimme hören, die Gesichter jedoch nicht mehr sehen. Die Stadtbewohner sind mit dieser radikalen Abschottung nicht einverstanden und inszenieren einen kleinen Auflauf. Schliesslich sind es ihre Töchter, Schwestern, Tanten, die in St. Katharinen wohnen. Doch der Konvent lässt sich nicht beirren. Er schreibt zudem spezielle Massnahmen vor, wenn Laien wie ein Arzt oder Bauleute die Klausurräume betreten müssen.

Diese Abschottung bedeutet aber nicht, dass man die Beziehungen zur Aussenwelt völlig gekappt hätte. Sie werden nicht aufgegeben, sondern verwesentlicht. So entsteht ein reger Briefwechsel zwischen Angela Varnbühler und der Priorin des Nürnberger Reformkonvents, Kunigunda Haller. Diese steht den St. Gallerinnen mit vielseitigen Anregungen zur Seite. Zwar rät sie zur Verblechung des Redefensters, mahnt aber auch, nicht zu viel Strenge walten zu lassen. Ein Bogen dürfe nicht immer gespannt sein, sonst verliere er seine Kraft. Die Schwestern sollten sich auch genügend Erholung gönnen. Auch mahnt sie, die Fasnacht gut zu befolgen, um nachher die Fastenzeit umso besser zu bestehen. Fasnacht bedeutet allerdings nicht Maskerade, sondern besonderes Gebet für jene, die sich während der drei närrischen Tage versündigen. Die Schreiben, in denen die Priorin von Nürnberg Angela Varnbühlers Fragen beantwortet, werden vom St. Galler Konvent wie verbindliche Weisungen betrachtet und entsprechend in das Schwestern-

buch aufgenommen. Dieses bildet neben dem Konventsbuch die zweite wichtige Quelle zur Geschichte des Klosters (siehe Kapitel «Klosterfrauen wirtschaften»: Der schriftliche Nachlass des Klosters St. Katharinen).

Nach der Einführung der Klausur werden bauliche Anpassungen nötig (siehe Kapitel «Baugeschichte: Versteckter Reichtum»). Ein Lettner (eine Schranke) teilt den Kirchenraum in einen inneren Chor für die Nonnen und einen äusseren für das Volk. Anzunehmen ist, dass damals die gleiche Raumeinteilung gewählt wird, wie man sie im 1607 erbauten Nachfolgekloster in Wil antrifft. In diesem stehen in der Mitte des Raums, auf der Höhe des Lettners, zwei Altäre Rücken an Rücken. Der eine dient dem allgemein zugänglichen Teil, der andere steht im Bereich der Klausur. Diesen Bereich darf auch der Priester nur in Ausnahmefällen betreten. Darum ist auf der Höhe des Lettners eine Art Durchreiche eingelassen, durch die der Priester den Nonnen die Kommunion reichen kann. Die Schwestern nennen diese Öffnung das Jesusfensterlein. Allerdings ist die genannte Raumeinteilung in Wil nur noch fotografisch dokumentiert. Bei der Renovation von 1973 wird der Raum geöffnet, der Hochaltar ins Chorhaupt verschoben. Damit wird auch optisch die Gemeinschaft der Schwestern mit den von auswärts kommenden Gottesdienstbesuchern betont.

Der Konventsaltar, der sich dem Zelebrationsaltar anlehnt, ist dem Schwesternchor zugewandt. Seitlich der Altartafeln befindet sich ein Lettner, der Volkskirche und Schwesternchor zusätzlich trennt. In Wil wurde bei der Renovation 1973 die Zweiteilung der Kirche aufgegeben.

Insel in den Wirren der Zeit

Das Leben in St. Katharinen und der Aufbau der Gemeinschaft entwickeln sich nach eigener, innerer Ordnung, kaum beeinflusst von den Ereignissen, die sich in Stadt und Galluskloster abspielen. Dabei durchleben beide unruhige, zuweilen gar turbulente Zeiten. Im gleichen Jahr, in dem Angela Varnbühler Priorin wird, führt ihr Bruder, Hauptmann Ulrich Varnbühler (um 1440–1496), ein Detachement von 131 St. Gallern in die Schlachten von Grandson und Murten. Ulrich Varnbühler ist eine Führernatur und bekleidet bald das Bürgermeisteramt der Stadt; er wird zum entschlossensten Gegenspieler von Fürstabt Ulrich Rösch. Die Spannungen zwischen Stadt und Kloster nehmen Jahr für Jahr zu. Der Abt setzt sich zum Ziel, seine Rechte auf den vielen Klostergütern zwischen Rorschach und Wil zu bündeln und einen eigentlichen Territorialstaat zu schaffen. Um freier agieren zu können, fasst er den Plan, mit dem Kloster nach Rorschach zu ziehen. Dieses Vorhaben weckt sowohl das Misstrauen der Appenzeller als auch der St. Galler, die 1489 gemeinsam über die Baustelle auf Mariaberg herfallen, die Mauern einreissen und die Holzbauten in Brand stecken. Mitten unter den Zerstörern auch Bürgermeister Ulrich Varnbühler.

Dieser sogenannte Klosterbruch hat Konsequenzen. Die eidgenössischen Schirmorte des Klosters schützen den Abt, belagern die Stadt. Ulrich Varnbühler wird gestürzt, muss die Stadt verlassen, verliert einen Teil seiner Güter, klagt aber beim Kaiser mit Erfolg gegen das Vorgehen der Stadt. Diese ist erst bereit zu zahlen, als die Reichsacht über sie verhängt wird. Die Folgen des Klosterbruchs sind schmerzlich. Die Stadt wird zu hohen Abgeltungen verpflichtet, verliert ihre Aussenbesitzungen. In der Bürgerschaft gärt es. Der Unmut macht sich 1491 in einem Aufruhr Luft. Die Obrigkeit, der es gelingt, ihn zu bändigen, lässt die fünf Haupträdelsführer hinrichten.

In all diesen Wirren scheint das Leben in St. Katharinen seinen ruhigen Gang zu nehmen. Die Klausur schafft Distanz zu den Aufgeregtheiten des Tages. Die Tatsache, dass die Stadt mit Ulrich Varnbühler einen Gerichtsstreit ausficht, schadet der Autorität seiner Schwester, der Priorin, nicht. Möglich, dass es gerade dieses politische und gesellschaftliche Umfeld ist, das die Schwestern veranlasst, ihre Klausur peinlich genau zu beachten.

Porträt eines blühenden Konvents

Mit dem Amtsantritt von Angela Varnbühler beginnt eine Ära, die man das Goldene Zeitalter von St. Katharinen nennen könnte. Über fast fünfzig Jahre nimmt das Kloster eine Entwicklung, wie sie St. Katharinen zuvor noch nie erlebt hat: eine Blüte, die den Konvent kontinuierlich wachsen lässt, das spirituelle und kulturelle Leben zur Entfaltung bringt und mit der wirtschaftlichen Erstarkung auch eine bauliche Entwicklung auslöst. In dieser Zeit wirkt St. Katharinen als wohlgeordneter Konvent, in dem die klösterlichen Pflichten ernst genommen werden, ohne dass die Schwestern in eine unvernünftig strenge Askese verfallen. Die Quellen sind so reichlich, dass sich das Innenleben des Konvents in seiner Blütezeit teilweise bis ins Detail schildern lässt, sein Beten, Gemeinschaftsleben, Wirtschaften und namentlich auch die erstaunliche Schriftkultur, die im eigenen Skriptorium gepflegt wird (siehe Kapitel «Klosterfrauen wirtschaften»).

Gebet begleitet den Tag

Der Tageslauf der Schwestern wird von sieben Gebetszeiten bestimmt, die über den Tag hinweg verteilt sind. Die langen Gebetszeiten sind für die Schwestern nicht einfach Selbstzweck. Betend wollen sie die Anliegen und Sorgen der Stadt mittragen. Um sich dem Gebet widmen zu können, stellt der Konvent seit 1472 auch Laienschwestern ein. Diese entlasten die Chorschwestern von der täglichen Arbeit, folgen aber ihrerseits täglichen, allerdings kürzeren und einfacheren Gebetszeiten.

Der Tageslauf beginnt mitten in der Nacht. Um 23 Uhr weckt eine Laienschwester die Chorschwestern. Noch im Schlafraum beginnen sie die «Nokturn», das mitternächtliche Gebet, das sie in der Kirche fortsetzen. Das zweite Mal wird der Schlaf kurz vor 6 Uhr unterbrochen für das Morgenlob der Laudes und das Frühgebet der «Prim», an die die Messe anschliesst. Die Messe wird besonders sorgfältig vorbereitet und gefeiert. Darum wirkt ab 1486 ein zweiter Geistlicher, Heinrich Scherl, der Bruder des Lesemeisters, im Kloster mit. Die Messe strahlt in den Tag hinein. Bei Tisch werden die Texte aus der aktuellen Sonntagsliturgie gelesen, dazu eine deutende Auslegung. Die Schwestern sollen verstehen, was sie beten. Texte mit Auslegungen der Heiligen Schrift bilden darum einen bedeutenden Bestandteil der Klosterbibliothek. Nach der Messe wird der Tageslauf nochmals für fünf Gebetszeiten unterbrochen, erst für die kleinen «Horen» Terz, Sext und Non, schliesslich für die Vesper und das Komplet, das Nachtgebet.

Messfeier und Stundengebet werden als eine Quelle der Weisheit erlebt, aber auch als ein Stück Poesie. Die Schwestern suchen sich die Transzendenz stets zu vergegenwärtigen, eine Haltung, die Roger Schütz, der Prior von Taizé (1915–2005), «Leben im Heute Gottes» nennen wird. Im Stundengebet werden zur Hauptsache Psalmen gebetet und geistliche Texte gelesen, Abschnitte aus der Bibel oder aus den Lehren der Kirchenväter.

Diese Gebete, Hymnen und Texte sprechen im Laufe des Kirchenjahres ganz unterschiedliche Seiten im Menschen an: Freude, Leid, Erwartung, Hoffnung. So gefeiert, rührt die Liturgie an die Grundfragen und -gefühle menschlicher Existenz. Das gemeinsame Feiern ist den Schwestern so wichtig, dass sie notfalls ihr asketisches Fasten unterbrechen, um genug Kraft für ein langes Chorgebet zu haben, wie es beispielsweise an Allerheiligen und Weihnachten üblich ist. Das gemeinsame Beten und Feiern wird ergänzt durch die persönliche Meditation. Am Morgen und am Abend vertiefen sich die Frauen betrachtend in Texte der Bibel und der Kirchenväter.

Erlebte Karwoche

Mit besonderer Anteilnahme begehen die Schwestern die Karwoche vom Einzug Jesu in Jerusalem am Palmsonntag über die Abendmahlsfeier am Hohen Donnerstag bis zum Weg unter das Kreuz am Karfreitag. Dieser Weg soll nicht nur memoriert, sondern miterlebt werden. Am Palmsonntag ziehen die Schwestern in einer Prozession durch den Kreuzgang, tragen ein Kreuz vor sich her und grüne Zweige in den Händen. Am Ende des Zuges ziehen sie den sogenannten Palmesel, vor den sie Zweige auf den Boden streuen.

Ebenso wird der biblische Bericht vom Abendmahl in einer ergreifenden Szene umgesetzt. Im Refektorium, dem Speisesaal, liest eine Schwester den Bericht aus dem Evangelium: wie Jesus sich vor den Freunden hinkniet und ihnen die Füsse wäscht. Genau so handelt an diesem Tag die Priorin, die allen Mitgliedern der Klostergemeinschaft die Füsse und zudem die Hände wäscht. Anschlies-

Christus auf dem Palmesel aus St. Katharinen (1500–1535), heute im Schweizerischen Nationalmuseum, Zürich.

send beginnt die symbolische Begleitung Jesu durch seine Stunde der Verzweiflung am Ölberg. Die Schwestern beten siebenundsiebzigmal das Unser Vater, dreimal das Glaubensbekenntnis. Eine noch eindrücklichere Gebetsleistung vollbringen sie am Karfreitag. An diesem Tag beten sie alle 150 Psalmen. Am Ende wird im inneren Chor das «Heilige Grab» aufgestellt, die Kulisse eines Felsengrabes, die bis zur Auferstehungsfeier die Meditation der Passionsberichte anregen und vertiefen soll. Am Karfreitag gibt es nur Wasser und Brot, eine Mahlzeit, die auf dem Boden sitzend eingenommen wird.

Heilige, Reliquien, Askese

Ganz im Geiste der Zeit pflegt das Kloster auch eine innige Heiligenverehrung. Weil man seit der Klausur das Wallfahrtsbild «Unsere liebe Frau im Gatter» im Galluskloster nicht mehr besuchen kann, wird eine eigene Marienstatue aufgestellt: Maria mit dem Jesuskind auf dem Arm und mit kostbaren Stoffen bekleidet, wie es die Schwestern bei der Schwarzen Madonna in Einsiedeln gesehen haben. Zu den Lieblingsheiligen gehören neben der Klosterpatronin Katharina von Alexandrien Katharina von Siena, Petrus und Gallus. Anna, der Mutter Marias, wird eine eigene Kapelle erbaut.

Für die Liturgie besorgen sich die Schwestern kostbare Messgewänder, wobei sie in der Wahl der Farben frei sind; der verbindliche liturgische Farbkanon wird erst später eingeführt. Am häufigsten werden in St. Katharinen rote Messgewänder verwendet, Variationen gibt es während der Fastenzeit, in der weiss getragen wird. Am Dreifaltigkeitssonntag ist die Farbe des Messgewandes blau, an Heiligenfesten blau oder grün. Ein Verzeichnis von 1507 nennt 27 kostbare Messgewänder aus Brokat und Seide, Sammet und Damast, teilweise mit Gold und Perlen bestickt. Diese stammen zum Teil aus den Schmuckkästchen reicher Familien. Die Tradition der Textilstadt prägt auch die Schatzkammer von St. Katharinen.

Ganz der spätmittelalterlichen Sinnhaftigkeit verbunden, möchte man den eigenen Reliquienschatz vermehren. So schicken die Schwestern erst einen Freund des Klosters, Kaspar Wirt, nach Köln, um Reliquien der heiligen Ursula und ihrer Gefährten zu erhalten. Obwohl in drei dortigen Klöstern mehr als genug entsprechende Gebeine liegen, lässt man den St. Galler abblitzen. Schliesslich sendet Angela Varnbühler den Lesemeister persönlich in die Stadt am Rhein. Acht Tage geht er von Tür zu Tür, trägt seine Bitten stets aufs Neue vor, so lange, bis die Reliquienbesitzer ein paar Gebeine herausrücken. In St. Gallen werden sie mit aller Feierlichkeit empfangen: Geistlichkeit, Stadtbehörden, Schüler und eine grosse Volksmenge gehen mit brennenden Kerzen nach St. Jakob hinaus, um sie in die Stadt zu geleiten. Die Schwestern bedanken sich mit einem Festmahl, zu dem sie die Geistlichkeit und die Schülerschaft einladen.

Doch wichtiger als solche Äusserlichkeiten ist den Schwestern ihre innere Entwicklung. Mit besonderem Ernst bereiten sie sich auf den wöchentlichen Empfang der Kommunion, des Abendmahls, vor. Geistliche Gedanken umwehen die Schwestern wie eine Wolke. Selbst während der schweigend eingenommenen Mahlzeiten liest eine Schwester das Sonntagsevangelium und aus frommen Schriften, Bibelkommentaren, Anleitungen zum Ordensleben oder

Vorträgen des Lesemeisters vor. 1507 zählt man 76 Bücher, die eigens für die Tischlesung bestimmt sind.

Neben Liturgie und Betrachtung bildet die Askese, die freiwillig gewählte Selbsteinschränkung, den dritten Pfeiler des Ordenslebens. Das Jahr ist geteilt. Während der einen Hälfte wird gefastet, während der andern sind die Einschränkungen weniger gross. Das lange Fasten beginnt am 14. September, dem Fest der Kreuzerhöhung, und dauert bis zum Osterfest, unterbrochen nur durch die Weihnachtstage. Es umfasst also das ganze Winterhalbjahr. Erst im Sommerhalbjahr wird die Tafel wieder etwas üppiger gedeckt. Eine warme Mahlzeit kommt nur am Mittag auf den Tisch; am Abend gibt es ein kleines Stück Brot oder Lebkuchen, dazu gedörrte oder eingekochte Früchte, ab und zu ein Glas Wein. Fleisch erscheint nicht auf dem Speisezettel, ausser in der Krankenstube. Ausnahmen in der strengen Fasten-Askese gibt es auch für schwächere oder junge Schwestern. Die Natur soll nicht gebrochen, sondern zur Harmonie gebracht werden. Hart genug bleibt das Leben auch so. Man schläft auf einem Strohsack in Schleier und Rock. Zur äusseren Einschränkung gesellt sich die innere: Das Gehorsamsgelübde verpflichtet, den eigenen Willen hintanzustellen. Ebenso wichtig ist auch eine bewusst gepflegte Nächstenliebe.

Ein neuer Frömmigkeitsstil

Klosterfrömmigkeit ist keine statische Angelegenheit. Sie durchläuft ihre eigene Entwicklung. In St. Katharinen zeigt sich dies im ausgehenden 15. Jahrhundert durch eine auffallende Überlappung. Nach wie vor werden in der Schreibstube die Werke der grossen Mystiker abgeschrieben. Der Sinn für die ekstatischen Erhebungen und Visionen ist also immer noch vorhanden, ebenso die Erinnerung, wie die Nonnen im 14. Jahrhundert versuchten, sich in die übernatürliche Welt hineinzusteigern, um aus dem Glauben zum Schauen zu gelangen. Denn in jener Zeit verzehren sich viele Ordensleute in Sehnsucht nach Erleuchtung.

Die Texte dieser Mystiker bleiben auch in der Blütezeit von St. Katharinen präsent, doch sie werden anders gelesen und vor allem nicht einfach wörtlich befolgt. Angela Varnbühler wird nicht müde, auch bei den asketischen Übungen an die Vernunft zu mahnen: «Man kann nicht immer am Himmel hangen.» Wie ein kluger Reiter sein Pferd schont, so soll man auch seinen Körper pflegen, wenn er einen durch das Leben tragen soll. Da kommt eine erstaunlich nüchterne Komponente in das klösterliche Leben. Möglich, dass sich die Lehren von Thomas von Aquin (1225–1274) durchzusetzen beginnen. Dieser grösste Theologe des Dominikanerordens bezeichnet alles Geschaffene als wertvoll und gut. Es gelte darum, ein positives Verhältnis zur Schöpfung zu gewinnen, nicht, sie asketisch bezwingen zu wollen. Diese Einsicht entspricht den Erfahrungen, die die Schwestern von zu Hause mitbringen. In einer Stadt, die vom Handel lebt, hängt man nicht hohen Idealen an, sondern strebt nach verwirklichbaren Zielen.

So öffnet sich der Konvent denn auch der Devotio moderna, einem modernen Frömmigkeitsstil, der sich seit Ende des 14. Jahrhunderts in Holland ausbildet. Er schöpft sowohl aus der Tradition der Mystik als auch aus dem Gedankengut des Humanismus, der sich zu jener Zeit mit dem Christentum zu einem christlichen Humanismus verbindet. In dieser Spiritualität treten die Bedeutung von Liturgie und Chorgebet etwas zurück, umso stärker wird jedoch die persönliche, innerliche Frömmigkeit gepflegt. Wichtig ist dabei die Betrachtung des Leidens Jesu und der Weisungen der Bergpredigt. In dieser Verbindung von Innerlichkeit und Humanismus bereitet die Devotio moderna den Boden für die Reformation vor. Spuren dieser Art Frömmigkeit sind zu jener Zeit auch im Galluskloster auszumachen.[16]

Zu den wegleitenden Büchern gehört die 1418 erstmals erschienene «Nachfolge Christi» des Thomas von Kempen (1380–1471), ein Buch, das bis in die heutige Zeit hinein wirkt. Es war eine der wichtigen Inspirationsquellen Dag Hammarskjölds (1905–1961), des zweiten UNO-Generalsekretärs.

Leben in der Gemeinschaft

Klosterleben ist Gemeinschaftsleben. Dieses richtet sich nach verbindlichen Regeln – Satzungen, die ein gutes Gespür für die Möglichkeiten und Schwierigkeiten des Zusammenlebens verraten. Die im 6. Jahrhundert entstandene Benediktsregel gehört heute ins Ausbildungsprogramm mancher Managmentseminare. Die Ordnung in St. Katharinen richtet sich zwar nach den Satzungen des

Dominikanerordens, doch auch in diesen finden sich viele Bezugspunkte zur Regel von Mönchsvater Benedikt. Pfeiler des Gemeinschaftslebens sind der geregelte Tageslauf, die gezielte Kompetenzverteilung auf verschiedene Ämter, die gemeinsame Arbeit und eine achtsame Auswahl und Schulung des Nachwuchses.

Der Tageslauf wird ausser vom gemeinsamen Chorgebet von regelmässigen Arbeitszeiten geprägt. In diesen gehen die Schwestern den verschiedenen Beschäftigungen nach, die der Klosteralltag erfordert. Hinzu kommen die Herstellung von Paramenten (liturgischen Kleidern) oder das Abschreiben wertvoller Bücher.

Auffallend, mit welcher Fürsorge alte und kranke Schwestern mitgetragen werden. Die Klosteranlage kennt eine Siechenstube mit einem eigenen Garten, in dem sich die schwachen Schwestern erholen können. Für diese werden auch spezielle Gemüse und Früchte angepflanzt. Neben der Krankenstube befindet sich eine Betstube, in der die Kräftigeren unter den Kranken das Chorgebet verrichten können. Schwierig wird es, wenn eine Schwester an einer Geisteskrankheit leidet. Jene Zeit ist noch kaum in der Lage, ein solches Leiden als Krankheit zu erkennen. Dennoch zeigt zumindest ein Beispiel aus St. Katharinen, wie eine betroffene Schwester nicht einfach als moralischer Fall, sondern als leidender Mitmensch behandelt wird.

Ämter für alles und jedes

Neben dem Tageslauf mit seinem steten Wechsel von Gebet und Arbeit fallen die vielen Ämter auf, die auf die Schwestern verteilt sind. Die Gemeinschaft gleicht nicht einer straffen, von oben nach unten strukturierten Organisation. Zutreffender ist das Bild eines Netzes, das aus verschiedensten Diensten geknüpft ist.

Besonders beschrieben wird das Amt der Priorin, die an der Spitze des Konvents steht. Ihr obliegen vor allem zwei Aufgaben: die spirituelle Führung des Konvents und die persönliche Betreuung seiner Mitglieder. Dazu fordern die Satzungen ausdrücklich psychologisches Geschick, geht es doch nicht darum, alle gleich zu behandeln, sondern jede Schwester nach ihren eigenen Gaben zu fördern. Stürmische muss die Priorin bremsen, Ängstliche ermutigen. Für die Regelung geschäftlicher Angelegenheiten sind verschiedene Ämter vorgesehen; die grossen Linien jedoch werden von der

Priorin bestimmt, allerdings nicht von ihr allein. Den Abschluss von Verträgen, den Kauf oder Verkauf von Gütern bespricht sie zuerst mit der Subpriorin und dann mit den zwölf Ratmüttern, die von der Priorin ausgewählt werden.

Die grosse Macht, die in den Händen der Priorin liegt, erfordert ein sorgfältiges Wahlverfahren: Eine Schwester nach der andern betritt einen abgeschirmten Raum und nennt vor Subpriorin, Lesemeister und einer Ratschwester den Namen der Frau, die sie wählen will. Auf diese Weise soll einem allfälligen Wahlbetrug der Riegel geschoben werden.

Die Subpriorin ist die Stellvertreterin der Priorin. Eine ihrer Hauptaufgaben besteht in der Oberaufsicht über die Schwestern und deren Tätigkeiten. So wacht sie über die Arbeiten, die im Werkhaus verrichtet werden. Bei Spannungen zwischen der Priorin und dem Konvent liegt es an ihr zu vermitteln. Ausserdem soll sie auf die Einhaltung der Ordensregel hinwirken.

Der Subpriorin sind auch die wichtigsten Dokumente anvertraut. Einen Tresor gibt es zwar nicht, dafür aber eine massive Truhe mit drei verschiedenen Schlüsseln. Einen behält die Subpriorin, die beiden andern werden von je einer älteren Ratschwester verwahrt. Hinzu kommt, dass sich die Truhe in der Sakristei befindet, zu der allein die Sakristanin den Schlüssel hat. In dieser so sorgsam gehüteten Schatzkiste werden Urkunden, bedeutsame Dokumente, das Konventsiegel und Bargeld aufbewahrt. Besonders geregelt ist der Fall, dass in St. Katharinen eine neue Urkunde zu unterzeichnen ist. Bei der Besiegelung des Dokuments muss der ganze Konvent anwesend sein. Alle miteinander beobachten auch, wie die Urkunde in die Truhe gelegt und diese mit den drei Schlüsseln verschlossen wird. Achtsamer kann man zu jener Zeit mit Wertpapieren kaum umgehen.

Ein weiteres Amt versehen die «Zirklerinnen». Sie stehen der Priorin und Subpriorin zur Seite, vertreten sie auch im Krankheitsfall. Ihre Hauptaufgabe ist es, für die Aufrechterhaltung des geistlichen Lebens zu sorgen.

Legen Priorin und Ratschwestern im wirtschaftlichen Bereich die grossen Linien fest, so ist die Schaffnerin die eigentliche Buchhalterin und Geschäftsführerin. Jeden Monat macht sie einen Monatsabschluss zu Handen der Priorin. An Weihnachten legt sie dem Konvent die Jahresrechnung vor.

Grosse Bedeutung hat der Weinkeller; darum gibt es für diesen ein besonderes Amt, dasjenige der Weinkellerin. Von ihr wird önologisches Geschick verlangt, muss sie doch durch regelmässige Proben den Ausbau des Weins kontrollieren. Im Keller befinden sich Weine in vier Kategorien: für den Konvent, die Kranken, die Gäste und die Angestellten.

Damit ist die Aufzählung der Ämter noch längst nicht abgeschlossen. Es scheint, dass fast jede Schwester mit irgendeiner Sonderaufgabe betraut ist: Die Küsterin schmückt die Altäre, pflegt die liturgischen Gewänder und verteilt die Kerzen, um Licht in die Zellen zu bringen. Zwei Sängerinnen sorgen dafür, dass beim Chorgesang die richtige Tonlage getroffen wird. Die Raderin und Hörerin hat ihren Platz am Redefenster, einer Trülle, durch die man Objekte von aussen nach innen respektive von innen nach aussen befördern kann. Die Trülle bildet die Drehscheibe zur Aussenwelt. Erscheinen Verwandte oder Freunde einer Schwester am Redefenster, setzt sich die Hörerin daneben. Sie stellt sicher, dass keine Klosternachrichten nach aussen gelangen. In der Krankenstube waltet die Krankenschwester, die sogenannte Siechenmeisterin. Die Buchmeisterin ordnet die Klosterbibliothek und führt das entsprechende Register. Die Gewandmeisterin achtet darauf, dass in den Kleiderkammern Ordnung herrscht. Alte, aber noch intakte Kleider verschenkt sie an die Armen.

Die Küchenmeisterin besorgt die Küche. Allzu grosse Phantasie braucht sie nicht. Meistens bestehen die Mahlzeiten aus Mus, hergestellt aus verschiedenen Früchten und Gemüsen. An den Festtagen kommen Eier und Fisch hinzu. Die Refektorin hat die Aufgabe, im Refektorium, dem Speisesaal, den Tisch zu decken. In der kalten Jahreszeit heizt sie entweder den Ofen ein oder trägt eine Pfanne mit feurigen Holzstücken durch den Raum. Auch die Tischleserin bekleidet ein besonderes Amt. Von ihr wird erwartet, dass sie die Lesung gut vorbereitet, den Text verständlich vorträgt und weder mit zu hoher noch zu tiefer Stimme spricht. Ihr zur Seite steht die Correctrix mensae, die Korrektorin. Diese achtet darauf, dass die Leserin ihre Aufgabe gut ausführt; zudem hilft sie bei der Beschaffung und Auswahl des Lesestoffs. Die Dormitorin sorgt für Reinlichkeit im Schlafsaal, den sie mit einem Hausaltärchen und einigen Bildern schmückt.

Von der Gärtnerin werden Kenntnisse im Anbau von Gemüse, Obst und Reben verlangt. Vorsichtshalber soll kein Baum zu nahe an der Klostermauer gepflanzt werden; schliesslich will man ungebetenen Gästen keine Einstiegshilfe bieten. Als Gemüse und Gewürze werden gepflanzt: Kraut, Bohnen, Kürbisse, Erbsen, Zwiebeln, Schnittlauch und Petersilie, Berg- oder Rosenwurz, Mohn, Fenchel und Kümmel. Zudem werden Rosen gepflanzt, um die Kirche zu schmücken und Rosenwasser zu brennen.

Sorge um den Nachwuchs

Eines der wichtigsten Ämter ist das der Novizenmeisterin. Die Erziehung des Ordensnachwuchses gehört zu den bedeutsamsten Aufgaben, um die Zukunft eines Klosters zu sichern. Wenn sich eine junge Frau für das Klosterleben meldet, wird umsichtig abgeklärt, ob sie sich dafür eignet. Man redet nicht nur mit der Interessentin über ihre Motive, sondern zieht auch Erkundigungen aus dem familiären Umfeld ein. Die Aufnahme geschieht zunächst für eine einjährige Prüfungszeit. Ist das Resultat unbefriedigend, wird ein halbes Jahr hinzugefügt. Lässt sich noch immer keine Eignung für das Klosterleben erkennen, wird die Bewerberin an ihre Familie zurückgegeben.

Das Noviziat bietet eine spirituelle und intellektuelle Einführung in das Ordensleben. Diese geschieht mit Bedacht. Novizinnen, die durch besondere Bussübungen im Eiltempo zu geistlicher Vollkommenheit gelangen wollen, hält man zurück. Hingegen sollen die jungen Schwestern lernen, wie im Orden Liturgie und Askese, Gebet und Arbeit zusammenspielen.

In der Regel werden nur begabte Mädchen aufgenommen. Vorteilhaft ist es, wenn eine Bewerberin bereits ein Basiswissen in Latein mitbringt; zumindest sollte sie das Buch der Psalmen lesen und möglichst auch verstehen können. Fehlt es an Sprachkenntnissen, kann der Unterricht in der Klosterschule nachgeholt werden. Dabei sollen die jungen Schwestern nicht nur die biblischen Texte, sondern auch die asketische Literatur lesen und verstehen können. In der Bibliothek stehen ihnen zwei lateinische Lehr- und drei Wörterbücher zur Verfügung. Viele Texte aus dem Chorgebet werden zudem auswendig gelernt. Um den Novizinnen Zeit für das Studium zu geben, werden sie zuweilen von den Gebetszeiten dispensiert.

So verständnisvoll sich die Schulung des Klosternachwuchses auch gestaltet, so droht auch in St. Katharinen als letztes «pädagogisches Mittel» das Rutenbündel, wenn die Mädchen ihre Studienpflichten zu wenig ernst nehmen. Für solche Züchtigungen gibt es ein eigenes Amt, das der «prefectrix» oder «ministratrix scolae» oder «huterin der schul». Es gibt keine Anzeichen dafür, dass die Rute allzu häufig geschwungen wurde.

Einfacher gestaltet sich die Ausbildung der Laienschwestern. Diese stammen aus bescheidenen Verhältnissen und verrichten vor allem die schwereren Arbeiten im klösterlichen Betrieb. Dank ihnen haben die Chorschwestern genügend Musse, ihre langen Tagzeit-Gebete zu verrichten.

Neben den Laienschwestern leben auch Mägde in der Klostergemeinschaft. Diese besorgen die Botengänge in die Stadt und helfen bei den Hausarbeiten; für die schwereren zieht man den Klosterknecht bei.

Zuweilen werden St. Katharinen auch Töchter aus vornehmen Familien zur Ausbildung anvertraut. Diese sollen in den Elementarfächern unterrichtet, aber auch in Hausarbeiten wie Nähen, Sticken und Ähnliches eingeführt werden.

Markus Rickenbacher hat 2001 in seiner Lizentiatsarbeit die soziale Zusammensetzung des Konvents am Ende des 15. Jahrhunderts unter die Lupe genommen. Er kommt zum Schluss, dass die Mehrheit der Konventualinnen aus der städtischen Oberschicht der Bodenseestädte stammt, der grössere Teil aus den führenden Familien der Stadt, dem «Handelspatriziat». Von den Laienschwestern sind ein Drittel der mittleren, zwei Drittel der unteren Gesellschaftsschicht zuzuordnen (siehe Kapitel «Klosterfrauen wirtschaften»).[17]

Textilerinnen

Für die tägliche handwerkliche Beschäftigung steht die Arbeitsstube zur Verfügung. Der Tradition der Textilstadt folgend, fertigen die Schwestern vor allem Stoffe und Stickereien an. Die Leinwandstoffe stellen sie nicht nur für den Eigengebrauch, sondern hauptsächlich für den Markt her. Dies verschafft dem Kloster ein zusätzliches Einkommen.

Szenen aus dem Leben Jesu. Die Stickerei wird Johann Jakob Ackli zugeschrieben (Kloster Wonnenstein (AR) um 1618). Vergleichbare Motive wurden auch bei den Stickereien in St. Katharinen verwendet.

Gesticktes Kissen von 1618, wie es in Wil in der Karwochenliturgie verwendet wurde. Aufschrift: «Ach des grossen Hertz Leid/alls Jesus von siner Mutter scheitt.» Der Abschied Jesu von der Mutter wird als offensichtlich bewegendes Motiv auch dreimal im Schwesternbuch erwähnt.

Mit Vorliebe beschäftigen sich die Frauen aber mit Stoffen für den kirchlichen Gebrauch, vom Bildteppich über Altartücher bis zu ganzen Messgewändern. Die erwähnten liturgischen Gewänder werden weitgehend selber hergestellt. Das Konventsbuch beschreibt einzelne Motive, mit denen diese Textilien verziert werden: Jesus bei der Frau am Brunnen, ein Einhorn als Symbol für Jesus, Jesus am Kreuz, der heilige Thomas von Aquin, der heilige Martin. Die Marienstatue, ein Abbild der Schwarzen Madonna von Einsiedeln, wird besonders liebevoll mit kostbaren Stoffen eingekleidet, ihre Schuhe werden mit Edelsteinen besetzt.

Zuweilen erben die Schwestern einen Teil der Garderobe einer verstorbenen Dame aus reichem Haus. Auch solche Textilien verarbeiten sie zu liturgischen Gewändern. Eine besondere Spezialität ist die Herstellung von Pater-noster-Schnüren. Diese bestehen aus Bändern, die kunstvoll bestickt und mit Edelsteinen besetzt sind. An ihnen zählt man die Pater noster (Unser Vater), wenn beispielsweise bei Gebetsversprechen das Herrengebet öfter wiederholt wird.

Von all dieser Kunstfertigkeit ist nichts erhalten geblieben. Im Zuge der Aufhebung des Klosters sind auch die textilen Kostbarkeiten verlorengegangen. Dennoch besitzt das St. Galler Textilmuseum eine reiche Sammlung von Klosterarbeiten aus jener Zeit. Die Motive decken sich mit jenen, die aus St. Katharinen bekannt sind. In diesem Sinne bewahrt das Textilmuseum zumindest indirekt das Andenken an die Kunstfertigkeit der Schwestern von St. Katharinen. Auch im Nachfolgekloster, in Wil, wird die textile Tradition weitergepflegt.

Beziehung zur Aussenwelt

Mit der Einführung der Klausur schliesst sich der Katharinenkonvent von der Aussenwelt ab, aber nicht hermetisch. Wichtig ist den Schwestern nur, dass «die Welt nicht ins Kloster getragen» wird. Innerhalb der Klausur soll nicht die weltliche, sondern die klösterliche Tagesordnung gelten. Hier soll alles mit einer Aura des Gebetes umgeben sein. Zudem möchten die Schwestern, dass nichts von ihrem Gemeinschaftsleben nach aussen dringt. Über Klosterangelegenheiten herrscht strenge Schweigepflicht.

Offen zeigen sich die Schwestern, wenn weltliche Leute auf ihrem

Friedhof beigesetzt werden wollen. Es handelt sich um Angehörige aus dem Rat, Adelige oder Bürger, die auf dem Klosterfriedhof bestattet werden. Damit erhalten die Schwestern nicht nur Vergabungen wie etwa Jahrzeitstiftungen, sondern gehen auch Gebetsverpflichtungen ein. Zuweilen häufen sich diese derart an, dass die Schwestern bei den kirchlichen Vorgesetzten um eine Reduktion der Gebetslasten bitten müssen.

Aussenkontakte gibt es auch zu den Angehörigen, allerdings eher auf eine indirekte, geistige Weise. Bei einem freudigen Anlass singen die Schwestern die klassischen Hymnen auf den Heiligen Geist, Maria und die Dreifaltigkeit. Bei einem Todesfall halten sie eine Vigil, einen nächtlichen Gottesdienst, bei dem sie sieben Psalmen beten. Auch vor sozialer Not schotten sich die Schwestern nicht ab. Notleidende erhalten an der Klosterpforte Hilfe. Dort versorgen die Frauen dienstags und freitags die Armen mit Suppe, Brot und Gemüse.

Kontakte nach aussen brauchen die Schwestern auch, wenn sie zu den kursierenden Ablassangeboten gelangen wollen. Mal hier, mal dort verteilen Bischöfe oder Päpste mehr oder weniger lange und aufwendige Ablässe, in der Regel verbunden mit einer zu entrichtenden Geldsumme. Die Idee des Ablasses besteht darin, durch ein gutes Werk einer Seele im Fegefeuer beizustehen. An der Vorstellung, dass es eine Verbundenheit über den Tod hinaus gibt, ist nichts Anrüchiges. Pervertiert wird sie jedoch durch das Geld, das die kirchliche Obrigkeit für den Ablass einstreicht. Kritik am Ablasshandel ist einer der wichtigen Impulse, die zur Reformation führen.

Um solche Ablassbriefe zu erlangen, schicken die Schwestern von St. Katharinen namentlich ihre Lesemeister auf die Reise. Mit Johannes Scherl haben sie einen Lesemeister, der ihnen während neunzehn Jahren zur Seite steht. Eine Zeitlang wird er unterstützt von seinem Bruder Heinrich, der als Kaplan im Kloster wirkt. 1496 geht diese fruchtbare Zusammenarbeit zu Ende. Eine unbegründete Verleumdung veranlasst die Scherls, sich zurückzuziehen, sehr zum Bedauern der Schwestern. Jetzt braucht es wieder Aussenkontakte, um zu Lesemeistern zu kommen. Meist bleiben diese nur kurz, oft nur zwei Jahre, zuweilen fehlen sie ganz. Die Schwestern sind bestrebt, sich das Recht der freien Wahl des Lesemeisters zu bewahren, ein Privileg, für das sie sich immer wieder wehren müssen.

Begehrte St. Galler Nonnen

Der grösste Wunsch des Konvents geht nicht in Erfüllung: die vollständige Eingliederung in den Dominikanerorden. Einmal schicken sie den Lesemeister mit 150 Gulden an die Kurie nach Rom, dann wieder einen Vertrauten mit 56 Gulden zum Provinzial in Deutschland. Doch alles nützt nichts. Den grössten Widerstand leistet der Bischof von Konstanz, dessen geistlicher Leitung die Schwestern unterstellt sind. Dieser hat seine eigenen Pläne mit ihnen. 1497 verlangt er, dass der St. Galler Konvent zwei Schwestern in das Konstanzer Dominikanerinnenkloster Zoffingen sende, um dort die Reform einzuführen. Vergeblich betonen die St. Gallerinnen, dass eine Reform von innen kommen müsse, so wie man es in St. Katharinen selbst gehalten habe. Doch der Bischof weist darauf hin, dass das Kloster wirtschaftlich und spirituell derart heruntergekommen sei, dass es ohne Hilfe von aussen nicht gehe. Wohl oder übel muss man dem Bischof entgegenkommen. Die beiden Schwestern werden als Priorin und Subpriorin eingesetzt. Ein Jahr später verlangt der Bischof zwei weitere Schwestern, die die Ämter der Novizenmeisterin und der Weinkellerin erhalten. Die St. Gallerinnen haben den Konvent bald im Griff. Dieser beginnt wieder zu blühen, was den Bischof von Konstanz veranlasst, 1502 einen erneuten Aderlass zu fordern. In St. Peter hat er ein weiteres Frauenkloster, das dringend nach einer Reform verlangt. Doch diesmal wehren sich die Schwestern von St. Katharinen. Sie schicken die Gesandtschaft aus Konstanz zum Rat der Stadt, der sie mit ihrem Wunsch abblitzen lässt. Damit ist aber ziemlich viel Geschirr zerschlagen. Vom Bischof von Konstanz dürfen die Schwestern keine Unterstützung mehr erwarten bei ihrem Wunsch, in den Dominikanerorden inkorporiert zu werden.

Persönliche Armut, wirtschaftliche Blüte

In St. Katharinen gehen geistliche und wirtschaftliche Blüte Hand in Hand. Das ist nicht selbstverständlich. Während der wachsende Besitz das geistliche Leben im Galluskloster zum Erliegen bringt, macht er in St. Katharinen die Schwestern frei, ihren Gebetspflichten nachzugehen und sich spirituell zu entfalten.
Die vorhandenen Rechnungsbücher geben detaillierten Aufschluss über Einkünfte aus Grundbesitz und Darlehen (siehe Kapitel «Klos-

terfrauen wirtschaften»). Das Besitztum des Konvents erstreckt sich über eine weite Region, umfasst Bauernhöfe, Äcker, Weinberge, Wälder. An Zinszahlungen gehen jährlich 500 Gulden ein, am meisten aus Stein am Rhein, das von St. Katharinen 4000 Gulden geliehen hat. Als die Stadt den Betrag zurückzahlt, verleihen die Schwestern gleich 300 Gulden an das Bauamt der Stadt St. Gallen. Und auch Basel erhält ein Darlehen von 800 Gulden. Das Kloster ist auch eine kleine Bank.

Ein Teil der Einkünfte besteht aus Naturalien. Diese und die Geldzinsen tragen dazu bei, den Haushalt für die gut sechzigköpfige Klostergemeinschaft, Schwestern, Mägde und Knechte, zu bestreiten. Ein- und Ausgaben halten sich in der Regel die Waage.

Als Stadtkloster muss sich St. Katharinen auch an den Lasten beteiligen, die in der Stadt anfallen. Zehn Gulden beträgt die übliche Jahressteuer. Nach dem Klosterbruch in Rorschach müssen sich die Schwestern an der Wiedergutmachung beteiligen. 200 Gulden fordert der Rat, schliesslich einigt man sich auf 120. Nach dem Schwabenkrieg wird von den Schwestern eine Kriegssteuer von 61 Gulden verlangt.

Wachsen und Bauen

Weil der Konvent wächst, wird es langsam eng in St. Katharinen. So muss ab den 1480er-Jahren ständig irgendwo angebaut, erweitert, aufgestockt oder gar neu gebaut werden. Nacheinander entstehen Glockentürmchen, eine Erweiterung der Sakristei und das Kreuzgewölbe im Chor der Kirche. Am 14. September 1503, dem Fest der Kreuzerhöhung, werden die ersten Steine für den Bau des Kreuzgangs gebrochen, später wird eine Kapelle angebaut, eine Orgel erstellt.

Die Bautätigkeit erstreckt sich auch auf Wirtschaftsbauten, Badstube, Knechtestube, Stallungen, Kornhaus, Heulage, Küferei. Für den Konvent wird ein neues Refektorium erstellt (siehe Kapitel «Baugeschichte: Versteckter Reichtum»). Ein Anliegen ist es auch, die Mauer hochzuziehen, damit man aus den höher gelegenen Räumen nicht das Treiben in der Stadt beobachten kann.

Die Klosteranlage gleicht in der Blütezeit von St. Katharinen einer Dauerbaustelle: Immer wieder gibt es etwas zu erweitern oder zu verschönern, einmal für die Liturgie, dann für die Wirtschaftsführung, den Lesemeister und den wachsenden Konvent selbst. Ebenso wichtig wie die Bauten ist deren Ausstattung. Es ist die Zeit der hochgotischen, filigranen Holzschnitzereien. So bestellen die Schwestern 1478 eine geschnitzte Tafel für den Frontaltar mit den Heiligen Gallus, Wolfgang, Agatha und Thomas von Aquin. Bereits 1484 folgt eine neue, grössere Tafel, dieses Mal mit einer Statue Katharinas.

St. Katharinen gleicht mehr und mehr einem Bilderbuch. Schnitzereien und Malereien wirken wie eine bildgewordene Heiligenlitanei; die Schwestern leben quasi inmitten einer Heiligen-Aura. Diese umhüllt nicht nur die Altäre, sondern auch die Wände der Kirche, den Kirchhof, den Kreuzgang und die Konventsräume. Manche Darstellungen bilden Szenen aus dem Leben Jesu ab, wie etwa den Abschied von seiner Mutter, die Begegnung am Jakobsbrunnen, die Szene am Ölberg und das Leiden am Kreuz. Bei den Heiligen gibt es oft einen Bezug zum Namen oder zum Amt des Stifters. Der Abt von St. Gallen, der das erste Glasfenster im Kreuzgang schenkt, lässt beispielsweise den heiligen Gallus abbilden. Zehn Fenster werden im Kreuzgang mit Glasbildern geschmückt, jedes besteht aus drei Teilen mit unterschiedlichen Motiven, die allesamt von Gönnern des Klosters gestiftet sind. Für diese bieten die Bilder eine Gelegenheit, sich mit eingelassenem Familienwappen ein kleines Denkmal zu setzen. Glasmalereien sind gefragt, finden sich farbige Fenster doch auch in der Kirche, in der Konventsstube, im Refektorium und selbst in einzelnen Zellen der Nonnen.

Bibliothek und Skriptorium

Zur Blüte von St. Katharinen gehört die Pflege der Bibliothek, mehr noch des eigenen Skriptoriums, der Schreibstube. Im Dominikanerorden wird das Bücherwesen besonders gepflegt, nennt man die Bibliothek doch den kostbarsten Schatz eines Konvents. So prägnant wird dies zwar für den weiblichen Zweig des Ordens nicht formuliert, dennoch haben Frauen und Frauenklöster einen grossen Anteil am Geistes- und Kulturleben jener Zeit. Neuere Untersuchungen über den weiblichen Beitrag zur Kulturgeschichte sind auf die Schriftlichkeit und die Schreiberinnen in Frauenklöstern, auch in St. Katharinen in St. Gallen, aufmerksam geworden. Schwestern sammeln Texte zur deutschen Mystik, schreiben Bücher ab, zeichnen Gedanken und Visionen auf, eigene oder solche ihrer Mitschwestern. Das Katharinenkloster der Dominikanerinnen in Nürnberg wird zur grossen Sammelstelle mystischer Literatur. Durch den regen Kontakt, den Angela Varnbühler mit Nürnberg pflegt, gelangt manches Buch nach St. Gallen, wo es nicht nur studiert, sondern vor dem Rückversand auch abgeschrieben wird. Andere Werke werden aus Ausleihen anderer Klöster kopiert, mit denen man im Bücheraustausch steht. Das Bibliotheksnetz ist eine Erfindung des Mittelalters und wird namentlich auch von den Frauenklöstern gepflegt.

Wie im Gallusmünster gehen Klostergründung und eine erste Bibliothekseinrichtung Hand in Hand, braucht es doch allein schon für die Feier der Liturgie zahlreiche Bücher. Hinzu gesellen sich bald auch die Ordensregel und die Anweisungen zur Gestaltung des spirituellen Lebens.

In St. Katharinen kommen bis zur Reform um 1459 rund 250 Bücher zusammen, die grosse Mehrheit lateinisch geschrieben. Zudem gibt es rund drei Dutzend in Bretter gebundene, deutsch verfasste Handschriften. Nach der Reform wächst der Bücherbestand rasch an. Bald erwerben die Schwestern auch erste Druckwerke. Oft besitzen die Nonnen nun neben dem handgeschriebenen noch ein gedrucktes Brevier.

Ein Förderer der Klosterbibliotheken ist der aus Zürich stammende Dominikaner Johannes Meyer (1422–1482). Er tritt schon als zehnjähriger Knabe ins Zürcher Predigerkloster ein, wechselt mit zwanzig in den Basler Konvent, der früh die Observanz befolgt. Seither wirkt Meyer als treibende Kraft der Erneuerung in verschiedensten Dominikanerinnenkonventen. Weil es ihm nicht um eine generelle Umgestaltung, sondern um eine Erneuerung des Konventslebens geht, erinnert er in seinen Schriften vor allem an die Anfangszeiten des Ordens und verfasst Lebensbeschreibungen von Mönchen und Nonnen, die als vorbildlich gelten.

Meyer hat in seinen Schriften Vorschläge für die Anlage einer Bibliothek gemacht. Diese dürften auch für die St. Galler Katharinen-Schwestern wegleitend gewesen sein, sowohl räumlich als auch thematisch. Was den Raum betrifft, mahnt Meyer, diesen so zu wählen, dass er vor Regen und Unwettern gut geschützt, wohl aber gut durchlüftet sei. Zudem sollte man ihn auf einfache Weise vergrössern, dem wachsenden Bücherbestand anpassen können. Die Bücher solle man in Schränken aus Holz aufbewahren. Für die inhaltliche Gruppierung sind zunächst zwei grosse Abteilungen vorgesehen: Eine enthält alle Bücher der Heiligen Schrift und ist nicht weiter unterteilt, die zweite umfasst alle andern Werke. Diese zweite Abteilung wird in folgende Gruppen unterteilt: Auslegung der Heiligen Schrift, Schriften der Kirchenlehrer, Berichte über frühe Kirchenväter und Märtyrer, Historienbücher und Chroniken. Die liturgischen Bücher und die persönlichen Breviere sind täglich in Gebrauch und werden darum nicht in der Bibliothek aufbewahrt.

Die Sorge um die Bibliothek ist Aufgabe der Buchmeisterin. Für dieses Amt wird eine Nonne gewählt, die Freude an Büchern hat, gleichzeitig aber auch gebildet genug ist, um zu wissen, welche Werke für die Bibliothek in Frage kommen. Sie muss die Bücher registrieren und schreibt auch auf, welche Bände vom Lesemeister ausgeliehen werden. Besonders minutiös werden Ausleihen nach aussen festgehalten, wenn zum Beispiel ein Buch einem andern Konvent oder einer Privatperson zum Abschreiben ausgehändigt wird.

Zweimal pro Jahr werden die Bücher aus den Gestellen geholt, abgestaubt, und es wird kontrolliert, ob sich nicht ein Bücherwurm eingenistet hat. Die Buchmeisterin achtet darauf, dass die Bücher auch wirklich gelesen werden. Wo Bücher mehrfach vorhanden sind, behält sie die besten zurück und versucht, die andern zu verkaufen, um aus dem Erlös neue Schriften zu erwerben.

Im Refektorium sitzt sie neben der Tischleserin und hilft ihr, sich auf die Lesung vorzubereiten. In der Schreibstube sorgt sie für alles, was es zum Kopieren der Bücher braucht. Meistens sind dort einige Schwestern gleichzeitig am Werk. Die Schreibstube, das Skriptorium, ist ihr beliebtester Arbeitsplatz. Entsprechend gepflegt sind die Handschriften, die aus dieser Zeit stammen. Zwar schreibt jede Schwester ein wenig anders, doch verraten alle Schriften eine gemeinsame Schulung, so dass man von einem klostereigenen Schriftstil sprechen kann. Dies gibt Anhaltspunkte, um jene Bücher zu entdecken, die aus St. Katharinen in andere Bibliotheken gewandert sind.

Meist begnügen sich die Schwestern nicht damit, die Bücher einfach abzuschreiben, sondern achten auf eine exakte Schrift. Zuweilen werden auch prächtige Pergamentcodices hergestellt mit bunten und goldenen Initialen, Randverzierungen und Miniaturen. Johannes Meyer schreibt in diesem Zusammenhang: Wer so schöne Bücher sieht, dem fällt es schwer zu glauben, dass eine Frau so schön arbeiten kann.

Zentrum weiblicher Schreibtätigkeit

Die Schreiberinnen werden im Konventsbuch namentlich aufgeführt. Zudem hält das Schwesternbuch fest, dass eine Schwester einem von ihr abgeschriebenen Buch ihren Namen beifügen dürfe – nicht aus Überheblichkeit, sondern damit man ihrer immer wieder, auch nach hundert Jahren noch, im Gebet gedenke. Auch das Schreiben ist religiös eingebettet.

Simone Mengis hat in ihrer 2005 im Rahmen eines Nationalfondsprojekts eingereichten Dissertation das Skriptorium von St. Katharinen eingehend untersucht. Es gilt weitum als «bedeutendstes Zentrum» weiblicher Schreibtätigkeit. Dreizehn, möglicherweise gar vierzehn Nonnen sind nicht nur als Scheiberinnen bekannt, man kann ihnen auch die von ihnen geschriebenen Handschriften zuordnen. Von weiteren Schreiberinnen sind keine Handschriften erhalten geblieben.[18]

Zur Zeit der Reformation geht ein Teil des Bücherbestands verloren, ein ansehnlicher bleibt jedoch erhalten. Die damalige Buchmeisterin Regula Keller geht nicht nur als Kämpferin für den Erhalt von St. Katharinen in die Konventsgeschichte ein; sie ahnt auch, was angesichts der Reformation ihren Büchern blühen könnte. So bringt sie die wertvollsten Handschriften der Bibliothek bei benachbarten Frauenklöstern in Sicherheit: im Wiboradakloster in St. Georgen, in der Notkersegg, in Appenzell und Grimmenstein. Einige wenige kommen noch in die Übergangsbleibe der Schwestern auf den Nollenberg. Dort mögen einzelne Schriften beim Brand zerstört worden sein; der Rest findet den Weg in das neugebaute Kloster nach Wil. Dort durchforsten Mönche aus dem Galluskloster den Bestand und zweigen einige Werke für die Stiftsbibliothek ab, wo sie bis heute zu finden sind. Dem Wiler Katharinastift bleibt nur ein spärlicher Überrest.

Antiphonar von 1483, entstanden in der Schreibstube von St. Katharinen, heute im Archiv St. Katharina, Wil.

Spätblüte

Mit dem Tod von Angela Varnbühler am 5. März 1509 endet ein dreiunddreissigjähriges Priorat, aber keineswegs die Blütezeit von St. Katharinen. Knapp fünfzehn Jahre bleiben noch, bis die Stadt die Hand auf das Kloster legen wird. Es hat zwar keine derart herausragende Priorin mehr wie Angela Varnbühler; dass das Klosterleben dennoch blüht, ist ein Beweis, wie sehr die Schwestern die Spiritualität ihres Ordens verinnerlicht haben. Als letzte Priorinnen wirken in St. Katharinen weiterhin Frauen aus angesehenen Bürgergeschlechtern: Wiborada Zollikofer (Priorin 1509–1513), anschliessend Sapienta Wirt (Priorin 1513–1528).

Reform oder Reformation?
Mit der Reformation schlägt auch die Stunde von St. Katharinen, zumindest was die Bleibe in St. Gallen betrifft. Die letzten Jahre nehmen für die Nonnen einen dramatischen Verlauf, wobei die Auflösung des Konvents eine durchaus tragische Dimension hat. In seiner spätmittelalterlichen Blüte pflegt der Konvent die erwähnte Devotio moderna, jene verinnerlichte Frömmigkeitsform, die in der Pflege der Herzensfrömmigkeit das Wesentliche der Gottesbeziehung sieht. Just diese Frömmigkeit hilft mit, die Reformation vorzubereiten. Die Tragödie besteht darin, dass in der Durchführung der Reformation solche Zusammenhänge keine Rolle mehr zu spielen scheinen. Die Bürgerschaft der Stadt, die sich der Reformation zuwendet, kann nicht begreifen, dass die Schwestern die neue religiöse Begeisterung nicht teilen. Die Schwestern wiederum können kaum erkennen, dass das Grundanliegen der Reformation von der gleichen innerlichen Frömmigkeit ausgeht, die ihnen selber so wichtig ist. Widerstand leisten die Schwestern, als sie merken, dass es dem Rat der Stadt nicht nur um die Einführung neuer Gottesdienstformen, sondern auch um die Auflösung des Konvents geht. Für Bürgermeister Vadian taugen Klöster nur, wenn sie im Bildungs- oder Sozialbereich tätig sind. Kontemplation, wie sie in St. Katharinen gepflegt wird, gilt ihm als Müssiggang. So stehen sich Konvent und Rat von Beginn weg unversöhnlich gegenüber. Das Ende von St. Katharinen in St. Gallen ist unabwendbar.
Dabei ist dieser Ausgang keineswegs vorgegeben. Wie Stefan Blarer am Beispiel der Konstanzerin Margareta Blarer (1494–1541) zeigt, gibt es Frauen, die als «Diakonissinnen» die alten Ideale Ehelosigkeit und selbstlosen Dienst an den Bedürftigen auch im Zeichen des neuen Glaubens leben. Möglich wird dies, weil sich Margareta Blarer durch eine lange, persönliche Auseinandersetzung dem neuen Glauben nähern konnte, dieser ihr also nicht auf-

gezwungen wurde. Spannend ist, dass eine entfernte Verwandte von Margareta, Justina Blarer, zu den Schwestern gehört, die nach der Schliessung von St. Katharinen in St. Gallen Anschluss an ein anderes Kloster suchen.[19]

Wetterleuchten

In St. Gallen setzt sich die Reformation vergleichsweise langsam durch. Die Kaufleute können sich zunächst mit dem neuen Gedankengut nicht anfreunden. Es braucht überzeugende Gestalten wie Vadian und Johannes Kessler, um ihm zum Durchbruch zu verhelfen. Zunächst wird die Auseinandersetzung um die Lehren der Reformation auf den Kanzeln ausgetragen. Im Münster verteidigt Wendelin Oswald den alten Glauben, ein Prediger, der gleichzeitig auch Lesemeister in St. Katharinen ist. In St. Laurenzen entwickelt sich Christoph Schappeler zum engagierten Verfechter der Reformation.

Inzwischen wird die Reformation zur Volksbewegung. In der Nacht vor Palmsonntag 1524 fällt eine mehrere hundert Leute zählende Schar ins Klösterchen St. Leonhard ein, ein Auflauf, der sich erst beim Erscheinen Vadians auflöst. Der Rat der Stadt bietet dem Katharinenkloster darauf seine Schirmherrschaft an, was die Nonnen aber ablehnen. Drei Jahre später setzt der Rat dennoch Vögte für St. Katharinen ein. Das heisst, dass die Schwestern die Verfügungsgewalt über ihre Klosterräumlichkeiten verlieren. Im Juni 1527 wird die spätgotische Einrichtung mit all den vielen Heiligen gewaltsam aus der Kirche und den Konventsräumen entfernt. Manche Männer dringen auf der Jagd nach Heiligenstatuen bis zu den Zellen der Nonnen vor. Die Klostervögte beginnen auch gleich damit, einzelne Güter des Klosters zu verkaufen.

Um die Schwestern von der neuen Lehre zu überzeugen, drängt man ihnen Christoph Schappeler als Prediger auf. Dieser ist in den ersten Jahren der Reformation eine treibende Kraft in Memmingen, wo er eine Rolle beim Bauernaufstand spielt, im letzten Moment aus der belagerten Stadt fliehen kann und in St. Gallen Zuflucht sucht. Am 24. November 1527, am Vorabend des Festtags der heiligen Katharina, hält Schappeler seine erste Predigt in der Konventskirche, in Anwesenheit der beiden Bürgermeister und einer grossen Volksmenge. Mehrere Male pro Woche müssen sich die

Schwestern die Predigten Schappelers anhören, ohne dass sie sich allerdings dem neuen Glauben zuwenden. Am 2. Mai 1528 hebt der Rat die Klausur auf. Nun sind die Schwestern verpflichtet, am Mittwoch und Sonntag in der Kirche St. Mangen die reformierte Predigt zu hören. Am 25. Juli müssen sie ihre Nonnenkleider ablegen; am 14. September 1528, am Fest der Kreuzerhöhung, wird ihnen verboten, das Münster aufzusuchen.

Auflösung, Widerstand und Neubeginn

Bei so viel Druck bleibt den Nonnen kaum noch eine Wahl. Der Konvent, der zu dieser Zeit 51 Frauen zählt, löst sich auf. Die meisten wohnen vorübergehend bei ihren Familien, um anschliessend in ein anderes Kloster einzutreten. Lediglich drei Nonnen, unter ihnen Vadians Schwester, verabschieden sich vom Ordensleben und gehen eine Ehe ein.

Drei Schwestern aber bleiben, aller Unbill zum Trotz, in den Räumen von St. Katharinen: Buchmeisterin Regula Keller, Schaffnerin Elisabeth Schaigenwiler und die Laienschwester Katharina Täschler. Möglich wird dies nach dem Zweiten Kappeler Krieg vom Oktober 1531, der mit dem Tod Zwinglis endet. Der Kriegsausgang gibt den katholischen Kräften Auftrieb. Der Abt kehrt ins Galluskloster zurück. Die verbleibenden Schwestern haben nun mehr Möglichkeiten, sich gegen den Rat der Stadt zu wehren.

Fast ein Vierteljahrhundert bleiben die drei Schwestern in St. Katharinen. An ein übliches Ordensleben ist zwar nicht zu denken. Was sie trägt, ist die Hoffnung auf eine bessere Zeit. So schreibt Regula Keller 1543, mitten in der Bedrängnis, die Regeln und Konstitutionen des Ordens ab. Der Rat der Stadt, der so gerne die Konventsräume und den klösterlichen Güterbesitz an sich genommen hätte, beisst auf Granit. Die Schwestern lassen sich weder aus St. Katharinen verdrängen, noch nehmen sie an den reformierten Predigtgottesdiensten teil. 1553 versucht der Rat, eine endgültige Lösung herbeizuführen. Er bittet Regula Kellers reformiert gewordene Zürcher Verwandtschaft, die widerspenstige Cousine zur Aufgabe zu bewegen. Als dies nichts fruchtet, werden die Frauen unter strengen Hausarrest gestellt. Endlich sind sie so zermürbt, dass sie 1554 in einen Auflösungsvertrag einwilligen. Kaum auf freiem Fuss, widerrufen sie die erzwungene Zustim-

Regula Kellers Grab auf dem Schwesternfriedhof in Wil. Regula Keller hat mit den verbliebenen Schwestern von St. Katharinen auf dem Nollenberg die Gemeinschaft neu gegründet; später wird das Kloster nach Wil verlegt.

mung, worauf die Stadt einen neuen Arrest verhängt. Im Januar 1555 beendet ein eidgenössisches Schiedsgericht vorläufig die Querelen. Die ausgehandelte Abfindung entspricht allerdings bei weitem nicht dem Wert des Klosters und seines in der Region verstreuten Grundbesitzes.

Die Stadt übernimmt die Klostergebäude, die Nonnen finden vorläufige Aufnahme in den Klöstern St. Georgen und Notkersegg. 1561 können sie auf dem Nollenberg bei Wuppenau in einem alten Schwesternhaus ihr gemeinschaftliches Ordensleben wiederaufnehmen. Die drei Schwestern sind inzwischen alt geworden. Regula Keller lebt dennoch weitere zwölf Jahre und kann nun als Priorin ihren Traum von einem neuen Konvent verwirklichen. Inzwischen finden sich auch zwei neue Postulantinnen ein, die den Geist von St. Katharinen weitertragen wollen.

1590 zerstört ein Brand die Klostergebäude auf dem Nollenberg. Die Schwestern sind wiederum in Bedrängnis, was den Abt des Gallusklosters, Joachim Opser, veranlasst, auf den Vertrag von 1555 zurückzukommen. Der Klosterstaat hat ein probates Druckmittel in der Hand. Das Grundeigentum an Höfen, Feldern und Weinbergen des St. Katharinenklosters liegt weitgehend auf dem Gebiet des Fürstenlandes; der Abt kann also jederzeit die Hand darauf legen. Dies ist allerdings nicht der einzige Grund, dass eine definitive Lösung zustande kommt. Seit dem Wiler Vertrag von

Eingang zur Klosteranlage von St. Katharina in Wil, dem Nachfolgekloster von St. Katharinen in St. Gallen.

1566 hat sich das Verhältnis zwischen Abt und Stadt deutlich verbessert, so dass beide Seiten sich entspannter auf eine Verhandlungslösung einlassen können.

Die mit den vier Schirmorten der Abtei ausgehandelte Lösung sieht eine Abgeltung von 24 000 Gulden an die Klosterfrauen vor. Dieser Betrag ermöglicht es dem Konvent, sich 1607 in Wil ein neues Kloster zu bauen. So lebt St. Katharinen in der Äbtestadt bis heute weiter.

HEIMFALL ALS GLÜCKSFALL

Im Mittelalter schenken Stadtbürger den Nonnen das Anwesen auf dem Brühl. Zu Beginn der Neuzeit fällt dieses an die Stadt zurück. Eine Art Heimfall, der sich als Glücksfall erweist.

Dreihundert Jahre lang ist St. Katharinen ein Nonnenkloster. Weitere dreihundert Jahre dient die Liegenschaft den kulturellen und kultischen Bedürfnissen der Stadtbevölkerung. Als Zeichen des Übergangs wechselt im Volksmund auch der Name: aus St. Katharinen wird «Kathrinen». Mit dem Auszug der Schwestern geht die klösterliche Tradition zu Ende. Für die Frauen gewiss ein Bruch. Aus Sicht der Stadt lebt jedoch etwas vom Geist des Klosters weiter. Denn immer wieder wird betont, dass mit der neuen Nutzung als Gymnasium, Theologische Hochschule, Bibliothek, Französische Kirche und Bewahrungsstätte von Kulturgütern jene Werte weitergepflegt werden, die auch den Schwestern wichtig waren.

Zur Zeit des Klosters bildet St. Katharinen so etwas wie das Herz der Stadt, wirkt vor allem durch sein von der Aussenwelt abgeschirmtes Innenleben. Während der städtischen Nutzung wird Katharinen zu einem Zentrum, das nach aussen ausstrahlt und mit vielerlei kulturellen Impulsen die Stadt belebt. Jedenfalls bedeutet für die zwischen dem Mauerring eingeengte Stadt die Übernahme der Katharinen-Liegenschaft eine ungeahnte Chance. Hier steht nun plötzlich Raum zur Verfügung, den das sich entwickelnde St. Gallen dringend nötig hat, wenn es nicht nur von Handels- und Zunfthäusern leben, sondern auch auf kulturelle Entfaltung setzen will. Katharinen erschliesst den Bürgern ein neues «Siedlungsgebiet» mitten im engen Stadtraum. Ein Raumangebot, das nicht nur neu, sondern gemessen am damaligen Stadtgebiet erstaunlich gross ist.

Es fällt auf, dass die Stadt bei der Nutzung dieser «Brache» mit Bedacht vorgeht. Nach dem definitiven Auszug der letzten Schwestern stürzt sie sich nicht einfach auf die verlassene Liegenschaft. Zunächst wohnt der Güterverwalter dort. Die Zurückhaltung hängt damit zusammen, dass der Schiedsspruch von 1555 nur die Entschädigung der Schwestern regelt, was aber noch nicht das formelle Ende der klösterlichen Stiftung bedeutet. Es ist nicht nur dieser rechtliche Aspekt, der die Zurückhaltung der Stadt erklärt. Wie erwähnt, entspannt sich in den 1550er-Jahren das Verhältnis zur Abtei. Das eröffnet die Chan-

Innenhof von Katharinen: Die bisherigen Klosterräume sind eine Chance für die Stadt.

Vom klösterlichen Kreuzgang zum Schulhof, vom Nonnen- zum Bubenkloster.

ce, alle strittigen Fragen zwischen Stadt und Kloster ein für alle Mal zu lösen. Dies gelingt mit dem Wiler Vertrag vom 21. September 1566. Im gleichen Geist der gegenseitigen Verständigung wird 1594 auch der Vertrag über die definitive Übergabe der Katharinen-Liegenschaft an die Stadt geschlossen.

Bereits ab 1566 nutzen die Bürger die ehemaligen Klostergebäude für ihre Zwecke. Von 1570 an sind hier im Sinne einer Zwischennutzung Klassen der städtischen Bubenschule einquartiert. Man plant auch, das städtische Spital von der Marktgasse nach Katharinen zu verlegen. Dies scheitert allerdings daran, dass die Kellerräume im ehemaligen Kloster ungeeignet sind. Einzelne bewohnbare Räume werden vorerst vermietet, in anderen werden Salzfässer und andere Waren gelagert. Die Liegenschaft wird also ganz ähnlich genutzt, wie dies heute bei einer Brache der Fall ist.

Eine neue Aufgabe erhalten die Räume des ehemaligen Klosters erst 1599. Vier Jahre nach dem endgültigen Auflösungsvertrag zieht das neu gegründete städtische Gymnasium in die leerstehenden Räumlichkeiten ein. Über 250 Jahre werden hier nun die Schüler der Stadt unterrichtet. In Anlehnung an den früheren Nonnenkonvent heisst dieses Gymnasium bald einmal «Bubenkloster».[20]

Es werde Schule

Gelernt wird auch im Mittelalter. Ein eigentlicher Schulbetrieb ist aber erst spät verbürgt. Für St. Galler Buben gibt es gegen Ende des Mittelalters eine Deutsche und eine Lateinische Schule. Die Deutsche Schule führt in die Grundkenntnisse des Lesens, Schreibens und Rechnens ein. Älter als die Deutsche ist die Lateinische Schule, die sich bereits 1351 nachweisen lässt. In dieser wird einseitig fast nur Latein gelehrt, weil man die Buben für den Chorgesang und die musikalische Gestaltung der Gottesdienste im Gallusmünster braucht. Die Schule ist also eher eine Ausbildungsstätte für Sängerknaben als ein wirkliches Gymnasium. Dies ändert sich mit der Reformation. Von da an werden an den Schulmeister besondere Ansprüche gestellt. Er muss neben Latein auch Griechisch und wenn möglich Hebräisch beherrschen. Kein Problem für Johannes Kessler, der die Schule von 1537 bis zu seinem Tod 1574 leitet und in dieser Zeit zum Blühen bringt.

Etwas prekärer sieht die Situation für die Mädchen aus, die lediglich in den elementaren Fächern unterrichtet werden. Den Anfang der Mädchenbildung macht das Noviziat in St. Katharinen, wo die angehenden Schwestern eine eigentliche Schulbildung erhalten. Im Kloster werden auch immer wieder aufgeweckte Mädchen aus der Stadt unterrichtet.

Wo immer unterrichtet wird, braucht es Schulraum. Raumprobleme begleiten das sanktgallische Schulwesen von seinen Anfängen bis heute. Darum ist man besonders froh, die Deutsche und Lateinschule ab 1570 in den zur Verfügung stehenden Räumen von Katharinen unterbringen zu können. Doch das dafür geeignete Raumangebot scheint zu klein zu sein. Die engen Verhältnisse führen bald zu Reibereien, an denen Schüler- und Lehrerschaft beteiligt sind. Eine Verbesserung bringt das Jahr 1583. Nun kann an der heutigen Kugelgasse 19 das erste städtische Schulhaus bezogen werden, eine Stiftung des reichen Leinwand-Kaufmanns Michael Sailer. Dieses steht zunächst der Deutschen Bubenschule zur Verfügung, 1598/99 für ein knappes Jahr auch dem Gymnasium. 1599 disloziert die ganze männliche Schuljugend in die hergerichteten Räume von Katharinen. Ab diesem Jahr gehört das Sailer'sche Schulhaus der Mädchenbildung. 270 Jahre lang sind hier alle Mädchenklassen untergebracht. 1870 erhalten die Primarschülerinnen in der Blumenau ein eigenes Schulhaus, 1892 die Sekundarklassen den Talhof. Anschliessend zieht die Frauenarbeitsschule in das stattliche Schulhaus ein. Heute führt hier das Gewerbliche Berufs- und Weiterbildungszentrum St. Gallen das Couture-Lehratelier.

Kaufleute als Schulmäzene

Im 16. Jahrhundert gibt es in St. Gallen also sowohl Schulbildung als auch Schulraum. Doch die Qualität des Unterrichts hängt ganz von der Persönlichkeit der Lehrer ab. Neben überzeugenden Gestalten wie Johannes Kessler gibt es auch pädagogische Nieten. Zu ihnen gehört der Bruder Vadians, der als Lehrer wirken darf, obwohl er «unziemlich mit seiner Frau umgegangen war». Er wird sogar ins Gefängnis gesteckt, weil «er liederlich war, sein Gut vertan hatte und seine eigenen Kinder hungern liess». Ein anderer Lehrer geht als Säufer und Prügelpädagoge in die städtische Schulgeschichte ein.[21]

Vor diesem Hintergrund ist verständlich, dass sich aufgeweckte Bürger Sorgen um die Bildung der heranwachsenden Jugend machen. Namentlich an der Deutschen Schule fehlt es nicht nur an überzeugenden Lehrern, sondern auch an einem schlüssigen Programm. Es sind Kaufleute, die darum das Heft in die Hand nehmen. Von ihren weiten Geschäftsreisen her wissen sie, was andere Städte im Schulwesen leisten. Also beschliessen sie, mit namhaften Beträgen dem sanktgallischen Schulwesen auf die Beine zu helfen. Zumal nun mit Katharinen ein Raumangebot zur Verfügung steht, das danach ruft, genutzt zu werden. Allerdings schiesst man das Geld nicht à fonds perdu in eine städtische Kasse ein, vielmehr will man eine Stiftung errichten, die das zu gründende Gymnasium führen soll. Drei Kaufleute, Georg Zollikofer von Altenklingen, Jacob Zollikofer von Neugensberg und Pannerherr Heinrich Keller, tun sich 1597 zusammen, um die Schulgründung voranzutreiben, später gesellen sich noch weitere Kaufleute aus dem städtischen Patriziat hinzu. Diese

Lernen in klösterlicher Atmosphäre.

sprechen beim Rat der Stadt vor, finden aber vorderhand kein Gehör. Anscheinend befürchtet die Obrigkeit, bei einer Stiftung zu viel an Einfluss auf das Schulwesen zu verlieren, werden ihr doch nur drei Sitze im neunköpfigen Schulrat offeriert.

Der ablehnende Entscheid des Rats wird nicht stillschweigend entgegengenommen. Der angesehene Prediger und Schulmeister Wolfgang Wetter verlässt unter Protest die Stadt. Zudem lassen die Kaufmannsfamilien nun ihre Beziehungen spielen. Es vergeht lediglich ein Vierteljahr, bis der Rat auf seinen Entscheid zurückkommt und in die neue, halbprivate Schulgründung einwilligt. Die Stiftung des Gymnasiums wird somit zu einer frühen «Public-Private Partnership»; nach diesem Muster werden in St. Gallen auch später öffentliche Aufgaben angegangen. So werden bis heute viele soziale Einrichtungen, Krippen, Heime, Spitex-Dienste von privaten Trägerschaften gegründet und geführt, von der Stadt allerdings mit namhaften Beträgen unterstützt.

Die Gründung des Gymnasiums wird in einem Vertrag festgehalten, einem sogenannten Libell, das alles Wesentliche zur neuen Schule aufführt: die pädagogischen Ziele, die finanzielle Fundierung, die Kompetenzen des Schulrats und die Regelung von Konflikten. Aufschlussreich ist die Formulierung der Ziele, welche die neue Bildungsstätte erreichen soll. Bewusst wird auf die klösterliche Vergangenheit von Katharinen angespielt: Die Stätte habe seit je schulischen und erzieherischen Zwecken gedient; so soll auch das Gymnasium der «Fortpflanzung» der evangelischen Religion dienen. Diesen «wahren ursprünglichen Gebrauch» der Klosterräumlichkeiten führe die neue Bildungsstätte weiter.

Natürlich bildet die Einführung in die Glaubenslehre nur einen Teil des Lehrplans. Mehr Raum nimmt die «Erlernung guter, freier, tugendlicher Künste» ein. Schliesslich verraten die Stifter-Kaufleute noch eine Absicht, die ihnen besonders am Herzen liegt: Mit der Schule soll der Wohlstand «der Stadt und Commune» erhalten und gefördert werden. Bildung macht den Kaufmann.[22]

1598 wird das Gymnasium formell gegründet, im November 1599 erfolgt der erwähnte Umzug der männlichen Schuljugend von der Kugelgasse zurück in die Räume von Katharinen, in denen sie schon einmal vorübergehend einquartiert war. Inzwischen sind diese baulich instand gestellt worden. Ausser dem Gymnasium ziehen auch die beiden andern Bubenabteilungen, Lateinschule und Deutsche Schule, in Katharinen ein. Mit der Trennung der Schultypen ist es damit vorbei. Nach dem neuen Schulkonzept wird das Gymnasium zur Bildungsstätte für alle Buben – ein frühes Beispiel einer Gesamtschule. So taucht neben «Gymnasium» bald auch die Bezeichnung «Knabenschule» auf.

Unterweisung und Zucht

Für den Lehrplan wenden sich die St. Galler an den Basler Theologieprofessor Amandus Polanus von Polansdorf. Nach diesem basiert der Ruf eines guten Gymnasiums auf Unterweisung und Zucht. Für die erste Klasse sieht der Lehrplan das Erlernen des Alphabets und das Abschreiben von Bibelsprüchen vor. Hinzu kommen erste lateinische Wörter. In der dritten Klasse wird der Heidelberger Katechismus auswendig gelernt. Von der vierten Klasse an steht Latein im Vordergrund, gleichzeitig auch die Einführung ins Griechische. In dieser Sprache wird auch das Neue Testament gelesen.

Die Schulordnung legt Wert auf Disziplin. Sie fordert Gottesfurcht, Höflichkeit, Ehrerbietung und Dankbarkeit gegenüber Eltern und Lehrern. Besonders deutlich formuliert sie das, was sich für Gymnasiasten nicht gehört: «Dagegen wird abgemahnt von Widerspenstigkeit, Mutwillen, Lüge, Diebstahl, ungebührlichem Spielen, von Baden und rohem Obst zur Sommerzeit, vor Eis, Schlitten, Schneeballen und anderem Schändlichem und der Schulzucht Nachteiligem zur Winterszeit, vor Beschmutzen der Wände, Türen, Stühle und anderer Schulutensilien durch Rötelsteine, Kohlen, Schnitzeln; endlich die Schüler der 3., 4., 5. und 6. Klasse vor Deutschreden, auch ausserhalb der Schule, alles bei wohlerwogener Strafe.»[23] Dieses Sündenregister zeigt nicht nur, was nicht sein darf; es verrät auch, was den Schülern schon im 16./17. Jahrhundert eingefallen ist. Mahnungen ergehen nicht nur an die Schüler, sondern auch an den Lehrkörper: «Die Lehrer sollen alle nur denkbaren Tugenden haben und bestätigen, rechtgläubig nach den Satzungen der helvetischen Konfession, wohlbewandert im Heidelberger Katechismus, ehrbar, mässig, keusch und wahrheitsliebend, gewissenhaft, verträglich, dienstfertig, bescheiden und unparteiisch sein. Sie sollen sich fleissig auf den Unterricht vorbereiten, die Stunden genau innehalten und den Schülern gegenüber immer Geduld und Liebe zeigen. Sie sollen sich nicht zum Zorn hinreissen lassen, nicht unmässig prügeln und nicht wettern und allezeit eine gewisse, von freundlicher Grundstimmung getragene Gravität bewahren.»[24]

Mit diesen Mahnungen zur Disziplin liegt die Schulordnung auf der Linie des grossen Mandates der Stadt St. Gallen von 1611.[25] Auch dieses Mandat mahnt, von «überschwenglichem Zehren, Fressen und Saufen» Abstand zu nehmen. So wird auch das süsse Wirtshausleben der St. Galler stark eingeschränkt. Weitere Mahnungen betreffen den

Gottesdienstbesuch, die Mode, den Schmuck und vieles mehr. Dies alles entspringt allerdings nicht einfach einer pingeligen Ordnungssucht der Obrigkeit. Vielmehr sucht man durch einen tugendhaften Wandel die himmlischen Mächte für die Stadt zu gewinnen. Denn das erste Jahrzehnt des 17. Jahrhunderts bringt eine Folge dramatischer Ereignisse. Ein naher kaiserlicher Durchzug wirkt wie ein Vorbote des kommenden Dreissigjährigen Krieges. 1601 schreckt ein starkes Erdbeben die Menschen auf; 1608 und 1614 leiden sie unter der Teuerung. 1611 wird die Stadt von der Pest heimgesucht, der etwa 1000 Menschen zum Opfer fallen, dies bei einer Gesamtbevölkerung von ca. 5000 Einwohnern.

Zwischen Humanismus und Orthodoxie

Das Konzept des St. Galler Gymnasiums entspricht den damals üblichen Programmen, die auf die Ausbildung von Theologen, Ärzten und Juristen vorbereiten. Für diese Berufe sind gute Lateinkenntnisse Grundvoraussetzung, werden doch alle Universitätsvorlesungen in dieser Sprache gehalten. Deutsch und die Realfächer kommen jedoch zu kurz. Deutsch braucht man nur, um lesen und schreiben zu lernen.

Zumindest in einem Fach wird den lokalen Bedürfnissen der Stadt Rechnung getragen. Neben dem Latein liegt ein starker Akzent auf dem Rechnen. Bis zum Ende der Schulzeit sollen die Schüler den Dreisatz und die Zinseszinsrechnung beherrschen, zudem wissen, wie Preise und Umsätze zustande kommen, wie Löhne und Gewinne berechnet werden. Die Rechenaufgaben bestehen aus Beispielen aus dem städtischen Marktleben und aus den Kontoren der Geldwechsler.

Im 17. Jahrhundert folgt der Schulbetrieb noch dem humanistischen Vorbild. So hat auch das Theaterspiel im Schulbetrieb seinen Platz. 1601 führen die Buben die Geschichte der tapferen Judith auf, die dem Holofernes den Kopf abschlägt. Vom St. Galler Josua Wetter stammt das 1653 aufgeführte Drama «Carle von Burgund», 1666 folgt die Schulkomödie «Leo Armenius». Mit dem Theaterspielen nimmt das Gymnasium eine Tradition auf, die auch an der Schule des Gallusklosters gepflegt wird. Dort entstehen in der Barockzeit verschiedene Theaterstücke, namentlich zu den Klosterheiligen Gallus und Otmar.[26]

Im Treppenhaus des Bubenklosters.

Die Gründer des Gymnasiums haben den ehrgeizigen Plan, das ganze Schulprogramm in sechs Jahren durchzuziehen. Das lässt sich nicht einhalten. Sukzessive kommen weitere Klassen hinzu. 1695 wird gar ein neuntes Schuljahr eingeführt. Wichtig ist den St. Gallern eine gute Vorbereitung auf höhere Studien. An einer Universität dürfen sich nur jene Studenten anmelden, denen die Schulbehörden ein erfolgreiches Studium zutrauen.

Mit Beginn des 18. Jahrhunderts findet in der Ausrichtung des Gymnasiums eine deutliche Änderung statt. Das humanistische Erbe tritt zugunsten orthodoxer Bibelfestigkeit zurück. Die ersten vier Klassen müssen sich noch stärker als bisher dem Katechismus widmen. Für die oberen Klassen wird der ganze Donnerstag zum Katechismustag. Dafür tritt das Latein zurück, mit dem erst in der sechsten Klasse begonnen wird. Vom Theater ist nicht mehr die Rede. Nur in der Musik, in geistlichen und weltlichen Liedern, lebt noch der Geist des Humanismus weiter.

Zur neuen Engherzigkeit passt, dass 1725 die Einführung des Französischunterrichts abgelehnt wird, so sehr dieser den Kaufleuten mit ihren starken Verbindungen nach Frankreich auch gelegen käme. Erst 1753 gelangt Französisch in den Lehrplan, dies für die 6. und 7. Klasse. Im gleichen Jahr entdecken St. Galler Kaufleute in Lyon zwei türkische Stickerinnen, was sie auf die Idee bringt, ihre Mousselinstoffe mit Stickereien zu versehen und so eine höhere Wertschöpfung zu erzielen. 1753 ist das «Geburtsjahr» des Französischunterrichts und der St. Galler Spitzenindustrie.

Der Geist einer neuen, aufgeklärten Zeit breitet sich in der Mitte des 18. Jahrhunderts an der Schule noch nicht aus. Das orthodoxe Zwischenspiel tut ihr nicht besonders gut. Die Lehrer, die alle Fächer unterrichten müssen, sind überfordert und geniessen wenig Ansehen. Es gibt auch noch keine wirkliche Lehrerausbildung. In die Schulstuben werden jene Theologen gesteckt, die nach Abschluss des Studiums keine Stelle als Diakon oder Pfarrer finden. Lehrer wird man meist aus Not und nicht aus Berufung.

Eine Besserung tritt erst ein, als St. Gallen von den Ideen der Aufklärung doch noch erfasst wird. Diese werden vor allem durch Ärzte in die Stadt getragen, die ihr Studium an in- oder ausländischen Universitäten absolvieren – Ausbildungsplätze, mit denen sie auch später noch in Verbindung bleiben und so den Anschluss an die kulturellen Entwicklungen in Europa behalten. Für das Gymnasium setzt sich vor allem Stadtarzt Kaspar Wetter (1750–1796) ein. Erfüllt von den Ideen Rousseaus und des Reformpädagogen Basedow, drängt er auf eine Verbesserung der Lehrmethoden, eine stärkere Berücksichtigung der Naturwissenschaften und ein entspannteres Lehrer-Schüler-Verhältnis. Mit einer finanziellen Stärkung des Schulfonds und einer Aufbesserung der Lehrerlöhne lässt er den aufmunternden Worten stimulierende Taten folgen. 1778 gründet Wetter zudem eine «Lese-Bibliothek für junge Leute», dies, um auch auf diesem Weg zur Jugendbildung beizutragen.

Theologie made in St. Gallen

Während 120 Jahren, von 1713 bis 1833, besitzt St. Gallen auch eine «Höhere Lehranstalt», eine Einrichtung mit universitären Ambitionen. Der Unterricht findet zwar nur ausnahmsweise in Katharinen statt, dann nämlich, wenn einer der Professoren auf dem Areal wohnt.

Im Kreuzgang von Katharinen gehen eine Zeitlang auch angehende Theologen auf und ab.

Sonst dient das Sängerhäuschen am Bohl als Studienplatz, zumindest zu den Zeiten, in denen der rauchende Ofen den Lehrbetrieb nicht verunmöglicht. Dennoch gehört die Lehranstalt ins Umfeld des Bubenklosters, wird sie doch vom gleichen Schulrat gegründet und beaufsichtigt, der auch das Gymnasium führt.

Als man 1713 den begabten Theologen Bartholome Wegelin damit beauftragt, ein Bündel von Fächern, von alten Sprachen bis zu Geschichte und Geographie, zu unterrichten, denkt man noch nicht an eine Hochschuleinrichtung. Vielmehr soll Wegelin die Absolventen des Gymnasiums auf das Universitätsstudium vorbereiten, dies, indem er dort hilft, wo Nachholbedarf herrscht. Anscheinend macht Wegelin seine Sache aber zu gut. Er führt die jungen Studenten in der Theologie so weit, dass sie fähig sind, die Prüfung für die Ordination zu bestehen. Diese müssen auch jene Studenten in St. Gallen ablegen, die ihr Studium an einer auswärtigen Universität absolvieren.

Schon zwei Jahre nach Aufnahme dieser erfolgreichen Lehrtätigkeit schafft der Schulrat eine weitere Professur für Philosophie, mit der der erst zwanzigjährige Cornelius Zollikofer betraut wird. Im frühen 19. Jahrhundert kommen eine dritte Professur für Griechisch und Latein und eine vierte für Geschichte und Erdbeschreibung hinzu. Das alles könnte zum Grundstein einer Universität St. Gallen werden. Doch dazu ist das Projekt zu kurzfristig angelegt. Der ganze Lehrkörper wird aus dem Kreis der Stadtbürger gebildet. Damit fehlen jene Impulse, wie sie nur der Austausch mit andern Bildungsstätten bringen könnte. Und auch über die Studenten kommen keine Aussenkontakte zustande. Die meisten absolvieren ihr ganzes Studium in St. Gallen, aus Bequemlichkeit und weil es mit weniger Kosten verbunden ist. Somit versinkt die Höhere Lehranstalt in unkritischer Genügsamkeit. Bereits von Zeitgenossen wird sie als eine fragwürdige Einrichtung betrachtet und 1833 sang- und klanglos aufgehoben.

Revolution schafft neue Verhältnisse

Die Französische Revolution schafft auch in St. Gallen neue Verhältnisse. Am 29. April 1798 findet die denkwürdige Bürgerversammlung statt, an der die Bürgerschaft der «Helvetischen Constitution» der schweizerischen Einheitsrepublik zustimmen muss. Die drohende Nähe französischer Truppen lässt keine andere Wahl. Damit aber schafft sich die bisher freie Stadtrepublik selber ab. Als Trost bleibt ihr der neue Rang einer Kantonshauptstadt. Zu den ersten Obliegenheiten des Kantons gehört, das Schulwesen auf eine neue Basis zu stellen. Angesichts der gemischten konfessionellen Zusammensetzung der Bevölkerung vertraut der Kanton das Schulwesen zunächst einem katholischen und einem evangelischen Erziehungsrat an.

Aktiv wird zunächst die Stadt St. Gallen, die 1823 zu einer durchgreifenden Reform ansetzt. Hauptpunkt ist die Loslosung der Primarschule vom Gymnasium, wobei die Primarschule in eine Abteilung für ortsbürgerliche und eine weitere für «aktivbürgerliche» (nicht in der Stadt heimatberechtigte) Kinder aufgeteilt wird. Die gleiche Zweiteilung spielt auch im Gesundheitswesen, welches das Bürgerspital für die Ortsbürger reserviert, während alle andern ins weit unwirtlichere Fremdenspital verwiesen werden.

Beide Primarschulabteilungen verlassen Katharinen 1824 und beziehen Schulräume im Tuchhaus an der Neugasse. Die neue Ordnung wird am 17. Mai in St. Laurenzen mit einem Gottesdienst, anschliessend mit einem Festzug zu den neuen Räumen gefeiert. Zudem verspricht der Schulrat, im Herbst ein Fest folgen zu lassen. Dieses gilt als erstes St. Galler Kinderfest im heutigen Sinn.

Nach dem Auszug der Primarschule kann man in Katharinen aufatmen, allerdings nur, was den Gewinn an neuem Raum und die allgemeine Schulführung betrifft. Umso kniffliger ist die juristische Aufgabe, die die Behörden zu lösen haben. Denn noch ist das Gymnasium eine Stiftung, eine Einrichtung, die es als Schulträgerschaft seit der Revolution eigentlich nicht mehr geben dürfte. Eine öffentliche Schule muss von einer Schulgenossenschaft mit einem demokratisch gewählten Schulrat geleitet werden. Dank diplomatischem Geschick wird auch diese Hürde genommen, indem die Stifterfamilien motiviert werden, freiwillig auf ihre Rechte zu verzichten. Allerdings verlangen sie, dass der Fonds der Bubenschule alleiniges Eigentum der Ortsbürger bleiben müsse. Bei der 1832 erfolgten Aufgabenteilung zwischen politischer und Ortsbürgergemeinde wird 1832 das Schulwesen den Ortsbürgern anvertraut.

Die neue Trägerschaft bekommt dem Schulwesen gut. 1842 eröffnet sie in Katharinen eine Industrieschule, dies auf Anregung und mit Unterstützung des Kaufmännischen Directoriums. Die Industrieschule schliesst an die vierte Realklasse an und umfasst drei Jahreskurse. In den Spezialfächern können die Schüler zwischen einer merkantilen und einer technischen Richtung wählen. St. Gallen ist entschlossen, mit der modernen Entwicklung Schritt zu halten.

Mit der Industrieschule kehrt ein altes Gespenst nach Katharinen zurück: die Raumknappheit. Jetzt müssen die letzten Raumreserven genutzt werden. Wie Zeichenlehrer Gottlieb Bion später schildert, verschwinden «fast die letzten Spuren des klösterlichen Ansehens dieses Gebäudes, die theilweise noch in altem Zustande erhaltenen Nonnenzellen. Sie verschwanden, die einsamen Betrachtungen geweihten, dunkeln Kämmerlein, und in jenen Räumen werden nun Künste und Wissenschaften gelehrt, vor denen sich ihre ehemaligen Bewohnerinnen bekreuzigt und die ohne Zweifel ihre Vertreter damals, als der Hexerei beschuldigt, auf den Scheiterhaufen geführt hätten.»[27] Noch also ist die Erinnerung an das frühere Kloster wach.

«Der schöne Büchergarten»

Katharinen bildet nicht nur die «Wiege» des St. Galler Gymnasiums und der späteren Kantonsschule; hier erhält auch die Stadtbibliothek ihre erste dauerhafte Bleibe.[28] Ihr Zustandekommen verdankt sie Vadian. Bereits vom Tod gezeichnet, überreicht er am

Eine Kostbarkeit aus der Vadianischen Sammlung der Ortsbürgergemeinde St. Gallen: Historienbibel, Mitte des 15. Jahrhunderts, Neues Testament. Die Teufel im Baum fragen Jesus nach seinem Willen.

4. Februar 1551 dem städtischen Rat sein Testament, in dem er der Stadt seine ganze Büchersammlung vermacht. Allerdings bestimmt Vadian auch, was mit den Büchern zu geschehen hat: Sie sollen interessierten Benutzern als Leihbibliothek zur Verfügung stehen. Mit 1259 Einzelschriften handelt es sich um einen respektablen Buchbestand, so gross, wie ihn damals kaum eine städtische Bibliothek auf Schweizer Boden besitzt.

Die Verwaltung des Bücherschatzes wird zunächst Johannes Kessler, dem Freund Vadians, anvertraut. Kesslers Sohn hat die Schriften früh

schon katalogisiert, zur Zeit, als Vadian noch lebte. Fürs erste nimmt Johannes Kessler die Bücher in seiner Wohnung auf, 1568 bringt man sie an einen öffentlicheren Ort, zum Gewölbe, das neben der Kirche St. Mangen die frühere Wiborada-Klause ersetzt. Vom Symbolgehalt her ist dies kein schlechter Platz, gilt Wiborada doch als Patronin der Bibliotheken. Tatsächlich aber gleicht das Gewölbe eher einem vollgestopften Kerker. Nur wenige Interessenten finden sich hier überhaupt ein. Es mache den Anschein, dass die Bücher «eher den Ratzen zur Speise als den Mitbürgern zur Geistesnahrung bestimmt» seien, schreibt ein Bibliothekskenner über diese Zeit.[29]
Weil es an wirksamer Kontrolle fehlt, fällt es nicht schwer, Seiten aus Büchern herauszureissen oder ganze Bände mitlaufen zu lassen. Da hatte die Buchmeisterin von St. Katharinen das Ausleihwesen ihrer Klosterbibliothek weit besser im Griff.
Vom largen Betrieb in der Stadtbibliothek profitiert vor allem der aus Bischofszell stammende Melchior Goldast (1576–1635), ein diebischer Büchernarr, der aus der Vadianischen Sammlung und aus der Stiftsbibliothek eine kostbare Büchersammlung zusammenstiehlt. Bis man im Gewölbe der Stadtbibliothek den Diebstahl entdeckt, ist Goldast bereits Richtung Bremen unterwegs, wo sein Bücherbestand bald zum Stolz der Stadt gehört. Immerhin gelingt es der Kantonsregierung 1948, fast hundert Schriften aus Goldasts Diebesbeute zurückzukaufen.
Weniger Glück hat die Stiftsbibliothek. Die dort gestohlenen Handschriften kommen nach allerhand Umwegen in den Besitz Königin Christinas von Schweden und nach deren Konversion zum katholischen Glauben in die Apostolische Bibliothek des Vatikans, wo sie bis heute liegen.[30]
Die schlechte Erfahrung mit Goldast wird zum Anlass, 1605 eine Bibliotheksordnung zu erlassen, die Verantwortlichkeiten zu regeln und einen geeigneteren Standort für die Bibliothek zu finden. Was die rechtliche Seite betrifft, wird eine Bibliotheksbehörde eingesetzt. Diese besteht aus einer Kommission von «Inspectores», zu denen die drei «Häupter» (Amtsbürgermeister, Altbürgermeister und Reichsvogt) gehören, dazu ein Mitglied des Kleinen Rats, der erste Stadtpfarrer und der Stadtschreiber. Die Bibliothek wird damit zur Chefsache. Zur Kommission gehört ferner ein «Bibliothecarius», was eher ein Ehrentitel ist, denn die eigentliche Arbeit macht der «Adjunctus», ein Mitglied des Predigerstandes.

Noch wichtiger ist, dass die Bücher einen neuen Standort finden. Auch hier greift man auf die Raumreserven zurück, die sich die Stadt mit dem Kauf von Katharinen gesichert hat. Die Bibliothek kommt ins erste Stockwerk des früheren «Neuen Refektoriums», das durch ein eigens gebautes rundes Treppentürmchen erschlossen wird. Durch Aufstocken erhält die Bibliothek noch einen weiteren Raum hinzu (siehe Kapitel «Baugeschichte: Versteckter Reichtum»).

Treibende Kraft hinter Neuordnung und Neuplazierung der Bibliothek ist Jakob Studer (1574–1622). Am gleichen 14. September 1615, an dem die Bibliothek von St. Mangen nach Katharinen umzieht, setzt der Stadtrat ihn als ersten «Bibliothecarius» ein. Studer ist nicht nur ein erfahrener Bücherkenner, sondern auch ein passionierter Sammler. Bei seinem Amtsantritt schenkt er der Bibliothek gleich hundert Bücher aus seiner Sammlung.[31]

Nach Studers Tod sind es wiederum ausgewiesene Bücherliebhaber, die sich für das Wohl der Bibliothek einsetzen. Von 1622 bis 1700 liegt ihr Geschick in den Händen der Familie Schobinger. Diese stellt nicht nur jene drei Bibliothekare, die über 75 Jahre lang die Bibliothek leiten, sondern bereichert sie auch mit wertvollen Vergabungen. Dazu gehören Vadians Chroniken, Kesslers Sabbata und eine Sammlung von 900 an Vadian gerichteten Briefen. Zur Mitte der Ära Schobinger, 1657, erreicht der Bücherbestand 3690 Bände. Der Ausleihbetrieb ist allerdings nicht mit einer heutigen Bibliothek vergleichbar. Geöffnet ist die Bibliothek lediglich jeden ersten Donnerstag im Monat, und auch das nur nachmittags.

Ein 1661 ausgebrochener Brand kann rechtzeitig gelöscht werden. Als Lehre daraus kauft man Zwilchsäcke, um die Bücher bei einem solchen Ereignis rasch evakuieren zu können. Bedeutsam ist, dass sich die Stadt des Wertes der Bibliothek bewusst ist. Bibliothek und Gymnasium gehören zum Stolz St. Gallens, wie Josua Wetter in seiner Stadtbeschreibung von 1642 festhält: Nachdem die päpstliche Religion beendet sei und die Nonnen vertrieben seien, sei Katharinen zum schönen Schulhaus geworden. Im Kirchlein werde der Glaubensgrund gelehrt, und die Library bilde einen schönen Büchergarten von guten Schriften.

Die drei Persönlichkeiten aus der Familie Schobinger bilden eine eigene Ära in der Bibliotheksgeschichte. Nach ihnen beginnt sich ein Kollektiv um die Bücher zu kümmern. 1703 wird die Bibliotheks-Gesellschaft gegründet, das sogenannte «Collegium Bibliothecae», das

sich als eine Art Förderverein versteht. Mit zwei, später noch vier weiteren «Registratoren» aus ihrem Kreis will man bei der Ausleihe und Katalogisierung zur Hand gehen. Bald schon werden die Registratoren wichtiger als die Bibliotheksleitung selbst.
Die Gesellschaft lässt der Bibliothek namhafte Schenkungen zukommen. Allein im Jahr 1754 gehen vierhundert Bände ein. Auch die berühmte «Encyclopédie» Diderots findet sich bald in den Beständen der Bibliothek.
Dank der Gesellschaft gibt es nun zwei Ausleihtage pro Monat. Zudem werden die Mitglieder monatlich zu einer Vortragsveranstaltung eingeladen, ein erstes Zeugnis von Erwachsenenbildung. Gutes Echo finden die Anlässe, wenn fundierte Referate gehalten werden. Unbefriedigender verlaufen die Veranstaltungen bei theologischen Themen. Diese führen meist zu hitzigen Auseinandersetzungen, was die ruhigeren Mitglieder bald von den Anlässen fernhält.

Unter den Fittichen der Ortsbürger

Glück hat die Bibliothek in der Zeit der Helvetik. Das Helvetische Directorium, das im ganzen Land Jagd auf hochkarätige Kulturgüter macht, stuft die Bibliothek als städtisches Eigentum ein und damit als Kulturgut von lediglich regionaler Bedeutung. Möglich, dass aus diesem Grund die städtische Oberbehörde bald nicht mehr von der Stadt-, sondern von der Gemeindebibliothek spricht.
Die Stiftsbibliothek entgeht auf andere Weise der Konfiszierung durch die helvetischen Kulturjäger. Rechtzeitig gelingt es den Mönchen, das Archiv und die wertvollsten Teile der Bibliothek in deutschen und österreichischen Klöstern zu verstecken. Im Kloster Füssen entdecken die Franzosen unter General Lecourbe dennoch einen Teil der Bücher. Lecourbe lässt einzelne beschlagnahmen und nach Paris schicken.[32]
In Katharinen geht der Ausbau der Bibliothek trotz der Revolutionszeit weiter. Den Registratoren gelingt es, einen weiteren Raum, den früheren Kapitelsaal, für die wachsende Büchersammlung zu erhalten. Einzelheiten zum Bibliotheksbetrieb verrät die Verordnung von 1801. Demnach findet die Ausleihe wiederum nur noch einmal im Monat statt. Dafür dürfen die Mitglieder der Bibliotheks-Gesellschaft jederzeit die Bibliothek aufsuchen und Bücher ausleihen. Zuerst müssen sie vor dem Stadtratspräsidenten allerdings ein Handge-

lübde ablegen und versprechen, das Vertrauen nicht zu missbrauchen. Die Verordnung gibt auch Anweisungen zur Bücherbeschaffung. So sollen Werke aus allen Wissensgebieten erworben werden, unabhängig von der politischen Ausrichtung. Das Augenmerk solle auf den besten liegen. Gemeinnützige Werke seien den lediglich prächtigen vorzuziehen. Zum besonderen Auftrag der Bibliothek gehört, alle Schriften zu sammeln, die «hiesige Bürger» hier oder an andern Orten drucken lassen.

Als Glücksfall erweist sich die Freundschaft des St. Galler Naturforschers Caspar Tobias Zollikofer mit dem Zürcher Stadtschreiber Johann Jakob Lavater (1774–1830). Dieser verspricht, seine grosse und kostbare Büchersammlung der Stadtbibliothek zu vermachen. Erste Lieferungen treffen bereits ein Jahr vor Lavaters Tod in St. Gallen ein. Mit den 7000 Bänden Lavaters verdoppelt sich der Bibliotheksbestand auf einen Schlag.

Nach der durch das Zwischenspiel der Helvetik erzwungenen Pause nimmt auch die Bibliotheks-Gesellschaft ihre Tätigkeit wieder auf. Die Vorträge werden zunächst von jeweils rund zwanzig Mitgliedern besucht, später flaut das Interesse wieder ab. Möglich, dass den meisten der Zweck der Veranstaltungen doch zu vage formuliert ist. Dieser besteht nach einem Protokolleintrag darin, «einander Vergnügen zu machen, Freundschaft zu erweisen und ganz ohne Zwang im Kreis guter Freunde eine angenehme Stunde hinzubringen». Von 1823 an führt die Gesellschaft nur noch Hauptversammlungen durch, erfährt später allerdings eine unerwartete Wiederbelebung.

Bei der Trennung von Orts- und politischer Gemeinde kommen Bibliothek wie Gymnasium unter die Fittiche der Ortsbürgergemeinde. Deren Präsident setzt auf die Bibliotheks-Gesellschaft, von der er Unterstützung für die sich abzeichnenden Neubaupläne erwartet. Kurz bevor der Neubau bezogen wird, löst sich die Gesellschaft auf. Sie hat den Eindruck, sie habe ihren Dienst getan. Später zeigt sich, dass die Bibliothek nach wie vor einen Förderverein braucht. So wird 1936 die Gesellschaft pro Vadiana gegründet. Mit dem Bezug des Neubaus geht die Verantwortung für die Bibliothek an den Verwaltungsrat der Ortsbürgergemeinde über, der für die neue Aufgabe eine Bibliothekskommission ins Leben ruft.

Migrationskirche

Gymnasium und Bibliothek knüpfen an das pädagogische und kulturelle Erbe des früheren Klosters an. Durch die Gründung der Französischen Kirche wird dessen spirituelle Tradition weitergeführt. In die Kirche, in der die Schwestern auf lateinisch beteten und sangen, zieht der Gottesdienst in französischer Sprache ein.
Gegründet wird die Französische Kirche im Jahr 1685. Das Terrain dazu wird allerdings schon durch frühere Ereignisse vorbereitet. Als reformierte Stadt fühlt sich St. Gallen seit je den verfolgten Glaubensgenossen verbunden und lässt sich diese Solidarität auch etwas kosten. In direkten Kontakt mit solchen Schicksalen kommt St. Gallen, als im Sommer 1620 rund 150 italienisch sprechende Flüchtlinge eintreffen. Sie gehören zu den Protestanten, die dem Veltliner Mord entronnen sind. Im Juli jenes Jahres werden hunderte von Protestanten durch Katholiken niedergemetzelt, dies im Zusammenhang mit einem Aufstand, der sich gegen die Bündnerische Herrschaft über das Veltlin richtet. Die Flüchtlinge werden von Pfarrer Vincens Paravicini begleitet und erhalten im September 1620 die Erlaubnis, in Katharinen Gottesdienste in ihrer Sprache zu feiern. Damit entsteht in St. Gallen erstmals eine Migrationskirche. Die italienischsprachigen Gottesdienste werden bis 1625 fortgesetzt.
Bald wird auch der Wunsch laut, Gottesdienste in französischer Sprache zu feiern, dies schon bevor die hugenottischen Flüchtlinge St. Gallen erreichen. Der Wunsch stammt von zwei jungen Theologen, die mit französischen Gottesdiensten auf die besondere Beziehung der St. Galler Kaufleute zu Frankreich eingehen wollen. Denn viele junge St. Galler Unternehmer werden im Zuge ihrer Ausbildung in eine französische Niederlassung der sanktgallischen Handelshäuser, mit Vorliebe nach Lyon, geschickt.
Der Rat der Stadt, der in kirchlichen Belangen das Sagen hat, lehnt 1662 das Ansinnen ab. Und er bleibt auch bei seiner Meinung, als 1669 vier Kaufleute den gleichen Wunsch anmelden: Der Gottesdienst sei keine Sprachstunde, französisch soll man in der Schule und nicht beim Kirchgang lernen. Der Rat lässt sich auch nicht erweichen, als 1678 und 1682 französische Protestanten für die Zeit ihres Aufenthalts um Gottesdienste in ihrer Sprache bitten.
Die Situation ändert sich, als 1685 in Frankreich die Verfolgung der Hugenotten einsetzt und protestantische Flüchtlinge St. Gallen er-

Lange Zeit dient Katharinen den Gottesdiensten der Französischen Kirche. Die einfache Einrichtung entspricht der reformierten Tradition.

reichen. Der Willkomm ist zwar nicht gerade warmherzig, verlangt doch der Rat, dass die Flüchtlinge nach einem Monat keine französische Kleidung mehr tragen. Immerhin wird den Flüchtlingen aber gestattet, Gottesdienste in eigener Sprache zu feiern, zumal sie mit Isaac Suchier einen ordinierten calvinistischen Pfarrer aus Südfrankreich mitbringen.

Kaufleute als Kirchenälteste

Es sind Kaufleute, die sich für die Glaubensgenossen besonders einsetzen, auch mit einer Kollekte, die sie am 23. Oktober 1685 starten. Am 26. Oktober entscheidet der Rat, die Katharinenkirche für den französischen Gottesdienst zur Verfügung zu stellen.[33] Allerdings macht der Rat eine Reihe von Auflagen: Der Gottesdienst müsse sich nach der städtischen Kirchenordnung richten, der Prediger soll mehr auf den Gehalt als auf die Rhetorik achten, zudem soll er sich beim Predigen unnötiger Gesten enthalten. Ob man Angst vor französischem Temperament auf der Kanzel hat? Die Kosten für den Pfarrer und den kirchlichen Betrieb übernimmt die Kaufmännische Corporation.

Die Französische Kirche gewinnt rasch an Ansehen, namentlich durch das einfühlsame seelsorgerische Wirken von Isaac Suchier. Als dieser 1722 stirbt, werden die französischen Gottesdienste fortgesetzt, obschon zu jener Zeit nur noch zwanzig bis dreissig Flüchtlinge in St. Gallen leben. Dennoch sind die französischen Gottesdienste gut besucht. Inzwischen gehört es in den Patrizierfamilien zum guten Ton, sich französisch unterhalten zu können.

Der sonntägliche Predigtgottesdienst wird erst um zwölf Uhr, dann bereits um acht Uhr angesetzt. Das Abendmahl darf nach Weisung des Rats nur dreimal gefeiert werden und nur auf deutsch. Man will sicher sein, dass die protestantische Abendmahlslehre nicht unterlaufen wird.

Die Katharinenkirche, die während der Reformation von allem Schmuck geräumt wurde, macht einen nüchternen Eindruck. Mit zwei neuen Fenstern in der Ostwand versucht man, mehr Licht in den Raum zu bringen. 1724 erhält die Kirche eine Orgel, 38 Jahre bevor St. Laurenzen das erste Instrument bekommt.

Zur Unterstützung des französischen Pastors wird in der Zeit von 1741 bis 1839 eine zweite Stelle für einen Diakon geschaffen. Für dessen Gehalt kommen grösstenteils die Kaufleute auf. Es ist das Verdienst des Kaufmännischen Directoriums, dass sich die Französische Kirche halten und entwickeln kann. Für ihre Belange wird eine besondere Kirchenkommission eingesetzt, in welcher auch der Rat der Stadt Einsitz nimmt. Bei der Wahl des Hauptpastors schlägt die Kirchenkommission einen Kandidaten vor, der dann vom Rat bestätigt wird. Damit wird er auch Mitglied der sanktgallischen Pfarrerschaft. Den Diakon wählt die Kaufmännische Corporation selbst.

Nach dem Tod von Isaac Suchier stammen die Pfarrer der Französischen Kirche aus dem Kreis der Stadtbürger. Bevor einer aber die Stelle antreten kann, schicken ihn die Kaufleute für einen mehrjährigen Sprachaufenthalt in die Romandie. Sie wollen sicher sein, dass das pfarrherrliche Französisch auch gehobenen Ansprüchen genügt.

Mit der Kantonsgründung 1803 und der Neuordnung der Verhältnisse muss auch die Französische Kirche auf eine neue Basis gestellt werden. Sie untersteht ebenfalls der Kirchenordnung der Evangelisch-reformierten Kirche des Kantons St. Gallen, behält im übrigen aber ihre bisherige Stellung. Allerdings muss nun das Kaufmännische Directorium den ganzen Lohn für den Pfarrer berappen, erhält dafür aber das volle Wahlrecht.

In den 1830er-Jahren scheint der Fortbestand der Kirche nicht mehr gesichert. So wird diskutiert, ob es überhaupt richtig sei, dass eine kaufmännische Organisation eine Kirche führe und ob man das Geld nicht besser für andere Aufgaben einsetzen würde. Die finanziellen Gründe sind aber nur vorgeschoben. Dahinter verbirgt sich ein anderer, inhaltlicher Konflikt. Die beiden Prediger, die damals an der Kirche wirken, vertreten theologisch ganz unterschiedliche Ansichten. Der Glarner Christoph Tschudy, der von 1813 bis 1849 erst als Diakon, dann als Pfarrer in Katharinen wirkt, ist vom Geist der Aufklärung beseelt. Er vertritt eine Theologie, die den Glauben an der Vernunft misst und die Bibel aus historisch-kritischem Blickwinkel liest. Der Waadtländer Henri Louis Daniel Miéville (Diakon 1830–1839) ist jedoch vom Geist des Pietismus geprägt und fühlt sich dem «reinen Evangelium» verpflichtet: In der spannungsvollen Situation harre er nur aus, «damit die Flamme des Evangeliums in der französischen Kirche St. Gallens» nicht erlösche. Dennoch kehrt Miéville 1839 in die Waadt zurück, wo er sich der «Eglise libre» anschliesst, die sich von der Staatskirche loslöst.

In der Französischen Kirche wird also ein Konflikt ausgetragen, der eine Generation später der protestantischen Kirche ganz allgemein zu schaffen macht. Die Französische Kirche löst den Konflikt auf einfache Weise, indem sie nur noch einen Pfarrer und keinen Diakon mehr anstellt.

Von Krokodil bis Bürgermeister

Gymnasium, Bibliothek, Französische Kirche – Katharinen wirkt im 16. bis 19. Jahrhundert wie eine kulturelle und spirituelle Insel inmitten der Stadt. Ein Ort mit Anziehungskraft und Ausstrahlung. Denn bald schon erhalten die alten Konventsräume noch eine weitere Funktion: Sie werden zum Aufbewahrungsort für die ersten musealen Sammlungen für bildende Kunst, naturwissenschaftliche Besonderheiten und historische Erinnerungsstücke. In Katharinen liegt die Wiege von Natur-, Kunst- sowie Historischem und Völkerkundemuseum. Erste Sammlungsstücke treffen im frühen 17. Jahrhundert ein. Sie werden zunächst einfach der Bibliothek zugewiesen; dort, findet man, sei Sonderbares und Merkwürdiges am richtigen Platz. Ein Beispiel ist die Mumie, die 1824 der Stiftsbibliothek zugeordnet wird.

Ganz ähnlich ergeht es der Bibliothek in Katharinen. Für sie ist das Eintreffen von Bildern und naturwissenschaftlichen Sammlungsstücken nicht einfach eine Bereicherung. Die Neuzugänge beengen den ohnehin schon knappen Raum. Eine Erleichterung bringt erst das Jahr 1804, als die Sammlung mit dem «Alten Refektorium» einen eigenen Raum erhält.

Die frühesten Hinweise auf eine Sammlungstätigkeit betreffen die bildende Kunst. 1618 gibt es ein erstes Inventar, das drei astronomische Tafeln, drei Porträts, vier Landschaftsbilder und vierzehn Tafeln aufführt. Mitbürger, die in St. Petersburg wohnen, schenken eine Büste von Zar Peter dem Grossen. Eine andere Büste trifft 1797 ein: das Bildnis von Georg Joachim Zollikofer, der in Leipzig als Prediger erfolgreich ist. Die Büste befindet sich heute im Foyer der Vadiana. Unbekannt ist, ob auch die heute der Vadiana gehörenden Bürgermeisterporträts bereits im 17. Jahrhundert systematisch gesammelt wurden. 1807 widmet der junge Mitbürger Johann Jakob Laurenz Billwiller dem Stadtrat sein Bild «Rheinfall bei Laufen». Der Rat bedankt sich mit einer Aufmunterungsgabe von zehn Louisdor.

1827 wird der Kunstverein gegründet, der sich zunächst aber eher als eine Künstlervereinigung versteht. Auch diese hat ihre Wurzeln in Katharinen, in den Räumen des Bubenklosters. Dort dürfen sich die Künstler zunächst im Schulzimmer ihres Präsidenten, des Zeichnungslehrers Niklaus Senn, für gemeinsame Übungen treffen. Nach vier Jahren beginnt allerdings eine Odyssee durch sieben verschiedene Lokale, bis auch der Kunstverein 1855 im neuen Bibliotheksgebäude einen Raum erhält.

Das Bilderinventar von 1618 gilt als Grundstein der städtischen Kunstsammlung. Sieben Jahre später lässt sich eine naturwissenschaftliche Sammlungstätigkeit nachweisen. Sie beginnt mit einem Nil-Krokodil von respektabler Grösse. Auf welchen Wegen

Büste von Georg Joachim Zollikofer, eine Schenkung an die Sammlung von 1797; heute im Foyer der Kantonsbibliothek (Vadiana).

Das Nil-Krokodil ist seit 1623 in Katharinen; es bildet den Grundstein der Naturaliensammlung.

es nach St. Gallen gelangt, ist unbekannt. Ursprünglich gehört es dem Stadtbürger Ulrich Kromm. Dieser überlässt es seinem Freund Daniel Studer, der es 1623 der Bibliothek übergibt. Es gilt als Prachtexemplar, ist allerdings auch ein sperriges Ding für die ohnehin schon engen Räumlichkeiten. Nächste Stücke in der Sammlung sind das Skelett eines Menschen und eines Hundes. Der Volksmund erzählt, dass es sich um die Gebeine eines hingerichteten Verbrechers von auffallender Grösse und Schönheit handle. Der Hund habe sich von seinem Meister nicht trennen wollen, habe bei der Richtstätte ausgeharrt, bis er vor Schmerz und Hunger gestorben sei.

Ordnung in die gesammelten Naturalien bringt der Arzt Caspar Tobias Zollikofer, der sich als Naturwissenschafter einen Namen macht. Von 1813 an wirkt er für zwei Jahrzehnte auch als Bibliothekar der Vadiana. Auf seine Initiative geht die Naturwissenschaftliche Gesellschaft zurück, die am 29. Januar 1819 ihre Gründungsversammlung abhält.

Die Gesellschaft legt ihrerseits eine Naturaliensammlung und eine Fachbibliothek an, die zunächst im Haus des Präsidenten einquartiert wird, was allerdings nur für kurze Zeit möglich ist. Dann

begeben sich Bücher und Sammlung auf Herbergssuche. Erst finden sie Unterschlupf im Rathaus, dann im Schmalzwaaghaus, im «Schaaf» an der Spisergasse, im Markthaus und ab 1844 in zwei Zimmern des eben erstellen Graben-Schulhauses. 1855 bekommt die Naturwissenschaftliche Gesellschaft ebenfalls ihre Räume im neuen Bibliotheksgebäude. Zuvor muss sie freilich das nötige Geld zusammenbringen, um sich dort «einkaufen» zu können.
Auch die historisch-antiquarische Sammlung nimmt in Katharinen ihren Anfang. Sie wird noch nicht als eigenständiger Bereich wahrgenommen, sondern gilt als ein Teil der Bibliothek selber. Zur Sammlung gehören Münzen, Statuen und andere Zeugnisse aus römischer Zeit, zudem Siegel, Wappenbücher und Wappenscheiben, die man aus den Lehenhöfen des Schaffneramtes im Rheintal rechtzeitig in die Stadt holt.
Als besondere Sehenswürdigkeit gilt das Modell der «Stiftshütte». Es handelt sich um das heilige Zelt, das die Israeliten bei ihrem Auszug aus Ägypten begleitet hat. Zu sehen sind im Modell die Bundeslade, die Leuchter und der Brandopferaltar im Vorhof. Die Stiftshütte ist ein Werk des Goldarbeiters David Reich. Dieser reist mit ihr durch fast ganz Europa, stellt sie aus und verdient damit ein ansehnliches Vermögen. Beim Auszug der Bibliothek aus dem Bubenkloster wird das Heiligtum allerdings nicht mehr als «museumswürdig» erachtet, sondern weggegeben.

Schimmel, Mäuse, Bücherwurm

Im 19. Jahrhundert wird die Situation in Katharinen immer prekärer. Die museale Sammlung beansprucht mehr und mehr Platz. Sie findet so viel Interesse bei der Bevölkerung, dass sie nicht einfach auf einem Dachboden verstaut werden kann. Zudem trifft um 1830 die Bibliothek Lavaters ein, so dass die Bibliothek an ihre Grenzen stösst. Neben dem knappen Raum machen Feuchtigkeit und Schimmel den Büchern und Sammlungsstücken zu schaffen. Ein Teil der Sammlung wird darum aus dem alten Refektorium in ein Zimmer im Rathaus verlegt. Für die Bibliothek denkt man ebenfalls an eine Verlegung. Zunächst glaubt man, die Turmgeschosse des Platztors nützen zu können. Für den nötigen Umbau und die Einrichtungskosten verspricht das Kaufmännische Directorium einen Beitrag von 4000 Gulden, möchte allerdings künftig auch mitreden können. Doch bald muss man einsehen, dass das Platztor kein sicherer Hort für Bücher ist. «Von dort verdrängten sie stets herabfallende Mauerfragmente und Kornstaub, Fruchtvorräte, Mäuse und Katzen. Alles mit Hinterlassung von Spuren…», heisst es in den Jahrbüchern der Stadt St. Gallen.[34] Das Directorium zieht sein Engagement aber nicht zurück, sondern legt das Geld in einem Baufonds an.

Als die Bibliothek 1832 mit der Ortsbürgergemeinde eine neue Trägerschaft erhält, hofft man, dass die Raumnot bald ein Ende hat. Noch aber ist es nicht so weit. Zunächst müssen die im unteren Gymnasialsaal untergebrachten Bücher gerettet werden, die bereits vom Schimmel befallen sind. Zudem ist der «Anti-Bibliothekar» am Werk, der Bücherwurm, wie Johann Jakob Bernet schreibt, der als nebenamtlicher Bibliothekar angestellt ist. Zuweilen behilft man sich nun damit, die Bücher quer in die Gestelle zu legen oder in Doppelreihen aufzustellen.

Einen nächsten Hoffnungsschimmer bringt der Auszug der Knabenschule aus dem Tuchhaus an der Neugasse, können die Knaben 1841 doch das neu gebaute Grabenschulhaus beziehen. Nun hofft man, die Bibliothek in die bisherigen Schulräume verlegen zu können. Doch auch hier winken die Experten ab. Die Mauern seien zu schwach, um die nötigen Umbauten für eine Bibliothek vornehmen zu können. Damit bleibt die Bibliotheksfrage ungelöst, anscheinend das Dauerschicksal öffentlicher Bibliotheken. In einer solchen Situation bleiben auch Vergabungen aus.

Bibliothek und Sammlung bilden eine Schicksalsgemeinschaft, wie es in einem Jahrbuch jener Zeit heisst: «Das famöse grosse Nilkrokodil schwimmt noch in seinem hohen Alter, aus Mangel eines uns leider gar nicht vorfindlichen Lokals für öffentliche Sammlungen, von einem Ort in der Stadt zum andern und schnappt jetzt, mit tief herabgefallenem Unterkiefer, in einem hintern Zimmer des Markthauses die unaufhörlichen Appenzellerkäsdüfte.»[35]

Projektieren, Schubladisieren

Wie gross muss die Raumnot sein, bis sich die Politik bewegt? Gymnasium wie Bibliothek liegen den Verantwortlichen der Ortsbürgergemeinde ständig in den Ohren. Diese hat zunächst allerdings ein anderes Problem zu lösen: den Ersatz für das Spital an der Marktgasse. Erst als 1845 das Bürgerspital an der Rorschacher Strasse eröffnet werden kann, bleibt wieder etwas Spielraum, um neue Projekte anzugehen. So gibt es bereits 1843 Verhandlungen mit dem Steinmetzen Ambrosius Schlatter, ein Stück Land vor dem Brühltor gegen eine Parzelle auf der Davidsbleiche abzutauschen. Die Freude, hier den Platz für einen Neubau gefunden zu haben, dauert nicht lange, denn Schlatter zieht sein Angebot nach kurzer Zeit wieder zurück.

Die Ortsbürger wenden sich inzwischen einer andern «Baustelle» zu, dem Projekt, die St. Laurenzenkirche restaurieren zu lassen. Sehr zum Ärger der Bibliotheksfreunde. Diese wollen nicht verstehen, dass eine Kirchensanierung wichtiger ist als die Lösung der Bibliotheksfrage. «Die St. Laurenzenkirche oder die Vadianische Bibliothek?» heisst es in einem Zeitungsartikel von 1846, der den Behörden vorwirft, ihr Lieblingsprojekt vorzuziehen.

Nächster Lichtblick, nächste Enttäuschung. Der Kanton bezieht 1840 sein neu erbautes Zeughaus, den heutigen Nordflügel des Regierungsgebäudes am Klosterplatz. Damit wird das bisherige Zeughaus am Bohl frei. Auch dieses könnte für die Bibliothek in Frage kommen. Fast ist man so weit, als 1848 die Idee auftaucht, eine Lösung zu suchen, die sowohl die Raumprobleme der Bibliothek als auch des Gymnasiums beheben könnte. 1850 wird Felix Wilhelm Kubly beauftragt, für zwei verschiedene Standorte Vorprojekte zu erarbeiten: das eine für den Obstmarkt vor dem Schibenertor, das andere an der Stelle des bisherigen Zeughauses und des Gymnasiums. Das Projekt Schibenertor wird bald aufgegeben, weil der Baugrund zu sumpfig ist. Also bleibt der Plan, das Zeughaus und einen grossen Teil des Katharinenklosters für einen Neubau abzubrechen. Bereits gibt man die Detailprojektierung in Auftrag, da zieht das Kaufmännische Directorium die Notbremse. Es hält ein Schulgebäude im belebtesten Quartier für ungeeignet. Zudem könnte der vom Durchgangsverkehr verursachte Staub den Büchern zusetzen.

Solche Interventionen führen meist dazu, dass Projekte auf die lange Bank geschoben werden. Bei den Plänen für Gymnasium und Bibliothek ist dies nicht der Fall. Denn wenige Monate später finden die Ortsbürger bereits einen neuen Bauplatz, die Lie-

Johannes Mettler (1821–1863): Auszug der Gymnasiasten aus dem Bubenkloster.

genschaft «zum Gärtlein» auf dem Oberen Brühl. Den Preis für die Liegenschaft zahlt das Kaufmännische Directorium, dafür erhält es die ganze Klosterliegenschaft von Katharinen samt Zeughaus am Bohl. Gleich wird Kubly mit Projektierungsarbeiten beauftragt, die er innert kürzester Zeit vorlegt, weil er einen Bauplan aus der Schublade ziehen kann, den er zunächst für das Bundeshaus in Bern angefertigt hat.

1852 wird das fünfstöckige Wohnhaus abgebrochen, das sich auf dem Bauland befindet, drei Jahre später ist der Bau bereits fertig. Mit seinem mittleren Durchgang und den seitlichen Eingängen zum Ost- und Westflügel verrät er schon von aussen seine dreifache Funktion. In den Ostflügel kommt die Realschule, den Mittelbau beziehen das Gymnasium und die Industrieschule, der

Westflügel ist für die Bibliothek und die Sammlung reserviert. Im zweiten Stock erhält der Kunstverein sein Lokal, zudem befindet sich hier ein grosser Saal, der Ausstellungen und Konzerten dient.
Der Bezug der neuen Räume bringt endlich die ersehnte Erleichterung. Zeichenlehrer Gottlieb Bion sieht im grosszügig bemessenen Neubau ein Bekenntnis zum Fortschritt: «Bald schnurrt mit Pfeilesschnelle der dampfende Wagen auf eisenbelegter Bahn durch unsere Stadt […] Bürger St. Gallens! Ihr habt ihn verstanden, den Ruf der Zeit. Das herrliche neue Schulhaus wird als Zeuge es der Nachwelt verkünden […] Mögen sie dann fallen, diese Mauern, und unter ihrem Schutte begraben alles, was da hemmend war dem grossen Werke der Jugendbildung.»[36]
Die Festrede bringt das neue Schulhaus in Zusammenhang mit der Eisenbahn, die ein Jahr später die Gallusstadt erreichen wird. In beiden Werken weht der gleiche Fortschrittsgeist.
Noch ist das Gymnasium damals eine städtische Angelegenheit. Doch bereits ein Jahr später weitet es sich zu einer «Kantonsschule» aus, dies durch die Vereinigung mit dem bisherigen katholischen Gymnasium, das in den Räumen des Gallusklosters untergebracht ist. Die Gründung des überkonfessionellen Gymnasiums wird darum möglich, weil 1855 die liberalen Katholiken die Grossratswahlen gewinnen.[37] Dieser Zusammenschluss einer protestantischen mit einer katholischen Schule ist schon darum erstaunlich, weil wenig später der Kulturkampf die konfessionellen Gräben wieder neu aufbrechen lässt.
Mit dem Bezug des Neubaus auf dem Oberen Brühl glaubt man, die Raumnot ein für alle Mal behoben zu haben. Ein unrealistischer Wunsch, denn auch diese ist von Katharinen ins neue Domizil mitgezogen. 1877 bereits werden Kunst und Naturwissenschaften ausquartiert. Sie beziehen ihr Museum im Stadtpark. 1921 erhalten Geschichte und Völkerkunde ebenfalls ihren Museumsbau. Seit 1911 kann auch im Kirchhoferhaus ausgestellt werden. Ab 1919 steht das bisher gemeinsam genutzte Gebäude ganz der Kantonsschule zur Verfügung.

Nach dem Auszug von Gymnasium, Bibliothek und Sammlung gleicht Katharinen mehr und mehr einem verwunschenen Schloss.

STEINBRUCH ODER ARCHE?

1855 weihen die Ortsbürger das neue Schul-, Bibliotheks- und Museumsgebäude auf dem Oberen Brühl ein. Unverzüglich geht die bisherige Katharinenliegenschaft an das Kaufmännische Directorium. Und ebenso rasch schreibt dieses den Gebäudekomplex zum Verkauf aus. Zum Angebot gehören nicht nur die Räume des bisherigen Bubenklosters, sondern auch das trutzige Zeughaus am Bohl. Bald schon melden sich zwei Interessenten für die angebotenen Parzellen. Auf der einen Seite ist es der Theater-Verein, der für Schauspiel und Oper ein neues Gebäude sucht. Für das bisherige private «Aktien-Theater» am Karlstor, dem heutigen Sitz der Kantonspolizei, wird der Pachtvertrag nicht erneuert. Das Kaufmännische Directorium kommt dem Theater-Verein finanziell entgegen. Er erhält den Platz des bisherigen Zeughauses für günstige 25 000 Franken. Das Directorium würdigt damit den gemeinnützigen Charakter des Theaterprojekts.

Der Theater-Verein zögert nicht lange, lässt das Zeughaus unverzüglich abbrechen und durch Architekt Johann Christoph Kunkler einen klassizistischen Musentempel errichten. Dieser prägt bis zu seinem Abbruch 1971 das Bild von Bohl und Marktplatz. Sehr sensibel geht Kunkler nicht ans Werk, wie Ernst Ziegler 1978 schreibt: «Mit einer Rücksichtslosigkeit, welche die Umgebung, zum Beispiel das einstige St. Katharinenkloster überhaupt nicht beachtete und die jener heutiger Architekten nicht nachsteht, pfercht er das neue Theater in diesen Platz.»[38] Kunkler geht davon aus, dass die Klostergebäude früher oder später ohnehin abgebrochen werden, so wie es sein Architektenkollege Felix Wilhelm Kubly schon früher ins Auge gefasst hat. Das neue Theater wird am 5. November 1857 mit Mozarts «Don Giovanni» eröffnet. Eine Höllenfahrt, die den baldigen Abbruch der noch stehenden Katharinenbauten andeutet? (Siehe Kapitel «Baugeschichte: Versteckter Reichtum»).

Verhindert wird dies, weil der nördliche, grössere Teil des angebotenen Areals einen andern Besitzer findet, den Steinmetzen Ambrosius Schlatter. Dieser bezahlt 60 000 Franken für seinen Teil des Areals. Schlatter werden beim Kauf dieser ins Mittelalter zurückreichenden Bausubstanz lediglich zwei Auflagen gemacht. Er muss die Kirche erhalten und sie weiterhin für französische Gottesdienste zur Verfügung stellen. Weiter muss er das Hintergebäude Goliathgasse 18a an die Gemeinnützige und Hilfsgesellschaft weiterver-

Der historische Kreuzgang geniesst keinen Schutz; so dient der westliche Gang als Waschküche.

kaufen, wofür ihm 9000 Franken zugesichert werden. Mit dieser Bestimmung wird auch der Plan Kublys durchkreuzt, die ganze Katharinenliegenschaft abreissen und neu überbauen zu lassen.

Beim Verkauf an Schlatter wird allerdings nur die Kirche ausdrücklich geschützt. Für die übrigen Konventsgebäude, namentlich auch für den Kreuzgang, besteht über Jahrzehnte hinweg kein Schutz. Möglich, dass Schlatter als Steinmetz an diesen Gebäudeteilen auch als Steinbruch interessiert ist. Schliesslich ist es die Zeit, in der ein Stadttor nach dem andern geschleift wird, um es als Baumaterial zu verwenden. Mit dem 1867 erfolgten Abbruch

Katharinengasse, ein Quartier im Schatten der Stadtentwicklung.

des Platztors gewinnt man beispielsweise Baumaterial für das Blumenauschulhaus. Schlatter geht mit seiner frisch erworbenen Liegenschaft allerdings pfleglicher um, als es Kunkler beim Theaterbau und Kubly mit seinen Abbruchplänen tun. Als Mann von tiefer religiöser Überzeugung ist er in erster Linie am Erhalt der Katharinenkirche interessiert.

Achtsamer Pietismus

Schlatter gehört zu jenen Sanktgallern, die im frühen 19. Jahrhundert vom Pietismus geprägt sind und eine bibelverbundene, aber auch sozial engagierte Frömmigkeit leben. So gründet er 1849 an der Wassergasse die «Rettungsanstalt für verwahrloste Kinder», aus der später das Evangelische Erziehungsheim Langhalde in Abtwil hervorgeht. Die gleichen pietistisch geprägten Kreise gründen 1853 den Christlichen Verein junger Männer.

Gottesdienst der Freien Evangelischen Gemeinde Stadtmission in der Katharinenkirche.

Zum pietistischen Kreis um Schlatter gehört auch Gustav Ehrenzeller. Dieser beginnt in einem Privathaus an der Brühlgasse 1852 mit einer Sonntagsschule. Als die Schar auf hundert Kinder anwächst, stellt Ambrosius Schlatter ihm 1866 seine Kirche zur Verfügung. Dort berichten auch Missionare von ihren Erlebnissen in fernen Landen, zudem gibt es jede Woche einen Abend, an dem die Bibel erklärt wird. Hinzu kommen die Erbauungsstunden und halbprivaten Abendmahlsfeiern des französischen Pfarrers. Prediger, die aus der «Eglise libre» stammen, finden in den pietistischen Kreisen eine willige Gefolgschaft. Abseits der offiziellen Stadtkirche wird Katharinen so zu einem Hort wortgetreuer, aber durchaus lebendiger Schriftauslegung.

Sympathisanten aus dem Kreis um Katharinen gründen 1864 die «Evangelische Gesellschaft der Kantone St. Gallen und Appenzell». Zu ihren Zielen gehören die innere Mission, die Verbreitung guter Bücher, die Seelsorge für zugewanderte Handwerker und Arbeiter. Dazu wird die Stelle eines «Stadtmissionars» geschaffen, der einen sowohl diakonischen als auch seelsorgerlichen Dienst versieht. Bei alldem ist es Schlatter wichtig, dass sich in der Evangelischen Gesellschaft keine separatistische Strömung breitmacht. Sie soll Teil der Landeskirche bleiben. Darum gestattet er der Gesellschaft nicht, an Sonntagnachmittagen regelmässig Gottesdienste zu feiern. Umgekehrt öffnet er seine Liegenschaft im Februar 1871 Soldaten der internierten Bourbaki-Armee.

Nach dem Tod von Ambrosius Schlatter geht Katharinen an seine Tochter Louise. Auch ihr ist es wichtig, dass die Evangelische Gesellschaft ein Zusammenschluss innerhalb der Landeskirche bleibt; sie ist aber weniger streng als ihr Vater. So lässt sie ab 1876 den sonntäglichen Abendgottesdienst zu. Louise Schlatter befasst sich auch rechtzeitig mit der Frage, wer nach ihrem Tode Eigentümer von Katharinen werden soll. Erst denkt sie an die Eglise française. Doch sie zweifelt, ob es der Kaufmännischen Corporation gelingen werde, die Pfarrstelle stets mit einem bibeltreuen Theologen zu besetzen. Schliesslich vermacht sie Katharinen der Evangelischen Gesellschaft. Dies fällt ihr umso leichter, als die Gesellschaft 1877 mit Johannes Meili einen ordinierten Pfarrer zum Stadtmissionar wählt. Damit bleibt die Verbindung zur Landeskirche gewährleistet. Das Vermächtnis Louise Schlatters ist mit der Auflage verbunden, der Französischen Kirche in Katharinen Gastrecht zu gewähren.

Louise Schlatter stirbt 1880, womit die Evangelische Gesellschaft zur Besitzerin von Kirche und Klosterliegenschaft wird. Von der Erbengemeinschaft Schlatter kann die Gesellschaft 1880 auch die nördlich angrenzende Liegenschaft Katharinengasse 21 erwerben und dort einen Neubau erstellen. Dieser dient als Vereinshaus, Unterrichtszimmer und Pfarrwohnung. Im Erdgeschoss zieht die Evangelische Buchhandlung ein (siehe Kapitel «Baugeschichte: Versteckter Reichtum»).

Treu dem diakonischen Auftrag gehen von Katharinen zwei bedeutsame soziale Werke aus. 1888 gründet Johannes Meili an der Gallusstrasse die «Herberge zur Heimat», die Arbeitern und wandernden Handwerksgesellen ein Daheim bieten will. In einem separaten Hausteil wird ein Hospiz, ein Hotelbetrieb, eingerichtet, dessen Erlös mithilft, die Herberge zu finanzieren. Der Name des Hospizes hat inzwischen zu Hotel Vadian gewechselt. Doch das

Geschäftsmodell, die Finanzierung der Herberge, ist geblieben.[39]
1904 gründet der damalige Stadtmissionar Max Pflüger eine Diakonenstation für häusliche Krankenpflege, die an der Lämmlisbrunnenstrasse 17 ein Krankenmobilien-Magazin und ein kleines Altersheim für Pflegebedürftige führt. Aus der Trägerschaft dieser Einrichtung geht später der «Verein Evangelische Pflegeheime» hervor, der die Pflegeheime Heiligkreuz und Bruggen führt.[40]

Mit all diesen sozialen Werken und spirituellen Angeboten entspricht Katharinen an der Wende zum 20. Jahrhundert wieder ganz der in der Gründungsurkunde von 1228 enthaltenen Bestimmung, dass die Stätte «dauernd Gott geweiht bleiben solle». Dreihundert Jahre lang sind es die Schwestern, die sich diesem Auftrag verpflichtet fühlen. Nun ist es eine St. Galler Bürgersfrau, die Katharinen einer Gemeinschaft öffnet, die sich ganz an die Weisungen der Bibel halten und sozialdiakonisch wirken möchte.

Von 1954 an verzichtet die Evangelische Gesellschaft auf das eigene Pfarramt in Katharinen. Der Stadtmissionar und seine Mitarbeiter führen die Predigttätigkeit allerdings weiter. Damit aber lockert sich das Verhältnis zur Landeskirche. Die Stadtmission wird zur Freien Evangelischen Gemeinde.

Bekenntnis zur Französischen Kirche

Ausser der Evangelischen Gesellschaft dient Katharinen auch weiterhin der Französischen Kirche. Diese erlebt zur Mitte des 19. Jahrhunderts unruhige Zeiten. Der evangelische Centralrat erklärt 1850 den kurz zuvor eingesetzten Pfarrer als nicht wählbar, weil er aus der «Eglise libre» hervorgegangen sei.

Eine neue Festigung erfährt die Kirche durch das Wirken von Pfarrer Tissot (1877–1886). Zu seiner Zeit zieht die boomende Stickereiindustrie Familien aus der Waadt und dem Piemont an, was die Zahl der Gottesdienstbesucher deutlich anwachsen lässt. Finanziert wird die Französische Kirche nach wie vor durch das Kaufmännische Directorium, dem mit der «Kirchenkasse» ein Fonds von 200 000 Franken zur Verfügung steht. Die daraus resultierenden Zinsen reichen im 20. Jahrhundert allerdings nicht mehr, um den finanziellen Verpflichtungen nachzukommen. Dennoch bleibt das Directorium seiner vor zweihundertfünfzig Jahren

Pflanzen und Tiere erobern den Kreuzgang.

übernommenen Aufgabe treu, wird dabei allerdings von der Evangelischen Kirche der Kantone St. Gallen, Thurgau und Glarus sowie von den Kirchgemeinden Tablat und St. Gallen C unterstützt. Der weite Kreis der Geldgeber deutet auf die neue Aufgabe hin, die sich dem französischen Pfarrer stellt. Er soll seine Seelsorgetätigkeit auf alle in der Ostschweiz verstreuten Gemeindemitglieder ausdehnen. Zudem wird 1957 auch der rechtliche Status der Kirche genau umschrieben und in revidierter Fassung in die Kirchenordnung von 1980 aufgenommen: «Die Eglise française de St-Gall umfasst als kirchliche Vereinigung im Rahmen der evangelisch-reformierten Kirche des Kantons St. Gallen französisch sprechende Evangelisch-Reformierte des Kantons und der angrenzenden Gebiete. Der Kirchenrat ist ermächtigt, die französische Kirche mit einem jährlich von der Synode festzusetzenden Beitrag finanziell zu unterstützen. Er entscheidet über die Wahlfähigkeit des für das Pfarramt dieser Kirche vorgesehenen Pfarrers. Dieser untersteht in seiner Tätigkeit der Aufsicht des Kirchenrates.»

Damit ist die Kirche rechtlich solide fundiert, doch die finanziellen Sorgen bleiben. Aus diesem Grunde löst sich die Kaufmännische Corporation vom Mietvertrag für die Benützung der Katharinenkirche. Seit dem 17. Juni 1979 finden die französischen Gottesdienste in St. Mangen statt.

Anhaltende Gefahr

Auch wenn sich seit 1855 in Katharinen ein reiches spirituelles Leben entfaltet hat, stehen die alten Konventsbauten doch auf unsicherem Grund. Hinzu kommt, dass die Liegenschaft seit dem Auszug von Schule und Bibliothek nicht mehr als öffentlicher Ort erlebt wird. Das heisst auch, dass die sich hier anbahnenden Entwicklungen von der Öffentlichkeit kaum wahrgenommen werden. Noch gefährlicher ist, dass das Areal auf drei Grundeigentümer aufgesplittet ist: Die Evangelische Gesellschaft besitzt die Kirche und das Vereinshaus. Der Gemeinnützigen und Hilfsgesellschaft gehört das westlich an den Kreuzgang angrenzende Kapitelhaus. Die drei südlichen Gebäudeteile sind in privatem Besitz: Franziskaner, Buchdruckerei Weiss und Fundushaus des Stadttheaters.

Die grösste Gefahr droht bei diesen Eigentumsverhältnissen dem spätgotischen Kreuzgang, der keine selbständige Parzelle bildet. Jeder der vier Korridore gehört zur angrenzenden Liegenschaft. Was dem Kreuzgang da blühen kann, zeigt sich, als 1905 die Gemeinnützige und Hilfsgesellschaft ihren Neubau an der Goliathgasse plant. Dabei will sie das Kapitelhaus miteinbeziehen samt dem dazugehörigen westlichen Korridor des Kreuzgangs. Glücklicherweise besteht um diese Zeit bereits eine Kommission für historische Baudenkmäler, die dem Vorhaben einen Riegel schieben kann.

Sechs Jahre später droht schon die nächste Gefahr. Damals sucht die Evangelische Kirchgemeinde St. Gallen C nach Bauland für ein Kirchgemeindehaus. Dabei taucht der Vorschlag auf, das Areal von Katharinen für einen Neubau zu nutzen. Aus Rücksicht auf die Französische Kirche wird dieser Plan aber nicht mehr weiterverfolgt. Eine letzte Gefahr droht Katharinen, als die Stadttheater AG ihre Liegenschaft am Bohl samt Fundushaus an die Genfer Firma «Maus frères» verkauft. Die «Kaufhaus am Bohl AG» denkt aber nicht nur an einen Neubau auf dem Boden des alten Stadttheaters. Vielmehr kauft sie auch zwei Häuser, die zur Bausubstanz des alten Klosters

Vorbereitung einer Serenade durch den Cembalostimmer; die Serenaden rufen den fast vergessenen Kreuzgang wieder in Erinnerung.

Das frühere Gästehaus um 1903; Wohnhaus der jungen Clara Wettach.

gehören: den Franziskaner und die Buchdruckerei Weiss. Die Absicht besteht, diese Gebäude abzureissen und das Kaufhaus bis zum Kreuzgang auszudehnen. Dieser soll zwar erhalten bleiben, aber seine ganze historische Einbettung verlieren.

Serenaden öffnen Ohren und Augen

So weit kommt es jedoch nicht. Langsam gehen der Öffentlichkeit die Augen auf für den Reiz der alten Klosteranlage, namentlich des Kreuzgangs. In diesem finden seit 1937 regelmässig Serenaden statt, Konzerte, bei denen die besondere Atmosphäre dieses Ortes spürbar wird. Durch die Konzertbesprechungen erhält der Kreuzgang in den Zeitungen eine Dauerpräsenz. Der St. Galler Publizist August Steinmann erlebt bei diesen Konzerten Katharinen als Hort der Kultur: «Diesen zu erhalten, muss eine Pflicht der St. Gallischen Bürgerschaft bleiben.»[41]

Die eigene, geheimnisvolle, manchmal auch etwas angsteinflössende Aura von Katharinen beschreibt auch die Mundartdichterin Clara Wettach, die an der Goliathgasse im Pförtnerhaus des früheren Klosters aufwächst und Kreuzgang und Kloster als ihr Spielareal erlebt: «Und i de Chrüüzgänge hene, wo jetz im Sommer die stimmungsvolle Serenaade send, do hemmer Räuberlis gmacht und Geisterlis, bis meer üs selber gföörcht hend, denn, soo hät d Frau Cheller, wo dei drenine gwohnt hät, gseit, sie gsechi z Nacht e wiissaagleiti Chlooschtefrau im Gäärtli spaziere, si hei en schwarze Schleier aa und luegi all omenand, wie wenn sie öppis täät sueche. Sie hät halt nöd gwösst, die geisterhaft Gstaalt, dass sie jetz wohrschinli uf Wil abesötti is Chlooschter St. Katharina.»[42]

Die Serenaden bilden den Anfang. Verständnis und Sympathie für Katharinen und die ins Mittelalter zurückreichende Bausubstanz wachsen. Mit dem Nein zum Abbruch des Waaghauses setzen die Stimmbürger im September 1958 ein erstes Zeichen gegen die damals grassierende Abbruch- und Neubauwelle. Dieses neue Verständnis für alte Bauten führt in den 1970er-Jahren auch zur Rettung von Katharinen, was von der Stadt einige materielle Opfer verlangt (siehe Kapitel «Baugeschichte: Versteckter Reichtum»).

1975 legt der Stadtrat seine Botschaft zur Sanierung des ehemaligen Katharinenklosters vor. In dieser heisst es, der Gebäudekomplex sei für die Geschichte St. Gallens von grösster Bedeutung: «In ihm befand sich das eigentliche Bildungs- und Kulturzentrum der Stadt.» Die Botschaft sieht die Rettung von Katharinen auch in einem stadtgeschichtlichen Zusammenhang. Das Kloster St. Katharinen dokumentiere jene mittelalterliche Epoche, in der die Stadt durch den Leinwandhandel aufblühte: «Es unterstreicht somit den Charakter der spätgotischen Stadt als Gegenstück zur barocken fürstäbtischen Klosteranlage.» Katharinen wird damit auch zu einem Dokument für den Freiheitswillen der Bürgerschaft, die sich seit dem Mittelalter mehr und mehr vom Galluskloster emanzipiert.

Die Renovation wird dadurch erleichtert, dass die Gemeinnützige und Hilfsgesellschaft und die Evangelische Gesellschaft ihr Eigentum am Kreuzgang an die Stadt abtreten. Damit sind sie von der Beitragsleistung an die Renovation befreit. Inzwischen ist auch klar, wie die Räume von Katharinen genutzt werden sollen. 1978 zieht die Freihandbibliothek ein, die an ihrem bisherigen Standort an der Rorschacher Strasse 25 unter Platzmangel leidet. Im zweiten Stock des

Katharinen seit der Übernahme durch die Notenstein Privatbank; ein Raum für Bildung, Kultur und Stille.

neuen Refektoriums wird ein Vortragssaal eingerichtet, im Parterre erhält der Kunstverein einen Ausstellungsraum. Das «Alte Museum» bleibt von 1970 bis 1987 geschlossen, und die Kunst fristet ein Nomadendasein.

Zwischen Stadt und Bank

Seit der Renovation 1978 ist Katharinen wieder ein öffentlicher Ort. Die Freihandbibliothek wird immer stärker frequentiert; die Möglichkeiten von Vortrags- und Ausstellungssaal werden genutzt; der Kreuzgang bildet eine Oase überraschender Stille inmitten der Stadt. In der Kirche hält die «Freie Evangelische Gemeinde Stadtmission» (FEG Stami) ihre Gottesdienste. Alles scheint in bester Ordnung zu sein, bis wieder jenes Lied anhebt, das schon seit Jahrhunderten in Katharinen erschallt: die Klage über Platzmangel. Darunter leiden sowohl die Freihandbibliothek als auch die FEG Stami. Der Freihandbibliothek wird geholfen durch Ausquartierung der Ludothek und Zumiete eines bisher von der FEG Stami benutzten Rau-

mes. Die Stadtmission selbst erlebt einen so starken Zuwachs, dass sie dringend zusätzlichen Raum benötigt. Zunächst hoffen die Verantwortlichen der FEG Stami, diesen Raum in Katharinen gewinnen zu können. Doch wegen der historischen Bedeutung des Klostergebäudes sind weder Anbauten noch grössere Veränderungen an der Bausubstanz möglich. Also muss sich die Stadtmission nach einer andern Lösung umsehen. Sie findet an der Splügen-Strasse, nahe der Brücke über der Autobahn, eine Parzelle, die sich für einen Neubau eignet. Ihre Liegenschaften in Katharinen, Kirche und Vereinshaus, stehen nun aber zum Verkauf.
Logische Käuferin wäre eigentlich die Stadt. Denn dieser gehört bereits ein grosser Teil des Klosterareals. Zudem könnte sie sich jene Raumreserven sichern, welche eine moderne Freihandbibliothek früher oder später dringend benötigt. Dennoch zeigt sich die Stadt auffallend zögerlich, denn nach dem Jahr 2000 tauchen andere Bibliothekspläne auf. Der Kanton ist bereit, seine Kantonsbibliothek, die Vadiana, aus dem engen Raumkorsett des heutigen Baus zu befreien. Sie soll neue, grosse Räume erhalten, eine Bibliothek der Zukunft werden, in die auch die Freihandbibliothek integriert würde. Damit aber hat die Stadt keinen Grund mehr, die freiwerdenden Katharinen-Gebäude in die Hand zu bekommen.
So überrascht es nicht, dass Katharinen nicht von der Stadt, sondern von der Bank Wegelin gekauft wird (siehe Kapitel «Renovation: Rüsten für die Zukunft»). Während die Räume an der Katharinengasse 21, dem früheren Vereinshaus, als Forum St. Katharinen für die Bedürfnisse der Bank hergerichtet werden, will man die Kirche partiell auch der Öffentlichkeit zugänglich machen, als Oase der Stille und als Ort für kulturelle Veranstaltungen. Seit 2012 gehören die beiden Katharinengebäude der Notenstein Privatbank, die die Räume im gleichen Sinne wie Wegelin nutzen will.
Der Kreis schliesst sich. 1228 beginnen fromme Frauen, in St. Katharinen zu beten und über das nachzudenken, was im Leben wesentlich ist. Ihr Konvent wird zum Herzen der Stadt, ein ruhender Pol inmitten aller Wirrsal der Zeit. Ein besonderer Ort bleibt Katharinen auch nach Aufhebung des Konvents. Von diesem Ort gehen immer neue Impulse aus, spirituelle, kulturelle, soziale. Es ist, als ob sich Katharinen immer wieder neu erfinden würde, um das zu bleiben, was es immer war: ein Ort der Sammlung und Ausstrahlung zugleich.

KLOSTERFRAUEN WIRTSCHAFTEN

REZIA KRAUER, STEFAN SONDEREGGER,
CLAUDIA SUTTER, MONIKA MICHEL-RÜEGG

Dieses Kapitel der Publikation ist den neuesten Ansätzen der historischen Forschung zum ehemaligen Kloster St. Katharinen gewidmet. Vorab bietet Rezia Krauer, Stadtarchiv der Ortsbürgergemeinde St. Gallen, einen Überblick über den schriftlichen Nachlass des Klosters, der sich im Stadtarchiv der Ortsbürgergemeinde St. Gallen und im Klosterarchiv St. Katharina in Wil befindet. Es werden einige noch wenig bekannte mittelalterliche und frühneuzeitliche Quellenstücke vorgestellt, deren Erforschung mit Blick auf die Wirtschafts- und Sozialgeschichte des Klosters St. Katharinen sich lohnen würde. Ziel ist es, das Interesse der historischen Forschung für die reiche schriftliche Überlieferung des Klosters zu wecken.[1]

Im zweiten Teil werden Fragen zur Wirtschaft und Verwaltung des Klosters aufgegriffen. Stefan Sonderegger und Claudia Sutter, beide Stadtarchiv der Ortsbürgergemeinde St. Gallen, thematisieren in ihren Beiträgen Aspekte des Klosterlebens, die gerade bei der Auseinandersetzung mit religiösen Institutionen oft vergessen gehen. Wir wandeln ehrfürchtig durch Kreuzgänge, stehen ergriffen vor mittelalterlichen Handschriften – und stellen uns wohl nur selten die Frage nach der Finanzierung dieses Kulturschaffens und des Klosterlebens überhaupt. Genau diese Frage steht darum in diesen beiden Beiträgen im Zentrum: Wie war es möglich, dass sich die Schwestern von St. Katharinen ein kontemplatives Leben leisten konnten? Wie finanzierte sich das Kloster St. Katharinen? Welche Einnahmen standen dem Kloster zu? Woher stammten diese Einnahmen? Anhand des ältesten Zinsbuchs[2] und des Konventsbuchs[3] wird ein erster Einblick in die wirtschaftliche Situation des Klosters im Spätmittelalter vermittelt. Wichtig ist dabei, die Klostergeschichte im Zusammenhang mit den wirtschaftlichen und gesellschaftlichen Entwicklungen im spätmittelalterlichen Zentraleuropa zu sehen. Es werden keine abschliessenden Resultate präsentiert, im Gegenteil: Mit den Ausführungen sollen Ideen und Anregungen zu vertiefter Forschung und Auseinandersetzung mit solchen Fragen geliefert werden.

Im dritten Teil wird das Konventsbuch, eine einzigartige, im Bestand des heutigen Klosterarchivs St. Katharina in Wil noch erhaltene Handschrift, umfassend vorgestellt. Dieser Teil stammt von Monika Michel-Rüegg, welche eine Abschlussarbeit[4] an der Universität Fribourg zum Konventsbuch verfasst hat. Ihr ausführlicher Kommentar steht im Zusammenhang mit der zu diesem Buch mitgelieferten CD-ROM mit der Transkription des ganzen Textes des Konventsbuchs. Damit steht diese einzigartige Schriftquelle für Interessierte nicht nur als Bild im Internet[5], sondern hier auch in einer leicht zugänglichen Umschrift zur Verfügung. Diese Umschrift wurde von Ursula Hasler, Stadtarchiv der Ortsbürgergemeinde St. Gallen, erstellt.

DER SCHRIFTLICHE NACHLASS DES KLOSTERS ST. KATHARINEN

REZIA KRAUER   Das Kloster St. Katharinen hat einen erstaunlich reichen Quellenbestand, sowohl in quantitativer als auch in qualitativer Hinsicht. Es soll aufgezeigt werden, wie sich dieser Nachlass zusammensetzt und wo diese schriftlichen Dokumente aufbewahrt werden. Die Übersicht zum Stand der Erschliessung dieser Archivalien am Schluss des Beitrages ist auch eine Anregung, sich mit noch unerforschtem Quellenmaterial auseinanderzusetzen und damit noch Unbekanntes in der Geschichte des Klosters St. Katharinen und seiner städtischen Nachfolgeinstitutionen zu entdecken.

Getrennte Aufbewahrung

Der schriftliche Nachlass des Klosters St. Katharinen befindet sich zu einem grossen Teil im Stadtarchiv der Ortsbürgergemeinde St. Gallen, nur ein kleiner Teil wird heute im Archiv des Nachfolgeklosters, im Kloster St. Katharina in Wil, aufbewahrt.[6] Die Ursachen dafür liegen in den Anfängen des Klosters St. Katharinen in St. Gallen und reichen damit ins frühe 13. Jahrhundert zurück.[7] Damals schenkten zwei St. Galler Bürger einer Gemeinschaft von Frauen, die noch keinem Orden angehörten, eine Hofstätte auf dem Brühl vor den Toren der Stadt St. Gallen. Später lebte die Frauengemeinschaft zunächst nach der Regel der Augustiner und dann nach jener der Dominikaner. Als nach dem verheerenden Stadtbrand von 1418 mit dem Bau der neuen Stadtmauer die frühere Vorstadt in den innerstädtischen Bereich integriert wurde, wurde das Kloster St. Katharinen zu einem eigentlichen städtischen Kloster. Die Reformation und der Übertritt der Stadt St. Gallen zum protestantischen Glauben machte die Aufrechterhaltung des klösterlichen Lebens in der Stadt schwierig. 1555 wurde das Kloster St. Katharinen aufgehoben und fünf Jahre später auf dem Nollenberg bei Wuppenau TG ein bescheidener Konvent als Nachfolgeeinrichtung errichtet, bevor 1607 die Konventsfrauen vom Nollenberg nach Wil ins neu erbaute Kloster St. Katharina umsiedelten. 1594 hatte die Stadt St. Gallen den Besitz des vormaligen Klosters St. Katharinen aufgekauft, und mit diesem Kauf gelangte auch ein grosser Teil der Archivalien an die Stadt St. Gallen. Daher ist das Archiv des Klosters St. Katharinen in St. Gallen heute auf zwei Standorte verteilt, nämlich auf das Stadtarchiv der Ortsbürgergemeinde St. Gallen und das Klosterarchiv St. Katharina in Wil.

1594 hatte die Stadt St. Gallen den Besitz des vormaligen Klosters St. Katharinen aufgekauft, und mit diesem Kauf gelangte auch ein grosser Teil der Archivalien an die Stadt St. Gallen.

Im Stadtarchiv der Ortsbürgergemeinde St. Gallen

Die meisten Archivalien des Klosters St. Katharinen im Stadtarchiv gehören heute in die Bestände des Schaffneramts im Rheintal und des Schaffneramts im Thurgau. Darüber hinaus finden sich auch im Bestand des Alten Stadtarchivs zahlreiche Dokumente, die das Kloster St. Katharinen betreffen.[8] Zur Verwaltung des 1594 an

Die eigentliche Gründungsurkunde datiert auf den 30. Juni 1228. Abt Konrad von St. Gallen überträgt der Frauenkongregation in St. Gallen den ihr von Ulrich Blarer und Bertold Kuchimeister geschenkten Hof am Irabach und nimmt sie in seinen Schutz.

die Stadt gekommenen Besitzes wurde damals ein St. Katharinen-Schaffneramt gegründet und ein Schaffner mit der Verwaltung der Güter betraut. 1683 trennte man die Verwaltung der Güter und wies die Güter des Rheintals dem Schaffneramt im Rheintal und jene im St. Galler Fürstenland dem Schaffneramt im Thurgau zu. Welche Archivalien zum Kloster St. Katharinen werden im Stadtarchiv aufbewahrt? Wie für eine grundherrschaftliche Institution typisch, bilden die Archivalien in erster Linie die Verwaltung und Wirtschaft des Klosters ab. Aus der Zeit von den Anfängen des Klosters bis ins 16. Jahrhundert sind zahlreiche Urkunden überliefert. Dabei handelt es sich in erster Linie um Urkunden zu Handänderungen der Klostergüter, so zum Beispiel Leiheverträge mit den Bauern, die diese Höfe bewirtschafteten. Überliefert sind aber auch Schenkungsurkunden zugunsten des Klosters oder Urkunden, die im Zusammenhang mit Streitigkeiten um Abgaben oder Steuerleistungen erstellt wurden. Die älteste Urkunde[9], die eigentliche Gründungsurkunde des späteren Klosters St. Katharinen, reicht ins Jahr 1228 zurück. Damals kauften die beiden St. Galler Bürger Ulrich Blarer und Bertold Kuchimeister ein Haus und eine Hofstatt am Brühl, ein Lehen des Klosters St. Gallen, und übertrugen diese der Schwesterngemeinschaft.

Da diese Urkunde nicht die Verwaltung der klösterlichen Güter im Umland der Stadt betrifft und damit weder dem Schaffneramt im Rheintal noch dem Schaffneramt im Thurgau zuzuordnen ist,

wird sie im Bestand des Alten Stadtarchivs aufbewahrt. In diesem Bestand finden sich noch weitere Urkunden zum innerstädtischen Gutsbesitz, aber auch Urkunden zu Streitigkeiten und Konflikten, in die das Kloster involviert war. Um 1490 beispielsweise wehrten sich die Konventsfrauen gegen die Aufnahme von Barbara Hux in das Kloster, die ihr Vater Doktor Hux veranlasst hatte. Sie baten den zuständigen Bischof in Konstanz um Unterstützung, die er auch gewährte. In drei Schreiben[10] an Bürgermeister und Rat der Stadt St. Gallen nahm Bischof Thomas von Konstanz Partei für die Konventsfrauen und versuchte, zwischen den Parteien zu vermitteln. Doktor Hux hingegen wandte sich an die oberste zuständige Instanz des Reiches, an den König, um seinem Anliegen betreffend die Aufnahme seiner Tochter ins Kloster St. Katharinen Nachdruck zu verleihen. Von König Maximilian ist ein Schreiben[11] an die Stadt St. Gallen erhalten, in dem er die Herren Stadträte bittet, mit den Klosterfrauen zu verhandeln, um die Aufnahme von Barbara Hux ins Kloster zu ermöglichen. Der Appell des Königs zeigte Wirkung: Die Klosterfrauen sahen sich gezwungen, der Bitte von Doktor Hux nachzukommen.[12]

Ebenfalls im Bestand des Alten Stadtarchivs ist eine weitere für die Geschichte des Klosters St. Katharinen bedeutende Urkunde[13] erhalten, nämlich die 1594 erstellte Urkunde zum Verkauf der klösterlichen Güter an die Stadt St. Gallen.

Nachdem die Schwestern die Stadt St. Gallen verlassen hatten und auf den Nollenberg bei Wuppenau TG gezogen waren, verkaufte der Konvent 1594 mit Einwilligung des Bischofs von Konstanz der Stadt St. Gallen das ehemalige Kloster St. Katharinen mit all seinen Gütern und Rechten für die stattliche Summe von 24'000 Gulden.

Reihe von Rechnungsbüchern im Schaffneramt im Rheintal.

Eintrag im ältesten Stadtsatzungsbuch betreffend die Aufnahme der Konventsfrauen ins Stadtsanktgaller Bürgerrecht.

Nicht nur Urkunden dokumentieren die Geschichte des Klosters St. Katharinen im Stadtarchiv. In den beiden Schaffnerämtern und im Alten Stadtarchiv sind auch viele Bücher erhalten. Ähnlich wie die Urkunden bilden diese Bücher in erster Linie die Verwaltung und Wirtschaft des Klosters ab. Bei den Büchern der beiden Schaffnerämter im Thurgau und im Rheintal handelt es sich um Einnahmen- und Ausgabenbücher, Schuldbücher und Jahresrechnungen aus dem 16. bis 19. Jahrhundert.

Auch erhalten in den beiden Schaffnerämtern sind Zinsbücher, in denen die von den Bauern abgelieferten Abgaben aus den ehemals klösterlichen Gütern im Umland aufgelistet sind. Die ältesten Zinsbücher des Klosters St. Katharinen befinden sich aber im Bestand des Alten Stadtarchivs, so auch das erste Zinsbuch,[14] dessen Einträge in das Jahr 1482 zurückreichen und das weiter unten ausführlich diskutiert wird.

Aufgrund der Verflechtung zwischen der Stadt St. Gallen und dem Kloster St. Katharinen gibt es im Bestand des Alten Stadtarchivs auch viele Bücher – Stadtbücher, Seckelamtsbücher oder Ratsprotokollbücher –, die Hinweise zum Kloster St. Katherinen und dessen Geschichte enthalten. Im ersten Stadtbuch, dessen Entstehung in die Mitte des 14. Jahrhunderts zurückreicht, hielten die Stadtschreiber Ereignisse fest, die aus Sicht der städtischen Verwaltung von Bedeutung waren. Darin findet sich ein Eintrag[15] aus dem Jahre 1376, der von der Aufnahme der Konventsfrauen ins Stadtsanktgaller Bürgerrecht handelt. Im Mittelalter gab es noch kein Einheitsbürgerrecht mit den in einer Verfassung festgehaltenen gleichen Rechten und Pflichten für alle. Sogenannte Hintersassen verfügten über weniger Rechte als Bürger. Mit dem Bürgerrecht waren im Mittelalter Stimm- und Wahlrecht sowie die Nutzung gemeiner Güter wie beispielsweise der Allmenden verbunden. Zu den Bürgerpflichten gehörten Wehr- und Wachtdienst, Steuerzahlungen sowie finanzielle Beteiligungen bei ausserordentlichen Ereignissen (Appenzeller Kriege, Stadtbrand). Ein Grund für die Aufnahme der Konventsfrauen ins Bürgerrecht dürfte darin zu suchen sein, dass im Kloster viele Angehörige von Familien der städtischen Oberschicht lebten.

Im Klosterarchiv St. Katharina in Wil

Im Vergleich zu den Archivalien im Stadtarchiv St. Gallen enthält das Archiv des Klosters St. Katharina in Wil nur wenige Urkunden. Letztere betreffen in erster Linie geistliche Belange. So sind beispielsweise zwei päpstliche Bullen[16] von 1333 überliefert, in denen Papst Johannes XXII. dem damaligen Frauenkonvent am Brühl in St. Gallen seinen Schutz versicherte und den Frauen alle bisher erlangten Freiheiten und Immunitäten bestätigte. Im Klosterarchiv in Wil werden auch einige Bücher aufbewahrt, die für die Geschichte des Klosters von besonderem Wert sind. Dazu gehört insbesondere das Konventsbuch; die von Ursula Hasler, Stadtarchiv der Ortsbürgergemeinde St. Gallen, erstellte Umschrift liegt in elektronischer Form der Publikation bei, Monika Michel-Rüegg stellt den Inhalt weiter unten ausführlich vor. Zwei weitere Bücher aus dem Klosterarchiv in Wil, die viele Informationen zum Klosterleben und zur Klosterwirtschaft im Spätmittelalter enthalten, sind das Schwesternbuch und das Urbar.

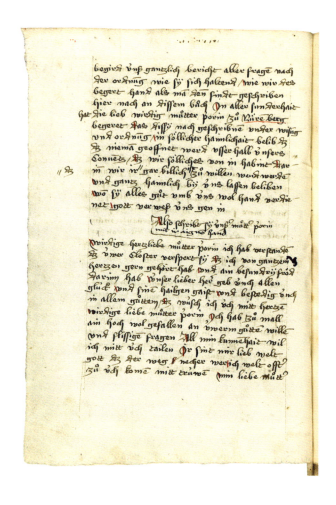

Blatt 16v des Schwesternbuches des Klosters St. Katharinen, St. Gallen, heute im Archiv des Wiler Klosters St. Katharina.

Das Schwesternbuch entstand ab 1482 und enthält Einträge zur Geschichte des Klosters von seinen Anfängen auf Basis von zum Teil verlorengegangenen Urkunden. Des weiteren umfasst das Schwesternbuch Anleitungen zum idealen Leben in einem Dominikanerinnenkloster, welche das Nürnberger Katharinenkloster dem Konvent in St. Gallen während mehrerer Jahre zukommen liess. Zum grossen Teil handelt es sich dabei um Briefe der Priorin von Nürnberg, Kunigunda Haller. In Ergänzung zu den Informationen zur klösterlichen Verwaltung und Wirtschaft bietet das Schwesternbuch so einen Einblick in den klösterlichen Alltag der Schwestern hinter den Klostermauern im Spätmittelalter.

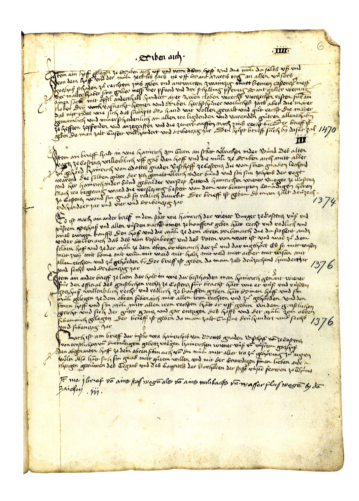

Blatt 6r des Urbars des Klosters St. Katharinen, St. Gallen, heute im Archiv des Wiler Klosters St. Katharina.

Anders als das Schwesternbuch ermöglicht es das Urbar, das ebenfalls in das 15. Jahrhundert zurückreicht, mehr über die Geschichte der Güter und der dem Kloster zustehenden Zinsabgaben zu erfahren. Auf rund 160 Seiten haben die Klosterfrauen eingetragen, welche Güter dem Kloster abgabepflichtig waren und in welchen Urkunden diese Abgabepflichten geregelt wurden. Das Urbar wurde um 1600 durch ein Register ergänzt, was dessen Handhabung sehr erleichtert. Eine vertiefte Auseinandersetzung mit diesem Buch ist bisher ausgeblieben, würde jedoch Aufschluss geben über die Güterverwaltung und das Verhältnis, in dem die Klosterfrauen mit den ihre Güter bewirtschaftenden Bauern standen.

Stand der Erschliessung

Die beiden Archive, das Stadtarchiv der Ortsbürgergemeinde St. Gallen und das Klosterarchiv St. Katharina in Wil, bewahren bis heute das Erbe des einstigen Stadtsanktgaller Klosters und seiner städtischen Nachfolgeinstitutionen auf. Es handelt sich um einen reichen Fundus für historische Forschungen, der nur zu einem kleinen Teil bereits durch Editionen erschlossen ist.

Die Urkunden umfassen einen Zeitrahmen vom frühen 13. Jahrhundert bis weit in die Neuzeit hinein. Mittelalterliche Stiftungen für das Kloster zur Förderung des persönlichen Seelenheils, Abmachungen mit regionalen Bauern, die den grossen klösterlichen Grundbesitz im St. Galler Umland bewirtschafteten, Urteile in Rechtsstreitigkeiten, in die das Kloster verwickelt war – das sind nur einige wenige Beispiele, um aufzuzeigen, wie heterogen der Urkundenbestand zusammengesetzt ist. Bis 1411 werden diese Urkunden gegenwärtig im Rahmen des Chartularium Sangallense in Volltextedition erschlossen,[17] was der Historikerin und dem Historiker die Auswertung wesentlich erleichtert. Für die spätere, nicht minder spannende und konfliktreiche Zeit ist man hingegen grösstenteils auf die Originaldokumente aus Pergament oder Papier angewiesen.[18] Die Urkunden ergänzt ein reicher Bestand von Briefen, der teilweise durch Verzeichnisse erschlossen, aber trotzdem noch kaum bekannt ist. Insbesondere ab dem 15. Jahrhundert sind zahlreiche Briefe erhalten, die von einem regen Austausch mit anderen Klöstern, dem Bischof von Konstanz, aber auch vielen weltlichen Herrschaftsträgern Zeugnis ablegen. Daneben sind ab dem 15. Jahrhundert auch umfangreiche Buchreihen aus der Verwaltungstätigkeit überliefert, die bisher noch nicht näher erforscht wurden. Seit Ende des 15. Jahrhunderts sind beispielsweise Zinsbücher erhalten, die über die Einnahmen des Klosters aus dem grossen klösterlichen Grundbesitz informieren. Der Beitrag von Stefan Sonderegger zeigt auf, wie viel aus solchen Verwaltungsquellen über den mittelalterlichen Alltag von Bauern und ihren Umgang mit ihren Herren, die eigentlich Damen waren, zu erfahren ist. Noch kaum erforscht ist das Quellenmaterial aus dem 16. Jahrhundert – Bücher, Urkunden und Schreiben –, das den verhältnismässig lange dauernden Auflösungsprozess des Klosters und damit die Trennung von der Stadt nach der Reformation dokumentiert. Ebenso ein Desiderat ist die Erforschung des gesamten schriftlichen Nachlasses der städtischen Nachfolgeinstitutionen, der sogenannten Schaffnerämter im Rheintal und Thurgau. Diese könnten einen Eindruck vom Einfluss der frühneuzeitlichen Stadt St. Gallen auf die Landschaft und somit von der reformierten Stadt auf das katholische Hoheitsgebiet der Fürstabtei St. Gallen vermitteln.

Der schriftliche Nachlass des Klosters St. Katharinen bietet also noch reichlich Forschungspotenzial; viel Unbekanntes zur Wirtschafts- und Sozialgeschichte des Klosters St. Katharinen und seiner städtischen Nachfolgeinstitutionen steckt noch in den Quellen und wartet darauf, entdeckt zu werden.

DAS ERSTE ZINSBUCH: SPIEGEL VON WIRTSCHAFT UND GESELLSCHAFT IM SPÄTMITTELALTER

STEFAN SONDEREGGER «Wir sind doch nicht mehr im Mittelalter!» Wer kennt diesen Spruch nicht, oder wer hat ihn nicht schon selber verwendet, um damit Rückständigkeit auszudrücken? Er beruht auf dem Klischee, welches das Mittelalter auf negative Vorstellungen wie Leibeigenschaft, Körperstrafe, Folter etc. reduziert. Eine rückständige Welt, die wir – oberflächlich betrachtet – hinter uns gelassen haben. Die auf das Mittelalter folgende, als «Frühe Neuzeit» betitelte Epoche wird demgegenüber tendenziell mit Fortschritt verbunden. Dabei wird übersehen, dass beispielsweise eine der grausamsten Erscheinungen der Geschichte nicht mehr ins Mittelalter, sondern bereits in die Neuzeit fällt: die Hexenverfolgungen. Und wer würde allen Ernstes behaupten, Ausbeutung und Folter gehörten definitiv der Vergangenheit an? Die Etikettierung des Mittelalters als «dunkle Zeit», als «Dark Ages», wie dies eine weit verbreitete Wendung im Englischen ausdrückt, entspricht nicht den realen Gegebenheiten. Diese Epoche erstreckte sich über eine Zeitspanne von 1000 Jahren und wird grob in drei Perioden unterteilt. Als Frühmittelalter wird die Zeit von circa 500 bis zum Jahr 1000 bezeichnet, das Hochmittelalter reicht von 1000 bis 1250, und als Spätmittelalter bezeichnet man die Jahre von 1250 bis etwa 1500. In dieser langen Zeit fanden grosse wirtschaftliche und gesellschaftliche Entwicklungen statt, die

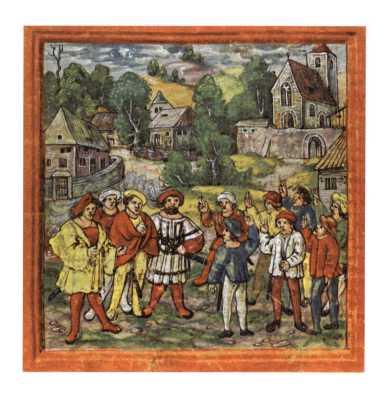

Schätzungsweise 80 bis 90 Prozent der spätmittelalterlichen und frühneuzeitlichen Bevölkerung waren mit der Landwirtschaft verbunden. Dennoch sind Darstellungen von Bauern selten. Dieses Bild aus der Luzerner Chronik des Diebold Schilling zeigt Untertanen des Abtes von St. Gallen beim Ablegen ihres Gehorsam-Eids.

auch die Region St. Gallen betrafen. Die Zeit bis zum Ende des 13. Jahrhunderts war eine Wachstumsphase. Im Hochmittelalter setzte ein Schub ein, der als «Landesausbau» bezeichnet wird. Von den adligen und geistlichen Zentren sowie den Städten aus wurden entlang von Gewässern Siedlungen angelegt. Dies betraf auch die Ostschweiz; von St. Gallen und vom Rheintal ausgehend, fand eine Siedlungsverdichtung statt, und auch die voralpinen und alpinen Gebiete des Toggenburgs und Appenzellerlandes wurden erschlossen.

Ein anderer Begriff, der mit der hochmittelalterlichen Wachstumsphase in Verbindung gebracht wird, ist «Vergetreidung», was bedeutet, dass immer mehr Land für Getreidebau nutzbar gemacht wurde. Die Ausdehnung der Ackerflächen ermöglichte es, mehr Menschen zu ernähren. Nach Schätzungen verdoppelte sich die Bevölkerung Europas zwischen der Zeit von 1000 bis 1300 von 43 auf 86 Millionen Menschen.[19] Diese Wachstumsphase wurde 1348/49 jäh unterbrochen durch eine gesamteuropäische Pestwelle. In dicht besiedelten Gebieten wurde die Bevölkerung bis zu einem Drittel dezimiert. Die Pest hat dem Spätmittelalter den Stempel einer Krisenzeit aufgedrückt. Diese Sichtweise ist aber einseitig, denn trotz dieser Katastrophe kann die Zeit zwischen 1250 und 1500 auch als Zeit grosser wirtschaftlicher Veränderungen bezeichnet werden. Zu diesen Veränderungen gehörten beispielsweise die wachsende Bedeutung der Städte als Marktorte für eine ganze Region und der Aufstieg vieler unter ihnen – darunter auch der Textilstadt St. Gallen[20] – zu europäisch vernetzten Handelszentren.

Grundbesitz als wirtschaftliche Grundlage

Vor dem Hintergrund dieser gesamteuropäischen Entwicklungen muss auch die Geschichte des stadtsanktgallischen Klosters St. Katharinen gesehen werden. Auch hier sind Phasen des wirtschaftlichen Wachstums im ausgehenden Mittelalter zu erkennen. Bei der Entwicklung der wichtigsten wirtschaftlichen Grundlage, nämlich des Grundbesitzes, lässt sich dies beispielhaft zeigen.

Für die Anfangsphase des Klosters wird vermutet, dass die Schwestern durch Erwerbsarbeit wie beispielsweise Krankenpflege zu ihrem Lebensunterhalt beigetragen hätten.[21] Erst nach und nach wurde der Grundbesitz, den das Kloster gegen Abgaben von Bauern bewirtschaften liess, das wichtigste Standbein des klösterlichen Einkommens. Die landwirtschaftlichen Produkte, welche die Bauern an das Kloster liefern mussten, dienten der Eigenversorgung der Schwestern und gemäss Einträgen im Konventsbuch auch dem Verkauf. Ursprünglich war der Besitz der Frauengemeinschaft überaus bescheiden gewesen. Er hatte aus nicht viel mehr als der Behausung der Schwestern am Irabach, einem benachbarten Garten und einer Zehnteinnahme von Ronwil (bei Waldkirch SG) bestanden.[22] Später wuchs der Besitz durch Schenkungen und Mitgiften der Schwestern, welche oft aus vermögenden Familien stammten, stark an. In der zweiten Hälfte des 15. Jahrhunderts, nach den sogenannten Reformen im Sinne der Observanz (siehe Kapitel «Vom Kloster zur Bank»), erhielt das Kloster den grössten Zulauf seit seiner Gründung. So trat beispielsweise Afra Rugg, Tochter des Ratsherrn Ulrich Rugg, damals den Schwestern bei; und auch Waltburg von Vonbül, Verena Zili, Cäcilia Vogelweider und weitere neu eintretende Schwestern stammten allesamt aus vermögenden St. Galler Familien. Ihnen und zahlreichen anderen Schwestern verdankte das Kloster grosszügige Mitgiften. So brachte Barbara Zollikofer ihre Aussteuer – einen Weingarten im Rheintal sowie Geld und Kleinodien im Wert von 400 Pfund – ins Kloster mit.[23]

Neben der Erweiterung des Grundbesitzes durch Schenkungen ist der Lehenbesitz zu erwähnen. St. Katharinen erhielt zum Beispiel vom Bischof von Konstanz Güter wie den weiter unten dargestellten Rollenhof in Goldach als Lehen. Die Bewirtschaftung dieser Güter lag in den Händen von Bauern, welche sie von St. Katharinen gegen die Leistung von Natural- und Geldabgaben verliehen bekamen.

Das im Stadtarchiv der Ortsbürgergemeinde St. Gallen erhaltene Schriftgut des ehemaligen Frauenklosters St. Katharinen, das 1594 mit dem Verkauf des Klosters an die Stadt in deren Besitz kam, vermittelt einen Eindruck der Landwirtschaft von St. Katharinen am Ende des 15. Jahrhunderts. Damit wird es möglich, die Finanzierung des Klosters in groben Zügen nachzuzeichnen. Für Fragen zur ländlichen Wirtschaft von besonderem Interesse sind Urkunden, Urbare und Zinsbücher. Bei Urkunden handelt es sich um rechtliche Vereinbarungen zwischen verschiedenen Parteien. Oft sind es Entscheide über Streitigkeiten oder Verträge, welche die Pflichten und Rechte von Bauern gegenüber dem Kloster regeln. Parallel dazu wurden Urbare, Verzeichnisse der dem Kloster gehörenden und den Bauern verliehenen Grundstücke, geführt. Darin wurden die Abgabenforderungen des Klosters an die Bauern notiert. Am meisten Informationen sind aus den Zinsbüchern zu gewinnen: Ausser den Abgabenforderungen des Klosters wurden darin auch die tatsächlich von den Bauern erbrachten Leistungen festgehalten.

Die Zinsbücher des Klosters St. Katharinen ermöglichen einen Blick auf den Alltag. In der Folge werden anhand ausgewählter Stellen aus dem ersten erhaltenen Buch, das die Jahre 1482 bis 1507 umfasst,[24] die Themen landwirtschaftliche Produktion, Verschuldung der Bauern und Konfliktbewältigung zwischen Kloster und Bauern aufgegriffen.

Mischwirtschaft

Nr.	Bezeichnung des Hofes	Orts- oder Flurname, Gemeinde
1	Landquart	Landquart, Berg SG / Arbon TG
2	Watt	Watt, Mörschwil SG
3	Mellengut	Obersteinach, Steinach SG
4	Niederaich	Niederaach, Amriswil TG
5	Siebenaich	Sibenaache, Egnach TG
6	Rollenhof	Obergoldach, Goldach SG
7	Oberaich	Oberaach, Amriswil TG
8	Frankrüti	Frankrüti, Berg SG
9	Kelnhof und Buchenstein	Goldach SG
10	Uffhofen	vermutl. Ufhofen, Oberbüren SG
11	Niderwil	Niderwil, Waldkirch SG
12	Eglisrüti	vermutl. Egelsrüti, Gaiserwald SG
13	Mörschwil	Mörschwil SG
14	Kesswil	Kesswil TG
15	Mettendorf	Mettendorf, Gossau SG
16	Kolen	Rotmonten, Stadt St. Gallen
17	Bluomenegg	Bluemenegg, Goldach SG
18	Gossau	Gossau SG
19	Von der Tannen	Tannenberg, Waldkirch SG
20	Helfenberg	Helfenberg, Gossau SG
21	Fronberg	Fronberg, Rorschacherberg SG
22	Spilbüel	Spilbüel, Untereggen SG
23	Huob	Hueb, Gossau SG
24	Schuopis	Schuepis, Waldkirch SG
25	Grüt	vermutl. Grütt, Waldkirch SG
26	Kuchimal	Sommeri TG
27	Vogtlüt	Vogtlüt, Untereggen SG
28	Underse	Ätschberg, Gaiserwald SG
29	Bleichenbach	Bleichenbach, Waldkirch SG
30	Wis	Wis, Waldkirch SG
31	Ronwil	Ronwil, Waldkirch SG
32	Wäldi	Wäldi, Häggenschwil SG
33	Lömmenschwi	Lömmenschwil, Häggenschwil SG

Im ersten Zinsbuch eingetragen sind Güter, die in der Zeit von 1482 bis 1507 während mindestens eines Jahres Abgaben an das Kloster St. Katharinen lieferten. Die Reihenfolge der Güter orientiert sich an den Einträgen im ersten Zinsbuch. Es konnten nicht alle Güter identifiziert werden, da teilweise nur der Name des Bewirtschafters des Hofes überliefert ist. Die Lokalisierung der Güter basiert auf den bisher erschlossenen Quellenbeständen, Fehllokalisierungen sind daher nicht auszuschliessen. Die Güter liegen in der Umgebung der Stadt St. Gallen, vorwiegend im St. Galler Fürstenland. Es ist auffällig, dass keine Abgaben von Gütern aus dem St. Galler Rheintal im Zinsbuch eingetragen wurden. Denkbar wäre, dass die Konventsfrauen die Weinabgaben aus dem St. Galler Rheintal in einer separaten Buchführung festhielten.

Die abgebildete Karte des Grundbesitzes des Klosters zeigt, dass sich die dem Kloster St. Katharinen gehörenden, den Bauern gegen Abgaben zur Nutzung überlassenen Güter zur Hauptsache im St. Galler Fürstenland und im angrenzenden Thurgau befanden. In dieser Region dominierte schon damals eine Mischwirtschaft mit Getreide- und Obstbau, dies zeigen verschiedene Einträge im Zinsbuch des Klosters. Folgender[25] im vollen Wortlaut wiedergegebene Eintrag unterstreicht dies.

1 Item der Wirt [=Hofinhaber namens Wirt] het gen vom [14]85 Jar 100 Aiger [Eier], me 11 Huenr [=Hühner],
2 me het er gen 8 Huenr, item me het er gen 2 Fiertel* [=Hohlmass] Bieren [=Birnen]
3 und 4 Fiertel Oepfel [=Äpfel], me 4 Kloben Werch [=Hanf oder Flachs], me 1 Mut [=Mütt] regel
4 Bieren, 1 Mut gruen Bieren. Item het er [=Wirt] bracht 10 Malter 14 Fiertel
5 Fesen [=Dinkel mit Spelz] an unser Frowen Tag vorm Advent im [14]85. Item der
6 Wirt het bracht 3 ½ Malter Haber [=Hafer], bracht er selb an unser Frow-
7 en Abend im Advent im [14]85. Item me 3 Malter, 3 ½ Fiertel Fesen
8 bracht er am Samstag nach dem 12 Tag im [14]86.
9 Item me 3 ½ Malter Haber bracht er an unser Frowen Abend
10 Liechtmiss im [14]86. Item me het er gen Gelt für 5 Malter Haber

KLOSTERFRAUEN WIRTSCHAFTEN

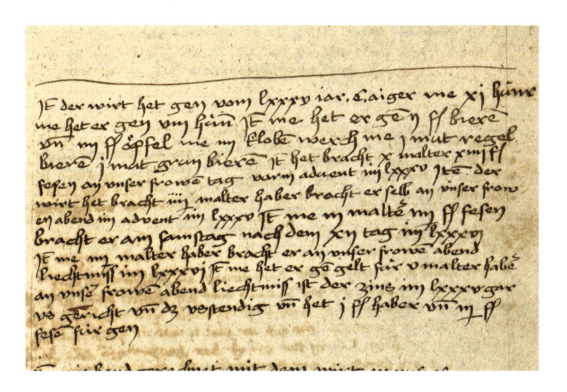

11 an unser Frowen Abend Lichtmiss, ist der Zins im [14]85 gar
12 us gericht und das ustendig und het 1 Fiertel Haber
   und 2 ½ Fiertel
13 Fesen für gen.

* Hohlmass. In der Stadt St. Gallen entsprach das Viertel ungefähr 20 Litern. Gerechnet wurde in Vierteln, Mütt und Malter, wobei 1 Malter 4 Mütt entsprach und 1 Mütt 4 Vierteln (1 Malter = 4 Mütt = 16 Viertel).

Mischwirtschaft mit Getreide- und Obstbau: Einträge im Zinsbuch.

Dieser dreizehnzeilige Eintrag zeigt Grundlegendes zur Wirtschaft von St. Katharinen. Den grössten Beitrag zum Klosterunterhalt leisteten Angehörige der ländlichen Gesellschaft, die Klosterhöfe bewirtschafteten. Die Zinsbücher sind deshalb auch eine einzigartige Quelle zur Erforschung der weitaus grössten Gruppe der mittelalterlichen Gesellschaft – 80 bis 90 Prozent der Menschen wohnten auf dem Land.
Der vom Kloster mit einem Hof beliehene Bewirtschafter hiess Wirt. Wer sonst noch auf dem Hof wohnte und arbeitete, wird

nicht festgehalten. Dies entspricht der Norm, denn für das Kloster war der Lehensnehmer, der in den meisten Fällen auch das Familienoberhaupt gewesen sein dürfte, Ansprechperson. Entgegen einer immer noch weit verbreiteten Meinung, welche von Dreigenerationenhaushalten mit zusätzlichen Arbeitskräften ausgeht, bestanden auch spätmittelalterliche Bauernfamilien hauptsächlich aus der Kernfamilie, das heisst aus Vater und Mutter mit ein bis drei Kindern.[26]

Die Einträge listen die in den Jahren 1485 und 1486 von Wirt an das Kloster geleisteten Abgaben auf; die Mengenangaben sind in römischen Zahlen notiert. Dabei handelt es sich um Eier, Hühner, Obst, Getreide und Hanf oder Flachs. Dies zeigt, dass es sich um einen gemischtwirtschaftlichen Betrieb handelte. Dass keine Viehabgaben erwähnt sind, heisst nicht, dass auf dem Hof keine Tiere gehalten wurden. Die Haltung zumindest eines kleinen Bestandes von Grossvieh muss schon wegen der Eigenversorgung mit Milch und für den Bedarf an Dünger vorausgesetzt werden. Kunstdünger gab es noch lange nicht, Mist war der wichtigste Dung, den man zur Verfügung hatte und den man sowohl im Acker- als auch im Wein- und Gartenbau brauchte.

In Zeile 6 wird die Abwicklung der Abgabenleistung angesprochen. Der Umstand, dass explizit festgehalten wird, Wirt habe den Hafer selber ins Kloster gebracht, weist darauf hin, dass die Transporte zumindest teilweise von den abgabepflichtigen Bauern selber ausgeführt oder untereinander organisiert wurden. Solche Transporte konnten den Bauern vom Kloster als bezahlte Arbeitsleistung anerkannt werden, indem sie den Transporteuren auf der Abgabenseite als Guthaben gutgeschrieben wurden. Im Eintrag weiter unten ist dies ersichtlich.

Verbreitet war auch, dass Bauern Naturalabgaben nicht nur als solche, sondern auch in Geld zahlten. In Zeile 10 findet sich ein Beispiel dafür: Wirt beglich die vom Kloster noch geforderten 5 Malter Hafer – dies entsprach rund 1600 Liter Hafer – in Form von Geld. Der Umstand, dass Bauern mit Geld zahlen konnten, ist ein Hinweis darauf, dass sie ihre Produkte wohl auch selber vermarkteten. Wo sie dies taten, ist unklar; in Frage kommen der Markt in St. Gallen oder Märkte in umliegenden Orten.

In Zeile 12 ist von Ausständen des Bauern gegenüber dem Kloster die Rede. Dies leitet über zum Thema bäuerliche Verschul-

Abrechnung des Klosters mit seinem Lehnbauern Wirt aus dem Jahr 1494.

dung, das mit dem zweiten hier wiedergegebenen Auszug aus dem Zinsbuch von St. Katharinen aufgegriffen wird.

Leistungen und Schulden gütlich miteinander abrechnen

Auf das Jahr 1494 datiert die folgende Rechnung[27] des Klosters mit seinem Lehenbauern Wirt.

1. Item wir hand gerechnet mit dem Wirt an der
2. Mitwochen vor S. Tomas Tag des 12 Boten im [14]94 Jar und belaib uns schuldig
3. 8 Malter Haber und het Gelt gen uff den selben Tag für 4 Malter
4. Haber und het 1 Mut Fessen für gen. Item er het Stickel gefuert gen
5. Stainach in unsern Garten, dar an hand wir im ab gezogen 1 Malter
6. Haber und 5 Fiertel.

Die Klosterfrauen rechneten mit ihrem Lehenbauern Wirt seine von ihm bezahlten Abgaben beziehungsweise seine noch offenen Schulden ab. Den Rechnungsvorgang muss man sich als einen mündlichen Akt im Beisein von Vertretern beider Parteien vorstellen. Das wurde «widerrechnen» genannt. Das «wider» ist im wört-

Einen Eindruck von den Lebensverhältnissen auf dem Land vermitteln Bilderchroniken des 15. Jahrhunderts. Der Wohnbereich war meist durch einen Etter (Zaun) von den Ackerfluren und Allmenden getrennt. Die Häuser bestanden mehrheitlich aus Holz, die Dächer waren mit Holzschindeln oder mit Stroh gedeckt.

lichen Sinn, nämlich als «gegeneinander» abrechnen zu verstehen. Vermutlich haben die Vertreter des Klosters aufgrund ihrer Notizen, die ihnen zur Verfügung standen, dem Bauern Wirt mitgeteilt und vorgerechnet, was er wann abgeliefert hatte und was noch ausstehend war – «ustendig», wie es im ersten, oben zitierten Auszug aus dem Zinsbuch heisst. Eine Buchführung, die auch ohne zusätzliche, mündliche Erläuterungen nachvollziehbar ist, wie wir das heute kennen, wurde noch nicht angewendet. Die zu jener Zeit in St. Gallen und auch andernorts verbreitete Art der Buchhaltung bestand im wesentlichen aus der Auflistung von Ausgaben- und Einnahmenposten. Die Plausibilitätskontrolle bestand aus der Widerrechnung, das heisst aus einem Treffen beider Parteien, aus dem mündlichen Erläutern und wohl auch gegenseitigen Aushandeln sowie schliesslich aus der mündlich erteilten Entlastung des Lehenbauern durch die Klostervertreter. Dass ausstehende Zinsen in solchen Situationen kontrovers diskutiert wurden, ist anzunehmen. Sie waren denn auch oft der Grund für Konflikte zwischen der Herrschaft und ihren Bauern, auch im Falle des Klosters St. Katharinen. Darauf wird weiter unten noch eingegangen.

Die Zeilen 4 und 5 liefern Informationen zu einer Entwicklung, die stark verknüpft war mit dem Einfluss der Städte auf die Landwirtschaft ihrer Umgebung. Die Städte waren die eigentlichen Wirtschaftsmotoren des Spätmittelalters, von ihnen gingen wesentliche Innovationsimpulse auch für die ländliche Wirtschaft aus. Allerdings waren sie bis weit in die Neuzeit hinein viel kleiner als heute. Basel, das in der ersten Hälfte des 15. Jahrhunderts 9000 bis 12000 Einwohner zählte, war die grösste Stadt der Schweiz. Auf etwa 10000 Einwohner, was als Kriterium für eine Grossstadt angesehen wird, schaffte es nur noch Genf. In Zürich lebten zu jener Zeit schätzungsweise 5000 bis 6000 Menschen, in Bern, Freiburg und Lausanne je etwa 5000, St. Gallen zählte 3000 bis 4000 Einwohner. Hinter diesen «grossen» Schweizer Städten kommen viele Ortschaften mit ungefähr 1000 Einwohnern, die für damalige Verhältnisse bereits als urbane Zentren galten.

Im 15. Jahrhundert wurden durch die städtische Nachfrage und mit Hilfe von Krediten von Bürgern und städtischen Institutionen wie Spitälern sogenannte Sonderkulturen gefördert. Im Umland von St. Gallen waren dies der Weinbau im Rheintal, die Viehwirtschaft im Appenzellerland und Toggenburg und eventuell auch der

Hanf- oder Flachsanbau als Rohstoff für die bedeutende Textilproduktion St. Gallens.[28] Letzteres konnte noch nicht schlüssig nachgewiesen werden. Die Förderung von Weinbau und Viehwirtschaft hingegen ist gut untersucht, sie mündete in eine landwirtschaftliche Spezialisierung im Umland der Stadt St. Gallen. Allerdings muss man sich damalige Spezialisierungen nicht als vollständige, geografisch klar abgrenzbare Monokulturen vorstellen. Weinbau gab es weiterhin nicht nur im Rheintal, sondern punktuell auch in Seenähe, wie der obige Eintrag im Zinsbuch von St. Katharinen beweist: In Steinach verfügten die Klosterfrauen über einen Weingarten; Wirt lieferte dorthin Stickel, das heisst Rebstecken. Seine Warenlieferung wurde ihm bei seinen Abgabenpflichten abgezogen.

Die Möglichkeit, Abgaben mit Arbeitsleistungen wie Transporten bezahlen zu können, weist darauf hin, dass die Beziehung zwischen der Abgaben fordernden Herrschaft (dem Kloster) und den Abgaben leistenden Lehenbauern Grundzüge der Kooperation und gegenseitigen Rücksichtnahme aufweist. Abgabenforderungen wurden flexibel gehandhabt: Getreideforderungen konnten mit Geld, Transporten oder Holzlieferungen abgegolten werden. Letzteres zeigt ein Eintrag zum Lehenbauern Geiser, der «Holtz gen» hat für ein Malter Dinkel und der angesichts weiterer Getreideschulden versprach, «dar an wil er uns Holtz bringen».[29]

Holz war einer der wichtigsten Rohstoffe des Mittelalters. Viele landwirtschaftliche Gerätschaften bestanden aus Holz, Zäune waren aus Holz, und im Weinbau wurden grosse Mengen an Rebstecken gebraucht, um die Reben daran hochzuziehen. Holz war zudem die wichtigste Energiequelle, vergleichbar mit Gas, elektrischer Energie und Rohöl in der heutigen Zeit. Gewerbetreibende, die Holz zur Produktion von Hitze brauchten, waren zum Beispiel Bäcker, Ziegler, Schmiede, Hafner, Gerber, Färber und Bleicher, von denen es in der Textilstadt St. Gallen einige gab.

Einen hohen und anhaltenden Bedarf an Brennholz hatten private Haushalte, nämlich zum Kochen, Backen, Dörren, weiter zum Heizen und Waschen. Schätzungen gehen davon aus, dass der durchschnittliche tägliche Verbrauch eines Menschen in Europa zwei bis vier Kilogramm pro Person ausmachte.[30] Die Sorge um den zu hohen Brennholzverbrauch in St. Gallen bringt die Waldordnung Bernhardzells[31] (nordwestlich St. Gallens) von 1496 zum Ausdruck: Diese legte fest, dass in einem Haus nur ein Kochherd und ein Stubenofen befeuert werden durften. Das heisst, auch wenn mehrere Parteien das gleiche Haus bewohnten, hatten sie dieselbe Wärmequelle zu verwenden, um Energie zu sparen. Angesichts des hohen Holzbedarfs im Haushalt ist anzunehmen, dass ein Grossteil des im Zinsbuch erwähnten, von den Bauern ins Kloster St. Katharinen gelieferten Holzes als Brennholz verwendet wurde.

Ein weiterer Hinweis darauf, dass das Verhältnis zwischen dem Kloster und seinen Lehenbauern von Konsens geprägt war, sind Abgabenerlasse nach Unwetterschäden. So heisst es in einem Eintrag zu einem Lehenbauern namens Ludwig aus dem Jahre 1490, man habe ihm zwei Malter Fesen «von des Hagels wegen» erlassen. Das war kein Einzelfall. Für die Jahre um 1490 gibt es Anzeichen für eine Krisenzeit von mitteleuropäischem Ausmass,[32] die durch wetterbedingte Missernten ausgelöst wurde und auch die Ostschweiz erfasste.

> Für das Frühmittelalter geht man davon aus, dass für ein gesätes Korn zwischen zwei und drei Körner geerntet wurden, um 1500 waren es durchschnittlich 4 bis 5, also immerhin das Doppelte. Heutige Ertragszahlen beim Weizen liegen bei 1:40 oder 1:50 und mehr.

Solche vom Grundherrn gegenüber Bauern gewährte Abgabenerlasse nach wetterbedingten Ertragsverlusten sind auch bei anderen geistlichen und weltlichen Herrschaften zu beobachten; sie weisen auf eine in den Grundzügen kooperative Beziehung hin. Lag kein offensichtliches Verschulden der Bauern vor, waren Herren häufig bereit, einen Teil des Schadens mitzutragen. Wie wichtig für die Bauern das Entgegenkommen der Herren mit Abgabenerlassen nach schlechten Ernten war, misst sich an der Tatsache, dass sich die mittelalterlichen Getreideerträge nicht mit heutigen vergleichen lassen: Für das Frühmittelalter geht man davon aus, dass für ein gesätes Korn zwischen zwei und drei Körner geerntet wurden, um 1500 waren es durchschnittlich 4 bis 5, also immerhin das Doppelte. Heutige Ertragszahlen beim Weizen liegen bei 1:40 oder 1:50 und mehr. Die mittelalterliche Gesellschaft befand sich permanent auf der Schwelle zwischen genügender und ungenügender Versorgung. Ernteschwankungen, verursacht durch schlechte Witterung oder lange Schneedauer, Zerstörungen durch Hagelschlag oder Kriegsverwüstung, konnten Hunger bedeuten.

Eintrag des Konflikts der Bewirtschafter des Rollenhofs im Zinsbuch.

Konflikte austragen

Konsens im Beziehungsalltag des Klosters mit seinen Bauern schliesst aber Konflikte nicht aus. Solche gab es vor allem dann, wenn die rechtlichen Verhältnisse nicht klar geregelt oder nicht von Zeit zu Zeit wieder in Erinnerung gerufen wurden. Folgender Fall zeigt dies auf eindrückliche Weise.

1502 mussten die Bewirtschafter des Rollenhofes, Goldach, im Beisein von Zeugen, von denen einer ein Geistlicher war, den Klosterfrauen bei ihrer Treue schwören, alle ausstehenden Zinsen zu begleichen.[33] Mit der Eidespflicht wurde zu einem wirksamen Mittel gegriffen. Kamen die Bauern ihren Verpflichtungen nicht nach, hatten sie einen Meineid und somit eine schwere Sünde begangen. Nach damaliger Vorstellung erwartete Sünder im Jenseits eine lange Leidenszeit im Fegefeuer oder die ewige Verdammnis in der Hölle. In den folgenden Jahren erfüllten die Rollenhofbauern ihre Zinspflichten. Dass die Probleme für das Kloster damit noch nicht behoben waren, zeigt die Aufzeichnung der Priorin im Konventsbuch zum Jahr 1511.[34]

Sie schreibt, dass das Kloster seit vielen Jahren mit dem jeweiligen «Inhaber des Rollenhoffs» im Streit liege. Der Hof sei den Bewirtschaftern nach Erblehensrecht verliehen, aber diese hätten davon vieles «verkofft» und «vertuschet», und sie hätten den Hof nicht gemäss Erblehensrecht gehalten. Die Klosterfrauen als Lehensbesitzerinnen des Hofes hätten «gern gehept», dass die Bewirtschafter schriftlich mitteilten, welche Güter sie bereits ohne Willen und Wissen der Klosterfrauen verkauft hätten. Gemäss der Schreiberin weigerten sich die Lehenbauern des Rollenhofs, dieser Forderung nachzukommen. Sie «woltend den Hoff inen selb zu aignen, alß ob sy uns nünt schuldig werind da von» ausser einem Zins. Das Kloster zog die Streitsache vor das Goldacher Gericht, und nachdem «es lang hin und her gezogen ward», entschied das Gericht, dass es nicht die zuständige Instanz sei, sondern der Bischof von Konstanz, dessen Lehen der Rollenhof sei. Das Kloster appellierte aber zuerst an das Gericht des Abtes von St. Gallen, weil die zuständige Gerichtsbarkeit für Goldach, wo der Hof lag, in den Händen des St. Galler Abtes war. Der Abt von St. Gallen bestätigte jedoch das Urteil der Goldacher, damit verloren die Schwestern von St. Katharinen die Appellation. Doch sie gaben nicht auf. Sie beauftragten zwei bevollmächtigte Rechtsvertreter damit, das Recht beim Konstanzer Bischof zu suchen. Und nachdem diese mit «vil Müg [=Mühe] und Arbait mit hin und her ritten und faren gen Merspurg zuo min Heren von Costantz» sich für das Kloster einsetzten, wendete sich das Blatt. Der Aufwand hatte sich gelohnt. Die Verfasserin des Eintrags im Konventsbuch muss von grosser Genugtuung erfüllt gewesen sein, als sie schrieb, «vnd do unser Sach uff guetten Wegen stund, do wurbend die vom Rollenhoff umb ain guetige Teding [=gütliche Einigung] … und muestend sich die Inhaber des Rollenhoffs ergen [=ergeben] und erkennen, dz [=dass] der Hoff unser Aigen ist und nit mer denn iren Erblechen, des gab man uns ainen besiglaten Spruch Brieff».

Der Fall weist auf ein grundsätzliches Problem im Zusammenhang mit dem mittelalterlichen und frühneuzeitlichen Besitzrecht hin. Eigentümer von Grund und Boden waren in der Regel nicht die Bewirtschafter selber – also die Bauern – ,sondern die Lehensherren. Das waren adlige oder – wie in unserem Fall – geistliche Herren. Im Falle des Rollenhofes war gemäss obigem Eintrag im Konventsbuch der Bischof von Konstanz der Lehensherr, dieser überliess den Hof zur Nutzniessung dem Kloster St. Katharinen, und dieses wiederum verlieh den Hof zur Bewirtschaftung den Bauern. Letztere waren gegenüber St. Katharinen abgabenpflichtig, im übrigen scheinen sie aber über grosse Handlungsfreiheiten verfügt zu haben. Dies hängt mit der rechtlichen Form der Verleihung des Hofs vom Kloster an die Bauern zusammen. Der Rollenhof war, wie dies im Spätmittelalter und in der Frühen Neuzeit üblich war, ein Erblehen. Das heisst, die mit dem Hof beliehenen Bauern konnten den Hof innerhalb der eigenen Familie vererben. Auf diese Weise befanden sich viele Höfe seit Generationen in der Hand der gleichen Familie. Die Inhaber von Erblehen hatten eine grosse Verfügungsgewalt über ihre Höfe, sie konnten die Nutzungsrechte dieser Höfe oder von Teilen davon auch verkaufen oder unterverleihen. Erblehen könnte man als faktisches Eigentum bezeichnen, mit der Einschränkung, dass bei den Lehensherren jeweils das Einverständnis für Handänderungen und wohl auch andere, bedeutende Veränderungen auf den Gütern eingeholt werden mussten. Genau dieser Punkt war das Problem zwischen dem Kloster St. Katharinen und den Inhabern des Rollenhofes. Letztere unterliessen es offenbar, das Kloster über die Gütertransaktionen zu informieren – in der Darstellung des Konflikts ist im Konventsbuch explizit die Rede von Verkäufen und Tauschgeschäften, die ohne Wissen des Klosters geschahen. Das Kloster beklagte sich, die Lehenbauern würden den Hof als ihr Eigentum betrachten, was nicht dem Erblehensrecht entspreche. Aber was sah das Erblehensrecht zu jener Zeit vor? Darüber bestanden offenbar unterschiedliche Vorstellungen zwischen den Bauern und dem Kloster. Es ist offen, ob klare, schriftlich festgehaltene Regelungen bestanden; eine entsprechende Urkunde ist nicht erhalten. Dass neu auszuhandelnde Rechtsverhältnisse schriftlich festgehalten werden sollten, um sich im Streitfall darauf berufen zu können, war dem Kloster nun schmerzlich bewusst geworden. Ein Jahr nach der Auseinandersetzung hielt die Schreiberin im Konventsbuch fest, man habe mit fachlicher Hilfe «ainen Brieff … gemacht von des Rollenhoffs wegen», dass künftig der Rollenhof «ain Erb Lechen ist» und dass man ihn den Inhabern in Zukunft verleihe im «Erb Lechens Recht, also wenn der erst Zins

den dritten erlofft, so sol uns der Hoff verfallen sin, des hand sy [=die Lehensnehmer beziehungsweise Inhaber des Hofes] och ainen Brieff, und costet uns unser Brieff 2 guldin».[35]
Mit dem erwähnten Brief ist eine Urkunde gemeint, die in zweifacher Ausfertigung, also für beide Parteien je ein gleichlautendes Exemplar, ausgestellt wurde. Leider befindet sich diese Urkunde, aus der die Interpretation eines Erblehens ersichtlich geworden wäre, nicht im Archivbestand. Der zitierte Eintrag im Konventsbuch zeigt jedoch, was aus der Sicht des Klosters als zentral betrachtet wurde: Sollten die Hofinhaber bereits zwei Jahreszinsen nicht bezahlt haben, so war das Kloster berechtigt, im dritten Jahr den Vertrag zu kündigen.

DAS KONVENTSBUCH: QUELLE ZUR WIRTSCHAFTSGESCHICHTE VON ST. KATHARINEN

CLAUDIA SUTTER Im Beitrag von Stefan Sonderegger wurde der äussere Bereich der Klosterwirtschaft betrachtet. Im folgenden Teil geht es nun darum, mit Hilfe des Konventsbuchs einen Blick auf die Wirtschaft aus der Sicht der Schwestern selbst, auf den inneren Bereich, zu werfen.
Im Konventsbuch, einem der wichtigsten Bücher des Klosters St. Katharinen, wurde alles eingetragen, was eine grosse Bedeutung für die Schwestern hatte. Zwischen dem ersten Eintrag von 1483 und dem letzten Eintrag von 1528 liegen fast 360 Seiten mit Notizen aller Art. Der Aufbau des Konventsbuchs gleicht demjenigen einer Chronik, wo kontinuierlich Einträge gemacht wurden. So ergibt sich eine regelmässige Abfolge einer bestimmten Art von Einträgen, die jedes Jahr erfolgten: die Jahresrechnungen. Diese Rechnungen öffnen ein Fenster, durch das wir einen Blick auf das wirtschaftliche Innenleben des Klosters St. Katharinen werfen können.

Die Jahresrechnung der Schaffnerin

Die Schaffnerin, die Verwalterin des Klosters, legte Anfang des Jahres mit Hilfe einer Liste die Einnahmen und Ausgaben des Klosters des vergangenen Geschäftsjahres offen. Betrachten wir nun die Jahresrechnungen der Schaffnerin etwas genauer. Als Beispiel dient die Rechnung des Jahres 1519:

KLOSTERFRAUEN WIRTSCHAFTEN

Rechnung der Schaffnerin des Jahres 1519 im Konventsbuch.

Fortsetzung der Rechnung der Schaffnerin des Jahres 1519 im Konventsbuch.

Item am Firtag [=Freitag] nach dem 12 Tag im 15 und in dem 19 Jar [=im Jahr 1519] hat die Schaffnerin die Iar Rechnung ton vor den Rat Muottren vnd dem Conuent, do hat sy in genomen vnd vß geben von dem Fritag nach dem 12 Tag in dem 18 Iar [=im Jahr 1518] bis vff den Tag [=den Rechnungstag] 1500 lb* 11 lb 17 ß [=1511 Pfund 17 Schilling].

1	Item von Linwat in genomen	28 lb	7 ß	5 d
2	Item von Win in genomen	91 lb	4 ß	3 ½ d
3	Item von Korn in genomen	49 lb		11 d
4	Item von Flaisch vß geben	110 lb	13 ß	11 ½ d
5	Item vmb Fisch vß geben	58 lb	9 ß	3 ½ d
6	Item vmb Aiger vß geben	20 lb	15 ß	4 ½ d
7	Item vmb Keß		12 lb	11 ß
8	Item vmb Gewürtzt vnd Vasten Gret	48 lb	2 ß	5 ½ d
9	Item vmb Brot	1 lb	10 ß	10 d
10	Item vmb Haber tcrcn	6 lb	7 ß	6 d
11	Item vmb Schmaltz	81 lb	1 ß	9 d
12	Item von der Meß	47 lb	5 ß	6 d
13	Item dem Artzat vnd dem Leßer	5 lb	16 ß	5 ½ d
14	Item vmb Werck	11 lb	4 ß	9 d
15	Item vmb Weben	6 lb	8 ß	11 d
16	Item dem Knecht	6 lb	12 ß	1 ½ d
17	Item vmb Hung	7 lb	18 ß	1 d
18	Item vmb Holtz stafflen vnd füren	16 lb	7 ß	9 d
19	Item dz über die Kustrig ist gangen	37 lb	11 ß	5 ½ d
20	Item das über den Bu ist gangen	16 lb	16 ß	7 d
21	Item das über dz Gewand ist gangen	25 lb	3 ß	11 d
22	Item das über den Win ist gangen	268 lb	4 ß	1 d
23	Item das über das Hoew ist gangen	8 lb	19 ß	6 ½ d
24	Item vmb aller laig Ding	805 lb	19 ß	1 ½ d
25	Item wir hatend an barem Gelt	25 lb	11 ß	
26	Item man sol vns gelten	377 lb	7 ß	11 d
27	Item wir sond gelten	61 lb	11 ß	7 d
28	Item wir hatend gehaechlet Werck	128 lb	vnd vngehächlet	50 lb vnd 23 Kloben
29	Item wir hatend gesoten Gar ristis	4 ½ lb	row äwerch	21 ½ lb
30	Item wir rinstis Garn	14 ½ lb	gesotten awerckis	3 ½ lb
31	Item wir hattend in allen vnsern Keren rotten nüwen Win			30 Saum
32	Item nüwen wissen Win			120 Saum

* In der Ostschweiz waren im Spätmittelalter folgende Währungseinheiten üblich: 1 Pfund (lb) = 20 Schilling (ß) = 240 Denar (d).

Im ersten Absatz gab die Schaffnerin jeweils an, an welchem Tag sie die Rechnung präsentierte; hier ist es der Freitag nach dem zwölften Tag im Jahr 1519. Dann folgt die Stelle, die besagt, dass die Schaffnerin ihre Rechnung vor dem gesamten Kloster offenlegen musste. Die dritte Information betrifft den Zeitraum, den ihre Zusammenstellung abdeckt; in unserem Fall ist dies der Freitag nach dem zwölften Tag im Jahr 1518 bis zu dem Tag, an dem sie ihre Rechnung ablegte, also bis zum zwölften Tag im Jahr 1519. Diese Rechnungsperiode entspricht also genau einem Jahr, was mit kleinen Abweichungen der Regel entsprach.

Aus diesen wenigen Zeilen ist herauszulesen, wie diese Rechnung zustande kam.36 Sehr wahrscheinlich mit Hilfe von Notizen, die sie während des Jahres gemacht hatte,37 berechnete die Schaffnerin die Summen aller Rechnungsposten, die dann ins Konventsbuch eingetragen wurden. Dieses Zusammenrechnen geschah mündlich vor dem ganzen Konvent und im Speziellen vor dem Rat der ältesten Schwestern, den Ratmüttern. Während dieser sogenannten Widerrechnung legte die Schaffnerin über die Finanzen Rechenschaft ab, denn alle Einnahmen und Ausgaben tätigte sie im Namen des gesamten Konvents.

Obwohl im Konventsbuch nicht klar ersichtlich ist, wie das System der Widerrechnung funktionierte, können wir über die Rechnungsbücher des Heiliggeist-Spitals in St. Gallen ziemlich genau aufschlüsseln, wie eine solche Widerrechnung konkret vor sich ging. In der Jahrrechnung von 1446 rechnete der Spitalmeister folgendermassen:

> *Sehr wahrscheinlich mit Hilfe von Notizen, die sie während des Jahres gemacht hatte, berechnete die Schaffnerin die Summen aller Rechnungsposten, die dann ins Konventsbuch eingetragen wurden.*

«Item als ich den Ussermaister widerrechnot vff ain Mitwuchen nach sant Uolrichß Tag Anno 46 mit Namen Cuonart von Ainwill, Hans Ramsperg vnd Andres Vogelwaider, do ward vff mich geschriben ain Schuld in den Buecher als hernach geschriben stat:
Item im grossen Zinsbuoch ward vff mich geschriben ain Schuld 517 lb 3 ß. 1 d.
Item im Rintal Schuldbuoch ward vff mich geschriben es sig in Hoehst in Bernang, in Marpach, in Altstetten ain Schuld 816 lb 13 ß 7 d. ...»

Der Spitalmeister, der Betriebsleiter des Heiliggeist-Spitals, sprach aus seiner Perspektive. Er schrieb, wie er den drei namentlich genannten Aussenmeistern, den vom städtischen Rat delegierten Rechnungsprüfern, Posten für Posten vorrechnete, wie viel er im Namen des Spitals erwirtschaftet hatte. Da er als Betriebsleiter die volle Verantwortung über Einnahmen und Ausgaben, Schulden und Guthaben trug, haftete er persönlich für allfällige Fehlbeträge. Dies erklärt die Abfassung der Rechnung in der Ich-Form. Der Spitalmeister rechnete auf einem Rechentisch oder einem ausgebreiteten Rechentuch, einem Abacus, auf einem System von Linien. Dank der so gewährleisteten Transparenz konnten die Rechnungsprüfer das Vorgehen des Spitalmeisters verfolgen, mitrechnen und bei Bedarf intervenieren.[38] Es ist davon auszugehen, dass die Schaffnerin des Klosters St. Katharinen ihre Rechnung auf eine sehr ähnliche Art dem Konvent vorrechnete und die Ratmütter als Rechnungsprüferinnen fungierten.

Auffallend an der Rechnung sind die hohen Auslagen des Klosters im Zusammenhang mit Wein (Zeile 22 der Jahresrechnung der Schaffnerin). Dies ist unter anderem mit der hohen Arbeitsintensität des Weinbaus zu erklären. Einen Eindruck davon liefert eine rechtliche Vereinbarung zwischen der Stadt St. Gallen und den Rheintaler Orten Altstätten, Marbach, Berneck und Balgach. Dabei handelt es sich um den 1471 verfassten Rebbrief, der Aufwand und Ertrag zwischen städtischen Rebeigentümern und den lokalen Weinbauern regelte, die für diese Eigentümer die Rebgärten bewirtschafteten. Die verschiedenen Unterhaltsarbeiten mit Zuständigkeiten wurden aufgelistet. So war der Lehensherr als Eigentümer, in unserem Fall das Kloster St. Katharinen, für das Beschaffen und den Transport des Düngers verantwortlich. Ebenso musste das Kloster neue Erde zur Verfügung stellen, wenn starker Regen Erde den Hang hinuntergespült hatte. Während der Traubenernte mussten zusätzliche Arbeitskräfte angestellt werden, die die Bauern und ihre Familien bei dieser äusserst aufwendigen Arbeit unterstützten. Diese wurden vom Lehensherrn mit Bargeld entlöhnt. Alle diese verschiedenen Ausgaben verstecken sich hinter dem hohen Betrag in Zeile 22. Diese grossen Aufwendungen liessen sich aber rechtfertigen, wenn man bedenkt, dass mehr als die Hälfte der Einnahmen des Klosters aus Wein bestand (Zeilen 1 bis 3).

Ein weiterer grosser Ausgabenposten, der Einblick in die wirtschaftlichen Aktivitäten im Inneren des Konvents gewährt, ist auf Zeile 14 zu finden: Das Kloster St. Katharinen gab relativ viel Geld für Werg, also für Hanf oder Flachs, aus.³⁹ Dieses Rohmaterial für die Textilverarbeitung wurde in mehreren Schritten zu Garn gesponnen: Das einmal geerntete und getrocknete Werg musste zunächst gedörrt werden. Da nur die Fasern weiterverarbeitet wurden, mussten diese vom Stengel getrennt werden. Beim nächsten Arbeitsschritt, dem Hecheln, wurden die langen Fasern von den kurzen Fasern getrennt. Die Einträge auf Zeile 28 sind in diesem Zusammenhang zu sehen. Die kurzen Fasern wurden zu Garn weiterverarbeitet (zweiter Eintrag auf Zeile 29) und dann gekocht (zweiter Eintrag auf Zeile 30). Die langen Fasern wurden der gleichen Behandlung unterzogen (erste Einträge der Zeilen 29 und 30). Das Garn aus den langen Fasern, welches qualitativ besser war als jenes aus den kurzen Fasern, wurde an Webstühlen zu Leinwand gewoben. Diese Webstühle mussten angeschafft und auch unterhalten werden (Zeile 15). Die fertige Leinwand wurde dann verkauft (Zeile 1).

Im Vergleich zu den Ausgaben, die im Zusammenhang mit dem Weinbau stehen, sind jene zu den Bauarbeiten (Zeile 20), die auf dem Klostergelände selbst, aber auch ausserhalb der Klostermauern getätigt wurden, klein. An dieser Stelle kann jedoch nicht detailliert darauf eingegangen werden.⁴⁰

DIE JAHRESRECHNUNG DER KORNMEISTERIN

Die Kornmeisterin scheint in ihrer Jahresrechnung auf den ersten Blick nicht die gleiche klare Struktur in ihrer Auflistung gehabt zu haben wie die Schaffnerin. Sie wählte keine Darstellungsform mit Spalten. Die Rechnung des Jahres 1520 veranschaulicht dies:

1 Item am Mentag vor s. Lucia Tag im 20 Iar hat die
  Kornmaistri gerechnet,
2 do hat man verbrucht von s. Lucia Tag im 19 bis vf
  den Tag 41 Mut Kernen
3 vnd 1 Fiertel vnd hat man verkoft 3 Mut vnd 3 Fiertel,
  do hat sy im Kornhus 20 Mut Kernen.
4 Item Fesen verbrucht 91 Malter vnd 24 Malter
  verkoft 2 Fiertel vnd
5 hat im Kornhus 85 Malter. Item Haber zuo Mus Mel
  gen vnd verbrucht

6 32 Malter 12 Fiertel vnd verkoft 24 Malter 1 Fiertel.
   Item den Rossen 3 Malter
7 2 Fiertel. Item den Henenn 5 Malter 10 Fiertel.
   Item Schwinen vnd aller laig Fech 6 Fiertel, do hat
8 sy 26 Malter 14 ½ Fiertel. Item man sol vns gelten
   27 Mut Kernen 5 Fiertel
9 vnd Fesen 67 Malter 9 Fiertel vnd Haber 38 Malter
   11 ½ Fiertel.

Rechnung der Kornmeisterin des Jahres 1520 im Konventbuch.

Dieser Text gleicht einer losen Aufzählung von Posten und Mengenangaben. Doch bei genauerem Hinsehen wird auch hier eine klare Struktur sichtbar: Die drei Arten von Getreide (Kernen= entspelzter Dinkel, Fesen=Dinkel mit Spelz, Hafer) wurden separat aufgelistet, und auch innerhalb der drei Gruppen folgt die Aufstellung stets dem gleichen Schema. Die Einträge, die den Hafer als Tierfutter betreffen, sind dabei als zusätzliche Einschübe zu sehen. Es scheint so, als sei diese Rechnung für das laute Vorlesen konzipiert und vielleicht deshalb als Fliesstext und nicht als Liste formuliert worden. Allem Anschein nach rechnete nicht nur die Schaffnerin, sondern auch die Kornmeisterin ihre Ausgaben und Einnahmen dem Konvent mündlich vor. Somit ist auch dieses Vorgehen als Widerrechnung anzusehen.

Die Jahresrechnung der Kornmeisterin gewinnt deutlich an Übersichtlichkeit, wenn sie als Liste dargestellt wird:

Verbrauch Kernen:	41 Mütt 1 Viertel	
Verkauf Kernen:	3 Viertel	
Inventar Kernen:	20 Mütt	
Verbrauch Fesen:	91 Malter	
Verkauf Fesen:	24 Malter 2 Viertel	
Inventar Fesen:	85 Malter	
Verbrauch Hafer:	32 Malter 12 Viertel	
Verkauf Hafer:	24 Malter 1 Viertel	
Tierfutter:	Pferde:	3 Malter
	Hennen:	5 Malter 10 Viertel
	Schweine und andere Tiere:	6 Viertel
Inventar Hafer:	26 Malter 14 ½ Viertel	
Ausstehende Abgaben:	27 Mütt 5 Viertel	Kernen
	67 Malter 9 Viertel	Fesen
	38 Malter 11 ½ Viertel	Hafer

Daten zur wirtschaftlichen Entwicklung

Wirtschaftliche Entwicklung anhand von Schulden, Guthaben und Bargeld

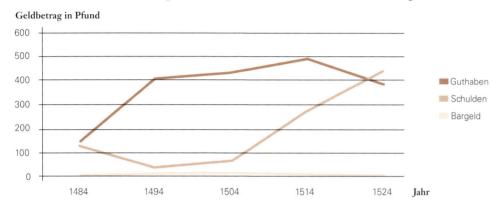

Werden nun die Daten aus den Jahresrechnungen der Schaffnerin und der Kornmeisterin gesammelt, kann man Aussagen über die wirtschaftliche Entwicklung von St. Katharinen machen. Um zu zeigen, wie bereits mit wenigen Angaben ein Einblick in die Wirtschaftslage möglich ist, werden hier beispielhaft Daten von fünf Jahren im Abstand von je 10 Jahren verwendet, und zwar die Schulden, das Guthaben sowie das Bargeld, das im Kloster aufbewahrt wurde:

Jahr	Schulden	Guthaben	Bargeld
1484	124 lb 16 ß 4 d	148 lb 65 ß 8 d	1 lb 14 ß
1494	37,5 lb 4 d	406 lb 4 ß 8 d	12 lb 16 ß
1504	62 lb 15 ß 2,5 d	430 lb 5 ß 4,5	17 lb 3 ß
1514	273 lb 9 ß 3,5 d	487 lb 4 ß 3,5 d	11 lb 3 ß 1,5 d
1524	438 lb 15 ß	387 lb 4 ß	4 lb 7 ß 9 d

Allein aus diesen drei Datenreihen, die aus den Jahresrechnungen der Schaffnerin stammen, ist klar ersichtlich, wie sich die allgemeine Wirtschaftslage über 40 Jahre hinweg entwickelte: Die Schulden wurden bis 1494 zu einem grossen Teil abbezahlt, danach häuften sie sich wieder und stiegen innerhalb von 30 Jahren um mehr als das Zwölffache an. Das Guthaben war 1484 etwa gleich hoch wie die Schulden, wuchs dann rasch an und blieb permanent auf einem sehr hohen Niveau. Für das wenige Bargeld, das sich Ende des Jahres jeweils im Kloster befand, lässt sich weder ein Aufwärts- noch ein Abwärtstrend erkennen.

Diese Daten werfen einige Fragen auf, die hier nicht beantwortet werden können, die aber Denkanstösse für Forschungen sein könnten, welche neben dem Konventsbuch die seriell erhaltenen Zinsbücher aus dem Stadtarchiv der Ortsbürgergemeinde St. Gallen einbeziehen: Warum erhöhten sich die Schulden zwischen 1504 und 1514 rapide? Lebten die Schwestern etwa auf zu grossem Fuss? Weshalb stiegen die Beträge, die den Schwestern geschuldet wurden? Sind das ausstehende Abgaben von Bauern, wie sie beispielsweise im oben dargestellten Konflikt um den Rollenhof nachzuweisen sind? Diese Fragen sind nur als Denkanstösse zu verstehen, sie geben die Richtung vor, in der weitere Fragen und auch Antworten zu finden sind.

Das Kloster als Unternehmen

Die Priorin als Leiterin des «Unternehmens Kloster St. Katharinen» trug die Verantwortung über alle Bereiche des Klosters; darunter fielen auch die Finanzen. Wie oben im Diagramm ersichtlich, hatten die Schwestern immer gegen Schulden anzukämpfen. Zudem waren sie in wirtschaftlich aussergewöhnlich schlechten Jahren auf zusätzliche Kredite angewiesen. Dies war in den 1510er-Jahren der Fall: Die Wetterverhältnisse waren wiederholt so schlecht, dass sehr wenig Wein produziert werden konnte und der Konvent somit fast keine Einnahmen aus Weinverkäufen erzielte. Bedenkt man, dass der Weinverkauf die grösste Einnahmequelle des Konvents war, wird man sich der schwierigen Situation erst richtig bewusst.

Das folgende Zitat illustriert die temporäre Geldknappheit. Kaum war wieder Bargeld vorhanden, wurde damit sofort ein Teil der Schulden beglichen; der kleine Rest, der übrig blieb, wurde für dringende Anschaffungen ausgegeben: «Also hat er [Hans von Vonbüll] vns die 300 Guldin bar an Müntz geben an sant Gallen Abend, die hand wir glich [=sogleich] geben den, die vns gelichen hand vnd wir schuldig sind gewessen, an den belaib vns vber 7 Guldin, die hand wir och verwent [=verwendet] an vnsern Nutz vnd Noturfft.»⁴¹

Ein Jahr später bezahlten die Schwestern einem anderen Geldgeber eine Rate zurück, wobei sie sich ausdrücklich auf das schlechte Weinjahr bezogen: «Vnd 50 Guldi darvon hand wir Doctor Caspar Wirt vnserm truwen her Bruoder bezalt, die er vns gelichen haut in den herten Iaren, do wenig Win ward.»⁴² Diese Zitate zeigen, dass Klöster nicht nur geistliche Rückzugsorte, sondern angesichts ihres Unterhalts, den sie zu bestreiten hatten, eigentliche Wirtschaftsunternehmen waren.

Der Konvent hatte in wirtschaftlich schlechten Jahren zu kämpfen, musste Kredite aufnehmen und diese sobald als möglich wieder zurückzahlen.

DAS KONVENTSBUCH: QUELLE FÜR DIE HISTORISCHE FORSCHUNG

MONIKA MICHEL-RÜEGG   Im Bestand des Klosterarchivs St. Katharina in Wil befindet sich ein sogenanntes Konventsbuch, das in den Jahrzehnten vor der Aufhebung des St. Katharinenklosters St. Gallen von verschiedenen Klosterfrauen verfasst wurde. Es handelt sich um eine einmalige, in der Geschichtsforschung bis jetzt viel zu wenig berücksichtigte Quelle zum Alltag in einem Kloster im ausgehenden Mittelalter. Aber nicht nur für die Klostergeschichte ist diese Schrift interessant, sondern auch für die Stadtgeschichte St. Gallens, unter anderem weil viele weibliche Mitglieder der St. Galler Oberschicht im Kloster lebten. St. Katharinen war das eigentliche städtische Kloster. Im Folgenden geht es darum, die Entstehungs- und Besitzgeschichte sowie den Inhalt des Buchs vorzustellen, das dieser Publikation in Umschrift auf einer CD-ROM beiliegt.

Quellenbeschrieb

Für die Charakterisierung der Quelle «Konventsbuch» wird auf die bei e-codices vorhandene Beschreibung von Simone Mengis verwiesen, welche die aktuellste und vollständigste Handschriftenbeschreibung vorgenommen hat.[43]

Aus diesem Grund soll hier zu Beginn nur in einem kurzen Überblick auf das Konventsbuch eingegangen werden. Mengis betitelt die Handschrift mit Chronik; sie wurde auf Papier geschrieben und umfasst 187 Blätter. Mengis datiert die Handschrift in die Jahre 1481/82 bis 1528 und nennt als Urheberin Priorin Angela Varnbühler. Als weitere Schreiberinnen werden die Konventsschwestern Elisabeth Muntprat, Cordula von Schönau, Justina Blarer, Sapientia Wirt, Elisabeth Schaigenwiler und Regula Keller genannt.

Für die Inhaltsanalyse ist die Gliederung der Handschrift von Bedeutung. Die mittelalterlichen Schreiberinnen hatten dazu verschiedene Möglichkeiten. Sie konnten Absätze, mit oder ohne Herausrückung der ersten Zeile, Paragraphenzeichen, Initialen verschiedener Art, Überschriften, Übergangsformeln, Zierschriften, die Durchzählung der Bücher, Leerräume und Leerzeilen, verschiedene Tintenfarben, Bilder mit und ohne Beischriften, Kolumnenüberschriften, Register und Kapitelverzeichnisse verwenden.[44]

Im Konventsbuch lassen sich zwei Merkmale feststellen, welche für die Inhaltsanalyse genutzt werden können. Einerseits ist die Handschrift in Absätze gegliedert, andererseits kann das Wort «Item» als Übergangsformel bezeichnet werden. Die Handschrift ist ansonsten schlicht gehalten. Weder Zierschriften noch verschiedene Tintenfarben oder Bilder sind vorhanden. Vereinzelt lassen sich als Überschriften Jahreszahlen und einfache Initialen[45] festhalten. Diese sind jedoch von den Schreiberinnen abhängig und ziehen sich nicht durch die gesamte Handschrift. Auf den konkreten Inhalt des Konventsbuchs wird am Ende dieses Teils eingegangen.

Entstehung der Handschrift

Verfasst wurde das Konventsbuch im Scriptorium des Klosters St. Katharinen in St. Gallen. Die Handschrift wurde von Angela Varnbühler (1441–1509) angelegt, welche als Zwölfjährige in das Dominikanerinnenkloster eintrat und diesem zwischen 1476 bis zu ihrem Tod 1509 als Priorin vorstand. Die ersten Eintragungen stammen aus dem Jahr 1481/82, doch geht der Inhalt bis ins Jahr 1441 zurück, dem Geburtsjahr von Angela Varnbühler. Es ist sinnvoll, an dieser Stelle kurz auf den ersten Eintrag im Konventsbuch einzugehen, da dieser Hinweise geben kann, aus welchen Gründen die Handschrift verfasst worden war.[46]

Auf den ersten Seiten des Konventsbuchs berichtet Angela Varnbühler, auf die unten genauer eingegangen wird, über sich selbst und führt die Eckdaten ihres bisherigen Lebens und ihren Werdegang im Konvent auf: Geburtsdatum, Eintritt ins Kloster und Profess. Danach berichtet die Priorin über eine nicht ohne Konflikte eingeführte Reform in ihrem Kloster und zählt die Namen derjenigen Schwestern auf, welche diese Neuordnung in St. Katharinen befürworteten.

Diese Reform im 15. Jahrhundert betraf den gesamten Dominikanerorden. Die Ursprünge dafür liegen im Schisma der abendländischen Kirche (1378–1417). Die Dominikaner teilten sich aufgrund unterschiedlicher Ansichten in zwei Gruppierungen,[47] die reformwilligen Observanten und die sich gegen die Reform wehrenden Konventualen. Hauptstreitpunkt war die unterschiedliche Handhabung von Klausur und Besitzlosigkeit innerhalb der Dominikanerklöster. In den konventualen Konventen bestand meist keine Klausur, ausserdem hatten Frauen als Besucherinnen ungehindert Zutritt zu den Männerklöstern. Die Observanten hingegen wollten jeglichen überflüssigen Kontakt zur Aussenwelt abbrechen, mit dem Ziel, ihre Spiritualität im Innern der Klosterräumlichkeiten zu leben. Ebenso strittig wurde Eigen- respektive Gemeinbesitz zwischen den beiden Strömungen diskutiert.[48]

Was die Reform in St. Katharinen in St. Gallen betrifft, so scheint die Diskussion darüber kaum weniger heftig ausgefallen zu sein als anderswo, wie aus dem Konventsbuch hervorgeht. Angela Varnbühler erzählt auf den ersten Seiten, dass die Reform mit «grossen Liden [=Leiden] und Sorgen ze Wege» gebracht wurde, wobei sie wohl auch an den lebensbedrohenden Angriff einer Mitschwester auf die reformfreundliche Subpriorin Ursula Eberli dachte: «...daz ein muelichi Schwöster unser Suppriorin wundet uff den Tod. Doch gab Got Genad [=Gnade], daz sy noch xxii Iar lebt...»[49] Spätestens ab dem Priorat von Ursula Visch 1438 bis zur Einführung der Reform 1459 unter dem Priorat von

Anna Krumm gab es eine Zeitspanne von rund zwei Jahrzehnten, in denen das Dafür und Dawider einer Reform immer wieder diskutiert wurde. Ein Indiz dafür sind auch die mehrfach wechselnden Vorsteherinnen von St. Katharinen in dieser Zeit.[50] 1459 beschloss die Mehrheit des Konvents schliesslich, das Armutsgelübde rigoros zu befolgen und damit den Weg der Observanz zu gehen. Von den insgesamt vierzehn Schwestern schlossen sich zehn von Beginn weg diesem Beschluss an, eine Schwester, die ehemalige zweifache Priorin und vormalige Reformgegnerin Ursula Visch, verblieb nach kurzem Zögern in St. Katharinen, drei Schwestern verliessen den Konvent.[51]

Unter dem Priorat von Anna Krumm, welches bis 1476 dauerte, konnte sich St. Katharinen von der geistlichen Betreuung durch das Predigerkloster in Konstanz lösen. Dies ist von Bedeutung, weil die Konstanzer Dominikaner dem konventualen Zweig angehörten. Mit Erlaubnis von Bischof Hermann von Breitenlandenberg erreichte der Konvent in St. Gallen, dass er Lesemeister und Beichtvater selbst wählen konnte. In der Folge wurden Dominikaner aus observanten Klöstern angestellt. Es lassen sich auch Kontakte zum Basler Predigerkloster[52] nachweisen, das als führendes Reformkloster der Observanz galt.[53] Dank Stiftungen, Schenkungen und der Mitgift der Konventsschwestern mehrten sich die Einkünfte von St. Katharinen stetig, der Konvent wuchs. Damit nahm auch die Notwendigkeit von rechtlichen Grundlagen zu. Die Schwestern wandten sich nach Rom und bekamen 1468 von Papst Paul IV. die Bewilligung, an allen geistlichen und zeitlichen Privilegien teilzuhaben, die der Apostolische Stuhl dem Dominikanerorden verliehen hatte.[54]

> Dank Stiftungen, Schenkungen und der Mitgift der Konventsschwestern mehrten sich die Einkünfte von St. Katharinen stetig, der Konvent wuchs.

1476 starb Anna Krumm, und Angela Varnbühler übernahm für 33 Jahre die Leitung von St. Katharinen. Unter ihrer Führung wurde das klösterliche Alltagsleben endgültig gemäss den Ordensregeln und Satzungen des Dominikanerordens umgestellt und die Reform umgesetzt. Der Konvent erlebte unter ihrem Priorat eine Blütezeit. 1482 beschloss der Konvent einstimmig die Einführung der strengen Klausur.[55] In der Folge kam es in verschiedenen Bereichen zu Änderungen innerhalb des Konventes, um der von der Reform geforderten Klausur gerecht zu werden und der zunehmenden Zahl an Schwestern in St. Katharinen Rechnung zu tragen. Eine rege Bautätigkeit setzte ein, die sich von der Errichtung eines neuen Refektoriums mit darüberliegendem Dormitorium bis zur Verblechung des vormals vergitterten Redefensters erstreckte. Die Quellen berichten immer wieder über erfolgte Renovationen und Innenausstattungsarbeiten.

Das Schwesternbuch von St. Katharinen unterrichtet uns auch über die neuen Vorsichtsmassnahmen, welche für den Umgang mit Drittpersonen getroffen wurden, die trotz Klausur das Kloster betreten mussten. Dies waren beispielsweise der Arzt oder Bauleute.[56]

Unter Angela Varnbühler wurden die Aussenbeziehungen insbesondere mit observanten Klöstern intensiviert, beispielsweise mit Basel oder mit dem Dominikanerinnenkloster St. Katharinen in Nürnberg, dem wohl bedeutendsten Frauen-Reformkonvent der Provinz Teutonia. Mit der Nürnberger Priorin unterhielt Angela Varnbühler einen regen Briefkontakt, der im Schwesternbuch bezeugt ist. Der St. Galler Konvent erwarb sich den Ruf eines überaus gut geführten Reformklosters, worauf der Bischof von Konstanz mit der Bitte an die Schwestern herantrat, Mitschwestern in von ihm genannte konventuale Klöster zu schicken, um dort bei der Umsetzung der Reform zu helfen. Im Fall des Frauenklosters Zoffingen stimmte St. Katharinen unwillig zu und schickte zwei Konventsmitglieder nach Konstanz. Als der Bischof 1502 Schwestern von St. Katharinen fürs Kloster St. Peter in Konstanz anforderte, lehnte es der Konvent ab, weitere Mitglieder ziehen zu lassen. Es ist durchaus möglich, dass diese Weigerung St. Katharinen teuer zu stehen kam. Denn der Bischof entliess den St. Galler Konvent trotz Ersuchen nie aus seiner Jurisdiktion und verhinderte so dauerhaft die Inkorporation von St. Katharinen in den Dominikanerorden.[57]

Im Innern entwickelte sich St. Katharinen stetig weiter. Die Mitgliederzahlen nahmen zu, es wurden neu auch Laienschwestern aufgenommen, so dass die Schwestern dem seit der Reform intensivierten Chordienst nachkommen konnten. Bis kurz vor der Reformation dürfte St. Katharinen für den Lebensunterhalt von rund 60 Personen, Dienstpersonal mit eingerechnet, aufgekommen sein. Wohl auch Dank vieler Stiftungen konnte St. Katharinen die Ausgaben decken.[58] Um 1480 lässt sich ein Scriptorium nachweisen, auch dieses eine Folge der Reform. Der gemeinschaftlichen und privaten Lektüre kam im Klosteralltag neu ein höherer Stellenwert zu, nicht zuletzt, um die niedergeschriebenen Regeln und Konstitutionen zu verbreiten. Zwischen 1481 und 1521 lassen sich rund 111 Bücher nachweisen, welche von Schwestern in St. Katharinen geschrieben wurden. Der grösste Teil wurde wohl bis circa 1505 verfasst. Dabei standen zunächst die Abschriften liturgischer Bücher im Vordergrund, später wurde vermehrt Gebrauchs- und Erbauungsliteratur kopiert. Einige Bücher finden sich heute, ausser im Klosterarchiv St. Katharina in Wil, in der Stiftsbibliothek St. Gallen wieder.[59]

Auch wirtschaftlich war die Reform ein grosser Einschnitt in die Belange eines Klosters. So führte St. Katharinen im 15. Jahrhundert eine Änderung der konventualen Besitzverhältnisse ein. Vom Eigenbesitz der Schwestern ging der Konvent zum Gemeinschaftsbesitz über. Früher verfügten die Schwestern allein über ihr persönliches Vermögen, nun wurde dieses vollumfänglich der Klostergemeinschaft übergeben. Als Konsequenz musste eine neue Verwaltung dieses Gemeinschaftsbesitzes eingeführt werden. Wie die neuere Forschung darlegt, war der Konvent von St. Katharinen vor der Reform zum Leben in Klausur aufgrund der unzureichenden ökonomischen Basis unfähig. Für die Klausur benötigte der Konvent eine andere Möglichkeit des Unterhalts als die bis anhin betriebene Handarbeit; es kam zu einer Erwerbszunahme durch Bodeneigentum.[60]

Das Konventsbuch ist auch in diesem Zusammenhang zu lesen. Ein Grund für seine Herstellung wäre somit die neue wirtschaftliche Verwaltung des Konvents, welcher vom Eigen- zum Gemeinschaftsbesitz gewechselt hatte. Grundstücke und Höfe wurden im Urbar von St. Katharinen eingetragen, Belange des Konvents und seiner Gemeinschaft fanden Eingang ins Konventsbuch. Dies erklärt auch den Facettenreichtum der Handschrift, insbesondere im ökonomischen Bereich. Das Konventsbuch gestattete es der Führung von St. Katharinen, der Gemeinschaft Rechenschaft über den verwalteten Besitz abzulegen.

Die Schreiberinnen des Konventsbuchs

Was wir von den Schreiberinnen und über ihr Leben wissen, ist ihren eigenen Angaben zu entnehmen. Teils berichten sie ausführlicher, wie beispielsweise Priorin Angela Varnbühler, die über sämtliche Eckpunkte ihrer Klosterkarriere im Konventsbuch informiert, teils sind die Angaben überaus kurz gehalten, und wir wissen nur wenig mehr als das Eintrittsdatum der Schwestern ins Kloster oder ihr Sterbedatum. Im Folgenden werden die Biographien der sieben Schreiberinnen des Konventsbuchs – oder zumindest das, was davon zum heutigen Zeitpunkt rekonstruierbar ist – dargestellt. Der Begriff «Autorschaft» wird hierbei bewusst vermieden, da die Autorin die eigentliche Urheberin der Nachricht ist und nicht mit der Schreiberin identisch sein muss. Mengis konnte in ihrer Analyse der Handschriften nachweisen, dass mehrere Einträge von Angela Varnbühler diktiert wurden, ohne dass sie selbst zur Feder gegriffen hätte.[61] Es ist daher möglich, dass viele Einträge bis zum Tod der Priorin 1509 auf Angela Varnbühler als Autorin zurückzuführen sind.

Angela Varnbühler (Eintritt 1454; Priorin 1476–1509)

Angela Varnbühler ist die Hauptautorin des Konventsbuchs. Sie war die Anlegerin der Handschrift, und bereits auf der ersten voll beschriebenen Seite berichtet sie nicht nur über den Konvent, sondern auch über sich selbst. Da der grösste Teil des Konventsbuchs aus ihrer Feder stammt, wurde die Handschrift in der Vergangenheit bisweilen als «Hausbuch der Angela Varnbühler» bezeichnet.[62]

Angela Varnbühler wurde am 3. Mai 1441 als Tochter von Hans Varnbühler und Margareta Burgauer geboren und wuchs im Haus zum Tiger am Marktplatz auf. Sie entstammte einer angesehenen, führenden St. Galler Bürgersfamilie mit grossem politischen Engagement.[63] Als Zwölfjährige trat Angela 1453 ins Kloster St. Katharinen ein und legte zwei Jahre später die Gelübde ab. Zu diesem Zeitpunkt gehörte bereits ihre Tante Agnes Burgauer dem Konvent an, ihre jüngere leibliche Schwester Barbara sollte ihr später folgen.[64] Angela gehörte zu jenen Schwestern, welche 1459 die Bewegung der Observanz innerhalb des Konvents stützten. Das heisst, dass sie als Achtzehnjährige wie diese auf persönlichen Besitz verzichtete.[65] Welcher Tätigkeit innerhalb des Konventes sie in den nächsten rund fünfzehn Jahren – bis zu ihrer Wahl zur Priorin – nachging, ist nicht belegt. Ihre Handschrift lässt sich im Psalterium feriatum der 1470er-Jahre nachweisen.⁶⁶ Somit ist davon auszugehen, dass sie zumindest teilweise im Scriptorium von St. Katharinen tätig war.

> Die Umsetzung der Reform scheint dem Ruf von St. Katharinen alles andere als abträglich gewesen zu sein: Angela Varnbühler nahm während ihres dreiunddreissigjährigen Priorats mehr als 40 Schwestern in den Konvent auf.

Nach dem Tod von Anna Krumm wurde Angela Varnbühler 1476 zur Priorin gewählt und stand in der Folge während 33 Jahren St. Katharinen vor. Dieser Zeitraum gilt als Blütezeit des Klosters. Unter Angela Varnbühlers Führung folgte St. Katharinen rigoros dem Kurs der Observanz. 1477 berief die Priorin Johannes Scherl zum Lesemeister. Dieser war Lektor des observanten Dominikanerklosters in Eichstätt (Deutschland) gewesen und blieb 19 Jahre in St. Katharinen, wo er die Reformbemühungen unterstützte.⁶⁷ 1482 beschloss der Konvent die Klausur, wie Angela Varnbühler eigenhändig im Konventsbuch festhielt.⁶⁸ Drei Jahre später erfolgte die Verblechung des zuvor nur vergitterten Redefensters,⁶⁹ und zur inneren Sammlung wurde das Stillschweigen innerhalb des Klosters eingeführt.⁷⁰

Angela Varnbühler unterhielt intensiven Briefkontakt zu Kunigunde Haller, der Priorin des observanten Dominikannerinnenklosters St. Katharinen in Nürnberg. Diese schickte ihr immer wieder Ratschläge zum klösterlichen Alltagsleben nach St. Gallen. Der Briefwechsel der beiden Priorinnen ist im sogenannten Schwesternbuch von St. Gallen nachzulesen.⁷¹

Die Umsetzung der Reform scheint dem Ruf von St. Katharinen alles andere als abträglich gewesen zu sein: Angela Varnbühler nahm während ihres dreiunddreissigjährigen Priorats mehr als 40 Schwestern in den Konvent auf. Bezüglich Räumlichkeiten gelangte das Kloster hiermit an gewisse Grenzen, wirtschaftlich aber ging es ihm gerade wegen der Zunahme der Aussteuern und Schenkungen für die Schwestern gut.⁷²

1503 konnte Angela Varnbühler 63jährig ihre goldene Profess feiern, was sie im Konventsbuch selbst beschreibt: «Item im m vc iii Iar bin ich Engel Varnbuelerin fünftzig Iar im Closter gesin, an s. Margareten Abend hatt ich dz Jubelmal und satz man mir ain Schappel [=Kopfbedeckung] uf, do wz ich in dem drei und sechzigesten Iar, wz xxvij Iar Priorin gesin, Got geb uns allen wo zeleben und zesterbind.»⁷³

Aufschlussreich ist der Nachruf auf Angela Varnbühler im Konventsbuch, wo sie als würdige Priorin gelobt wird, die mit viel Fleiss für die Gemeinschaft von St. Katharinen eingetreten sei und deshalb auch viel zu leiden gehabt habe. Insbesondere für die Einführung der Reform wird sie gerühmt: «wie grösslich aber unser Gotzhus und Closter hab zuo genanten under iren Regiment an Personen und zitichen und gaistlichen Sachen und wie ordilich dz Closter ernüwret und erbuwen sig und wie die Gueter des Gotzhus under ir gemeret sind, dz sicht man schinbar und mag es och lesen in disem Buoch, da sy es von Iar zuo Iar selbst ordilich geschriben hat, wie sich ains nach dem andren erloffen...»
Gemäss Konventsbuch waren insbesondere die letzten fünfzehn Wochen Angela Varnbühlers von Krankheit und Schmerzen geprägt, bevor sie am 5. März 1509 verstarb. Doch nicht nur Lob, auch indirekte Kritik an Angela Varnbühlers Führung lässt sich erkennen, wenn die Schwestern gemeinsam bestimmten, wie sie die Kompetenzen der neuen Priorin einschränken wollten. So sollte Angela Varnbühlers Nachfolgerin eine «trüwi Muoter und Trösterin und nit ain Herschfrow und Undertruckerin [=Unterdrückerin]» sein. Da die meisten Konventsmitglieder von 1509 kein anderes Priorat als dasjenige von Angela Varnbühler kannten, muss diese Bemerkung direkt auf deren Führungsstil gemünzt sein. Nichtsdestotrotz lassen die Schwestern im Jahr darauf einen gestifteten Grabstein herbeischaffen, um die letzte Ruhestätte ihrer berühmten Priorin zu kennzeichnen.[74]

Elisabeth Muntprat (Eintritt 1472)

Die Handschrift Elisabeth Muntprats lässt sich ab 1481 im Konventsbuch nachweisen.[75] Muntprat entstammte der reichsten Konstanzer Patrizierfamilie des Spätmittelalters,[76] welche auch der Adelsgesellschaft «Katze» angehörte.[77] Elisabeth wurde am 8. März 1459 als Tochter von Konrad und Margarethe Muntprat in Konstanz geboren und trat am 15. Juli 1472 ins Kloster St. Katharinen ein.[78] Als Mitgift brachte sie 600 Gulden ein[79] – eine stattliche Summe, die Minimalaussteuer zukünftiger Konventsschwestern betrug 200 Gulden.[80]
1476 hatte Elisabeth Muntprat dem Konventsbuch nach das Amt der Küsterin inne, 1519 wird sie als Schaffnerin des Klosters genannt.[81] Sie gilt als die tüchtigste und fleissigste Schreiberin von St. Katharinen.[82] Bereits als junge Konventualin und Scriptoriums-

Novizin, also im Alter zwischen sechzehn und zwanzig Jahren, schrieb sie erbauliche Texte für den klösterlichen Gebrauch ab.[83] Bemerkenswert sind die mehrfachen grosszügigen Schenkungen ihrer überaus wohlhabenden Verwandtschaft. So bedachte ihr Vater Konrad Muntprat den Konvent 1478 mit der wohl grössten Jahrzeitstiftung überhaupt,[84] und auch die Geschwister Agatha, Anna und Jakob zeigten sich als grosszügige Gönner.[85] Eine weitere Schwester, Veronika, war Priorin im Kloster Inzigkofen (Baden-Württemberg). Wahrscheinlich kam es aufgrund dieser verwandtschaftlichen Verbindung zu einem regen Austausch geistlicher Texte zwischen den beiden Klöstern.[86] So schenkten die St. Gallerinnen dem Kloster Inzigkofen ein Schwesternbuch mit Reformtexten, wie das Konventsbuch berichtet: «...und ain Schwostrenbuch [=Schwesternbuch] schanckent wir den von Untzkofen...»[87] Nach 56 Jahren im Kloster verliess Elisabeth Muntprat 1528 St. Katharinen und die sich in der Reformation befindende Stadt.[88] Dabei nahm sie die 200 Gulden, welche ihr Vater früher dem Kloster als Jahrzeit gestiftet hatte, mit.[89] Begleitet von zwei Mitschwestern, Barbara von Kesswil und Klara Rugg, zog sie nach Bischofszell,[90] wo sie auf dem Hof eines Chorherrn Unterkunft fand. Elisabeth Muntprat starb dort 1531 im Alter von 72 Jahren.[91]

Sapientia Wirt (Eintritt 1477; Priorin 1513–1528)

Sapientia Wirt beschrieb verschiedene Blätter des Konventsbuchs.[92] Sie entstammte der angesehenen Bürgersfamilie Wirt in St. Gallen, die am Markt ihren Wohnsitz hatte. Sapientias Vater Rudolf Wirt war Ratsherr,[93] Besitzer des Hauses zur Laterne und des anstossenden Kamelhofes[94] und betätigte sich erfolgreich als Kaufmann. So exportierte er Leinwand nach Nürnberg[95] und importierte von dort Filzhüte, Stockfisch oder verschiedene Metalle, was ihm zu ansehnlichem Reichtum verhalf.[96] Sapientias Mutter trug den Namen Anna Eberli. Von grosser Bedeutung sowohl für den Namen der Familie als auch für das Kloster St. Katharinen sollte sich Sapientias Bruder, Doktor Kaspar Wirt, erweisen. Dieser besass mehrere Pfründen und weilte ab 1494 häufig an der römischen Kurie, wo er sich als erfolgreicher Advokat betätigte und sich immer wieder für die Interessen von St. Katharinen einsetzte.[97]

Ein Eintrittsdatum von Sapientia Wirt lässt sich im Konventsbuch nicht nachweisen.[98] Auf den Blättern 6r–7r findet sich ein auf das

Jahr 1476 angefertigtes Verzeichnis aller Konventsschwestern, worin der Name Wirt aber nicht genannt ist. 1482 taucht Sapientias Name jedoch im Schwesternbuch auf.[99] Im Zeitraum dieser sechs Jahre wurde eine Novizin mit Namen Anna Wirt («Ennli Wirtinnen») 1477 in den Konvent aufgenommen.[100] Während Vogler noch zwei Schwestern mit den Namen Anna und Sapientia identifizierte,[101] gehen Rickenbacher und Mengis davon aus, dass es sich hierbei um dieselbe Person handelt, welche mit der Profess ihren Vornamen gewechselt habe.[102]

Gesichert ist die Wahl Sapientia Wirts 1513 zur Priorin. Nachdem ihre Vorgängerin Wiborada Zollikofer ihr Amt abzugeben wünschte, folgte ihr Sapientia Wirt als letzte von den Schwestern demokratisch gewählte Priorin in St. Gallen. Sie hatte die meisten Stimmen auf sich vereinen können, obwohl sie das Amt offenbar nie angestrebt hatte.[103] Bis zur Reformation lenkte sie den Konvent in ruhigen Bahnen; durchschnittlich wurde pro Jahr eine Novizin aus der Oberschicht in den Konvent aufgenommen. Als bemerkenswerte Bautätigkeit unter Sapientia Wirts Priorat sind 1514 der Anbau der St. Anna-Kapelle vermerkt und 1519 die Stiftung einer kostbaren Orgel. Mit dem Einzug der Reformation lässt sich ein aktives Wirken von Kaspar Wirt nachweisen, der seinen Freund Vadian mehrmals vergeblich darum ersuchte, St. Katharinen bei seinem «alten Glauben» zu belassen. 1528 wurde Sapientia Wirt als Priorin vom sanktgallischen Rat abgesetzt, der Ursula Utz zu ihrer Nachfolgerin ernannte.[104] Nach einer Notiz im Diarium von Johannes Rütiner wohnte Sapientia Wirt anschliessend zusammen mit einer Mitschwester namens Hux im Haus einer Lucia Stek in St. Gallen, wo beide im März entweder 1537 oder 1538 kurz hintereinander starben.[105]

Cordula von Schönau (Eintritt 1484) Cordula von Schönaus Handschrift findet sich im Konventsbuch auf den Blättern 70v–71v. Ihre Familie gehörte zur Konstaffel der Stadt Zürich, in der die Notablen organisiert waren, und zog nach der Zerstörung ihres Stammsitzes Schloss Schönau im Appenzellerkrieg nach Konstanz.[106] Dort zählte die Familie zu den vermögendsten Bürgern des 15. Jahrhunderts.[107]

Cordula von Schönaus Eintrittsdatum ist in der Handschrift nicht vermerkt. Zum ersten Mal ist ihr Name im Konventsbuch auf Blatt 71v genannt. Es wird berichtet, dass 1494 eine Schwester namens Cordula von Schönau von ihrer Base ein Brevier aus Papier bekommen habe. Bereits 1484 informiert uns das Konventsbuch hingegen, dass eine Elisabeth von Schönau in den Konvent aufgenommen wurde, deren Vater Viktor von Schönau war.[108] Dieser Viktor von Schönau wird in einem aufs Jahr 1492 datierten Brevier des Konvents[109] zudem als Vater von Cordula von Schönau genannt. Da sich die Quellen vor dem Jahr 1492 über eine Elisabeth ausschweigen, danach aber konsequent eine Cordula von Schönau nennen,[110] vertreten sowohl Rickenbacher als auch Mengis die These, dass es sich bei Elisabeth und Cordula von Schönau um dieselbe Person handelt.[111] Demnach lebte Cordula, die wohl bei der Profess ihren klösterlichen Namen annahm, zwischen 1484 und 1498 im Kloster St. Katharinen und war die erste Novizin, welche in die Klausur eintrat.[112] Als Schreiberin mehrerer Handschriften versah sie möglicherweise eine Zeitlang auch das Amt der Buchmeisterin.[113] Cordula von Schönau war eine der beiden Schwestern, die auf Geheiss des Bischofs 1498 St. Katharinen verliessen und nach Konstanz zogen, um das Kloster Zoffingen zu reformieren. Dort amtete sie als Novizen- und Gewandmeisterin.[114] Der letzte Eintrag zu Cordula von Schönau findet sich auf Blatt 103r des Konventsbuchs. Darin wird beschrieben, wie Cordula aus Zoffingen dem Konvent St. Katharinen einen Gulden vermachte. Dieser war für das Totengedenken ihrer Mutter bestimmt. Über Cordulas Sterbedatum schweigt sich das Konventsbuch aus.

Justina Blarer (Eintritt 1486) Justina Blarer beschrieb die Blätter 86r, 87r, 87v–88v, 96v–97r, 111v–114v des Konventsbuchs.[115] Sie entstammte einem bedeutenden Konstanzer Patriziergeschlecht, welches unter anderem durch geschickte Heiratspolitik zu Reichtum gekommen war. Die Blarer gehörten wie die Muntprats der Adelsgesellschaft «Katze» in Konstanz an. Dies weist auf eine hohe gesellschaftliche Stellung hin.[116] Die Wurzeln der Familie reichen bis nach St. Gallen, wo sie zu den städtischen Ministerialgeschlechtern zählte.[117] Der St. Galler Ulrich Blarer hatte zusammen mit Berchtold Kuchimeister 1228 den Beginen am Irabach durch seine Schenkung eine Bleibe geschaffen, aus der sich das

Kloster St. Katharinen entwickelte.[118] Insgesamt lassen sich zwischen dem 13. und 16. Jahrhundert sieben Schwestern mit dem Familiennamen Blarer im Kloster St. Katharinen nachweisen.[119]
Justinas Vater Ludwig Blarer war erfolgreicher Geschäftsmann, Bürgermeister von Konstanz sowie Reichsvogt und gründete mit der wohlhabenden Walpurg Stickli eine Familie, aus der zwei Söhne und fünf Töchter hervorgingen. Vier Töchter traten ins Kloster ein, zwei in Münsterlingen[120] und zwei ins Kloster St. Katharinen[121] in St. Gallen.[122]
Justina kam 1486 ins Kloster St. Katharinen,[123] acht Jahre später als ihre Schwester Agnes.[124] Die Angaben zu ihrem Lebensweg sind äusserst spärlich. Gesichert ist einzig ihre Tätigkeit im Scriptorium von St. Katharinen, wobei sie wohl nicht nur als Schreiberin, sondern auch als Buchbinderin tätig war.[125] Ihre Familie bedachte das Kloster immer wieder mit Schenkungen. Darunter befand sich auch zeitgenössische Erbauungsliteratur wie «Das verirrte Schaf», «Der Granatapfel» oder «Der Pilger», welche Justina von ihrem Bruder Bartholome und ihrer Mutter Walpurg bekam. Auch zur Finanzierung der Fenster in der neu erbauten Konventsstube trug die Familie Blarer bei. Drei von insgesamt sieben mit Glasmalereien ausgestattete Fensterscheiben wurden durch Justinas Verwandtschaft gestiftet.[126]

> Auch zur Finanzierung der Fenster in der neu erbauten Konventsstube trug die Familie Blarer bei. Drei von insgesamt sieben mit Glasmalereien ausgestattete Fensterscheiben wurden durch Justinas Verwandtschaft gestiftet.

Es ist anzunehmen, dass Justina Blarer zu Beginn der Reformation noch lebte. Zumindest findet sich kein Vermerk über ihren Tod im Konventsbuch, wie es üblich gewesen wäre. Mengis konnte Justinas Handschrift bis 1519 im Konventsbuch nachweisen. Im selben Jahr teilte Justinas Bruder Bartholome, damals Bürgermeister von Konstanz, das Erbe der mittlerweile verstorbenen Mutter Walpurg unter den Geschwistern auf. Ab diesem Jahr finden sich keine Angaben mehr zu Schenkungen der Familie Blarer.[127] Ob der reformfreudige Bartholome seine Schwester Justina überzeugen konnte, den neuen Glauben anzunehmen, bleibt offen. Gesichert ist einzig der Todestag von Justina Blarer, welcher das Nekrologium von St. Katharinen mit dem 5. Oktober angibt. Die Jahreszahl fehlt.[128]

Elisabeth Schaigenwiler (Eintritt 1511) Elisabeth Schaigenwiler verfasste die Blätter 132v–143v[129] des Konventsbuchs. Als Tochter von Konrad Schaigenwiler und Barbara Schlumpf trat die gebürtige St. Gallerin 1511 ins Kloster St. Katharinen ein und legte 1512 ihr Gelübde ab. Ihre Eltern statteten sie mit 300 Gulden aus; sie gehörten somit sicherlich der Oberschicht an.[130]

Weitere biographische Informationen zu Elisabeth Schaigenwiler finden sich nicht im Konventsbuch. Es informiert uns lediglich darüber, dass Schwester Elisabeth 1512 eine Spende in Form eines silbernen Bechers von ihrer Mutter bekam, 1513 Buchgeschenke ihres Vaters erhielt und dass ihre Mutter um 1521 starb.[131] Im Konvent war sie laut Mengis die kalligraphisch versierteste Schreiberin ihrer Zeit[132] und amtete vor und während der Reformation als Schaffnerin. Zusammen mit Regula Keller und der Laienschwester Katherinen Täschler, auch Katherinen Koch genannt, blieb sie während der Reformation dem Konvent treu. In dieser Zeit der Glaubenswirren wurde Elisabeth Schaigenwiler vom Rat verhört, da dieser 1534 katholische Kultgegenstände verboten hatte. Die Schwestern versuchten trotzdem, Bilder, Kreuze und Bücher aus St. Katharinen herauszuschaffen und an einen sicheren Ort zu bringen. Hartnäckig widersetzte sich Elisabeth Schaigenwiler der Auflösung des Klosters, obschon sich die Schwestern massivem Druck ausgesetzt sahen und sie der St. Galler Bürgermeister, ihr Vetter Ambrosius Schlumpf, immer wieder persönlich zur Aufgabe drängte. Während ihre Mitschwester Regula Keller gar in Gefangenschaft sass, wurde ihr angedroht, dass ihr das St. Galler Bürgerrecht entzogen werde, und dargelegt, wie sehr ihre Familie unter dem Festhalten an ihrem Klostergelübde zu leiden habe. So wurde ihr Bruder Lienhart Schaigenwiler ins Gefängnis geworfen, weil er sie im Kloster besucht und ihr im Rat beigestanden hatte. Elisabeth Schaigenwiler erlebte somit den Kampf um das Fortbestehen des Konventes St. Katharinen in St. Gallen und dessen Aufgabe 1555 mit. Sie gehörte zu den drei Schwestern, die vorübergehend Aufenthalt in St. Georgen und in der Notkersegg fanden; 1561 wohnte sie der Neugründung des Konvents auf dem Nollenberg bei. Elisabeth Schaigenwiler starb wohl im selben Jahr, da ihr

> Hartnäckig widersetzte sich Elisabeth Schaigenwiler der Auflösung des Klosters, obschon sich die Schwestern massivem Druck ausgesetzt sahen und sie der St. Galler Bürgermeister, ihr Vetter Ambrosius Schlumpf, immer wieder persönlich zur Aufgabe drängte.

Name im neuen Grenzbeschrieb des Konvents vom 21. Februar 1562 nicht mehr zu finden ist.[133]

Regula Keller (Eintritt: 1514) Regula Kellers Handschrift findet sich im Konventsbuch nicht nur in den chronologischen Eintragungen, sie hat auch Nachträge angefertigt, welche sie jeweils als Randbemerkungen zu einem späteren Zeitpunkt einfügte.[134] Die angesehene Familie Regula Kellers stammte aus der Stadt Zürich. Ihr Vater Hans Keller war Ratsherr, ihre Mutter hiess Anna Studler. Gemeinsam hatten sie fünf Töchter, von denen zwei als Klosterfrauen im Dominikanerinnenkonvent zu Oetenbach lebten.[135] Regula wurde 1497 geboren und trat 1514 siebzehnjährig ins Kloster St. Katharinen ein, wie sich im Eintrag zu ihrer Profess 1515 im Konventsbuch nachlesen lässt: «Item in disem Jar habend wir S Regula Kellerin in die Gehorsami enpfangen... ist sij xviij Iar alt gesin...»[136] Neben ihrer Tätigkeit im Scriptorium von St. Katharinen, wo sie als Buchmeisterin wirkte, soll sie sich auch geschickt in der Herstellung von Stickereien gezeigt haben.[137]
Voll in den Dienst ihres Klosters stellte sie sich zur Zeit der Reformation. Sie war eine der drei Schwestern, welche sich bis zuletzt vehement gegen die Einführung des neuen Glaubens und die Aufhebung von St. Katharinen einsetzten. Obwohl der reformierte Stadtrat von St. Gallen grossen Druck bezüglich der Auflösung des Klosters ausübte, blieb sie als eine der drei Schwestern in den Gebäuden von St. Katharinen. Regula Keller schrieb weiter die Regeln und Konstitutionen ihres Ordens ab, weigerte sich zusammen mit den verbliebenen zwei Mitschwestern, neugläubige Predigten zu hören, und versuchte, Bilder, Bücher und Inventar zu retten.[138] Wie unsicher sich die Zukunft für die Schwestern gestaltete, zeigt sich in einem Begleitbrief von Regula Keller, mit welchem sie zwei Bücher ins Schwesternhaus nach Appenzell in Sicherheit schickte: «Ich Schwester Regel Kellerin, Klosterfrow zuo sant Katrinen in sant Gallen stat, [...] Und ist daz die Ursach; es ist ümerdar etwas Unruo by uns, das wir muesend sorgen, das wir glicht um soliche Ding komind [...] Legend daz Briefflin in daz ein Buoch, ob etman under üch sturb, daz man wuste, war die Buecher hortind, und bittend Gott für uns. Fraget in aber nieman nach, daz unser Koffent zergieng und die Frowen all sturbind, so behebend ir die Buecher.»[139]

1553 beschloss der Rat von St. Gallen, die Schwestern nicht im Konvent sterben zu lassen, sondern sie auszusteuern und das Kloster ganz an die Stadt zu ziehen. Die drei Schwestern wurden unter strengen Hausarrest gestellt, bis sie im Jahr darauf in einen für sie ungünstigen Auflösungsvertrag einwilligen mussten. Kaum aus dem Gewahrsam entlassen, widerriefen die Schwestern den Vertrag und wandten sich hilfesuchend an Abt Diethelm Blarer von St. Gallen, welcher seinerseits Luzern und Schwyz anrief. Regula Keller wurde in der Folge erneut in Haft gesetzt. Nach ihrer Entlassung am 27. Mai 1554 und dem damit verbundenen Auszug der Schwestern ins Benediktinerkloster St Georgen oberhalb der Stadt St. Gallen fanden die Streitigkeiten nach einigem Hin und Her durch das eidgenössische Schiedsgericht in Baden 1554/55 ein vorläufiges Ende. Die Schwestern mussten, nur mit einem kleinen Leibding (einer Rente) versehen, die Klostergebäude der Stadt überlassen; sie hielten sich in der Folge kurzzeitig in den Klöstern St. Georgen und Notkersegg in der Nähe St. Gallens auf, bevor sie 1561 auf dem Nollenberg bei Wuppenau in einem kleinen Schwesternhaus einen neuen Konvent unter dem Priorat von Regula Keller errichteten.[140] Regula Keller starb am 21. Februar 1573 im Alter von 76 Jahren. Nachfolgend wurde ihr, in Erinnerung an ihre Taten für den Konvent, den sie zusammen mit ihren beiden Mitschwestern vor dem Niedergang gerettet hatte, grosse Verehrung zuteil. Als der Konvent 1607 in die neuen Klostergebäude in Wil umzog, wurden die Gebeine von Regula Keller mitgenommen, und 1904 wurde ihr Haupt auf dem Friedhof von St. Katharina in Wil beigesetzt.[141]

Zusammenfassend lässt sich festhalten, dass sämtliche Schreiberinnen des Konventsbuchs der Oberschicht entstammten. Dabei gehörten sie verschiedenen Generationen an,[142] verfassten neben dem Konventsbuch auch andere Handschriften,[143] waren also nicht nur für das Konventsbuch im Scriptorium tätig. Das Konventsbuch kann somit als eigentliches Gemeinschaftswerk gelten, welches von Angela Varnbühler initiiert und spätestens nach ihrem Tod 1509 durch andere Mitschwestern bis 1528 weitergeführt wurde.

Die Adressatinnen des Konventsbuchs

Nachdem geklärt ist, wer das Konventsbuch verfasst hat, stellt sich nun die Frage, an wen es sich richtete. Eine direkte Antwort lässt sich der Handschrift nicht entnehmen. Gemäss der Eintragung auf Blatt 119v[144] kann aber davon ausgegangen werden, dass das Konventsbuch als Nachschlagewerk diente, also zum aktiven Gebrauch bestimmt war. Da es im sich in Klausur befindenden St. Katharinenkloster aufbewahrt wurde, gelten als Adressatinnen die Konventsschwestern. Deshalb geht der nächste Abschnitt auf die Schwesterngemeinschaft von St. Katharinen im Spätmittelalter ein und der Frage nach, wer die Schwestern von St. Katharinen waren.

Zulassungsbedingungen und Noviziat im Kloster St. Katharinen St. Gallen

Nicht jede Frau war zu einem Dominikanerinnenkonvent zugelassen, wie sich den Konstitutionen des Ordens entnehmen lässt. Eine Novizin durfte nicht zu jung sein,[145] musste geistig und körperlich gesund sowie ledig oder mindestens von kirchlicher Obrigkeit geschieden sein. Bei Schwangerschaft wurde ihr der Zutritt verwehrt. Des weiteren sollte sie frei von monetären Schulden sein und ihre Gelübde nicht schon bei einem anderen Orden abgelegt haben.[146] Wollte eine Frau in St. Katharinen Aufnahme finden, musste sie eine Mitgift von 200 Gulden mitbringen.[147]

Im mindestens ein Jahr dauernden Noviziat wurde die Kandidatin mit dem Klosteralltag vertraut gemacht. Sie lernte insbesondere die richtigen Verhaltensweisen einer Nonne und erhielt Unterweisungen im spirituellen Bereich, beispielsweise wie sie korrekt beichten sollte.[148] Das Schwesternbuch von St. Katharinen unterrichtet uns über weitere Fertigkeiten, welche den Novizinnen beigebracht wurden, damit sie später den chordienstlichen Pflichten nachkommen konnten. Dazu gehörte das fehlerfreie Lesen der lateinischen Psalmen,[149] die Kenntnis der Tagzeiten[150] und das Verständnis der Regel und der Konstitutionen des Ordens. Ausserdem wurden die Novizinnen im Nähen, Malen und im Gesang unterrichtet.[151]

Scheinbar waren die Novizinnen bereits vor ihrem Eintritt ins Kloster des Lesens und Schreibens mächtig.[152] Gemäss dem Schwesternbuch sollten die neu eintretenden Mädchen den Psalter bereits lesen können,[153] und da die Schwestern hauptsächlich der

Oberschicht entstammten, kann von einer schulischen Vorbildung ausgegangen werden. Einen Hinweis darauf liefert die Schreibtätigkeit von noch jungen Nonnen, welche sich bereits im Scriptorium von St. Katharinen betätigten. Novizinnen wurden oft mit Schenkungen von Brevieren, Psalter und Diurnalia von Verwandten bedacht, womit ein gewisses Fundament für das Klosterleben gelegt wurde. Es gilt nicht als gesichert, ob alle Schwestern von St. Katharinen Latein konnten. Zwar mussten sie den lateinischen Psalter lesen und die Gebete und Gesänge wiedergeben können; ob sie die Sprache aktiv anwenden konnten oder ob sie nur eine memorisierte Wiedergabe der Texte beherrschten, lässt sich nicht eindeutig nachweisen. Auf jeden Fall befanden sich im Kloster von St. Katharinen auch Schwestern mit guten Lateinkenntnissen, wie sich anhand von Abschreibearbeiten im Scriptorium nachweisen lässt.[154] Im Zuge der Reform nahm St. Katharinen auch Laienschwestern auf. Dies ermöglichte es den Chorschwestern, sich voll den spirituellen Aktivitäten zu widmen, während die Laienschwestern die körperlich schweren Arbeiten im Kloster verrichteten. Entsprechend wurde den Laienschwestern das Lesen nicht beigebracht.[155] Demnach sind als Adressatinnen des Konventsbuchs primär die Chorschwestern von St. Katharinen zu nennen; die Laienschwestern wurden über dessen Inhalt allenfalls mündlich unterrichtet.

> Auf jeden Fall befanden sich im Kloster von St. Katharinen auch Schwestern mit guten Lateinkenntnissen, wie sich anhand von Abschreibearbeiten im Scriptorium nachweisen lässt.

Die soziale Zusammensetzung der Schwestern von St. Katharinen Über die Zusammensetzung der Klostergemeinschaft Mitte des 15. Jahrhunderts bis und mit Anfang des 16. Jahrhunderts besitzen wir dank der Untersuchung von Markus Rickenbacher ziemlich genaue Kenntnis. In seinen Analysen des Schwestern- und des Konventsbuchs konnte er 89 Konventsmitglieder zwischen 1459 und 1518 eruieren. Davon waren 19 Laienschwestern, die des Lesens somit nicht oder kaum mächtig waren. Zwei Novizinnen mussten das Kloster vor, respektive kurz nach der Profess wieder verlassen, da sie aus gesundheitlichen Gründen nicht zu den Gelübden zugelassen wurden.

Von den 70 Chorschwestern konnte Rickenbacher 59 der sozialen Oberschicht zuweisen, acht der Mittelschicht und keine der Unterschicht. Drei waren aufgrund fehlender Angaben nicht zu bestimmen. Bei diesen 70 Chorschwestern sind Salome Blum und Anna Walter, welche nach dem Noviziat nicht zur Profess zugelassen wurden, miteingerechnet. Von den 19 Laienschwestern wies Rickenbacher sieben der Mittel- und zwölf der Unterschicht zu, keine Laienschwester gehörte der Oberschicht an. Somit spiegelte sich die soziale Schichtung der Stadt im Kloster St. Katharinen wider.

Mit der Festsetzung einer Minimalaussteuer von 200 Gulden grenzte sich St. Katharinen gezielt von der Unter- und der unteren Mittelschicht ab. Die Frauen aus jenen Schichten fanden zwar Einlass in ein Schwesternhaus oder ins Kloster St. Leonhard in St. Gallen, nicht aber ins Kloster St. Katharinen. Nur in wenigen Fällen, nämlich in 19, wurden sie als Laienschwestern ins Katharinenkloster aufgenommen.

Ein weiteres Abgrenzungsmerkmal zwischen Chor- und Laienschwestern in St. Katharinen ist die Bildung. Von den insgesamt 68 zur Profess zugelassenen Schwestern konnte Rickenbacher 32 als aktiv schreibende und somit auch lesende Schwestern identifizieren. Dabei gibt es Hinweise, wonach diese rund 50 Prozent als untere Grenze galten. So ist im Schwesternbuch die Anfrage der Nürnberger Priorin nach neuen Brieffreundschaften festgehalten. Auch verlangten bestimmte Klosterämter explizit Schreibkenntnisse: Die Priorin, die Subpriorin, die Novizenmeisterin, die Schaffnerin, die Obersängerin und die Kusterin mussten mit der Feder umgehen können.[156]

Dass die Standesunterschiede möglicherweise auch zu Problemen führen konnten, hat Vogler[157] aufgezeigt. Anzeichen dafür sind im Schwesternbuch niedergeschrieben: «Och sol man sy [die Laienschwestern] vermanen, dz sy sich nit senend [=sehnen] nach den gewilten Schwestern. Dz sy Got danckind irs Stands.»[158]

Zusammengefasst handelt es sich bei den Adressatinnen des Konventsbuchs um die Schwestern von St. Katharinen, da das Buch offenbar als Gebrauchsliteratur angelegt und im sich in Klausur befindenden Kloster aufbewahrt wurde. Zu St. Katharinen hatten die Töchter der sozialen Oberschicht Zugang, was unter anderem auf der Eintrittsmitgift von 200 Gulden gründete. Aus der sozialen Unterschicht finden sich ausschliesslich Laienschwestern, welche des Lesens und Schreibens kaum mächtig waren. Der Kreis der möglichen Leserinnen des Konventsbuchs beschränkt sich somit auf die Chorschwestern von St. Katharinen und bezieht allenfalls auch die Laienschwestern mit ein, falls ihnen aus dem Konventsbuch vorgelesen wurde.

Die Eigentümer des Konventsbuchs

Nach Beendigung der Schreibarbeiten am Konventsbuch nannten im Lauf der Zeit verschiedene Besitzer das Konventsbuch ihr Eigen und drückten der Handschrift im wahrsten Sinne des Wortes ihren Stempel auf. Zu finden sind diese zu Beginn der Handschrift, am Ende oder auch mitten drin.[159] Das «Frauenkloster St. Catharina in Wil Kanton St. Gallen», die «Bischöfl Bibliothek St. Gallen» und die «Katholische Stiftsbibliothek Kanton St. Gallen» haben sich mit ihren Amtszeichen im Konventsbuch verewigt und suchten mit dieser Methode die Legitimität ihrer Besitzansprüche zu untermauern. Heute befindet sich das Konventsbuch in den Händen der Klosterfrauen von St. Katharina in Wil, deren Vorgängerinnen aus dem ehemaligen St. Katharinenkloster in St. Gallen die Handschrift verfasst haben. Doch zwischen dem Abfassen der Handschrift und heute gab es auch Zeiten, in denen das Konventsbuch, welches damals noch wahlweise als «Tagebuch der Angela Varnbühler», «Hausbuch der Angela Varnbühler» oder als «Chronik» bezeichnet wurde, als verschollen galt.[160] Es bedurfte einer Doktorarbeit[161], um die Handschrift wieder ans Licht zu holen.

Eine Archivarin und eine Studentin: zwei Frauen und ihre Bemühungen um das Konventsbuch

In den Zwanzigerjahren des 20. Jahrhunderts berichtete die Archivarin von St. Katharina in Wil, Schwester M. Rosa Stump, über den Verlust des «Tagebuchs der Angela Varnbühler».[162] Die älteren Schwestern hätten die verschollene Handschrift noch erwähnt, womit bewiesen ist, dass das Konventsbuch trotz der Reformationswirren den Weg über den Nollenberg nach Wil gefunden hat. Schwester Rosa beklagt sich in ihren Aufzeichnungen bitter über das Fehlen der Handschrift. Diese habe Pius Kolb,[163] dem damaligen Stiftsbibliothekar von St. Gallen, als Grundlage für die «Chronick» zu St. Katharinen gedient; da sich Kolbs Werk im Archiv von St. Katharinen befand, sei der Inhalt der Handschrift zu grossen Teilen bekannt gewesen. Pater Benedikt Gottwald, Seelsorger des Konventes in Wil zwischen 1900 und 1907, bemerkte den Verlust des Konventsbuchs und begab sich erfolglos auf die Suche. Er hielt fest, dass das Konventsbuch Stiftsarchivar Karl Wegelin (1803–1856) für seine Arbeiten ausgeliehen worden sei, danach habe sich die Spur der Handschrift verloren. «Leider gibt es noch gebildete Leute genug, deren Ehrgefühl und Rechtschaffenheit sich auf mancherlei erstreckt, nur nicht auf Bücher», zitiert ihn Schwester Rosa in ihren Aufzeichnungen. Wie die engagierte Archivarin später nachweisen konnte, war dem Stiftsarchivar Unrecht getan worden.

Ebenfalls in den Zwanzigerjahren des 20. Jahrhunderts suchte Katharina Vogler, damals Studentin an der Universität Fribourg, nach einem geeigneten Dissertationsthema. Sie wandte sich hilfesuchend an ihren Bruder Heinrich, welcher als Kapitular im Stift Engelberg lebte. Dieser leitete die Anfrage seinem Mitbruder Ignaz Hess, dem Seelsorger von St. Katharina zwischen 1907 und 1919, weiter. Pater Ignaz, mit der Geschichte des Frauenkonvents vertraut, schlug Katharina Vogler das Thema «Regula Keller, ein Frauenbild aus der Reformationszeit» vor. Die Studentin nahm sich dieses Themas an und besuchte im Verlauf ihrer Recherchearbeiten das bischöfliche Archiv in St. Gallen.[164] In einem Brief an Schwester Rosa berichtete sie über eine unerwartete Entdeckung in diesen Räumlichkeiten:

«Und am Nachmittag[,] was kam zum Vorschein, was wir zu hoffen nicht gewagt? Staunen Sie nur, auch das schmerzlich vermisste Tagebuch von Frau Angela Varnbühler[..] zog ich aus der hintersten Ecke eines Schrankes hervor. Laut aufjubeln hätte ich mögen, aber das durfte ich nicht im bischöflichen Palast[,] und mein Jubel löste sich auf in einem innigen Gebete für diesen glücklichen Fund. [...]»[165]

«Und nochmals zur Sache!» – Streit um das Konventsbuch

Schwester Rosa wurde daraufhin aktiv und schrieb 1926 an Bischof Robertus Bürkler. Sie bat ihn eindringlich, die Handschrift

> «Laut aufjubeln hätte ich mögen, aber das durfte ich nicht im bischöflichen Palast[,] und mein Jubel löste sich auf in einem innigen Gebete für diesen glücklichen Fund.»

dem Konvent, dem «rechtmässigen Eigentümer», wie sie es nannte, zurückzugeben.[166] Offenbar hatte der Bischof bei einem Konventsbesuch im April jenes Jahres eine mündliche Zusage erteilt, auf welche sich Schwester Rosa stützte: «Sie haben mir die Zurückstellung dieser Handschrift gütigst zugesagt, und ich wiederhole die dringende Bitte, Sie möchten bei dieser Zusage bleiben.»[167] Doch der Bischof änderte seine Meinung und sandte der Archivarin eine Absage. Er habe eine Schenkungsakte seines Vorgängers, des verstorbenen Bischofs Greith, gefunden, nach der dieser alle Handschriften aus verschiedenen Klöstern erhalten habe. Demnach sei auch die Chronik dem bischöflichen Stuhl geschenkt worden und somit dessen Eigentum. Bischof Bürkler setzte in seinem Schreiben Schwester Rosa zudem darüber in Kenntnis, dass das Konventsbuch bereits katalogisiert und in die Ordinariatsbibliothek einverleibt worden sei.[168]

Nichtsdestotrotz versuchte Schwester Rosa, den Bischof im Verlaufe des Jahres 1926 umzustimmen, und bat ihn schriftlich mit dem Einleitungssatz «Und nochmals zur Sache!», die Angelegenheit zu überdenken. Sie hatte in der Zwischenzeit über den Verlust der Chronik recherchiert und war zum Schluss gekommen, dass Karl Wegelin die Handschrift dem Kloster zurückgebracht habe, worauf sie kurz darauf von Priorin Alberta Dreselly (Priorin 1851–1880) dem damaligen Domdekan und späteren Bischof Carl Johann Greith ausgeliehen oder geschenkt worden sei. Zur Handschrift befragt, habe Schwester Alberta jeweils nur die stereotype Antwort gegeben: «Ich habe das Buch ausgeliehen und nimmer bekommen.» Schwester Rosa versuchte, Bischof Bürkler darzulegen, dass die Priorin dazu aber in keinem Fall berechtigt gewesen sei, egal, ob sie die Handschrift nun ausgeliehen oder verschenkt habe. Denn der Konvent sei nie darüber informiert worden.[169]

Auch die Visitation des Konventes durch den Bischof am 25. Oktober 1926 und die damit verbundene Besprechung der Angelegenheit führte für Schwester Rosa zu keinem befriedigenden Ergebnis. Bischof Bürkler verteidigte die «Schenkung» an seinen Vorgänger und berief sich auf ein neues Kirchengesetz. Trotzdem hielt die Archivarin in ihren Aufzeichnungen fest, der Bischof habe

«Sie haben mir die Zurückstellung dieser Handschrift gütigst zugesagt, und ich wiederhole die dringende Bitte, Sie möchten bei dieser Zusage bleiben.»

ihr am Ende dieses Besuches die Rückgabe der «Hauschronik der Angela Varnbühler» sicher zugesagt.[170]

Das Konventsbuch zurück in Wil Vier Jahre zog sich die Angelegenheit ohne Ergebnis hin. In dieser Zeit verstarb Bischof Robertus Bürkler. Das Konventsbuch befand sich in den Händen von Katharina Vogler in Fribourg, die es für ihre Dissertation benutzte. Am 27. November 1930 schrieb Schwester Rosa dem neuen Bischof Aloisius Scheiwiler. Sie appellierte an sein «Historiker-Herz» und bat ihn um die St. Katharinen-Handschriften im bischöflichen Archiv, insbesondere aber um das «Tagebuch der Angela Varnbühler». Und dieses Mal waren ihre Bemühungen von Erfolg gekrönt. Bischof Scheiwiler erlaubte der Archivarin, die Chronik von Katharina Vogler direkt zu verlangen und anschliessend zu behalten.[171]

Doch damit war die Handschrift noch lange nicht im Archiv von St. Katharina angelangt. Als Schwester Rosa Katharina Vogler 1931 in einem Schreiben über den Entscheid des Bischofs in Kenntnis setzte, antwortete ihr diese, sie habe die Handschriften[172] bereits am 1. August 1930 an die bischöfliche Bibliothek zurückgesandt, der Empfang sei ihr bestätigt worden. In der Zwischenzeit war das Konventsbuch also in die Stiftsbibliothek gelangt, was den dritten Besitzerstempel erklärt. Bischof Scheiwiler versprach jedoch, die Handschrift dem Konvent zu überbringen.[173]

Im Sommer 1931 notierte Schwester Rosa zum bischöflichen Besuch: «Am 8. August, anlässlich der Priorinwahl[,] erteilte der Gnädige [der Bischof] der Mutter Subpriorin, M. Dominica Schöb, den Auftrag, der Archivarin zu sagen, er habe die Bücher nicht vergessen. Er hätte sie heute mitgenommen; aber da der Archivar Fäh erkrankt, sei es ihm unzart vorgekommen, dieselben jetzt wegzunehmen.»[174]

Doch der Bischof hielt Wort. Nachdem Priorin M. Caecilia Fraefel ihn nochmals eindringlich um die Rückgabe gebeten hatte, brachte er die Handschrift anlässlich der Jubelprofess von Schwester Rosa zu deren grosser Überraschung mit. Das Konventsbuch befindet sich somit nach verschiedenen Aufenthaltsorten seit dem 20. September 1932 wieder im Klosterarchiv St. Katharina in Wil.[175]

Schwester M. Stump, der die Rückführung des Konventsbuches gelang.

Inhalt und Bezeichnung des Konventsbuchs

Wie aufgezeigt wurde, hatte die Handschrift im Verlauf der Zeit verschiedene Besitzer und unterschiedliche Bezeichnungen. Die heutige Bezeichnung «Konventsbuch» ist eng mit dem Inhalt verknüpft, auf den nachfolgend eingegangen wird.

Zusammenfassung des Inhalts Insgesamt lassen sich mit einer Inhaltsanalyse 1211 Eintragungen ins Konventsbuch erfassen. Diese wurden entweder durch einen Abschnitt oder durch das Wort «Item» eingeleitet. Die Eintragungen konnten neun Kategorien zugeordnet werden, wobei sich folgendes Bild ergibt:

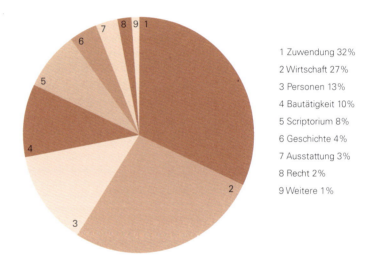

1 Zuwendung 32%
2 Wirtschaft 27%
3 Personen 13%
4 Bautätigkeit 10%
5 Scriptorium 8%
6 Geschichte 4%
7 Ausstattung 3%
8 Recht 2%
9 Weitere 1%

Kategorie	Anzahl Einträge (in %)	
Zuwendungen		382 (32%)
Infolge Todesfall	173	
Geld	127	
Innenausstattung	16	
Textilien	8	
Diverses	22	

Kategorie	Anzahl Einträge (in %)	
Ohne Todesfall		209
Geld	65	
Innenausstattung	99	
Textilien	28	
Diverses	17	
Wirtschaft		333 (27%)
Inventar	8	
Kauf/Verkauf	27	
Finanzwesen	187	
Rechnungswesen	111	
Personen		155 (13%)
1. Kreis: Konventsmitglieder	107	
2. Kreis:	48	
Arbeiter	13	
Gäste	12	
Kostgänger	3	
Seelsorger	20	
Bautätigkeit		115 (10%)
Im Kloster	67	
Ausserhalb	48	
Scriptorium		97 (8%)
Büchergeschenke	45	
Diverses	52	
Geschichte		46 (4%)
Kirchengeschichte	3	
Konventsgeschichte	41	
Schweizergeschichte	2	
Ausstattung		42 (3%)
Handarbeit	15	
Innenausstattung	27	
Recht		30 (2%)
Konventsrecht	12	
Rechtsstreitigkeiten	15	
Rechtsvereinbarungen	3	
Weiteres		11 (1%)
Total		**1211 (100%)**

382 Einträge (32 Prozent) in der Handschrift betreffen «Zuwendungen». 209 Abschnitte hatten dabei Zuwendungen ohne direkt ersichtlichen Todesfall im Umfeld zum Inhalt. Am meisten wurde für die Innenausstattung des Konvents gespendet (99 Einträge), gefolgt von monetären Zuwendungen und Spenden in Form von Textilien. 17 Einträge sind unter Diverses zusammengefasst. Die Zuwendungen infolge eines Todesfalls umfassten 173 Eintragungen. Hierbei wurde in 127 Fällen zumeist Geld gespendet, gefolgt von Diversem, Innenausstattung und Textilien.

Die zweitgrösste Rubrik mit 333 Einträgen (27 Prozent) betrifft die «Wirtschaft». Davon sind 187 dem Finanzwesen zuzuordnen, gefolgt von den sich jährlich wiederholenden Abschnitten des Rechnungswesens mit 111, Kauf/Verkauf mit 27 und Inventar mit 8 Eintragungen.

Nach diesen beiden umfassenden Kategorien, zusammen machen sie 59 Prozent der Einträge des Konventsbuchs aus, folgt mit einigem Abstand die Kategorie «Personen» mit 155 Vermerken (13 Prozent). Der erste Kreis, die Konventsmitglieder, ist in der Handschrift besonders berücksichtigt, ihm sind 107 Eintragungen gewidmet. Bei den Personen des zweiten Kreises konnten 13 Arbeiter-, 12 Gäste-, 3 Kostgänger- und 20 Seelsorger-Eintragungen (insgesamt 48) identifiziert werden.

Die viertgrösste Kategorie umfasst die «Bautätigkeit» mit 115 Eintragungen (10 Prozent). Dabei betreffen 67 Tätigkeiten Gebäude innerhalb des Konventes, 48 Tätigkeiten wurden ausserhalb der Klostermauern vorgenommen.

Knapp hinter der Bautätigkeit folgt die Kategorie «Scriptorium» mit 97 Eintragungen (8 Prozent). Bei 45 Eintragungen handelt es sich offenbar um Büchergeschenke.

Die Geschichtseintragungen umfassen 46 Einträge (4 Prozent). Die grosse Mehrheit, nämlich 41, betrifft die Konventsgeschichte; 3 widmen sich der Kirchengeschichte, 2 der Schweizergeschichte.

Als zweitkleinste Kategorie findet sich die «Ausstattung» mit 42 Eintragungen (3 Prozent). Darunter fallen 27 Beschreibungen zur Innenausstattung und 15 Eintragungen zu handarbeitlichen Tätigkeiten der Schwestern.

30 Einträge (2 Prozent) betreffen Rechtsfragen. Bei der Hälfte dieser Eintragungen handelt es sich um Rechtsstreitigkeiten, 12

beschreiben das Konventsrecht und 3 durch den Konvent eingegangene Rechtsvereinbarungen.

Mit 59 Prozent der Eintragungen sind die beiden Kategorien «Zuwendung» und «Wirtschaft» in der Handschrift von den Verfasserinnen am häufigsten berücksichtigt worden. Dabei fällt auf, dass die Zuwendungen, welche Spenden und Gaben ans Kloster aufgrund von Erbnachlässen beinhalteten, ebenfalls in den Bereich Ökonomie, im Sinne von Besitzverhältnissen, gehören.

Verschiedene Beschreibungen der Handschrift weisen auf die Einträge mit wirtschaftlichem Inhalt hin.[176] Rickenbacher geht davon aus, dass sich die Mehrheit der Eintragungen auf das wirtschaftliche Auskommen des Klosters bezieht.[177] Mit der vorliegenden Inhaltsanalyse konnte diese These bestätigt werden.

Im Hinblick auf die Kategorien und ihre Verbindung zur Ökonomie kann noch einen Schritt weitergegangen werden. Die drittgrösste Kategorie der Personen umfasst im ersten Kreis hauptsächlich Eintragungen zur Aufnahme neuer Schwestern oder zum Tod von Konventsmitgliedern. Bei der Aufnahme einer neuen Schwester wurde auch die Mitgift verzeichnet, die eine Frau dem Konvent einbrachte. Auch im zweiten Kreis sind die Eintragungen bezüglich Arbeiter, Seelsorger, Kostgänger und Gäste vielfach mit getätigten Kosten verbunden wie beispielsweise Lohnzahlungen. Es handelt sich also um typisch wirtschaftliche Einträge.

> Mit 59 Prozent der Eintragungen sind die beiden Kategorien «Zuwendung» und «Wirtschaft» in der Handschrift von den Verfasserinnen am häufigsten berücksichtigt worden.

Nicht anders sieht es bei der Bautätigkeit aus. Neben der inhaltlichen Angabe, was gebaut wurde, kam immer noch die Information hinzu, wie gross die monetäre Aufwendung dafür war. Die Eintragungen zum Scriptorium umfassen prinzipiell den Bücherbestand, Neuerwerbungen und den Kauf der für die Schreibtätigkeit nötigen Utensilien. Diese gehören somit zum Besitz und werden der Ökonomie zugerechnet. Mit derselben Begründung dürfte man die Ausstattung zur Wirtschaft zählen. Auch sie kann als eigentlicher Besitz gelten.

Einzig den Kategorien «Geschichte» und «Recht» können keine oder nur bedingt ökonomische Hintergründe zugewiesen werden. Bei Rechtsstreitigkeiten betreffend den Konventsbesitz

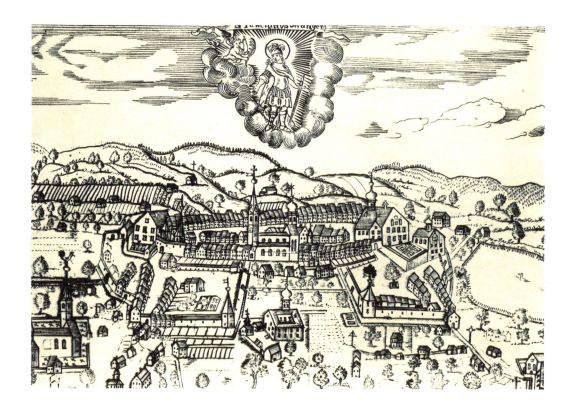

Wil von der Südseite, nach 1773.
In der Bildmitte unten ist das Kloster St. Katharina zu erkennen.

ist eine wirtschaftliche Argumentation zwar prinzipiell möglich. Dies würde jedoch eine sinnvolle Abgrenzung der Kategorien verunmöglichen; der Aspekt wurde deshalb nicht berücksichtigt.

Die Bezeichnung «Konventsbuch»

Zusammenfassend betreffen 94 Prozent der Eintragungen des Konventsbuchs – ausgenommen sind hierbei die Rubriken «Geschichte» und «Recht» – wirtschaftliche Bereiche. Damit lässt sich auch erklären, warum sich schon frühere Bezeichnungen der Handschrift nicht primär auf die chronologische Abfolge der Eintragungen, sondern auf den überwiegend ökonomischen Inhalt beziehen. Kolb nannte die Handschrift «Hausbuch der Angela Varnbüler», Vogler charakterisierte sie nach einer ersten Sichtung mit «Einnahmen- und Ausgabenbuch».[178]

Besonders interessant wird das Ergebnis der Inhaltsanalyse bei einem Vergleich mit einem Eintrag aus dem Konventsbuch. Darin wird eine Zuwendung an den Konvent St. Katharinen durch Agatha Mangolt mit den abschliessenden Worten festgehalten: «...und sol dis [= der Inhalt und die Bestimmung der Zuwendung] also in des convents buoch gesetz werden...»[179] Damit wird uns die Bezeichnung genannt, welche die Verfasserinnen der Handschrift ursprünglich gaben: Konventsbuch.

Diese Bezeichnung ergibt eine frappante Deckung mit dem Inhalt der Handschrift. Denn sämtliche Kategorien lassen sich den Belangen des Konventes zurechnen. Dies ist darauf zurückzuführen, dass die Handschrift im Zuge der Reform Gestalt angenommen hat. Durch den neu eingeführten Gemeinschaftsbesitz musste dem Konvent Rechenschaft abgelegt werden. Sämtliche Belange des Konventes wurden neu in dieser Handschrift festgehalten: Sie betrafen mehrheitlich die wirtschaftlichen Tätigkeiten des Konventes, die nicht im Urbar Eingang fanden, darüber hinaus aber auch Alltägliches aus dem Klosterleben wie beispielsweise Eintritte von Schwestern oder ihren Hinschied, den Ausbau und die Ausstattung der Klostergebäude oder zeitgenössische Geschehnisse aus dem Kloster- oder Ordensleben. Gerade diese Vielfältigkeit macht das Konventsbuch für die Geschichtsforschung so wertvoll.

> Damit wird uns die Bezeichnung genannt, welche die Verfasserinnen der Handschrift ursprünglich gaben: Konventsbuch.

BAUGESCHICHTE: VERSTECKTER REICHTUM

KATRIN EBERHARD

DENKMÄLER SIND DIE BAUSTEINE UNSERES GEDÄCHTNISSES

Bald ist es 750 Jahre her, seit das erste Gotteshaus zu Ehren der heiligen Katharina vor den Toren der Stadt am Magniberg geweiht wurde. Fast 200 Jahre hüteten die Schwestern von St. Katharinen die Gebäude, bauten sie nach dem Stadtbrand wieder auf, erweiterten und erneuerten die Räumlichkeiten. Grosse Zäsur war die Reformation, die, obwohl sie grundsätzlich berechtigte Anliegen erfüllte, in St. Gallen regelrecht ausartete. Die Klosterfrauen leisteten dem Bildersturm lange Widerstand und konnten so eine totale Verwüstung verhindern. Auch die folgenden Besitzer des Klosters haben das Besondere dieses Orts erkannt und dem Werk Achtung entgegengebracht, wohl im Wissen, dass, wer Denkmäler beseitigt, auch Erinnerungen auslöscht. Wer sie hingegen erhält, schafft sich die Möglichkeit, Neues hinzuzufügen. Nur so kann uns heute das Katharinenkloster seine Geschichte erzählen, in uns das historische Bewusstsein wecken. Als Zeugnis handwerklichen und künstlerischen Schaffens spiegelt es zudem das Leben früherer Generationen und bildet so unverzichtbare Bausteine unseres Gedächtnisses. Es lässt uns in den verschiedenen Bauteilen – im ehemaligen Kreuzgang, in der gotischen Saalkirche, vor dem grandiosen Orgelprospekt, im prunkvollen Äbtissinnen-Zimmer oder auf dem bunten Bibliotheksboden – die Geschichte hautnah und authentisch erleben.

Die natürliche Alterung, zunehmende Umweltbelastungen, neue Vorschriften, fehlende handwerkliche Kenntnisse über historische Baumaterialien oder geänderte Nutzungsansprüche, um einige Beispiele zu erwähnen, können zur Gefahr für historische Bausubstanz werden. Die Renovation eines solch bau- wie kunsthistorisch wertvollen Gebäudekomplexes, wie es das Katharinenkloster ist, erfordert deshalb das Zusammenwirken vieler, zum Teil auch divergierender Interessen, um dem Prozess der Zerstörung entgegenzuwirken. Dabei geht es nicht in erster Linie um die Erhaltung eines konservierten oder wünschenswerten Bildes, sondern um den respektvollen Umgang mit dem Bestand. Neues darf Platz finden, ebenso soll auch Altes wieder hervorgehoben werden. Renovationen bieten die Chance, Vergessenes wieder zu entdecken, nicht alles kann aber sichtbar bleiben. So ist das ehemalige, gotische Tabernakelhäuschen wieder hinter der Orgel verborgen, der ursprüngliche Kirchenboden aus Tonplatten mit vereinzelten Grabplatten durch einen neuen, jedoch reversiblen Fussboden mit moderner Bodenheizung geschützt. Das sorgsam eingefügte Sitzungszimmer im Kirchendach soll hingegen den gotischen Dachstuhl, einen der letzten auf dem Gebiet der Stadt St. Gallen, erlebbar machen und so für Gespräche inspirierend wirken.

Die besonderen Herausforderungen bei St. Katharinen bestanden aber nicht nur im Zusammenfügen von alt und neu, sondern auch im Umgang mit ständig sich ändernden Anforderungen und neuen Baumaterialien. Energieeffizienz, Brand- und Schallschutz sind nur drei Themen, welche das Bauen dabei wesentlich mitbestimmen. Um diesen berechtigten Ansprüchen gerecht zu werden, wurde von den Architekten ein hohes Potenzial an Innovationskraft sowie seitens der Fachplaner Augenmass und Kompromissbereitschaft verlangt.

Mit der abgeschlossenen Renovation hat das Katharinenklösterli einen wichtigen und grossen Schritt ins 21. Jahrhundert gemacht. Die Stadt St. Gallen erhält nicht nur ein bedeutendes baukulturelles Erbe, sondern ein Stück Stadtgeschichte zurück. Die renovierte Katharinenkirche wird St. Gallen in kultureller, architektonischer und musikalischer Hinsicht bereichern; sie wird dank ihrer Ausstrahlungskraft wieder neu in unser Bewusstsein rücken.

Niklaus Ledergerber

GRUNDLAGEN DER BAUGESCHICHTE

Während die vorangehenden Kapitel dieses Buchs die Bedeutung St. Katharinens als Zentrum weiblicher Gelehrsamkeit und wirtschaftlicher Potenz unterstreichen, zeugt die hier folgende Baugeschichte vom ausgeprägten Kunstsinn und von der Durchsetzungsfähigkeit der Konventualinnen. Mitten in der Stadt und in einer überaus patriarchalisch geprägten Gesellschaft geben die Priorin und ihre Schwestern Baute um Baute in Auftrag, lassen Innenräume nach ihren Vorgaben ausstatten, bestellen Kunstwerke bei angesehenen Malern und Bildhauern.

Betrachtet werden in dieser Baugeschichte alle Gebäude und Anlagen, die einst Teil des Frauenklosters waren und später diverse andere Funktionen erfüllt haben; also nicht nur die Kernbauten rund um den Kreuzgang, sondern auch diejenigen ausserhalb der ehemaligen Klausur. Eine Aufteilung der Unterkapitel nach Häusern (statt wie in der bisherigen Literatur nach Funktionen) hat sich daher aufgedrängt. Die Häuserkapitel stehen in chronologischer Ordnung des vermuteten Entstehungsdatums; Bilder, Planmaterial und Visualisierungen dienen der Illustration und erleichtern den Zugang zu den einzelnen Epochen.

Für die Zeit des Klosters basiert die hier vorliegende Baugeschichte zu einem guten Teil auf einer einzigen wichtigen Primärquelle. Die Epoche des sogenannten Konventsbuchs, einer Chronik, in der die Dominikanerinnen ihre Geschichte selbst festhalten und der Nachwelt überliefern, beginnt mit der Wahl Angela Varnbühlers zur Priorin im Jahr 1476[1] (siehe Kapitel «Klosterfrauen wirtschaften»). Interessant an diesem Buch ist das Streben der Schwestern nach Transparenz und Nachvollziehbarkeit und ihr Anspruch auf Objektivität. Die Schreiberinnen listen Ernteerträge aus den klostereigenen Betrieben, Personalentscheide, sakrale Zeremonien und bauliche Eingriffe gleichermassen chronologisch auf und beziffern Einnahmen und Auslagen; manchmal sind die Aufzählungen langatmig und minutiös, dann wieder scheinen sich die Ereignisse zu überschlagen, und die Schreiberinnen geraten in ein atemloses Stakkato. Für den baugeschichtlichen Nachvollzug ist das Konventsbuch von unschätzbarem Wert; die Fülle an Informationen auf kleinstem Raum macht es zu einer überaus reichhaltigen Quelle.

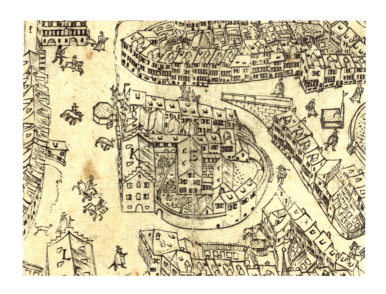

Melchior Franks Stadtansicht von 1596 ist die älteste Bildquelle des ehemaligen Katharinenklosters. Es befindet sich zu dieser Zeit bereits im Besitz der Stadt St. Gallen.

Durch die Überlieferung des Konventsbuchs können wir heute viele Baueingriffe von der Mitte des 15. Jahrhunderts bis 1528 relativ genau nachvollziehen. Angelegt wurde es laut den aktuellsten Forschungen im Jahr 1481.[2] Priorin Angela Varnbühler, die an der Hochblüte des Klosters um 1500 massgeblich beteiligt ist, beginnt mit der Führung des Buchs erst fünf Jahre nach Amtsantritt, trägt aber die vergangenen neun Jahre detailliert und ausgewählte Ereignisse der Jahre davor vereinzelt nach, so dass die ältesten Informationen aus der Chronik bis in die erste Hälfte des 15. Jahrhunderts zurückgehen. Der Ausbruch eines «Sinwel Fenster[s]», einer zusätzlichen Öffnung in der Nordmauer der Kirche, ist unter den ersten baulichen Handlungen, die schriftlich festgehalten werden. Der Eintrag ins Konventsbuch ist formal wie inhaltlich beispielhaft. Er lautet in heutigen Worten in etwa: Und dann haben wir ein (zusätzliches) Fenster in die Mauer gemacht, es geht auf die Empore und kostet mit Steinbearbeitung, Glas und Geschmiede elf Gulden. Diese gab uns Annely Muntprat.[3] Die knappe Berichterstattung verrät einerseits die Genugtuung über das neue Fenster und über die finanzielle Unterstützung durch eine wohlgesinnte Gönnerin; andererseits steht der Eintrag bildhaft für die Aufwertung der Gebäude und Räumlichkeiten (und damit des klösterlichen Daseins!), die Angela Varnbühler mit grossem Engagement verfolgt. Mit der Tendenz zum Einschluss der Kongregation einher geht nämlich sinnigerweise die Einrichtung eines «wohnlicheren», trotz der strengen monastischen Verpflichtungen komfortablen Lebens innerhalb der hohen Klostermauern. Zimmer werden getäfert, möbliert und mit kostbaren Textilien ausgestattet, bemalte Fenster und Öfen eingebaut, neue Treppen und Wege errichtet, Gärten angelegt. Die im Zusammenhang mit baulichen Veränderungen verwendeten Adjektive sind immer wieder dieselben: «kumlich» (bequem), «hübsch», «kostlich».

Die älteste Bildquelle des Klosterareals – Melchior Franks Stadtansicht von 1596 – stammt zwar aus der Zeit nach der Aufhebung des Klosters. Da sich aber die definitive Weiternutzung erst ab 1598/99 ergibt, kann man davon ausgehen, dass die bauliche Situation in weiten Teilen noch derjenigen der Klosterzeit entspricht.

Neben den Primärquellen bestehen zum heutigen Zeitpunkt diverse Publikationen und unpublizierte Arbeiten zur Geschichte von St. Katharinen. Stiftsbibliothekar Pater Pius Kolb hat 1758/59 als erster eine Geschichte von der Gründung der Samnung bis 1608 aufgezeichnet. Darauf basierend erscheint 1842 im «Tagblatt der Stadt St. Gallen» eine Artikelfolge, verfasst vom damaligen Stiftsarchivar Karl Wegelin (1803–1856). 1916 hat Hermann Wartmann seine Erinnerungen an die Kindheit im ehemaligen Katharinenkloster um 1850 niedergeschrieben.[4] Dem Architekten und frühen Bauforscher August Hardegger (1870–1927) haben wir die ersten Visualisierungen zu verdanken, dem Kunsthistoriker Erwin Poeschel (1884–1965) die erste auch modernen wissenschaftlichen Grundsätzen verpflichtete Darstellung. Schwester M. Thoma (Katharina) Voglers eigener Hintergrund als Ordensfrau ermöglicht der Leserschaft ihrer Abhandlung ein besseres Verständnis der klösterlichen Vorgänge. In der Zeit vor und nach der Sanierung des Konventshauses durch die Stadt St. Gallen erschienen sind kürzere Schriften und Artikel von Beatrice Keller, Ernst Ziegler und Edgar Heilig; sie fokussieren meist auf den engeren Kreis der Klosterbauten rund um den Kreuzgang. Ernst Ehrenzeller gliedert seinen detaillierten Text im 121. St. Galler Neujahrsblatt von 1981 anhand der verschiedenen Funktionen, die das Kloster im Laufe der Zeit nach der Reformation erfüllen durfte oder musste: Schule,

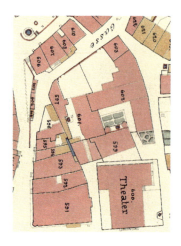
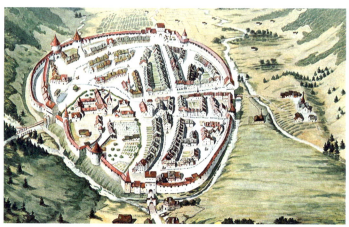

Im städtischen Übersichtsplan von 1863 ist der Grenzverlauf zwischen dem ehemaligen Klostergeviert (Parzellennummern 597–603) und der Häusergruppe mit «Hecht» und «Ochsen» (Parzellennummern 591–596) gut nachvollziehbar.

Phantasiedarstellung der Stadt St. Gallen um 1300 mit dem zwischen Stadtmauern und Irabach liegenden Kloster St. Katharinen (Mitte rechts im Bild); hinter dem Irabach befindet sich die Kirche St. Mangen. Illustration aus dem 19. Jahrhundert.

Bibliothek, Französische Kirche, Museum etc. Jüngere Autorinnen, so beispielsweise Simone Mengis und Monika Rüegg, wählen meist spezialisierte Fragestellungen («Schreibende Frauen in der Neuzeit», «Die sogenannte Chronik von St. Katharina in St. Gallen»).

Die vorliegende Baugeschichte kann einerseits als Ergänzung und Vertiefung der bereits vorhandenen Publikationen gesehen werden, andererseits soll sie aber auch eine neue Sichtweise ermöglichen, die «Erlebnisse» der einzelnen Bauten erfahrbar machen und somit die städtebauliche Geschichte des ehemaligen Klostergevierts zwischen Goliathgasse, Katharinengasse und Bohl vor Augen führen. Die Geschichte des Klosters St. Katharinen in St. Gallen zeigt beispielhaft, dass nur über das Verständnis des baulichen Kontexts eine umfassende Würdigung des einzelnen Gebäudes möglich wird.

KLOSTERBAUTEN UND KLOSTERANLAGEN

Auf einer imaginären Darstellung der Stadt St. Gallen um 1300 ist der Gebäudekomplex St. Katharinen in einer rudimentären Form abgebildet. Wenn auch der hohe Kirchturm und die genaue Anordnung der Klosterbauten der Phantasie des Illustrators entsprungen sein müssen, so ist doch die isolierte Lage des kleinen Frauenklosters ausserhalb der Stadtmauern gut nachvollziehbar. Sowohl der

BAUGESCHICHTE: VERSTECKTER REICHTUM 183

1228 gestiftete Hof am Schwarzwasserbach (siehe unten, Konventshaus) und der 1244 dazu erworbene Garten als auch die am 8. Mai 1368 zu Ehren von Katharina von Alexandrien geweihte Kirche befinden sich lange Jahre ausserhalb der schützenden Mauern St. Gallens.[5] Dies ändert sich im Zuge der Bewehrung der Irer Vorstadt Ende des 14. und im 15. Jahrhundert, mit der das Kloster seine bis heute charakteristische Stellung innerhalb eines mittelalterlichen Stadtgefüges erhält.[6]

Das stattliche Konventshaus, erkennbar an den in nachreformatorischer Zeit erstellten Treppengiebeln, nimmt eine zentrale Position innerhalb des ehemaligen Klosterareals ein. Kolorierte Grafik von Joseph Nieriker, 1855.

Konventshaus, Schulhaus, Bibliothek

Die mit grosser Wahrscheinlichkeit älteste noch erhaltene Bausubstanz des ehemaligen Klosterbezirks befindet sich im südlichen Flügel, im Konventshaus. Hier befanden sich einst die Wohnbereiche der Nonnen: das Esszimmer (Refektorium), die Zellen und Schlafsäle (Dormitorien) sowie die Krankenzimmer. Das stattliche Gebäude besitzt in seiner heutigen Erscheinung drei Vollgeschosse und ein Dachgeschoss mit Treppengiebeln und Schleppgauben. In der inneren Westwand des ersten Geschosses sind noch heute drei

Hechtgasse 3

Romanische Luzide in der Westwand des ersten Geschosses deuten darauf hin, dass sich im Konventshaus die älteste noch erhaltene Bausubstanz des St. Katharinenkomplexes befindet.

Aussenfenster in der heutigen Trennwand zum Korridor.

sogenannte Luzide sichtbar, das sind Maueröffnungen aus romanischer Zeit, wie sie vor der Verwendung von Fensterglas in unseren Breitengraden gebräuchlich waren. Da der Einbau von Fenstern ab 1400 immer üblicher wird, kann beim Konventshaus von einer Bauzeit im 14., allenfalls sogar im 13. Jahrhundert ausgegangen werden.[7] Die erste «dauernde Heimstätte» für die ursprünglich ohne festen Standort hausenden geistlichen Frauen, die durch die Stiftung von Berchtold Kuchimeister und Ulrich Blarer möglich geworden ist, hat Konrad von Bussnang, der Abt des Klosters St. Gallen, schriftlich bezeugt. Die Beginen dürfen den Hof «am Schwarzwasserbach», ausserhalb der damaligen Stadtmauern, nach 1228 erstmals nutzen; möglicherweise errichten sie den Kern des späteren Konventshauses schon wenige Jahre oder Jahrzehnte danach. Mit Sicherheit hat dieser Bau bei der 1459 erfolgten Bildung einer «Gemaind», also eines gemeinsamen Lebens unter Verzicht auf Einzeleinkünfte, bereits bestanden.[8]

Dass das Konventshaus bereits längere Zeit vor dem Bau des Kreuzganges 1503–07 bestanden haben muss, darauf weist auch eine in der Nordostecke des Erdgeschosses vorhandene, niedrige Türe mit Stichbogen hin. Da die Gurte dieses Stichbogens teilweise von den Rippen des Kreuzganggewölbes zugedeckt wird, muss die Türe bereits vor dem Bau der Gewölbe vorhanden gewesen sein. Nach Meinung von Bauforscher Peter Albertin deuten die geringe Höhe dieser Türe und ihre Form auf ein vergleichsweise hohes Alter hin.[9] Im ersten Obergeschoss befindet sich an gleicher Stelle eine fast identische, ebenfalls sehr geduckte Öffnung. Die dicken Mauern der Trennwand zum heute bestehenden Korridor sowie eine durch ihr Gitter als Aussenfenster erkennbare Öffnung machen klar, dass wir es hier mit einer ehemaligen Aussenwand zu tun haben; die Form des Ursprungsbaus ist beim Konventshaus noch heute an den breit dimensionierten Mauern erkennbar. Wahrscheinlich erfolgte bei diesem Kerngebäude der Zugang zum ersten Obergeschoss ursprünglich über eine aussenliegende Treppe und eine halboffene Laube durch die niedrige Türe. Mit dem Bau des Kreuzgangs erfolgte möglicherweise bereits auch der Ausbau dessen ersten Obergeschosses als Korridor. Die vertikale Erschliessung könnte sich an Stelle des später errichteten Südwest-Turms befunden haben; diese These wird durch die zwei speziell behan-

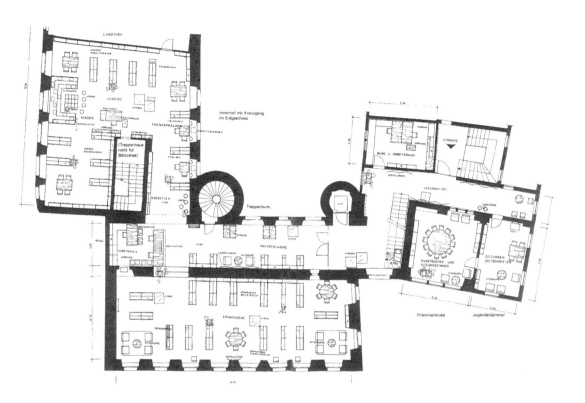

Im Grundriss des ersten Obergeschosses sind die ursprünglichen Umfassungsmauern samt Tür und Fenster noch gut nachvollziehbar. Möblierungsplan der Freihandbibliothek von 1978.

delten Reststücke direkt beim Treppenaufgang im ansonsten eher regelmässigen Kreuzganggewölbe gestützt.[10]

Diese direkt an den Gebäulichkeiten überprüfbaren Feststellungen stellen etliche in der Literatur angestellte Vermutungen in Frage. Bless-Grabher beispielsweise schreibt von der 1482 erfolgten Errichtung eines «Neuen Refektoriums» im Südtrakt und von der fünf Jahre später erfolgten Täferung desselben.[11] Dass ein Neubau aus diesem Jahr über romanische Luzide verfügt, ist jedoch äusserst unwahrscheinlich. Man muss deshalb davon ausgehen, dass mit «nuw reventar» beziehungsweise «nuwen reffenters» nicht zwingend ein Neubau, sondern eher eine neue Funktion in einem bereits bestehenden Haus gemeint ist. Es ist durchaus denkbar, dass wegen der wachsenden Zahl Bewohnerinnen die ursprünglich anderweitig genutzten Räume im Hochparterre des Südflügels zu einem neuen Refektorium umfunktioniert wurden und dass dieser Ausbau Eingang in das Konventsbuch gefunden hat.

Wo sich allerdings das vormalige Refektorium befunden haben könnte, bleibt weiterhin unklar.[12]

Für Verwirrung sorgt auch der um 1486 erfolgte Bau eines nicht näher definierten, dreigeschossigen Hauses «in den Garten», also ausserhalb der Klausur (siehe unten, Gästehaus).[13] Vogler beispielsweise verwechselt diesen Bau mit dem Refektorium – das sich zwangsläufig in der Klausur befunden haben muss – und vermischt die Beschreibungen der beiden Häuser miteinander. Hardegger vermutet das neue Refektorium gar im späteren Zeughaus (siehe unten, Zeughaus); eine Annahme, die schon Poeschel glaubhaft zurückgewiesen hat.[14]

Die mit Abstand längste und detaillierteste Beschreibung des Refektoriums, des klösterlichen Speisesaals, datiert aus dem Jahr 1507. Durch die im Eintrag erwähnte «kostliche Stegen» mit «vii [sieben] gar kumlicher Tritten» «vß dem Crützgang inn dz Refantal» trifft die Schilderung mit grosser Sicherheit auf das heute als ehemaliges Konventshaus bekannte Gebäude zu.[15] Die Nutzung als Refektorium im Erdgeschoss scheint somit zumindest für das 16. Jahrhundert gesichert. Zwei Präfurnien, also vom Kreuzgang her bedienbare Öfen, deuten darauf hin, dass sich das Refektorium und ein zweiter, separater Raum – allenfalls eben die Konventsstube – separat beheizen liessen.[16] Als einer der wenigen warmen Bereiche des Klosters dient das Refektorium im Winter denn auch als Aufenthaltsraum vor und nach den Mahlzeiten; neben den gemeinschaftlich genutzten Räumen verfügen nur wenige ausgewählte Zimmer über den Luxus eines eigenen Ofens – beispielsweise das 1504 erbaute Stübli für Schwester Wandelburg. Das Heizen des Speisesaals gehört zu den Aufgaben der Refektorin, die zudem vor jeder Mahlzeit den Tisch mit Laken, Brot und Wein, Wasser und Salz sowie Geschirr und Besteck zu decken hat.[17]

Aus dem Refektorium im erhöhten Erdgeschoss führt laut Konventsbuch eine Treppe mit zwanzig Tritten in das erste Obergeschoss, wo sich die Dormitorien, das «Siechhus» (die Krankenzimmer) und weitere Gemächer der Schwestern befinden.[18] Von hier führt eine weitere Treppe zu den Vorratsräumen der «Kuchikellerin» und in das «ober Siechstübli», die sich bereits unter dem Dach des damals zweigeschossigen Konventshauses befunden haben müssen.[19]

Die Einrichtung und Anbindung der Krankenzimmer – es ist eine Folge von Zimmern, zu denen Kammern und eine Stube gehören

– ist eine heikle Angelegenheit, die gründliche Planung verlangt. Die kranken Schwestern sollen zwar Zugang zur Kirche erhalten, dürfen sich jedoch nicht mit den gesunden Frauen im inneren Chor aufhalten. So weist man ihnen auf der Empore einen eigenen Bereich zu, der direkt von den Krankenzimmern erreicht werden kann.[20]

Die «Siechstube» selbst und die ihr zugehörigen Kammern – eine mit kleiner Küche – werden von den Schwestern mit grosser Sorgfalt eingerichtet: Einmal erwähnen die Schreiberinnen ihre Ausmalung oder die Ausstattung mit (Glas-)Fenstern, ein andermal berichten sie von Agata Mangolt, die dem kleinen Spital sechs «hübschi zinini Schüssily», vier «hültzini Tällerli», ein «hübsch zinini Stintzly mit ainem Zölgly», ein «Tischzwächel», ein «Banckküssily mit Siden genägt» und ein «Sessely» schenkt, um – wie es heisst – die Kranken damit zu trösten. Ebenfalls zu «Trost und Besserung der Siechen» bedarf es zudem «andächtiger Pücher», die der «Gedult und Gelassenheit» der Kranken förderlich seien, berichtet Vogler.[21]

Der letzte Eintrag zum Refektorium datiert von 1524 und betrifft den Einbau eines neuen Ofens.[22] Nur drei Jahre später sollte das bisherige Klosterleben in St. Katharinen Geschichte sein.

Nach langen Jahren der Unsicherheit und des Leerstands nach der Reformation und der erzwungenen Schliessung des Konvents finden ab 1570 erstmals Klassen der städtischen Schulen (Deutsche und Lateinschule) Platz in den ehemaligen Klosterbauten und somit auch im Konventshaus. Wahrscheinlich ist diese Nutzung wegen der rechtlich unsicheren Lage des ehemaligen Klosters von vornherein nur als Provisorium gedacht und deshalb ohne grössere Eingriffe in den baulichen Bestand erfolgt. Denn bereits 1583 ziehen die Schulen weiter in das neu erstellte Seiler'sche Schulhaus bei der Kirche St. Laurenzen.[23]

Die Klosterbauten gehen erst mit dem 1594 unterzeichneten Ablösungsvertrag definitiv in den Besitz der Stadt über. Als der Rat der Stadt 1598 als Folge einer Stiftung dreier angesehener St. Galler Bürger eine Gelehrtenschule (ein sogenanntes Gymnasium) gründen kann, richtet er die neue Schule auf Drängen der Stifter in den Bauten des ehemaligen Konvents ein.[24] Baumeister und verantwortlich für die Arbeiten im Zuge dieser Umnutzung ist Leon-

188 BAUGESCHICHTE: VERSTECKTER REICHTUM

Das ehemalige St. Catharinen-Kloster in St. Gallen.

Der Innenhof des ehemaligen Klosters mit den beiden Treppentürmen und der Aufstockung des Konventshauses. Beim 1855 erfolgten Auszug der Bibliothek und des Gymnasiums erstellte Grafik von Joseph Nieriker.

Inschrift von 1614 in der obersten Brüstung des westlichen Treppenturms.

Die Sandsteintreppe im Westturm überzeugt noch heute durch ihre Formschönheit.

BAUGESCHICHTE: VERSTECKTER REICHTUM 189

hard Basthard. «Man hat an etlichen Orten vermeint, es werde ein rechte hohe Schul' geben und Studenten allda erhalten werden. Sie ward stattlich erbuwen und für all' Praeceptoren Wonungen darinnen geordnet», heisst es später.[25] Am 12. November 1599 ist offizieller Schulbeginn für sieben Klassen in St. Katharinen. Die Lehrer des neuen Gymnasiums bekommen, zusammen mit ihren Familien, ein Recht auf Unterkunft in St. Katharinen. Es werden ihnen «artige und bequeme Wohnungen in dem gleichen Kloster zurechte gemachet, in welchem sie und ihre Haushaltung versorgt waren. Zu jeder Wohnung war eine Schul, entweder dichte dabei oder nicht weit davon entfernt». Von 1599 an und bis zum Bezug von Felix Wilhelm Kublys 1855 eröffnetem Kantonsschulgebäude am Burggraben werden die St. Galler Knaben in St. Katharinen unterrichtet und erzogen; die Mädchenklassen werden im Seiler'schen Schulhaus an der Kugelgasse unterrichtet.[26]

Bereits zwanzig Jahre später erhält das ehemalige Klostergebäude eine weitere Aufgabe, die für St. Gallen von grösster Bedeutung ist. Es beherbergt die erste Stadtbibliothek, die in ihren Anfängen auf die Büchersammlung des ehemaligen Bürgermeisters und Reformators Vadian zurückgeht («Vadiana»). Zu diesem Zweck veranlassen die Stadtoberen 1613 die Aufstockung des ehemaligen Konventgebäudes um ein Geschoss. Zwei prominent gesetzte Rundtürme in der südwestlichen und südöstlichen Ecke des Kreuzgangs dienen als würdige Erschliessung dieses zweiten Ober- und des Dachgeschosses. Noch heute zeugt die Inschrift vom Stolz des Auftraggebers und seines Baumeisters: «Lorenz Kunckler der Zeyt Oberbumeyster 1614 Haynrich Stehely Werck Meyster».[27]

Im neuen, repräsentativen Saal des zweiten Obergeschosses entsteht ein aufwendig gearbeiteter, mit bunten Fliesen besetzter Fussboden. Eine der Fliesen schmückt die Zahl 1613, mit einiger Wahrscheinlichkeit das Jahr der Produktion. Die hölzerne, mit Ornamenten verzierte Kassettendecke wird vermutlich gleichzeitig oder kurz danach eingebaut.[28] Angeschnittene Ornamente und Kassetten bei der Nordwand deuten darauf hin, dass sich die Raumdimensionen seither minimal verschoben haben könnten. Wahrscheinlich ist dies im Zuge des 1683 erfolgten Umbaus geschehen: Im Bibliotheksgebäude werden laut Überlieferung «dreizehn Lichter» samt dem dabei stehenden «Thürgericht» aus

der Mauer gebrochen und «überal mit neüwen Fensteren verglasset» und das Mauerwerk «alles frisch neüw gemauret [...].»[29]
Im August 1615 gelangen also die Bücher der Stadtbibliothek von einem provisorischen Lager in St. Mangen nach St. Katharinen. Die neue Bibliothek besetzt die zwei Säle im ersten und zweiten Obergeschoss.[30] Sporadisch lassen sich kleinere Eingriffe an Haus und Möblierung nachvollziehen – so zum Beispiel 1704/05 der Einbau neuer Büchergestelle[31] –, sonst scheinen sich der Betrieb der Bibliothek, die unterschiedlichen Schulen und nach 1685 die Nutzung der Katharinenkirche als «Eglise réformée française de Saint-Gall» einigermassen gut vertragen zu haben.

Entsprechend den Gepflogenheiten der Spätrenaissance bis ins 19. Jahrhundert benutzen die Stadtbibliothekare ihre Bibliothek nicht nur zur Aufbewahrung von Büchern, sondern auch von allerlei Raritäten. Das 1627 durch Daniel Stauder gestiftete, vier Meter lange Krokodil, ein «greulich Thier», bildet auch in St. Gallen die

Der Bibliotheksraum im zweiten Obergeschoss erhält 1614 einen ornamentalen Fliesenboden. Auch die hölzerne Kassettendecke stammt aus dem 17. Jahrhundert. Bild mit der Festsaal-Möblierung von 2010.

Detail der in den 1970er-Jahren neu verlegten, sonst jedoch weitgehend original belassenen Steinzeugplatten.

Maschinensaal der Buchdruckerei Weiss im ersten Obergeschoss des Konventshauses, Bild von 1917.

Grundlage eines stetig wachsenden «Naturalienkabinetts». Ernst Ziegler und Ernst Ehrenzeller haben die unterschiedlichen Gegenstände bereits lebhaft beschrieben; eine nochmalige Aufzählung erübrigt sich deshalb.[32] Durch die rege Sammeltätigkeit wird der Raum zwischen den Bücherregalen im ehemaligen Konventshaus bald knapp. Die Registratoren der Bibliothek können sich anscheinend in ihrem Begehren um mehr Platz gegen den Schulrat durchsetzen: 1804 geht das «alte Refektorium», der ehemalige Kapitelsaal im Erdgeschoss des Westflügels, von der Schule an die Vadiana über. In diesem «Neuen Saal» finden fortan «Naturalien und anderweitige Merkwürdigkeiten» Platz.[33]

Die Raumnot, die durch die vielfältigen Nutzungen im ehemaligen Kloster schon bald herrscht, kann erst in der Mitte des 19. Jahrhunderts grundlegend behoben werden. Im Juli 1855 zieht nicht nur das Gymnasium in das von Felix Wilhelm Kubly erbaute Gebäude am Brühl, sondern auch die Stadtbibliothek.[34] Das Konventshaus gelangt von der Ortsbürgergemeinde über die Kaufmännische Corporation und über Baumeister und Steinmetz Ambrosius Schlatter in private Hände. 1866 wird in den drei grossen Sälen die Kälin'sche Buchdruckerei untergebracht; 1913 kauft Karl Weiss die

Der Saal im zweiten Obergeschoss nach Auszug der Druckerei und Jahren des Leerstands. Foto von 1971.

Druckerei und betreibt sie weiter bis 1962.[35] Die fast hundert Jahre während Nutzung, die das Aufstellen und Betreiben schwerer Setzkasten und Maschinen bedingt, hat Folgen für das altehrwürdige Haus und seine gotische Bausubstanz. Nicht nur die Böden, die erhöhten statischen Anforderungen entsprechen mussten, werden erneuert oder mit Stahlträgern verstärkt, auch die Wände werden ausgebrochen oder neu eingekleidet, elektrische Leitungen mitten durch die Kassettendecken verlegt. Zu Beginn der 1960er-Jahre befindet sich das Konventshaus in einem derart schlechten Zustand, dass nur noch ein Abriss in Frage zu kommen scheint. Der Experte der Eidgenössischen Kommission für Denkmalpflege, Albert Knoepfli, schreibt 1977 rückblickend: «Der Zustand der Gebäude war z. T. unbeschreiblich übel, besonders seitdem in der Nähe der grösstteils verlassenen Häuser Rockerbanden und Ähnliches sich eingenistet hatten.»[36] Im Dezember 1960 erhalten die Stadtbehörden Unterlagen für eine Baurechtsermittlung von der Firma «Maus frères» in Genf. Diese plant ein insgesamt acht Geschosse zählendes «Kaufhaus am Bohl», das auf den Parzellen des alten Stadttheaters und des als Fundushaus bezeichneten Ostflügels des ehemaligen Dominikanerinnenklosters erbaut werden soll.[37] Eine zweite Baurechtsermittlung vom Frühling 1964, die be-

194 BAUGESCHICHTE: VERSTECKTER REICHTUM

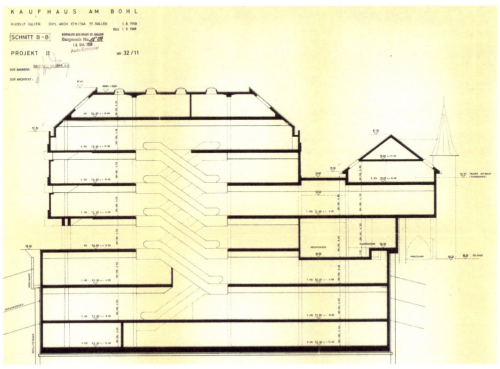

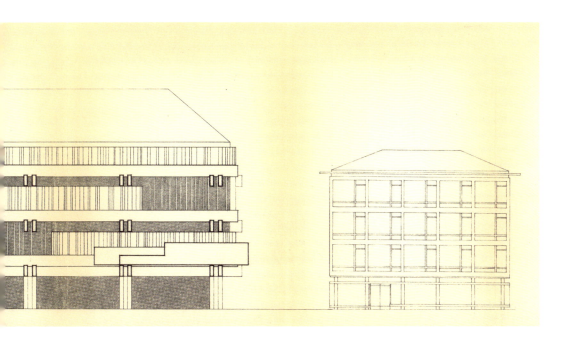

Das Bauprojekt für ein «Kaufhaus am Bohl» von Rudolf Guyer in seiner umfassendsten Form. Dem in den 1960er-Jahren geplanten und bereits bewilligten Bauprojekt wären bei seiner Erstellung der «Franziskaner», das Konventshaus und Teile des Ostflügels zum Opfer gefallen.

reits von einer «Aktiengesellschaft Kaufhaus am Bohl» eingereicht wird, rechnet neben den bereits genannten auch noch mit den Häusern an der Hechtgasse 1 und 3, also dem Restaurant Franziskaner und der inzwischen leerstehenden Buchdruckerei, dem ehemaligem Konventshaus. 1965 kann die Investorengruppe beide Häuser an der Hechtgasse in ihren Besitz bringen.[38] Ende der 1960er-Jahre liegt ein bewilligtes, vom St. Galler Architekten Rudolf Gujer gezeichnetes Bauprojekt vor.

Die Vorgänge um das ehemalige Katharinenkloster geraten schon früh in den Fokus der Öffentlichkeit und auch der lokalen Presse. In einem Artikel mit dem Titel «St. Katharinen in Geschichte und Aktualität», der bereits 1961 im St. Galler Tagblatt erscheint, heisst es: «Unter ‹Aktualität› ist das öffentliche Interesse zu verstehen, in welches zurzeit das alte ‹Buebechloster› hinter dem Theater gerückt ist. Es will nämlich etwas heissen, dass man in St. Gallen nicht nur gegenüber der bevorstehenden Ausgestaltung des Kaufhauses, sondern auch in bezug auf das Schicksal des einstigen Stadtklösterli zu lebendiger Anteilnahme erwacht ist und spät – doch man kommt – zum

196 BAUGESCHICHTE: VERSTECKTER REICHTUM

Die schäbige Fassade des ehemaligen Konventshauses wird erst nach dem Abriss des ehemaligen Stadttheaters so richtig sichtbar. Foto von 1974.

Rechten sehen will; dies ist eben leider vor zwei bis drei Menschenaltern, als die Gesamtsituation noch erheblich besser gewesen wäre, ‹verpatzt› worden.»[39] Danach verstreichen jedoch mehr als zehn Jahre weitgehend ungenutzt, bis nach dem Abriss des Stadttheaters 1971 die freie Sicht auf das ehemalige Kloster die Diskussionen wieder anheizt.[40] Persönlichkeiten wie der Wirtschaftswissenschaftler Hans Christoph Binswanger, der Kulturwissenschaftler Peter Röllin, der Leiter des kantonalen Amts für Kultur, Walter Lendi, und der Kunsthistoriker Bernhard Anderes sind die prominenten Gegner, die sich öffentlich gegen die Eingriffe am ehemaligen Kloster wehren.[41] Trotz bewilligtem Bauprojekt und eigentlich klaren Eigentumsverhältnissen kommt es schliesslich nicht zum Bau des Kaufhauses. Das Engagement der Experten und die Anteilnahme der Öffentlichkeit scheinen gross genug gewesen zu sein, um die Investoren von ihrem Vorhaben abzubringen. 1972 gelangt das ehemalige Konventshaus zusammen mit dem Gebäude an der Katharinengasse 11, also dem Ostflügel, über einen Tauschvertrag vom Rechtsnachfolger der «Kaufhaus am Bohl AG», dem Luzerner Anwalt Hans Sormani, in den Besitz der Stadt St. Gallen. Im Oktober 1975 stimmt der Gemeinderat von St. Gallen der Restaurierung des ehemaligen Katharinenklosters zu. Ein Jahr später beginnen die Restaurierungsarbeiten an den Häusern Hechtgasse 3 und Katharinengasse 11 unter Architekt Hans Morant.[42]

Der ehemalige Ausstellungssaal vor der Vergrösserung der Freihandbibliothek. Durch ihre gotischen Kehlungen datierbar und ursprünglich sind nur noch die Sandsteinsäulen und die Nische links im Bild; die Decke mit der regelmässigen Balkenlage stammt aus den 1970er-Jahren. Zustand 2010.

Am Samstag, dem 26. August 1978, feiert man den vollendeten Umbau der ehemaligen Klostergebäude und den Einzug der Freihandbibliothek. Die Bibliothek, die ja in St. Katharinen sowohl während der klösterlichen Nutzung als auch in nachreformatorischer Zeit eine zentrale Rolle gespielt hat, wird in gleichsam historischer Manier wieder ergänzt durch einen musealen Bereich: Das Kunstmuseum St. Gallen erhält die Möglichkeit, den grossen Raum im Erdgeschoss des Konventshauses als Ausstellungssaal zu nutzen. Der buntgeflieste Saal im zweiten Obergeschoss kann für Veranstaltungen genutzt werden; neu befindet sich in einem der beiden runden Treppentürme aus dem 17. Jahrhundert ein Personenlift.

Die Geschichte wiederholt sich im 21. Jahrhundert: Da die Freihandbibliothek aus allen Nähten zu platzen droht, gibt das Kunstmuseum 2012 den Ausstellungsraum im Hochparterre wieder auf. Nach Plänen des St. Galler Architekten Michael Niedermann entsteht die neueste, durch eine interne Treppe vom ersten Geschoss her erreichbare Erweiterung der Bibliothek.

Katharinengasse 15

Kirche mit Sakristei und St. Anna-Kapelle

Zum Bau der 1368 geweihten Kirche zu St. Katharinen sind keine Details überliefert; für die Schwestern von grösster Wichtigkeit waren verständlicherweise die Nutzung nach der Weihung und der kurz darauf vollzogene Wechsel von der Augustiner- zur Dominikanerregel, nicht die Bauzeit davor.[43] Der ursprüngliche, noch heute erhaltene Kirchenkörper ist denkbar einfach gehalten und besteht in seiner ursprünglichen Form aus einem langgezogenen Rechteck ohne Schiffe oder Kapellen. Im Zuge der nun abgeschlossenen Bauarbeiten konnten Teile des ursprünglichen Mörtelbodens, eine Türöffnung zum Kreuzgang sowie die Fundamente eines Altars nahe der Ostwand lokalisiert werden.[44] Dieser ursprüngliche Altar muss spätestens mit der Einführung der Klausur im späteren 15. Jahrhundert überflüssig geworden sein. Fragmente figürlicher und floraler Kalkmalereien, deren erste Fassung wahrscheinlich bereits zum Zeitpunkt der Weihe 1368 erstellt worden sind und die später immer wieder überarbeitet wurden, haben bis heute überlebt.[45] Ebenfalls aus der ersten Bauphase stammen eine später überputzte Sakramentsnische und ein markantes Spitzbogenfenster in der Ostmauer; zusammen mit je zwei rundbogenförmigen Öffnungen in der Nord- und Südwand dürfte dieses den Kirchenraum in seiner ursprünglichen Ausgestaltung jedoch nur spärlich erhellt haben. Man kann davon ausgehen, dass bereits zur ursprünglichen Kirche eine nördlich angebaute Sakristei gehörte; die heute noch vorhandene Rundbogentür mit geschmiedetem Türblatt scheint jedoch aus einer späteren Bauphase im 15. Jahrhundert zu stammen. Aktuelle Befunde der Bauforschung haben zudem ergeben, dass die Wände der neuen Kirche in regelmässigen Abständen angeordnete, eingemauerte Tonkrüge enthalten, über deren Funktion sich die Forschung noch nicht im klaren ist[46] (siehe Kapitel «Renovation: Rüsten für die Zukunft», Historische Bauforschung).

Am 20. April 1418 zerstört der verheerende Stadtbrand in St. Gallen auch Teile der Kirche und des Klosters St. Katharinen. Dass die Flammen auf den Konvent übergriffen, deutet darauf hin, dass dieser bereits Teil eines dichten städtischen Gewebes geworden war. Das für den Dachstuhl der Kirche verwendete Holz datiert vom Frühjahr 1418; er scheint also sofort nach dem Brand wiederaufgebaut worden zu sein.[47] Die Schnelligkeit des Wiederaufbaus

Der heute noch bestehende Dachstuhl der Kirche St. Katharinen datiert aus dem Jahr des grossen St. Galler Stadtbrands 1418. Zustand 2010.

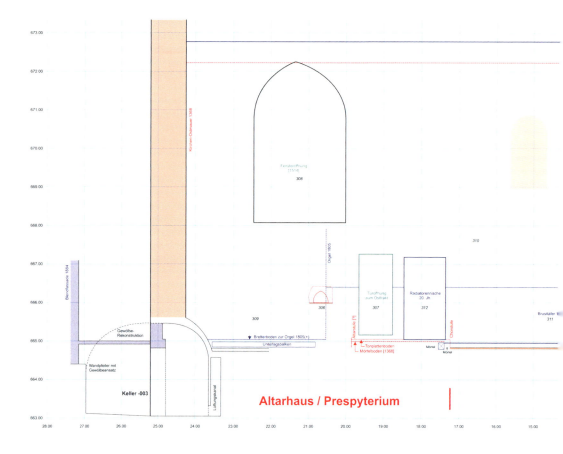

ist mit ein Hinweis auf die finanzielle Situation – beziehungsweise auf den Ländereienbesitz – des Konvents im frühen 15. Jahrhundert. Das Kloster war wohl ausserordentlich vermögend oder konnte sofort auf eigene Waldbestände zurückgreifen, denn das regional erhältliche Holz muss nach einem so grossflächigen Brand innert kürzester Zeit sehr gefragt gewesen sein.

Die Kirche besteht, der Tradition entsprechend, seit der Weihung aus dem Altarhaus im Osten, dem mittig angeordneten inneren Chor für die Klosterfrauen – zugänglich über den Kreuzgang – und dem äusseren Chor für Besucher von ausserhalb des Klosters im Westen.[48] Die Empore datiert wie der Dachstuhl von 1418; sie bedeckt den gesamten äusseren Chor auf einer Breite von 5.2 Metern

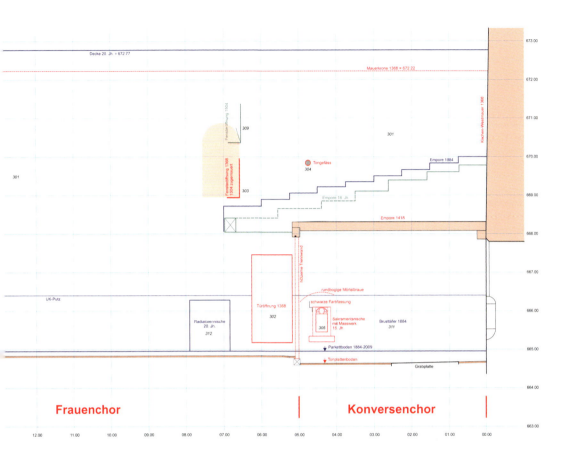

Die Kirche war zu klösterlicher Zeit aufgeteilt in das Altarhaus, den inneren Chor («Frauenchor») und den äusseren Chor («Konversenchor»). Längsschnitt durch den Kirchenraum mit Blick gegen Süden; Aufnahmeplan von 2012.

und hat eine schlichte Holzkassettendecke mit Abdeckleisten. Die wahrscheinlich zuvor eher düstere Empore erhält in den 1470er-Jahren zur besseren Beleuchtung das eingangs erwähnte «sinwel fenster»; es ist anzunehmen, dass es sich dabei um die noch 1855 vorhandene, rund-ovale Öffnung in der Nordwand handelt (siehe Abbildung Seite 228).[49] In kurzen Abständen berichten die Schwestern danach vom Auftrag für einen Altaraufsatz, der Erneuerung des Glockentürmchens, dem Einbau einer neuen hölzernen Kirchendecke und der Erstellung eines «bichthüsly», eines kleinen Kämmerleins, das laut Hardegger noch bis ins späte 19. Jahrhundert «mit der Sakristei durch Trillen und ein Fensterlein verbunden war und an dessen Wänden gotisches Rankenwerk und Heiligenfiguren gemalt waren».[50]

Einer der grössten Einschnitte in das Klosterleben von St. Katharinen wie in die Architektur der Anlage ist die am 29. September 1482 eingeführte Klausur.[51] Ab diesem Datum werden die Wege der Klosterfrauen strikt von jenen der weltlichen Personen getrennt. Nicht einmal dem Beichtvater ist es nun gestattet, den inneren Chor zu betreten. Die Voraussetzungen dazu schaffen die Konventualinnen bereits zehn Jahre früher: 1473 lassen sie ein neues Sakramentshüsli in die wahrscheinlich hölzerne Trennwand zwischen dem inneren und dem äusseren Chor einbauen; Reste eines eigentlichen gemauerten Lettners, wie er von Hardegger und Poeschel erwähnt wird, hat man bei den 2012 beendeten Arbeiten nicht feststellen können.[52] Gleich neben dem Sakramentshüsli befinden sich bereits zu jener Zeit ein zweiseitig einsehbarer Altar – er muss zusätzlich zum ursprünglichen bei der Ostwand entstanden sein oder diesen abgelöst haben – und eine Öffnung namens «Jesus-» oder «Christusfensterlein», durch die der Lesemeister den Frauen das Sakrament reichen kann. Spätestens bei der Einführung der strengen Klausur 1482 muss die Trennwand vollständig geschlossen worden sein: Wenn 1485 die Rede von der Verblechung des zuvor nur vergitterten Redefensters ist und man sich darüber beklagt, die eigenen Verwandten nicht mehr sehen zu dürfen, muss auch der äussere Chor, der nur über ein Tor in der Westwand betreten werden kann, optisch komplett vom inneren Chor getrennt gewesen sein.[53] Die Hypothese des zweiseitigen Altars auf der Chorstufe zwischen innerer und äusserer Kirche wird gestützt durch einen weiteren Eintrag im Konventsbuch, in dem von einem Grab für Frau Mangolt die Rede ist, das sich zusammen mit einer Grabtafel bei der «Mur vnder dem Schenggen [Verschrieb für Schneggen] bi dem Altar in vnser hindren Kilchen» befunden haben soll.[54] Grab und Tafel befinden sich noch heute nahe bei der Stufe zwischen dem inneren und dem äusseren Chor (siehe Kapitel «Renovation: Rüsten für die Zukunft», Historische Bauforschung).

Im Jahr 1484 lassen die Schwestern die Sakristei im Norden der Kirche um ein Geschoss erhöhen; wahrscheinlich stammt die heute noch vorhandene, sandsteingerahmte Türe in der Ostwand der Kirche aus dieser Zeit. «Maister Heinrich Schradi» bekommt den Auftrag, ein zusätzliches Stockwerk mit zwei Gewölben durch

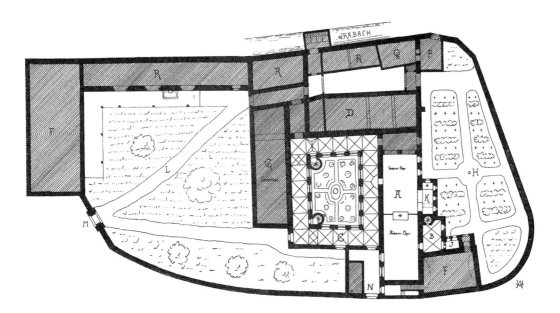

August Hardeggers Grundrissszenario des Klosters datiert aus der Zeit vor 1885. Der Architekt hält fest, dass die Sakristei mit ihrer Wendeltreppe (B) und ein Kämmerlein (J) «noch bis vor kurzer Zeit» standen.

eine neue Wendeltreppe zu erschliessen. Die Sakristei und der ausserhalb angefügte Baukörper mit der Wendeltreppe sind auf Johannes Mettlers Stich von 1855 und auf Hardeggers Grundrissszenario noch festgehalten; sie fallen erst dem 1884 erbauten Vereinshaus zum Opfer[55] (siehe Abbildung Seite 228). Zwei eingebaute Kästen, je einer in der oberen und der unteren Sakristei, dienen der sicheren Aufbewahrung von «Kilchengezierd».[56] Die Sakristei war wohl schon von Beginn an mit der eisernen Türe schliessbar, die auch bei den aktuellen Bauarbeiten wieder vorgefunden worden ist.[57]

In regelmässiger Folge listen die Schreiberinnen des Konventsbuchs verschiedene Arbeiten für Unterhalt und Neugestaltung ihrer Kirche auf. Sie berichten, dass der Kirchenchor neu «gepletlet» oder der Auftrag für drei Reliefplastiken für den äusseren Chor erteilt wird.[58] Während die Plastiken verschollen sind, hat man den erwähnten Tonplattenboden noch weitgehend intakt unter dem Parkettboden aus dem 19. Jahrhundert gefunden. Am 10. April 1495 lässt man den Weihbischof von Konstanz die Kirche, den Chor und die Sakristei neu weihen und rundet damit die erfolgreiche Etappe verschiedener Bauarbeiten ab.[59]

1504 beginnt man mit dem Bau des für das Klostergeviert so wichtigen Kreuzgangs. Zu diesem Zweck müssen im Chor der Kirche die zwei ursprünglichen, tiefer liegenden Fenster zugemauert und zwei neue weiter oben in der Mauer ausgebrochen werden. Auf das Gewölbe des Kreuzgangs werden zwei Zellen gebaut; ein «gehowen Türlin» führt von der Krankenstube direkt auf die Empore. Diese Tür wie die zwei Fenster, die man im Zuge dieser Eingriffe in der Südmauer zumauern musste, konnten bei den aktuellen Bauforschungen lokalisiert werden.[60]

Im Jahr 1512, drei Jahre nach Angela Varnbühlers Tod, stiftet die einflussreiche Handelsgesellschaft Zollikofer und Keller das nötige Holz und finanziert drei wichtige neue Elemente der Kirchenausstattung: ein sechsplätziges Chorgestühl mit wohl geschnitzten Reliefs in den Rückenlehnen, eine ebenfalls mit Schnitzereien und hölzernen Gittern geschmückte Erweiterung der Empore und eine kostbare Orgel, «dardurch wir den Dienst vnd dz Lob Gottes dester andächtiklicher, begirdlich vnd rincklicher volbringen mugind», wie es im Konventsbuch heisst.[61] Die neue Orgel erhält ihren definitiven Standort auf der linken Seite des inneren Chors und ist über eine kleine Treppe vom Hof her zugänglich. Sorgfältig achten die Nonnen darauf, dass man von dort her nicht in den Chor hineinsieht. Die auf der westlichen Empore befindliche Standorgel von 1485 – es war vermutlich das erste solche Instrument in der Stadt St. Gallen – bleibt weiterhin bestehen. Erst 1522, als die Schwestern neue Rohre an die Orgel anbringen lassen, zerlegen sie das alte Positiv und weisen den «Orgalen Maister» an, noch brauchbare Elemente weiterzuverwenden.[62]

Zur gleichen Zeit wie der Einbau von Chorgestühl, Emporenerweiterung und Orgel wird der Bau der St. Anna-Kapelle in der Ecke zwischen der nördlichen Kirchenmauer und der Sakristei an die Hand genommen[63] (siehe August Hardeggers Grundrissszenario Seite 203 [K]). Als Grund dafür nennen die Schwestern die Dunkelheit, die seit dem Einbau des Chorgestühls in der inneren Kirche herrsche; die drei Fensterchen in der Kapelle sollen die Kirche besser erhellen.[64] Die Kapelle wird am 7. März 1515 geweiht; der Rat der Stadt stiftet den Altarstein.[65] Der Baukörper dieser Kapelle – sie diente zuletzt als Windfang und Waschküche – überdauerte die Zeit bis ins 20. Jahrhundert und wurde erst bei der

Im Historischen und Völkerkundemuseum St. Gallen befinden sich noch heute Fragmente des rankengeschmückten Chorgestühls von 1512.

Erweiterung der Vereinsbuchhandlung 1922 durch die Architekten von Ziegler & Balmer abgebrochen.[66] Reste des Fundaments konnten bei den nun beendeten Arbeiten freigelegt und vor der weiteren Bautätigkeit in schützendes Flies gepackt werden.

Dass wir heute nur noch das Gemäuer des ehemaligen Klosters und kaum mehr seine Ausstattung kennen, liegt an der Gründlichkeit, mit der die Reformatoren im Sommer 1527 und in den darauffolgenden Jahren vorgegangen sind. Aus den berechtigten Anliegen der Reformation entwickelt sich mit der Zeit ein zerstörerischer Bildersturm, der auch vor dem Katharinenkloster nicht haltmacht. Zuerst lässt der Rat der Stadt St. Gallen alle Bildnisse und Tafeln zerstören und den Schwengel aus dem Glockentürmchen entfernen; im darauffolgenden Jahr wird dieses ganz abgebrochen. Anscheinend hat sich die Stadt sogar den Abriss der Kirche überlegt; die Angst vor dem Einsturz der mit dem Gotteshaus verbundenen Gebäulichkeiten hat jedoch überwogen, so dass man davon abgesehen hat.[67] Nach der Vernichtung vieler Kirchengüter und Ausstattungsgegenstände – Teile davon konnten glücklicherweise durch drei bis 1554 ausharrende Klosterschwestern in andere Klöster gerettet werden – stand die Kirche wohl längere Zeit leer; sie wurde erst in der zweiten Hälfte des 16. Jahrhunderts wieder ausgebessert und zuerst vorwiegend für evangelische Schulgottesdienste genutzt.[68]

Nachdem bereits 1620 für Flüchtlinge der Veltliner Wirren italienische Gottesdienste abgehalten wurden, dient die Kirche ab 1685 ausser der Schuljugend auch den zugewanderten Hugenotten, für die die Kaufmännische Corporation von St. Gallen (das spätere Kaufmännische Directorium, die Vorgängerinstitution der heutigen Industrie- und Handelskammer) eigens die sogenannte «Eglise réformée française de Saint-Gall» gründet und der Rat der Stadt sonntägliche Gottesdienste in französischer Sprache erlaubt. Wohl in Vorbereitung darauf lässt man 1683–85 Baumeister Johann Spengler die heute noch bestehenden, 2012 zusätzlich vergrösserten Viereckfenster in der Ostmauer anbringen und eine neue Stuckdecke erstellen.[69]

Nachdem im Zuge reformatorischer Strenge das Orgelspiel lange Jahre verpönt gewesen war, besinnt man sich im 18. Jahrhundert wieder auf die Vorzüge einer musikalisch begleiteten Liturgie. Die

Eglise française erhält als erste reformierte Gemeinde auf dem Stadtgebiet 1724 die Bewilligung, eine Orgel zu benutzen. Hauptmann Caspar Scherer stiftet ein Instrument, das auf die westliche Empore montiert wird.[70] Auf der östlichen Empore steht laut Stiftsbibliothekar Pater Pius Kolb «annoch ein Oergelein, welches aber nit zu dem Calvinischen Gottsdienst, sondern denen Junkers-Söhnen, wan sie etwas weniges in der Music in fremden Landen erlehrnet haben, dan und wan zu einer Kurzweil und Gugelfuehr dienet».[71] Dieses ältere Instrument ist wohl wenige Jahre später entfernt worden, denn aus dem Jahr 1770 ist die Versetzung der neueren Orgel von der westlichen «Porkirche» (Empore) in den Chor auf der Ostseite bekannt. Bereits gut dreissig Jahre nach der Versetzung scheint die Orgel jedoch dem Vergleich mit anderen Instrumenten nicht mehr standgehalten zu haben: «Die Beschaffenheit der Orgel, die den nötigen Reparaturen nicht mehr Wert ist, veranlasst die Beratschlagung, ob nicht eine neue, schönere, bessere und zu denen in anderen Kirchen ganz neulich eingeführten, sich besser schikende Orgel angeschafft werden sollte.»[72]

Das heute noch erhaltene und nun wieder in seiner ursprünglichen Farbgebung sichtbare Orgelgehäuse im östlichen Chor geht auf die Jahre 1805/06 und den Orgelbauer Johann Baptist Lang aus dem süddeutschen Überlingen zurück. Der Einbau des raumgreifenden, braun-gold-blau kolorierten Instruments im Louis-XVI-Stil hat die Zumauerung und vollflächige Verputzung des mittig in der Ostwand angeordneten Spitzbogenfensters zur Folge. Die Orgel muss 1815 und 1829 von Orgelbauer W. Frosch aus München repariert und überholt werden, scheint sonst jedoch den Ansprüchen ihrer Besteller genügt zu haben.[73]

Am 8. Februar 1855 verkauft die Ortsbürgergemeinde als Nachfolgeinstitution der Stadt das gesamte Katharinenareal mit allen zugehörigen Bauten für 84848.48 Franken an die Kaufmännische Corporation. Diese wiederum verkauft vier Monate später das Zeughaus, den Wagenschopf und die Hintergebäude nebst Grund und Boden an den Theaterbauverein. Die restlichen Bauten des ehemaligen Katharinenklosters sowie die nördlich gelegenen Nebengebäude kann Baumeister und Steinmetz Ambrosius Schlatter käuflich erwerben – mit Ausnahme der Orgel in der Kirche: Das Instrument bleibt im Besitz der Kaufmännischen Corporation.[74]

Die neugotische Ostfassade der Kirche zur Katharinengasse hin ist 1884 entstanden. Zustand 2010.

1900 wird die neue Orgel mit historischem Kleid feierlich eingeweiht.

1903 erhält die Kirche St. Katharinen ihre erste elektrische Beleuchtung und die Orgel einen Elektromotor.

Schlatter verpflichtet sich dabei, die Katharinenkirche zumindest für die darauffolgenden zehn Jahre der Kaufmännischen Corporation für die französischen Gottesdienste zu vermieten. Wahrscheinlich im Zuge dieser Vereinbarungen wird die Orgel renoviert und erhält neue Bälge und ein neues Salicional. Schlatter lässt auch den Orgelprospekt und die zugehörige Empore neu fassen.[75] Die bis vor kurzem noch vorhandenen, einfach gestalteten Kirchenbänke stammen aus dem Jahr 1865.[76] Ob bei diesem Besitzerwechsel die 1724 von Wartmann noch erwähnten, an der Ostwand befindlichen Stifterwappen und die ebenerdig versenkten Grabplatten verschwunden sind, kann heute nicht mehr nachvollzogen werden.[77]

Nach dem Tod von Ambrosius Schlatter im Jahr 1872 erbt seine Tochter Louise Schlatter die Katharinenkirche und das anliegende Haus Katharinengasse 21. Sie erlaubt der 1864 gegründeten Evangelischen Gesellschaft der Kantone St. Gallen und Appenzell die

Benutzung der Kirche. Erste sonntägliche Abendgottesdienste finden ab 1876 statt; etwa zu dieser Zeit lässt man auch einen neuen Ofen in die Kirche einbauen. Louise Schlatter vererbt die Kirche bereits 1880 an die Evangelische Gesellschaft weiter unter der Bedingung, dass sie weiterhin durch das Kaufmännische Directorium für die Eglise française gemietet werden kann.[78]

Nach der Übertragung des Eigentums veranlasst die neue Besitzerin, die Evangelische Gesellschaft, die Planung für den Neubau des nördlich angrenzenden Vereinsgebäudes, das 1884 eröffnet wird. Gleichzeitig mit diesem Bauvorhaben wird an die Fassade der Kirche zur Katharinengasse hin ein schmaler, neugotischer Anbau von 2.10 Metern Breite in Sichtbackstein mit Masswerkfenstern erstellt, der die Strassenflucht des nebenanliegenden Vereinshauses aufnimmt.[79] Interessanterweise entspricht die Fluchtlinie entlang der Katharinengasse nun in etwa wieder derjenigen der ehemaligen Kirchenmauer in Hardeggers Grundrissszenario von 1885 (siehe Abbildung Seite 203). Im Innern der Kirche werden Teile der Südwand mit Täfer versehen; sonst sollte die Kirche in den siebzig Jahren nach 1884 keinerlei tiefgreifende bauliche Veränderungen erfahren.[80] Dafür rückt die Orgel in den Blickpunkt des Interesses: Um 1900 fügt die Orgelbaufirma Th. Kuhn aus Männedorf eine neues Instrument mit pneumatischer Traktur in das bestehende Gehäuse von 1806 ein. Bereits drei Jahre später erhält die neue Orgel einen Elektromotor; gleichzeitig lässt man im Kirchenraum eine erste elektrische Beleuchtung installieren.[81] Diverse Eingriffe am Täfer, am Orgelprospekt und an der Empore folgen in den Jahrzehnten nach 1900; sie bleiben jedoch alle oberflächlich. Für 1941 kann ein Umbau der Orgel durch die Firma Th. Kuhn in Zusammenarbeit mit H. Biedermann nachgewiesen werden.[82]

Erst Mitte des 20. Jahrhunderts scheinen sich grössere Eingriffe aufgedrängt zu haben. Im Zuge der Umbauten und Sanierungen durch Ernest Brantschen 1952/53 (siehe unten, Kapitelhaus) erfährt auch die Katharinenkirche einige Anpassungen. Brantschen verlegt die 1788 erstellte Treppe vom Kreuzgang auf die Empore wieder ins Kircheninnere, so wie sie vermutlich auch in klösterlicher Zeit (damals als hölzerne Wendeltreppe) bestanden hat.[83] Die Kirche erhält eine neue Gipsdecke und einen neuen Wandverputz, behält sonst aber weitgehend ihr aufs Nötigste reduziertes

In den 1950er-Jahren erhält die Katharinenkirche die noch bis vor kurzem bestehenden Beleuchtungskörper, die Schriftzüge stammen aus den 1970er-Jahren. Undatierte Aufnahme.

Erscheinungsbild. Nur die Leuchtkörper tragen etwas vom Zeitgeist der 1950er-Jahre in das Kircheninnere. Die Gipsdecke scheint den Anforderungen allerdings nicht gerecht geworden zu sein; sie muss bereits 1972 mit 1400 Schrauben neu befestigt werden. Zur gleichen Zeit entstehen auch der Leimfarbanstrich an Decke und Wänden und die ornamentalen Schriftzüge; der hintere Bereich der Nordwand wird vertäfert, und die Empore erhält eine neue Brüstung. Die Evangelische Gesellschaft – beziehungsweise ihre Nachfolgeinstitution Stadtmission St. Gallen – und die Eglise française sollten noch bis 1979 parallel in St. Katharinen Platz finden; ab 1979 findet der französische Gottesdienst in St. Mangen statt.[84]

Bis zur Jahrtausendwende genügen die gotische Kirche und der neugotische Anbau daneben den Ansprüchen der Stadtmission. Mit der Zunahme der Gottesdienstbesucherinnen und -besucher beginnen sich jedoch Platzprobleme abzuzeichnen, die man mit verschiedenen Projektstudien zu lösen versucht. Als sich die Erweiterungspläne allesamt als nicht bewilligungsfähig erweisen, fasst man den Beschluss für einen Neubau in St. Gallen St. Fiden. Im August 2007 erwerben Wegelin & Co. Privatbankiers die Kirche und das Vereinshaus, um darin ein «zeitgemässes Konferenz- und Ausbildungszentrum» zu erstellen.[85] Dieses ist 2012 auf die Notenstein Privatbank übergegangen.

Kapitelhaus mit Kapitelsaal, Brockenhaus

Das heute noch bestehende Kapitelhaus im Westflügel des ehemaligen Klosters beherbergte einst den wichtigen Kapitelsaal, wo die Priorin wöchentlich ein- bis zweimal «Kapitel zu halten» beziehungsweise «die Frauen zur Beratung der laufenden Geschäfte zusammenzurufen» hatte.[86] Das Gebäude stammt aus dem für St. Katharinen baulich intensivsten Jahrzehnt zwischen 1500 und 1510. In dieser Epoche entstehen diverse Neubauten, grosse Teile des Klosterareals werden neu bedacht, und der Kreuzgang fügt die vier unterschiedlichen Flügel im Herzen des Klosters zu einem zusammenhängenden Ganzen.

Goliathgasse 18 und 18a

Erstmals erwähnt wird ein Kapitelhaus jedoch bereits zwanzig Jahre früher. In einem Eintrag im Konventsbuch von 1484 beschreiben die Schwestern die Aufnahme der Elisabetten von Schoenow als «erst Schwöster, die wir in vnser Schloss enpfangen hand vnd in vnserm Capittelhus angelait».[87] Es ist denkbar, dass dieses ältere Kapitelhaus an der gleichen Stelle gestanden hat und zu Beginn des 16. Jahrhunderts ersetzt wurde.[88]

August Hardegger bezeichnet das Kapitelhaus in seinen Ansichten als «Altes Refektorium». Worauf der Architekt und Bauforscher diese Information abstützt, bleibt sein Geheimnis; wahrscheinlich handelt es sich hierbei aber um einen Irrtum. Spätestens seit 1482 befindet sich das Refektorium ja im Konventshaus – und nicht im «nachmaligen Zeughaus» (siehe oben, Konventshaus).[89]

Schriftlich gesichert ist die Erstellung des neuen Kapitelhauses im Sommer 1509 unter Verwendung von im Jahr zuvor abgebauten Steinen. Da der Westflügel des Kreuzgangs zu diesem Zeitpunkt bereits vollendet ist, muss der Bau um ihn herum geplant worden sein. Vielleicht wurde tatsächlich ein bestehendes Gebäude dafür abgetragen; es mutet aber seltsam an, dass die Schwestern über diesen einschneidenden Vorgang kein Wort verlieren. Das neue Haus

212 BAUGESCHICHTE: VERSTECKTER REICHTUM

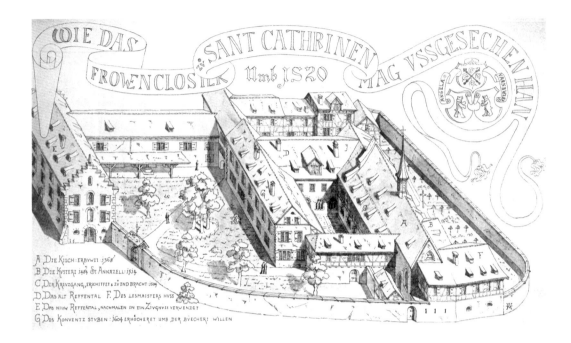

August Hardeggers 1885 erstellte Ansicht des ehemaligen Klosters gibt eine gute Übersicht über das Klosterareal, sie ist jedoch nicht in allen Details korrekt.

bekommt zwei Vollgeschosse und ein Dachgeschoss. Drei Bogen mit neun Fenstern aus Haustein werden zur Beleuchtung des Kapitelsaals im Parterre verzeichnet. Sie befinden sich auf der Westfassade und sind heute noch erkennbar. Die Zellen im ersten Obergeschoss erhalten ebenso viele Öffnungen.[90] Im Erdgeschoss deuten zwei zugemauerte, mit Masswerk geschmückte Öffnungen im dritten und fünften Joch noch heute auf die ehemals durchfensterte Wand des Kapitelsaals zum Kreuzgang hin. Die Sandstein-Masswerke wurden 1952 von Architekt Ernest Brantschen entdeckt und offengelegt, die Öffnungen blieben jedoch zugemauert. Eine mittig angeordnete Tür im vierten Joch war zur Zeit von Brantschens Eingriff noch offen, ist heute jedoch ebenfalls, und zwar ohne sichtbare Reste, zugemauert. Man muss sich den ursprünglichen Kapitelsaal also vergleichsweise hell und lichtdurchlässig vorstellen.

Im Obergeschoss des Kapitelhauses ordnen die Klosterschwestern Einzelzellen an. Neben dem Saal und den Zellen ist im selben Abschnitt des Konventsbuchs auch noch die Rede vom Bau dreier Zellen über einem «alten Kemathly», also einer bereits bestehen-

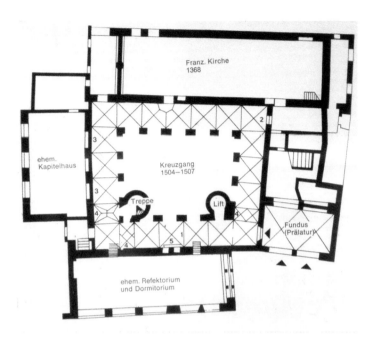

Grundriss des Katharinenkomplexes von Ernst Ziegler auf der Basis von Aufnahmeplänen Hans Morants, 1970er-Jahre. Im Erdgeschoss ist der Ursprungsbau des Kapitelhauses (des heutigen Brockenhauses) mit den drei Öffnungen noch gut erkennbar.

den Kammer mit Feuerstätte, ausserdem von zwei Zellen mit einem dazwischen verlaufenden Korridor und einem Fenster, das auf das Dormitor Licht gebe; diese Eingriffe sind jedoch nicht örtlich eingrenzbar und können, müssen aber nicht den Bereich rund um das Kapitelhaus betreffen.[91]

August Hardegger geht in seinem Klosterszenario davon aus, dass das Kapitelhaus bis an die Nordfassade der Kirche reicht, so wie es auch Melchior Frank in seiner Ansicht von 1596 eingezeichnet hat; die Anzahl der Fensterbögen sowie die Dimension der Grundmauern deuten jedoch eher darauf hin, dass das Gebäude zur Bauzeit bloss die Länge des westlichen Kreuzgangs eingenommen hat und die Anbauten im Norden, westlich des Kirchenchors, erst später hinzugekommen sind. Wenn es von den Zellen in diesem Haus einen direkten Zugang auf die Empore der Kirche gegeben haben sollte, müsste er also oberhalb des Kreuzganges verlaufen sein. Die schriftliche Überlieferung, aber auch die Bequemlichkeit eines solchen Zugangs spricht dafür, dass der Kreuzgang bereits im frühen 16. Jahrhundert mit einem zweiten Geschoss überbaut war; dahin-

Westflügel des Kreuzgangs. Links im Bild die von Ernest Brantschen wieder freigelegten Masswerköffnungen.

gehend untersucht wurden die heute noch bestehenden Bauten bisher jedoch nicht. Beim Übergang zum südlichen Flügel, wo das Konventshaus steht, erstellen die Klosterschwestern gleichzeitig mit dem Kapitelhaus ein «hübsch gewelpt Kerly», einen gewölbter Keller, und darauf eine Speisekammer für Schmalz und Ähnliches, die von der bereits vorhandenen Küche im Konventshaus aus genutzt wird. Der direkte Durchgang vom Kapitel- ins Konventshaus scheint also zumindest im Erdgeschoss von Beginn weg eingeplant gewesen zu sein.[92]

Wie das Konventshaus wird auch das Kapitelhaus ab 1570 durch die Deutsche und Lateinschule beziehungsweise später durch die Lehrer und Schüler des Gymnasiums genutzt und dafür wahrscheinlich von Baumeister Leonhard Basthard umgebaut oder zumindest für die neue Nutzung instand gestellt. Insbesondere bei den Zellen im Obergeschoss stellt sich natürlich die Frage, ob sie ihrer neuen Aufgabe gerecht werden konnten oder ob

schon zu diesem Zeitpunkt Trennwände herausgebrochen und Räume zusammengelegt wurden, so wie sie es heute noch sind. Für schulische Zwecke besser nutzbar war sicher der ebenerdige Kapitelsaal. Stiftsarchivar Pater Pius Kolb schreibt in seiner Schilderung von 1758, es sei ein «grosses gemach, der Saal benambset, in welchen täglich die Knaben zweimahl nach der schuel gefiehret werden, um alldorten einen Psalmen abzusingen».[93]
Ab 1804 richten die Verantwortlichen der Bibliothek («Vadiana») im ehemaligen Kapitelsaal einen Ausstellungs- und Aufbewahrungsraum für ihr Naturalienkabinett ein.[94] Das grundlegende Platzproblem der beiden Institutionen, der Schule und der Bibliothek, kann damit natürlich nicht gelöst werden. Bereits in den 1820er-Jahren bemühen sich deshalb die Verantwortlichen der Bibliothek um einen neuen Standort. Der tatsächliche Auszug von Stadtbibliothek, Sammlungen und Gymnasium aus den Räumlichkeiten in St. Katharinen findet jedoch erst dreissig Jahre später, am 12. Juli 1855, statt. Neuer Standort ist das vom St. Galler Architekten Felix Wilhelm Kubly erbaute Schul- und Bibliotheksgebäude am Burggraben, die spätere Kantonsschule. Es ist derselbe Kubly, wohlgemerkt, der sich 1854 in einer von der Kaufmännischen Corporation in Auftrag gegebenen Begutachtung für die Neubebauung des Terrains des ehemaligen Katharinenklosters ausspricht.[95]

Nach dem Auszug von Schule, Bibliothek und Naturaliensammlung gelangen das ehemalige Kapitelhaus sowie die Kirche von der Ortsbürgergemeinde über die Kaufmännische Corporation weiter an den Baumeister und Steinmetz Ambrosius Schlatter. Dieser muss sich verpflichten, das Baulos 4 – wahrscheinlich das Kapitelhaus – für 9000 Franken an die sogenannte Hülfsgesellschaft (seit 1971: Gemeinnützige und Hilfsgesellschaft, GHG) abzutreten. Die unterschiedlichen Dienste dieser Hülfsgesellschaft stossen gegen Ende des 19. Jahrhunderts auf eine so grosse Nachfrage, dass die Verantwortlichen 1905 einen imposanten Neubau unter Einbezug der Parzelle des Kapitelhauses (Westflügel des Kreuzgangs) und des Wettachhauses (siehe unten, «Gäste- und Pförtnerhaus») zu planen beginnen; neben der bereits bestehenden und bis anhin im Kapitelhaus untergebrachten

Durchgang von der Hechtgasse in die Goliathgasse vor dem Neubau der Hülfsgesellschaft 1908.

Suppenanstalt sollen dort unter anderem eine Kleinkinderschule sowie ein Lesesaal für Handwerkslehrlinge und jugendliche Arbeiter untergebracht werden. Architekten des stattlichen Bauprojekts im gründerzeitlichen Stil sind die Zürcher Bischoff und Weideli. Die Kommission für historische Baudenkmäler legt jedoch ihr Veto ein, so dass der Neubau schliesslich errichtet wird, ohne das Kapitelhaus und den Kreuzgang allzu sehr zu beeinträchtigen.[96]

Während der Planungs- und Bauphase des Neubaus bezieht die Hülfsgesellschaft eine Kaffeehalle in einem 1908 bewilligten und

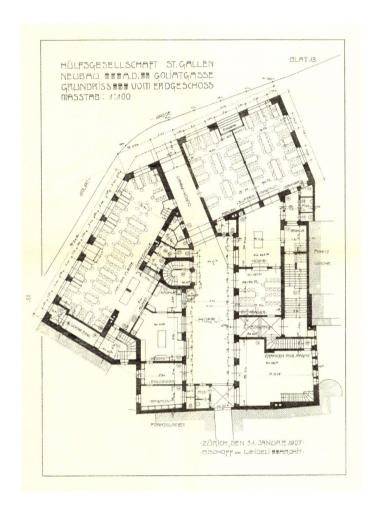

provisorisch errichteten Holzbau an der Goliathgasse. Dieses Provisorium sollte schliesslich als Lehrlingssaal genutzt und fast fünf Jahrzehnte erhalten bleiben.97 Erst in den Jahren um 1952 zeichnen die St.Galler Architekten Hänny und Brantschen im Auftrag des Sanitätsgeschäfts Hausmann auf der Parzelle der Hülfsgesellschaft einen Ersatzbau. Er ist unter anderem für das Brockenhaus bestimmt, das im Gegenzug seine Räumlichkeiten an der Kugelgasse 6 dem Sanitätsgeschäft überlässt.98 Wahrscheinlich im Zuge dieser Planungsarbeiten entsteht die Absicht, auch das ehemalige Kapitelhaus und den westlichen Flügel des

Der 1907 von den Zürcher Architekten Bischoff und Weideli geplante Neubau für die Hülfsgesellschaft hätte nicht nur den Abbruch des Wettachhauses, sondern auch des klösterlichen Westflügels zur Folge gehabt; er wurde schliesslich – dank der Kommission für historische Baudenkmäler – errichtet, ohne den Kreuzgang und das Kapitelhaus baulich zu sehr zu beeinträchtigen.

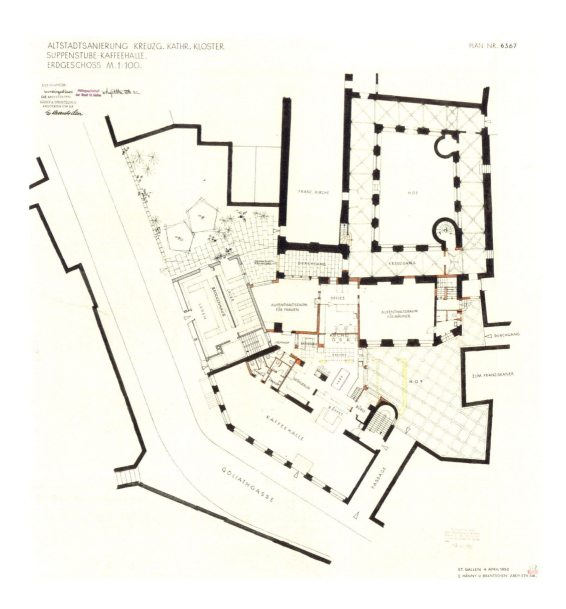

Grundriss des westlichen ehemaligen Klosterbereichs im Besitz der Hülfsgesellschaft, Architekten Hänny und Brantschen, ca. 1952. Gelb die Abbrüche, rot die neu erstellten Bauelemente.

Kreuzgangs – den die Hülfsgesellschaft zwischenzeitlich zur Waschküche umfunktioniert hat – zu sanieren. Beim und im Kapitelhaus planen Hänny und Brantschen neue Raumeinteilungen, Küche und Sanitärräume, entfernen eine morsch gewordene Aufstockung und stellen – laut Baueingabe – die ursprüngliche Dachform wieder her.[99]

Goliathgasse um 1908, während des Abbruchs der alten Kaffeehalle. Links im Bild ist die Westfassade des Kapitelhauses erkennbar.

Im Zuge des 1974 erfolgten Umbaus des Konventshauses können auch die Räumlichkeiten im ersten Geschoss des ehemaligen Kapitelhauses von der Stadt gemietet werden, so dass sich die 1978 im ersten Geschoss eröffnete Freihandbibliothek beziehungsweise Ludothek nicht nur in die Ost- und Südtrakte, sondern bis in den Westflügel erstrecken kann (siehe Abbildung Seite 185). Im Erdgeschoss des Kapitelhauses entstehen aus den ehemaligen Aufenthaltsräumen zusätzliche Lager für das Brockenhaus. Dort scheint sich seit den 1970er-Jahren bis in die Gegenwart nicht mehr viel verändert zu haben.

Heute befindet sich die Ludothek an der Rorschacher Strasse, so dass die Bibliothek zusammen mit dem 2006 zugemieteten Nordflügel das gesamte erste Geschoss des ehemaligen Klosterbaus einnimmt und alle Räume miteinander verbunden sind. Die bewegte Baugeschichte des Kapitelhauses ist bis heute in den Räumlichkeiten der Freihandbibliothek nachvollziehbar. Sie zeigt sich in verwirrenden Raumabfolgen, Niveausprüngen in Decken und Böden und zahlreichen unterschiedlichen Materialien. Nach den vielen Eingriffen ist wohl die bis ins 16. Jahrhundert zurückdatierende Bausubstanz des Kapitelhauses bis auf einige wenige Mauerstücke verlorengegangen.[100] Immerhin hat das Gebäude aber seine wichtige städtebauliche Position im Rücken des Kreuzgangs behalten können.

Kreuzgang

Kreuzgang

Vor dem Abbruch bewahrt wurde das ehemalige Dominikanerinnenkloster St. Katharinen durch das letzte Jahrhundert hindurch vornehmlich dank eines wichtigen Bauwerks: seines harmonisch proportionierten und einen geschützten Innenhof formenden Kreuzgangs. Obwohl der Kreuzgang heute nur noch in seiner Grundstruktur vorhanden ist – die ehemals eingebauten, farbigen Fenster fehlen –, wird durch ihn erst der eigentümliche Kontrast des auf Besinnung und Zurückgezogenheit ausgelegten Klosters inmitten einer Stadt, in nächster Nähe zum geschäftigen Marktplatz, erfahrbar.

Die heute noch vorhandenen Teile des Kreuzgangs stammen aus dem Beginn des 16. Jahrhunderts; interessanterweise vermerken die Klosterfrauen jedoch in ihrem Konventsbuch eine «Neuweihe» des Kreuzgangs bereits am 10. April 1495.[101] Man kann also davon ausgehen, dass schon im 15. Jahrhundert ein Kreuzgang bestanden hat. Es ist aber anzunehmen, dass dieser einerseits kleiner, das heisst vielleicht nur auf drei Seiten durchgehend, andererseits von minderer Bauqualität als der später errichtete war.

Der Bau des neuen Kreuzgangs im Herzen des Klosters und der Klausur verschlingt erhebliche Mittel, Zeit und Arbeitskraft. Die grosse Aufmerksamkeit, die die Baustelle im Konventsbuch erhält, spiegelt diesen Kraftakt. Im Jahr 1503 kann Schwester Angela Varnbühler ihr insgesamt 50. Jahr in St. Katharinen feiern; seit 27 Jahren steht sie dem Konvent vor. Es ist wohl kein Zufall, dass die Berichterstattung über die erste Bestellung von Rorschacher Sandstein für den neuen Kreuzgang direkt dem Eintrag dieses Jubiläums vorangestellt ist.[102] Die Priorin, unter der das Kloster seine massgebliche Form annimmt, fügt mit dem Kreuzgang die zuvor wohl eher lose aneinandergebauten Teile zu einem logisch aufgebauten und im Alltag tauglichen Geviert zusammen.

Tatsächlich begonnen wird 1504 mit der Errichtung des Westflügels, dort, wo einige Jahre später auch das heute noch in Teilen bestehende Kapitelhaus erbaut wird. Mit Stolz berichtet Angela Varnbühler vom «schön gewölbten» und mit «feinen Kreuzbogen köstlich gemachten» ersten Teil des Kreuzgangs.[103] Die zahlreichen Einträge der darauffolgenden Jahre lassen darauf schliessen, dass ein möglichst rascher Bauvorgang für die Priorin von grosser Bedeutung war; so zählt sie mehrmals die Jahre zurück, seitdem

Der Südflügel des Kreuzgangs mit den zwei Präfurnien und dem Aufgang zum ehemaligen Refektorium; die Fensteröffnungen waren zu dieser Zeit verglast. Aufnahme aus der ersten Hälfte des 20. Jahrhunderts.

«Maister Hainrich» das erste Mal für die Steinlieferung in Rorschach war. Jedes Jahr listet sie ausserdem die bereits vollendeten Teile des Kreuzgangs sowie die dafür aufgewendeten Mittel auf.[104] Mit dem Holz von hundert Tannen lassen die Frauen neue Dächer nicht nur auf den Kreuzgang, sondern auch auf das Dormitorium, das Refektorium und die bereits aufgemauerten und mit Fenstern versehenen Lauben erstellen. Eine «köstliche Treppe» aus gehauenen Steinen mit sieben bequemen Stufen und einem schmucken hölzernen Geländer führt nun direkt aus dem Kreuzgang ins Refektorium. Zum Schluss wird der Boden des Kreuzgangs mit gebrannten Platten belegt, und die Priorin schreibt, dass alles «ganz nach unserem Gefallen» herausgekommen sei.[105] 1508 können mit Hilfe diverser Spenderinnen und Spender die Fenster vom Kreuzgang und von den neu erbauten Obergeschossen auf den Hof mit insgesamt dreissig verschiedenen, kostbaren, bemalten Glasscheiben ausgestattet werden[106] (siehe Kapitel «Vom Kloster zur Bank»).

Im Jahr der Vollendung 1507 besteht der neue Kreuzgang aus vier Flügeln, die entlang der bestehenden Bauten (Kirche im Norden, Kapitelhaus im Westen, Konventshaus im Süden, Prälatur im Osten) verlaufen. Alle Flügel ausser derjenige im Norden sind mit einem weiteren Geschoss überbaut, das teilweise mit den Räumen der dahinterliegenden Bauten verbunden wird. Die wichtigeren

222 BAUGESCHICHTE: VERSTECKTER REICHTUM

Blick vom Kapitelhaus in den Innenhof und auf den Ostflügel. Im Gegensatz zu den gemauerten Fassaden des Konventshauses im Süden sind die östlichen Bauten in der günstigeren Riegelbauweise erstellt. Aufnahme von 1954.

Südflügel des Kreuzgangs mit dem Eingang zum Westturm. Sandsteinarbeiten aus unterschiedlichen Epochen haben bis heute überlebt.

Gebäude erhalten so eine neu aufgemauerte und mit «gehauenen Fenstern», also mit Rahmen aus Sandstein versehene Innenhoffassade, die weniger wichtigen Teile, im Konventsbuch Lauben genannt, waren wohl mit einer simpleren, ausgefachten Holzkonstruktion überdeckt, so wie sie noch heute im Osttrakt besteht. Aber auch diese werden «gar schon geteffelet mit guten Britter vnd Listen, dz es nutzlich vnd zierlich ist».[107] Die Erweiterung der Räumlichkeiten ist beispielsweise im ersten Geschoss des Konventshauses und des Osttrakts sehr gut zu erkennen: Dort befinden sich noch heute ursprünglich für die Aussenfassaden erstellte Fenster mit Sandsteinrahmung in den nun innenliegenden Wänden. Es ist denkbar, dass man dank der neuen Obergeschossflächen nun bequem vom Osttrakt über das Dormitorium (beziehungsweise über einen aussenliegenden Gang) zu den Zellen im Kapitelhaus und von dort auf die Empore in der Kirche gelangen konnte.

Im Gegensatz zu den drei anderen Flügeln des Kreuzgangs war der nördliche Flügel zur Zeit des Klosters wohl bloss ein Geschoss hoch; eine dendrochronologische Untersuchung ergab für den Bau des ersten, auskragenden Geschosses des Nordtrakts eine Bauphase zwischen 1562 und 1612, sie fällt also in die Zeit nach der Reformation. Die Räume in diesem Anbau sind für Schulzwecke erstellt worden – wahrscheinlich erst nach der Gründung des Gymnasiums 1598, als der Standort im ehemaligen Kloster definitiv wurde und gestiftete Gelder vorhanden waren.[108]

Erst hundertsechzig Jahre später entsteht eine weitere schriftliche Quelle, dank welcher wir uns heute ein Bild des Kreuzgangs im ehemaligen Kloster machen können. Stiftsbibliothekar Pater Pius Kolb beschreibt den Kreuzgang 1758 folgendermassen: «Dieser Creizgang ist in allen 4 Theilen in seinem alten, guetten und schönen stand, auf gleiche weis gebaucn, wie iener in dem Gottshaus S. Gallen, der aber in diesen iahren wegen denen neu auffgefierthen gebäuen hat müessen nidergerissen werden [Kreuzgang der Kathedrale]. […] Gehen wir nuhn in den Creizgang hinein, so finden wier auff der rechten, oder mittägigen seitten 4 Schuelen, welche etliche Sprozen von dem boden erhoben liegen; zur linken aber eine schneggen-steeg, auf welcher man nach denen behausungen ethwelcher Predicanten und drei andern schuelen gehet. Item die Thir zu der Bibliothec, zu welcher man durch eine schöne und künstliche schneggen-treppe hinauf gehet. In dem Creizgang ist ferner auf der seitten gegen Abend ein grosses gemach, der Saal benambset, in welchen täglich die Knaben zweimahl nach der schuel gefiehret werden, um alldorten einen Psalmen abzusingen. Gehet man weiters fort auf die Seite gegen mitternacht, so ist zu sehen die Haupt-Thir zur Kirche, nebst einer offenen Stiege auf die Borkirche. An der seitten gegen Morgen hat der Creizgang zwei Oeffnungen. Eine geht nach der kleineren Thir zur Kirche in den Chor, wie auch nach einer stege zu der Wohnung und schuehl eines Praedicanten.» («Hier befand sich einstens die Wohnung der Priorin», ergänzt der Stiftsarchivar Wegelin 1842 im Tagblatt.)[109]

Ungemach droht dem Kreuzgang erstmals 1905, als die Hülfsgesellschaft (seit 1971: Gemeinnützige und Hilfsgesellschaft) einen Neubau unter Einbezug des alten Refektoriums und des Westflügels des Kreuzgangs plant. Die Kommission für historische Bau-

Serenade im Innenhof des ehemaligen Katharinenklosters.

denkmäler setzt sich erfolgreich gegen dieses Vorhaben ein; der Neubau wird schliesslich errichtet, ohne den Kreuzgang zu beeinträchtigen.[110] In den Jahren nach der Instandsetzung des ehemaligen Kapitelhauses und des dazugehörigen Flügels durch Ernest Brantschen 1952/53 machen Konzerte und Serenaden den Kreuzgang und mit ihm den sogenannten Katharinenhof einer breiteren Bevölkerung bekannt.[111] Was den Kreuzgang letztlich aber auch gerettet haben mag, waren die komplizierten Eigentumsverhältnisse nach der Aufteilung des Klosters 1855. Bis zum Kauf durch die Stadt St. Gallen im Jahr 1975, als die Evangelische Gesellschaft und die Gemeinnützige und Hilfsgesellschaft die notwendigen Gelder zur Restaurierung ihres Anteils an Kreuzgang und Innenhof nicht mehr aufbringen können und die betreffenden Parzellen abtreten müssen, befindet sich der Kreuzgang in den Händen dreier verschiedener Eigentümer.[112] Diese Konstellation könnte die Besitzer davon abgehalten haben, tiefergreifende Änderungen an ihrem Teil vorzunehmen, da solche Eingriffe das Einverständnis der zwei restlichen Parteien vorausgesetzt hätten.

Klostermauer, Klostergärten und Friedhof

Eines der wichtigsten Bauwerke des Konvents ist die bei der Einführung der strengen Klausur am 20. September 1482 vollendete Klostermauer. Während die Klosterumfriedung vor der Bewehrung der Irer Vorstadt im 14. und 15. Jahrhundert gewissermassen noch als Schutz vor der «Wildnis» gedient haben mag, erfüllt sie nach der Einverleibung des Konvents in die Stadt St. Gallen vor allem den Wunsch nach Rückzug vom geschäftigen Treiben der städtischen Bürgerinnen und Bürger.[113]

Gärten und Höfe

Die Mauer in St. Katharinen besteht aus diversen unterschiedlichen Teilen (siehe Hardeggers Grundrissszenario Seite 203). Ein nördliches Teilstück grenzt den Klosterhof mit dem Friedhof gegen die Goliathgasse ab. Dieser Bereich ist mit grosser Wahrscheinlichkeit der sogenannte «äussere Garten» und gehört nicht zur Klausur; die nördliche Mauer muss dementsprechend nicht allzu hoch gewesen sein. Hier dürfen die Städterinnen und Städter eintreten, um im äusseren Chor der Kirche den Gottesdienst zu besuchen.[114] Schriftliche Quellen legen nahe, dass auf dem Friedhof neben den Angehörigen des Klosters auch auserwählte weltliche Personen begraben worden sind; diese versichern sich so «des Gebetes der klösterlichen Gemeinde noch nach dem Tode».[115]

Hingegen definiert das südliche Mauerstück die Grenze zwischen dem Bohl und dem Garten im Klausurbereich. Auf die Funktionstüchtigkeit dieser Klostermauer legen die Konventualinnen allergrössten Wert: Sie muss nicht nur physische Abgeschiedenheit, sondern auch Sichtschutz für die mitten in der Stadt lebenden

Schwestern gewährleisten. Um diesen Schutz zu erhalten, sind die Klosterfrauen darauf bedacht, dass die Höhe der Mauer stetig den neuen Gegebenheiten angepasst wird und dass sich die Tore an den strategisch richtigen Stellen befinden. 1487 beispielsweise lassen sie das Haupttor versetzen, damit es nicht mehr so nah an den Fenstern des neuen Refektoriums liege; gleichzeitig werden sie beim Rat der Stadt vorstellig mit der Bitte, ihre Mauer erhöhen zu dürfen, «dz man vns nit also in vnsern Garten säch»; dieser Bitte wird stattgegeben.[116] Bei der Erhöhung eines weiteren Mauerstücks jedoch legt der Rat sein Veto ein. Die Nonnen müssen zu ihrem Bedauern das Gerüst abbrechen lassen und die Werkleute freistellen. Ein zweites, aus gehauenen Steinen errichtetes Tor mit einer hölzernen Tür samt Schloss wird erst später errichtet; die im selben Jahr notierte Erhöhung der Kirchenmauer («dz man nit me vss der obren Stuben in die Hüser mag sechen») scheint ohne Einspruch des Rates vonstatten gegangen zu sein. Dieses zweite Haupttor nach Westen, zur Kirche St. Mangen hin, fehlt zwar auf der 1596 von Melchior Frank gestalteten Stadtansicht; es soll aber um 1800 noch vorhanden gewesen sein.[117]

Bereits 1507 steht die nächste Erhöhung der Mauer an: «Item wir hand ain wisen Rat vnd Burgermaister betten, dz man vns gunde vnser Mur in dem Garten ze höchren, won man vns gar merccklich vß den Hüsren in vnser Closer vnd Garten sach, das nit dienet zu der Gaistlichait». Auch dieses Mal geben der Bürgermeister und der «weise Rat» ihre Zustimmung. Stolz berichten die Nonnen, dass ihnen die höhere Mauer gar wohlgeraten sei. Auch für Pflege und Unterhalt der Mauer sorgen sie («item wir hand vnsri Mur vmb vnser Closter lassen bestechen, wo si sin bedorfft»). In ihre Nähe dürfen keine hohen Bäume gepflanzt werden; so versucht man, das Ein- und Aussteigen zu verhindern.[118]

Das Klosterareal mit der Mauer und dem Tor zum Bohl im 17. Jahrhundert; links angeschnitten das ehemalige Zeughaus. Gouache von Johann Daniel Wilhelm Hartmann 1855, Kopie einer nach der Renovation von 1685 geschaffenen Darstellung.

Trotz des Bruchs der Klausur 1527/28 und der anschliessenden Nutzung der Klosterräumlichkeiten als Schule im Laufe des 16. Jahrhunderts lässt man die beiden Mauerstücke vorerst stehen. Im Jahr 1758 schildert Pater Pius Kolb den Zustand der südlichen Mauer folgendermassen: «[Das Kloster] ist mit einer 11 Schuh hohen Mauer umgeben, welche 2 Thor hat, deren das Hauptthor mit schönen aufgehauenen Steinen gemacht ist, und durch welches man in den Hoff gehet.»[119]

Eng mit dem Bau der Mauern verbunden sind die dahinterliegenden Freiflächen, der Klostergarten innerhalb der Klausur zur Süd-, der Friedhof auf der Nordseite. Der 1244 verbriefte Kauf des an ihre Hofstätte angrenzenden Gartens ist eines der frühesten noch vorhandenen schriftlichen Zeugnisse der damaligen Samnung.[120] Er belegt den hohen Stellenwert des Gartens: Seine Erträge bilden den Grundstock der notwendigen Lebensmittel, bevor die Klosterfrauen über ihre eigenen Gutsbetriebe in der Region verfügen. Aber auch nach der Zunahme der von ausserhalb angelieferten Lebensmittel dient der Garten dem Anbau diverser Gemüse, Kräuter und Blüten, so laut Vogler beispielsweise «Kraut, Bohnen, Kürbisse, Zisser [Erbsen], Zwiebeln, Schnittlauch und Petersilie, Benediktenwurzen, Magsamen [Mohn], Fenchel, Kümmel und auch Blumen, namentlich Rosen zur Zierde der Kirche und zum Brennen des Rosenwassers». Zu den Pflichten der Gärtnerin gehört auch die Saat und Pflege von Heilpflanzen, also von Kräutern, Blüten, Gemüse und Früchten für die Pflege der Kranken. Idealerweise verfügt das Krankenzimmer eines Klosters sogar über einen eigenen Garten, die beengten Verhältnisse im Katharinenkloster lassen dies jedoch nicht zu.[121]

Im Sommer verbringen die Konventualinnen jeweils eine kurze Ruhepause nach dem Abendessen im Freien, entweder im Garten oder im Innenhof beim Kreuzgang; dass diese Rekreation nicht immer schweigsam abgehalten wird, illustriert die Bemerkung Voglers, wonach die «ältern Schwestern die jüngern zu ermahnen hatten, daß sie sich nicht zu lautem Singen und Schreien hingaben». Ruhe und die Möglichkeit zur Besinnung sind den Klosterfrauen wichtige Anliegen. Aus diesem Grund errichten sie 1508 auf einem «Äckerli» beim Platztor, ausserhalb der Stadt, ein Bind- oder Fasshaus aus Holzwerk. Dorthin verlegen sie die 1481 im hinteren Hofraum des Klosters nahe der Kirche (wahrscheinlich nördlich davon) erstellte Küferei, die ihnen zu viel Lärm verursacht hat. Ein Revers mit der Stadt legt fest, dass dieses neue Gebäude im Kriegsfall auf Geheiss der Obrigkeit ohne Widerrede und unentgeltlich wieder abgerissen werden muss.[122] Die Verdrängung des anscheinend zu lauten Bindhauses darf jedoch nicht darüber hinwegtäuschen, dass der nördliche Klosterhof insgesamt ein Ort reger Tätigkeit gewesen sein muss: Tiere, Stallungen und kleinere Werkbetriebe, Tote und Lebendige teilen sich die eher

«Das ehemalige St. Katharinen-Kloster (Buben-Kloster) in St. Gallen, hintere Ansicht», Stich von Johannes Mettler, 1855. Gut zu erkennen sind die Sakristei mit dem Treppenturm, die St. Anna-Kapelle und das ovale, in den 1470er-Jahren herausgebrochene Fenster.

knapp bemessenen Freiräume; sinnbildlich dafür ist die Errichtung eines neuen Schweinestalls ausgerechnet vor dem Redefenster im Hof.[123]

Die schriftlichen Ortsangaben im Zusammenhang mit den verschiedenen Höfen und Gärten im Kloster und um es herum sind uneinheitlich; es ist schwierig, nachzuvollziehen, wo genau was war. Insbesondere bleibt weiterhin unklar, wo sich der Friedhof befunden hat – ein eigentlicher Bestattungsort konnte bei den 2012 abgeschlossenen Arbeiten nicht gefunden werden. Auch archäologische Grabungen aus dem Jahr 1976 geben nur wenige Hinweise: Beim östlichen Flügel des Klosters nahe der heutigen Katharinengasse 11 ist eine alte Beeteinteilung freigelegt worden, die vermutlich auf das 16. Jahrhundert zurückgeht. Gleichzeitig kamen südlich der Kirche, bei der ehemaligen Hausnummer 13, Skelettreste zum Vorschein; diese stammen jedoch laut der Archäologin von Sekundärbestattungen.[124] Die Annahme August Hardeggers, auf dessen Rekonstruktionszeichnungen sich der Friedhof auf der Nordseite des Klosters zu St. Mangen hin befindet, scheint weiterhin die plausibelste. Seine Einteilung mit zentral gesetztem Hochkreuz, Zwischenpflanzungen und Hauptwegen muss jedoch als Plansig-

Nördlicher Hof, Zustand 2010. Der 1922 entstandene Hofanbau für die Buchhandlung an der Katharinengasse 21 steht an quasi identischer Stelle wie die 1514 geweihte St. Anna-Kapelle; durch das 1953 eröffnete Brockenhaus (rechts angeschnitten) hat der Innenhof viel von seiner ehemaligen Grosszügigkeit verloren.

natur gelesen werden und kann kein Abbild der tatsächlichen Organisation und Gestaltung eines Friedhofs im 16. Jahrhundert sein: Bevor im 19. Jahrhundert Vorschriften zur Grabtiefe und zur Reihung der Gräber nach Todesdatum erlassen wurden, hat man die Leichen für heutige Verhältnisse relativ unordentlich verscharrt.[125] Ausschlaggebend für die «Ordnung» waren damals hierarchische Überlegungen – die Nähe einer Grabstätte zu Relikten beispielsweise. Es ist nicht mehr nachvollziehbar, ob Hardegger bei der Schaffung seiner Zeichnungen über heute verlorene Grabungsbefunde verfügte oder ob er einfach die Ansicht von Frank nach eigenem Gutdünken ausschmückte. Sicher ist, dass die Klosterfrauen am 15. April 1368 vom Pfarrer von St. Laurenzen die Bewilligung für den Bau eines Friedhofs erhalten und ihn im Jahre 1495 zusammen mit der Kirche und dem Kreuzgang vom Weihbischof von Konstanz «reconcilieren» lassen.[126]

Mit der Auflösung des Klosters muss auch der Friedhof aufgehoben worden sein. Während der Nutzung des ehemaligen Klosters als Gymnasium wurden die Häuser, die die beiden Höfe umgaben, von Schulpersonal bewohnt. Der vordere Hof zum Bohl ist «mit seinen drei Kastanien in der Mitte des dreieckigen Grasplatzes und der darunter angebrachten Ruhebank» als Grünbereich ausgestaltet; an der östlichen Mauer befinden sich kleinere und grössere, den Wohnungen der Lehrer zugeteilte Gärten.[127] Der Hof gegen Norden, zur Goliathgasse hin, wird von den Knaben als eine Art Pausenplatz genutzt, so wie es auf dem 1855 von Johannes Mettler angefertigten Stich ersichtlich ist. Die Klostermauer ist in der ersten Hälfte des 19. Jahrhunderts abgetragen worden; die ehemals so wichtige Grenze zwischen Gasse und Hof tritt auf dem Stich nur noch durch den unterschiedlichen Bodenbelag und die Steinpoller in Erscheinung. Im frühen 20. Jahrhundert erhält die Buchhandlung der Evangelischen Gesellschaft an der Katharinengasse 21 einen Hofanbau, dem die 1514 geweihte St. Anna-Kapelle zum Opfer fällt; durch die unterschiedlich gestalteten Einfriedungen, Bodenbeläge und Bepflanzungen, insbesondere aber wegen dem Bau des Brockenhauses 1952/53 verliert der Innenhof seine ursprüngliche Grosszügigkeit und zerfällt in kleine Einzelteile.

Goliathgasse 12–16

Gäste- und Pförtnerhaus, Wettachhaus, Suppenstube

An der Goliathgasse 16 befand sich bis um 1908 das sogenannte Wettachhaus, das als ehemaliges Gästehaus der Klosterfrauen bezeichnet wird.[128] Auf einem kurz vor dem Auszug des Gymnasiums 1855 entstandenen Stich Johannes Mettlers ist das Gebäude angeschnitten, aber gut erkennbar. Direkt an dieses Gästehaus anschliessend vermutet August Hardegger ein «Sprechzimmer» der Klosterfrauen, das über einen direkten Ausgang aus dem Klosterareal in die dahinterliegende Gasse verfügt (Buchstaben P und Q auf dem Grundriss Seite 203); dieses Haus zeichnet er mit einem quer zum restlichen Häuserverlauf stehenden Giebel ein (siehe perspektivische Ansicht Seite 212). Er orientiert sich dabei mit grosser Wahrscheinlichkeit an den Stadtprospekten von Melchior Frank (1596) oder Matthäus Merian (1642), die ebenfalls ein quer zur Häuserzeile stehendes Häuschen abbilden. Dieses kleine Gebäude ist auf einer Stadtansicht von 1671 nicht mehr dargestellt; es scheint infolgedessen wahrscheinlich, dass es in den Jahren nach dem Ablösungsvertrag von 1594[129] abgetragen wurde. Es ist gut denkbar, dass es sich hierbei um die laut Konventbuch spätestens seit den 1480er-Jahren bestehende, 1509 von Grund auf neu erstellte Pförtenstube handelt. Sie sei «ganz hübsch neu und lustig geworden

BAUGESCHICHTE: VERSTECKTER REICHTUM 231

mit neuen Glasfenstern», heisst es.¹³⁰ Das erneuerte Redefenster, von dem an gleicher Stelle berichtet wird, könnte sich ebenfalls im Pförtnerhaus befunden haben.

Im Gegensatz zum kleinen, giebelständigen Häuschen bleiben das Gästehaus und die südlich daran anschliessenden Bauten auch in nachreformatorischer Zeit bestehen. Laut einer Schilderung von 1758 werden sämtliche Gebäude im nordwestlichen Bereich des ehemaligen Klosters während der Nutzung durch das Gymnasium von Lehrern und deren Angestellten bewohnt: «In dem Höflein, so hinter dem Kloster gegen Mitternacht ist, stehen 4 Häuser, welche voll der Praedicanten und ihrem Hausgesindel seind […].»¹³¹ Im Kaufbrief vom 8. Februar 1855 wird das spätere Wettachhaus als «im hinteren Hofraum, hinten an den Schwärzebach und die Goliathgasse stossend (153G, bewohnt durch Herrn Vorsteher Engwiller)» bezeichnet.¹³²

Das Wettachhaus an der Goliathgasse in einer vor 1897 entstandenen Aufnahme. Links des Torbogens ist die Fassade des nördlich an das Kapitelhaus anschliessenden Zwischenbaus ersichtlich, die seit dem Anbau des Brockenhauses 1952/53 nicht mehr besteht.

Ausschnitt aus dem «Grossen Pergamentplan» von 1671. Rechts oben die heute noch vorhandene Stützmauer entlang der Goliathgasse, vis-à-vis davon das spätere Wettachhaus (mit Mittelgiebel).

Nach dem 1855 erfolgten Verkauf durch die Ortsbürgergemeinde gelangt das ehemalige Gästehaus in private Hände und wird bis zu Beginn des 20. Jahrhunderts unter dem Namen der Eigentümer Wettach als Wohn- und Geschäftshaus benutzt. 1907 stellt die Hülfsgesellschaft (seit 1971: Gemeinnützige und Hilfsgesellschaft) ein Gesuch für den Abriss des nordwestlichen Klosterflügels samt Kreuzgang, Kapitel- und Wettachhaus. Ein stattlicher Neubau soll den wachsenden Aufgaben der Hülfsgesellschaft besser gerecht werden. Dieses umfassende Bauvorhaben, das neben einer Suppenanstalt und Kaffeehalle diverse Nebenräumlichkeiten für die Versorgung von

Das Wettachhaus fällt dem redimensionierten Neubauprojekt der Hülfsgesellschaft zum Opfer; dafür kann das ehemalige Kapitelhaus bis auf eine Ecke vom Abbruch bewahrt werden. Plan von 1908.

Arbeiterinnen, Mittellosen und Kindern vorsieht, wird jedoch nicht bewilligt. Das Wettachhaus muss 1908 dennoch weichen, denn ein redimensioniertes Projekt kann schliesslich ausgeführt werden. 1909 wird die im Auftrag der Hülfsgesellschaft und von den Zürcher Architekten Bischoff & Weidele erstellte öffentliche Suppenstube (Goliathgasse 12, an Stelle der ehemaligen Nummern 12, 14 und 16) eröffnet. Im ersten Stock befindet sich ein Lesesaal (Volksbibliothek ab 1952, geschlossen ab 1965).[133]

Im Konventsbuch sind zahlreiche Personen namentlich überliefert, die im Gästehaus des Klosters Aufnahme finden.[134] Die Herberge wird 1481 erstmals erwähnt: Darin sei eine zusätzliche Stube für die Knechte eingerichtet worden. Ein Jahr später erweitern die Klosterfrauen das Gasthaus um ein zusätzliches Stübli, das ihnen zusammen mit einer weiteren, wohl schon bestehenden Stube für die Erledigung von Geschäften mit «weltlichen Personen» dient.[135] Wenn auch viele Hinweise darauf deuten, dass es sich beim Wettachhaus um das ehemalige Gästehaus handelt, gibt es doch abweichende Positionen. Poeschel beispielsweise vermutet das Gästehaus in einem 1487 erwähnten Neubau mit Küche, Backstube und zwei gewölbten Kellern, der sich seiner Meinung nach an der Stelle des späteren Zeughauses befunden hat.[136] Interessant ist, dass dieser Bau im Konventsbuch nicht näher benannt, sondern nur als «dreigeschossiges Gebäude» erwähnt wird – wo doch sonst jeweils bei der Erstellung der Bauten immer auch die zukünftige Funktion innerhalb des Klosters angesprochen wird. Die Passage im Konventsbuch lässt jedenfalls noch weitere Interpretationen zu. Abschliessend kann gesagt werden, dass es sich beim klösterlichen Gäste- und Pförtnerhaus um ein oder mehrere Gebäude gehandelt zu haben scheint, das/die diverse unterschiedliche, ausserhalb der Klausur anfallende Aufgaben erfüllte/n.

Katharinengasse 11 und 13

Östlicher und nördlicher Trakt, Lehrerwohnungen, «Fundushaus», Freihandbibliothek

Zu den ältesten noch erhaltenen Bauteilen des gesamten ehemaligen Klosters zählt die gotische Täferstube im ersten Obergeschoss des südöstlich gelegenen Gebäudes, das heute die offene Eingangshalle mit den Arkaden enthält und während des Gebrauchs durch das Stadttheater als «Fundushaus» bezeichnet wird. Da das Holz der Stube laut dendrochronologischem Gutachten aus der Zeit zwischen 1394 und 1459 stammt, könnte die Inschrift «1513» in einem der Balken auf das Datum einer Renovation oder eines zusätzlichen Ausbaus verweisen. Der 1504 begonnene Kreuzgang muss jedenfalls neben das Gebäude mit der bereits vorhandenen Täferstube eingepasst worden sein. Es scheint plausibel, dass die gegen Norden gebaute Erweiterung eher jüngeren Baudatums als der Kreuzgang ist. Die zwei unterschiedlichen Bauphasen sind an der Fassade zum Innenhof heute noch zu erkennen; so liegt der Kreuzgang leicht quer zum Fassadenverlauf der Obergeschosse.[137] Die Inschrift 1664 im Giebelfeld deutet auf ein Baudatum in nachreformatorischer Zeit hin.

Die gotische Decke im ersten Obergeschoss des Südosttrakts stammt aus dem frühen 15. Jahrhundert. Möglicherweise diente dieser Raum der letzten Priorin als Amtsstube.

Durch das hohe Alter der Stube stellt sich die Frage, wie der Osttrakt zur Blütezeit des Klosters ausgesehen hat. August Hardegger vermutet an dieser Stelle im Grundriss einen zweigeschossigen Bau, der dieselbe Tiefe wie der darunter liegende Kreuzgang aufweist. Diese Annahme scheint aus heutiger Perspektive falsch; es müsste mindestens eine Auskragung des Obergeschosses gegen Osten vorhanden gewesen sein, um die Täferstube darin aufzunehmen. Dass Hardegger zu dieser Zeit nicht über die im ersten Obergeschoss eingebaute und durch die Inschrift auch ohne Dendrochronologie auf spätestens 1513 datierbare Täferstube Bescheid gewusst haben soll, mutet natürlich seltsam an. Auch im 1596 erstellten Stadtprospekt von Melchior Frank kann das Haus nicht genau verortet werden. Die an die Klostermauer angebauten Häuser scheinen in einiger Distanz zum Kreuzgang zu stehen; ein rechtwinklig zur Mauer erstelltes Gebäude, das von der Ausrichtung her am ehesten das heutige Eingangsgebäude sein könnte, sieht hingegen so aus, als ob es nur ein Erd- und ein Dachgeschoss aufweisen würde; darin wiederum hätte die Täferstube keinen Platz gefunden.

Ein erhaltenes, mit Sandsteinmasswerk ornamentiertes Fenster in einer heutigen Innenwand des Gebäudes weist darauf hin, dass das Gebäude ursprünglich nur einen Raum tief und auch gegen Norden freistehend war. Dickere Wände, die Gewölbe im Erdgeschoss und die Lage des Kellers stützen diese Vermutung. Edgar Heilig vermutet, dass die 1513 wahrscheinlich überarbeitete Stube der letzten Priorin Sapientia Wirth als Amtsstube gedient haben

234 BAUGESCHICHTE: VERSTECKTER REICHTUM

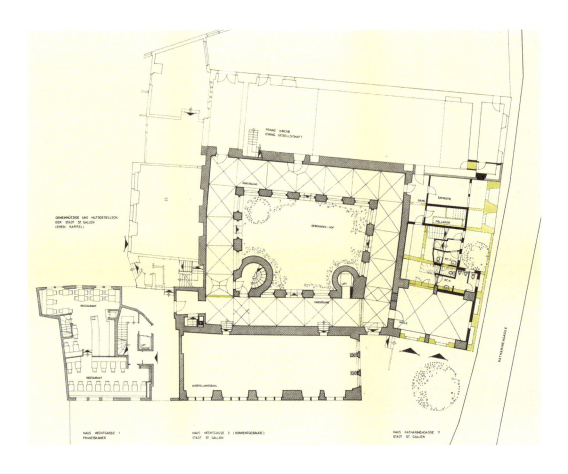

In den 1973 angefertigten Aufnahmeplänen von Hans Morant ist die Lage eines ursprünglich auf mindestens drei Seiten freistehenden Hauses nachvollziehbar. Gelb angelegt ist die rückgebaute Substanz.

könnte; diese müsste ihrer Bestimmung nach ausserhalb der Klausur eingerichtet worden sein, was bei dem etwas peripher gelegenen Gebäude zumindest denkbar ist. Diese Annahme stützt er wahrscheinlich auf die Aussage Wegelins, wonach sich die Wohnung «der Priorin» (es wird nicht gesagt, welche) oberhalb des östlichen Kreuzgangflügels befunden habe.[138]

In einem parallel zur Kirchenmauer verlaufenden, auskragenden Geschoss oberhalb des Nordtrakts des Kreuzgangs ist in nachreformatorischer Zeit ein langer Raum errichtet worden, der wahrscheinlich als Klassenzimmer diente.[139] Zu diesem Zweck hat man das Dachgeschoss der Kirche erhöht beziehungsweise ihre Traufe gegen Süden angehoben.[140] Es handelt sich bei diesem Aufbau um

Seit dem Einzug der Freihandbibliothek 1978 ist die Stube mit den gotischen Schnitzereien öffentlich zugänglich; bis 2006 dient sie der Auslage von Kunstbänden. Zustand 1996.

Direkt an die Priorinnenstube anschliessend befindet sich ein im klassizistischen Stil ausgestalteter Raum. Zustand 1996.

eine selbsttragende Holzkonstruktion, die unabhängig von der dahinterliegenden Kirchenmauer aufgebaut ist; das ist dank den sichtbaren Pfosten und Balken nachvollziehbar. Beim 2006 erfolgten Umbau der Räumlichkeiten wurden diverse ehemalige Fensteröffnungen in der Mauer zur Kirche entdeckt, die mit grosser Wahrscheinlichkeit aus der Bauzeit der Kirche um 1368 stammen; selbst der dannzumal erstellte Durchbruch vom Nordflügel ins Kapitelhaus basiert auf einem wiederaufgefundenen, bereits vorhandenen Durchgang.[141]

Zwischen 1594, dem Zeitpunkt, in dem das Haus mit den übrigen Klosterbauten in den Besitz der Stadt übergeht, und dem Mitte des 19. Jahrhunderts erfolgten Verkauf von der Stadt über die Kaufmännische Corporation an Baumeister und Steinmetz Ambrosius Schlatter ist nur wenig bekannt.[142] Der Kaufbrief von 1855 erwähnt, dass das östliche Haus – die heutige Katharinengasse 11 – zuletzt durch den vom Gymnasium angestellten Pfarrer Wartmann benutzt wird. Bereits 1866 verkauft Schlatter die Liegenschaft an der Katharinengasse 11 weiter.[143] Käufer ist möglicherweise derselbe Schreinermeister Lüthi, der irgendwann in den darauffolgenden Jahren die Baubewilligung für eine Erhöhung des Hauses und die Neufassung der beiden Fassaden erhält. Das danebenliegende Gebäude mit der Nummer 13 hingegen verbleibt im Besitz der Familie Schlatter.[144] Es ermöglicht den direkten Zugang zum Kreuzgang von der Gasse her und bedient über mehrere Treppen die im ersten Geschoss befindliche, im Laufe des 19. Jahrhunderts erbaute nördliche Erweiterung sowie die dahinterliegen-

236 BAUGESCHICHTE: VERSTECKTER REICHTUM

Ansicht der Häusergruppe an der Katharinengasse vor dem Eingriff durch Hans Morant. Aufnahmeplan von 1973.

Fotografie nach dem Abbruch des Hauses Katharinengasse 13, ca. 1973.

Rechte Seite:
Links das Konventshaus, rechts der südöstliche Eckbau nach Vollendung der Sanierungsarbeiten. Zustand 1982.

Die neu erstellte Fassade des ehemaligen Fundushauses mit ihren Riegeln und den Fensterrahmungen aus Sandstein entsteht teilweise nach Befunden, teilweise aber auch nach der Phantasie des Architekten Hans Morant, 1970er-Jahre.

den, nachreformatorischen Räumlichkeiten oberhalb des Nordtrakts des Kreuzgangs.[145]

1929 verkauft Fotograf Josef Anton Lüthi das Haus Katharinengasse 11 ans Stadttheater, das «für die Damenschneiderei, einen Teil des Kostümfundus und auch für Proben» Räume benötigt und es fortan als Fundushaus bezeichnet. Als sich zu Beginn der 1960er-Jahre die «Kaufhaus am Bohl AG» für die Liegenschaft interessiert, um dort ihr Neubauprojekt realisieren zu können, stimmen die Verantwortlichen des Theaters einem Verkauf zu.[146]

Nach der endgültigen Aufgabe des ambitionierten Warenhausprojekts der «Maus frères» 1971 (siehe unten, klösterliches Nebengebäude) gelangen die Liegenschaften Hechtgasse 3 und Katharinengasse 11 zuerst an den Rechtsnachfolger der «Kaufhaus am Bohl AG», den Luzerner Rechtsanwalt Hans Sormani, und 1972 von ihm über einen Tauschvertrag in den Besitz der Stadt St. Gallen.[147] Nachdem im Frühling 1976 die Baubewilligung vorliegt, beginnen die von Hans Morant beaufsichtigten Aussenrestaurierungsarbeiten. Morant entscheidet sich, einen Teil des Hauses an der Katharinengasse 11 und das ganze Gebäude mit der Hausnummer 13 abzubrechen, da dessen Bausubstanz «nicht zum gotischen Bestand zählte [...]».[148] Gleichzeitig angeordnete Grabungen der Kantonsarchäologie unter diesen Bauten fördern eine vermutlich aus dem 16. Jahrhundert stammende Beeteinteilung zu Tage. Südlich der Kirche kommen Skelettreste von Sekundär-

BAUGESCHICHTE: VERSTECKTER REICHTUM 237

bestattungen zum Vorschein; ein eigentlicher Friedhof kann aber nicht nachgewiesen werden. Morant erstellt an dieser Stelle einen zweigeschossigen, von der Gasse zurückversetzten Neubau, der die interne Verbindung vom Eingang mit den Arkaden zur Kirche schafft und eine neue Sakristei sowie weitere Räume beherbergt.[149]

Hans Morant und Albert Knoepfli – laut Zeitungsartikel arbeiten der Architekt und der Denkmalpfleger eng zusammen[150] – entscheiden sich auch bei der Neufassung des Fundushauses für die Gotisierung der Bausubstanz. Die im 19. Jahrhundert modernisierte Fensterordnung zur Katharinengasse erhält anstelle von zwei grösseren Fenstern pro Geschoss wieder drei kleinere; bei der Hauptfassade gegen den Bohl werden das dritte Obergeschoss sowie der Dachstock komplett neu erstellt.

Da die im ersten Obergeschoss eingemietete Freihandbibliothek schon länger Platzprobleme hat, mietet die Stadt St. Gallen ab 2006 zusätzliche Räumlichkeiten bei der Stadtmission. Der aus dem frühen 16. Jahrhundert stammende, langgezogene Raum oberhalb des nördlichen Kreuzgangflügels beherbergt nun CDs, DVDs und Computerstationen. Mit der Ausarbeitung der Pläne wird Architekt und Denkmalpfleger Michael Niedermann beauftragt.[151] Seit diesem Eingriff wird das erste Geschoss oberhalb des Kreuzgangs in allen vier Flügeln von der Freihandbibliothek benutzt und ist öffentlich zugänglich.

Katharinengasse 21

Haus des Lesemeisters, Vereinshaus, Forum St. Katharinen

Das Gebäude an der Katharinengasse 21, in dem fast 120 Jahre lang das Vereinshaus und die Buchhandlung der Evangelischen Gesellschaft der Kantone St. Gallen und Appenzell untergebracht waren, ist direkt an die Nordwand der Kirche zu St. Katharinen angebaut. Es ist derselbe Ort, an dem August Hardegger in seiner etwas spekulativen Klosteransicht von 1885 das Haus des Lesemeisters einzeichnet (Buchstabe F auf dem Grundriss Seite 203); worauf er diese Vermutung abstützt, ist leider unklar. Möglicherweise hat Hardegger jedoch vor dem Neubau des ehemaligen Vereinshauses um 1883/84 diesbezüglich Hinweise erhalten, die heute nicht mehr nachvollziehbar sind (siehe perspektivische Ansicht Seite 212).

Ansicht des 1884 durch die Baumeister Wartmann und Schlatter erstellten Vereinshauses und der vorgeblendeten Kirchenfassade zur Katharinengasse. Zustand 2010.

Aktuelle Befunde der Bauforschung belegen einen nördlich gelegenen Anbau an die Kirche bereits für die Zeit vor dem Stadtbrand von 1418: Die intensive Brandrötung der äusseren Kirchenwand gegen Norden deutet darauf hin, dass das dort angebaute Gebäude beim Brand hohe Hitze erzeugt haben muss und deshalb wahrscheinlich aus Holz bestanden hat. Das dieses Haus Teil des Klosterbereiches gewesen sein muss, liegt auf der Hand; wegen seiner Nähe zu Kirche und Sakristei ist eine Funktion als Wohnhaus des Beichtvaters beziehungsweise Lesemeisters durchaus denkbar. Die schriftlichen Überlieferungen zu diesem «Haus des Beichtigers» sind jedoch sehr dürftig: Das Konventsbuch erwähnt für 1487 den Einbau eines gemauerten Kamins mit Ziegelsteinen in das Haus des Lesemeisters («Bichtvätter Hus»).[152] Dass dieses Haus bestanden hat, ist hiermit gesichert; wo es sich befunden haben könnte, bleibt unklar.

Nach der Reformation geht – zusammen mit dem ehemaligen Kloster – auch das Haus an der heutigen Katharinengasse 21 in den

240 BAUGESCHICHTE: VERSTECKTER REICHTUM

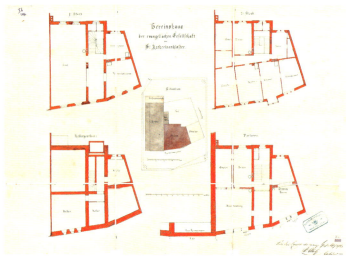

Der grosse Versammlungssaal der Evangelischen Gesellschaft, Zustand nach dem Auszug der Stadtmission 2010.

Baueingabe für den Bau des Vereinshauses der Evangelischen Gesellschaft an der Katharinengasse 21. Links anschliessend die gleichzeitig erstellte, neugotische Vorfassade der Katharinenkirche.

Besitz der Stadt über und wird zuerst von der städtischen Knabenschule und später vom Gymnasium benutzt. Nach dem Auszug des Gymnasiums 1855 gelangt das Gebäude zusammen mit der Katharinenkirche über die Kaufmännische Corporation in den Besitz des Baumeisters und Steinmetzes Ambrosius Schlatter. Der Kaufbrief vom 8. Februar 1855 listet das «über oder neben der Französischen Kirche gelegene Gebäude, östlich an die St. Katharinengasse, westlich in dem hintern Hofraum des Gymnasiums

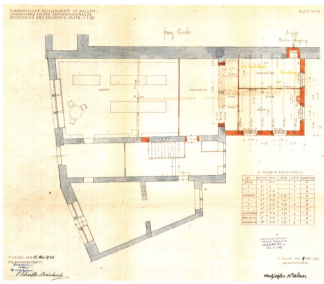

stehend» als «Lehrerwohnung von Herrn Pfarrer Pfeiffer [...]» auf.[153] Zu dieser Zeit besteht also bereits ein Zugang zum Dachstock über der Kirche; das Dachgeschoss und die Räume im zweiten Obergeschoss oberhalb des nördlichen Kreuzgangs sind noch heute über die Liegenschaft an der Katharinengasse 21 erreichbar. Auf dem 1855 von Johannes Mettler angefertigten Stich ist die Hinterseite des in traditioneller Bauweise mit Holzfachwerk erstellten Hauses und zweier angebauter Schuppen erkennbar (siehe Abbildung Seite 228).

Nach dem Tod von Ambrosius Schlatter 1872 erbt seine Tochter Louise das Haus Katharinengasse 21 zusammen mit der Katharinenkirche. Die Kirche geht 1880 testamentarisch von Louise Schlatter an die Evangelische Gesellschaft der Kantone St. Gallen und Appenzell mit der Auflage, dass sie weiterhin vom Kaufmännischen Directorium für die Eglise française gemietet werden kann; das Haus Katharinengasse 21 gelangt bereits im August desselben Jahres von der Erbengemeinschaft Schlatter an die Evangelische Gesellschaft. Es soll sich für einen Umbau anscheinend nicht mehr geeignet haben, so dass an gleicher Stelle ein Neubau entsteht: Am 27. Oktober 1884 feiert die Evangeli-

Blick ins Treppenhaus des Vereinshauses an der Katharinengasse 21. Zustand 2010.

1922 lassen die Architekten von Ziegler und Balmer die St. Anna-Kapelle von 1514 abbrechen und realisieren an ihrer Stelle eine Ladenerweiterung.

sche Gesellschaft die Eröffnung ihres neuen Vereinshauses.[154] Ins Erdgeschoss zieht die bereits seit 1866 in der Katharinengasse befindliche Evangelische Buchhandlung ein (nach 1977: Vadian-Buchhandlung und Verlag), im ersten Obergeschoss sind Unterrichtszimmer und der grosse Versammlungssaal untergebracht, und das zweite Stockwerk beherbergt die Pfarrerwohnung, von der man in den Dachstock der Kirche gelangen kann. Geplant und ausgeführt wird das neue Vereinshaus durch Wartmann+Schlatter, St.Gallen, in einfacher, jedoch zweckdienlichen Bauweise.[155] Die Baumeister erstellen einen zusammenhängenden, dem Gassenverlauf über eine abgewinkelte Ecke folgenden Bau mit roter Backsteinfassade. Das durch seinen gequaderten Sockel und das ausgeprägte Gesims trotz der hohen Fenster des zweigeschossigen Saals horizontal gegliederte Gebäude ordnet sich der neugotisch-aufstrebenden, gleichzeitig realisierten Kirchenfassade unter; im Gegensatz zur Kirche, die mit ihren Masswerken aus Sandstein über einen vergleichsweise reichen Schmuck verfügt, beschränken sich die Ornamente am Vereinshaus auf den Fachwerk-Erker und die filigranen Gusseisensäulen an den Schaufenstern der Buchhandlung.

1922 erhält die Buchhandlung im Erdgeschoss eine signifikante Vergrösserung durch den Anbau eines eingeschossigen Hofgebäudes. Im Zuge dieses Bauvorhabens lassen die Architekten von Ziegler und Balmer die noch bestehende St.Anna-Kapelle von 1514 und allfällige letzte bauliche Resten der ehemaligen Sakristei aus dem 14. Jahrhundert abbrechen. Abgesehen von dieser Erweiterung bleiben sowohl die äussere als auch die innere Gestalt des Vereinshauses bis zum Ende des 20. Jahrhunderts weitgehend erhalten: Ein Umbauprojekt des St.Galler Architekten Henri Wagner von 1977, das eine Neugestaltung der in die Jahre gekommenen Buchhandlung vorgesehen hätte, wird nicht realisiert.

Die 1997 erfolgte Neuausrichtung der Evangelischen Gesellschaft – sie wird in der zweiten Hälfte des 20. Jahrhunderts in «Stadtmission» umgetauft – bewirkt eine stetig wachsende Anhängerschaft. Nach zahlreichen erfolglosen Versuchen, die Katharinenkirche und das Vereinshaus durch bauliche Massnahmen dem gesteigerten Platzbedarf anzupassen, beschliesst die evangelikale Gemeinde 2003 den Auszug aus ihrem Stammhaus an der Katharinengasse. Am 27. August 2007 kauften Wegelin & Co. Privatbankiers die Liegenschaften an der Katharinengasse 15 und 21 mit der Absicht, ihre Geschäftsräumlichkeiten zu erweitern und ein zeitgemässes Konferenz- und Ausbildungszentrum einzurichten.[156] Es wurde 2012 auf die Notenstein Privatbank übertragen.

Weitere Bauten für das Klosterleben
Neben den hier eingehend besprochenen müssen die Schwestern von St. Katharinen diverse weitere Bauten besessen und benutzt haben. Manchmal ist die Erstellung oder der Bezug von neuen Räumlichkeiten im Konventsbuch vermerkt, zuweilen sogar mit Angabe einer Örtlichkeit – so wie 1481 im Falle der Erstellung diverser Ökonomiegebäude (eines Bindhauses, eines Kornhauses, eines Schopfs und eines Kuhstalls) innerhalb des Klosters und im «äusseren» Garten. Aus der atemlosen Beschreibung lässt sich aber nicht genau eruieren, wo die verschiedenen Bauten zu stehen gekommen sind.[157] Neben den Bauten für die Produktion von Gütern und die Haltung von Haustieren verfügen die Klosterfrauen auch über solche zur Aufbewahrung von Lebensmitteln. Wie das bereits erwähnte Kornhaus dienen unterschiedliche Keller zur Lagerung der ausserhalb der Stadt durch die klostereigenen Gutsbetriebe erwirtschafteten Erträge. August Hardegger vermutet den Weinkeller «im hintern Hofraum des Klosters, nahe an der Kirche», unterhalb der Beichtigerwohnung. Die Weinproduktion scheint mitunter äusserst erfolgreich gewesen zu sein: Im Jahr 1483 zwingen übervolle Weinkeller (51 Fässer) die Klosterfrauen gar, sich nach einem zusätzlichen Aufbewahrungsort umzusehen.[158]

Auch die Hygiene kommt im Kloster nicht zu kurz; so erwähnen die Schwestern 1478 ein neues Badstübli mit darüber liegendem Gemach, «an der Mur hinder dem Bachoffen [Backofen]». Zwölf Jahre später berichten sie vom Einbau eines neuen Kessels, Ofens und einer hölzernen Wanne in das Badhaus. 1495 ist bereits die Rede von einer zweiten, grösseren Badstube mit einem neuen Ofen sowie etlichen neuen «Häfen vnd Kessinen». Schwester Ursula Vogelwaider(in), die im Laufe ihres klösterlichen Lebens eine geistige Erkrankung erlitten haben muss, wird jeweils sogar aus ihrer Stube in das Bad getragen, obwohl sie laut der Konventsbuchschreiberin einen «grossen Unwillen» dagegen habe.[159]

Auch wenn der genaue Ort dieser Gebäude heute nicht mehr nachvollzogen werden kann: Interessant sind die Auflistungen der Sekundärbauten allemal, zeigen sie doch die grossen Anstrengungen der Klosterfrauen, unterschiedliche Funktionen zu trennen und so mehr Ordnung in ihre nähere Umwelt zu bringen, um die täglich anfallenden Arbeiten effizient erledigen zu können.

Neben den ausdrücklich aufgelisteten und somit mit einiger Sicherheit nachweisbaren Gebäuden geben aber auch die Aufgaben oder Funktionen des Klosters Hinweise auf möglicherweise vorhandene Bauten. So kann man im Konventsbuch von der Herstellung von Leinwand, Stoffen oder Tüchern lesen.[160] Wo genau diese stattgefunden hat, bleibt offen; klar ist jedoch, dass gerade die Arbeiten mit grösser dimensionierten Textilien nach spezifisch eingerichteten Räumen verlangen und nicht wie beispielsweise die Herstellung von Garnen oder Paternoster-Schnüren in den üblicherweise vorhandenen Wohnräumen erledigt werden können. Bless-Grabher erwähnt in diesem Zusammenhang gar ein eigentliches «Werkhaus», auf das sie aber nicht weiter eingeht.[161] Auch der Unterricht der Novizinnen und weiterer Mädchen, die auf das Noviziat vorbereitet wurden, muss an mehr oder weniger fest definierten Orten – teils in der Klausur, teils ausserhalb – stattgefunden haben.[162]

Die grössten offenen Fragen betreffen sicher die Bibliothek und das Scriptorium. Im Bücherverzeichnis von 1484 werden 158 lateinische und 43 deutsche Bücher, 27 lateinische und 38 deutsche in Brettli gebundene Gebetbücher sowie gedruckte Bücher aufgelistet. Insgesamt verfügt das Kloster zu dieser Zeit über circa 233 Bände; die grosse Zahl verleitet Mengis zur Vermutung, dass der Konvent bereits vor der Reform von 1459 über einen ansehnlichen Bücherbestand verfügt habe. Auch Hardegger merkt 1885 an, dass «von der Kunst der Schreiberinnen zu St. Katharina eine Anzahl jetzt noch erhaltener Bücher beredtes Zeugnis» ablege.[163] Tatsächlich haben von 323 mit Namen bekannten Bänden aus dem Bestand des ehemaligen St. Galler Klosters deren 105 überlebt, die meisten von ihnen werden heute in der Stiftsbibliothek St. Gallen und im Kloster St. Katharina in Wil aufbewahrt.[164]

Allerdings verschweigen die Schreiberinnen des Konventsbuchs den Aufbewahrungsort dieser Bücher. Angesichts der Tatsache, dass die Schriften sowohl materiell (als äusserst kostbare und in aufwendiger Handarbeit erstellte Folianten) als auch ideell (als unentbehrliches

Brevier aus dem Kloster St. Katharinen, geschrieben von Schwester Cordula von Schönau zwischen 1492 und 1498. Auf der linken Seite ein kolorierter Einblattdruck mit dem Bild der heiligen Barbara.

Werkzeug innerhalb der Liturgie und des täglichen Lebens) die für das Kloster vielleicht wertvollsten Objekte überhaupt darstellten, scheint es sonderbar, dass sie über keinen festen, benennbaren Standort innerhalb der Anlage verfügten. Mengis bemerkt dazu: «Es ist schwer vorstellbar, dass im Zuge der grossen baulichen Veränderungen – die Klausurierung bedeutete nicht nur einen sozialen, sondern auch einen architektonischen Umbau! – nicht auch den Büchern eine Heimstatt eingerichtet wurde, nahm doch der Kloster-Komplex im Laufe der Jahre eine beachtliche Grösse an. Umso schwieriger ist nachvollziehbar, weshalb die Chronik wie auch die Archivalien hierzu schweigen.» Und auch zum Ort der Herstellung, zum Scriptorium, bemerkt Mengis: «Obwohl, wie gesehen, der Schreibbetrieb im Katharinen-Kloster offenbar gut organisiert war – die Produktivität der Schreibstube, wie sie für St. Katharina belegt ist, setzt dies voraus, insbesondere auch die Herstellung der Foliobände (Format!) für den Chor – ist die Frage nach dem Ort des «Scriptoriums», d. h. nach der konkreten Räumlichkeit, in der Bücher abgeschrieben wurden, nicht ohne weiteres zu beantworten: Weder Chronik noch Schwesternbuch von St. Katharina überliefern Angaben zur Örtlichkeit, wo die Schreiberinnen-Equipe tätig war.»[165]

Hechtgasse 1

Klösterliches Nebengebäude, Lehrerwohnung, Restaurant Franziskaner

Über die heute als «Franziskaner» bekannte Liegenschaft an der Hechtgasse 1 sind aus klösterlicher Zeit keine Informationen überliefert. Selbst Melchior Franks Stadtprospekt von 1596, die erste bekannte Bildquelle des Klosters, zeigt nicht genau, welche bauliche Verbindung zwischen dem Konventshaus und dem rechtwinklig dazu stehenden, eingeschossigen Gebäude (dem nachmaligen Hinterflügel des Zeughauses) besteht. Es sieht so aus, als ob das Konventshaus direkt an diese Häuserzeile stossen und so den südlich gelegenen Klosterhof eingrenzen würde, was jedoch nicht sehr wahrscheinlich ist: Das Konventgebäude weist nämlich an seiner Südfassade keine Türe auf, wo der den Hof vom südöstlichen Tor her durchquerende Weg hinführen könnte (siehe Abbildung Seite 180).

August Hardegger nimmt in seiner 1885 entstandenen Ansicht an, dass das Haus an der heutigen Hechtgasse 1 bereits um 1520 ein dreigeschossiger, direkt an die Westfassade des Konventshauses anschliessender Bau mit breitem Durchgangstor war (siehe Abbildung Seite 212). Diese Annahme ist jedenfalls für die letzten Dezennien des Klosters denkbar; das Haus, das sich innerhalb der Klausur befunden hat, könnte als klösterliches Nebengebäude unterschiedlichste Funktionen erfüllt haben. Dass das Konventshaus jedoch zumindest in frühester Klosterzeit eine teilweise oder ganz freistehende Westfassade aufgewiesen haben muss, ist durch die Anwesenheit dreier Luzide in der Westwand des ersten Geschosses bewiesen: Diese Lichtöffnungen stammen aus einer Epoche vor der Verwendung von Glasfenstern und dürften somit nur bis in die Zeit um 1400 benutzt worden sein. Es ist aber durchaus denkbar, dass die Luzide spätestens mit dem Einbau von Glasfenstern in der Südfassade[166] nicht mehr dringend offenbleiben mussten, so dass ein Weiterbau der Häuserzeile gegen Westen bereits im 15. Jahrhundert möglich wurde.

Da der 1618 bezogene Hinterflügel des Zeughauses direkt rechtwinklig an das Gebäude angebaut ist, einen guten Teil von dessen Fassade zudeckt und nur noch den Torbogen mit der Passage zur Goliathgasse und in den oberen Geschossen eine Fensterachse offenlässt, ist für das Haus an der Hechtgasse 1 eine Bauzeit zwischen dem späten 14. und dem 16. Jahrhundert denkbar.[167] Nachvollziehbar wird diese Situation anhand von zwei um 1855 erstellten Grafiken (siehe Abbildungen Seite 96 und Seite 183).

Es ist demnach sehr wahrscheinlich, dass das Haus nach der Reformation bereits ab 1537 durch die städtische Knabenschule (Deutsche und Lateinschule) und ab 1598/99 durch das Gymnasium benutzt worden ist.[168] Im Stiftslibell von 1598 ist die Umgrenzung des Areals, das mit dem Ablösungsvertrag von 1594 in den Besitz der Stadt (beziehungsweise der nachmaligen Ortsbürgergemeinde) übergegangen ist, genau überliefert: Es dehnt sich vom Zeughaus am Bohl dem Marstall (also der heutigen Katharinengasse) entlang bis zum «Bach» und von dort zurück zum Zeughaus aus[169] (siehe Abbildung Seite 182 links).

Am 8. Februar 1855 wird das Haus an der Hechtgasse 1 zusammen mit den anderen Klosterbauten von der Ortsbürgergemeinde an das Kaufmännische Directorium verkauft. Der dazugehörige Kaufbrief führt die Liegenschaft als «Lehrerwohnung von Herrn Rektor Fuchs» auf und belegt somit, dass das Haus zumindest in der nahen Vergangenheit durch das Personal des Gymnasiums genutzt worden ist.[170]

Bereits im Juni 1855 gelangt das Haus zusammen mit dem ehemaligen Kloster und der Kirche in den Besitz Ambrosius Schlatters. Schlatter wiederum veräussert die Liegenschaft unter der Bezeichnung «Wohnhaus zu St. Katharina» 1857 an Hafnermeister Heinrich Dominicus Appenzeller-Stähelin; dieser verpflichtet sich, in den kommenden neun Jahren keine Schenke beziehungsweise Wirtschaft darin zu betreiben. In den darauffolgenden Jahren wechselt das Haus fast jährlich den Besitzer. Ab 1875 wird es erst-

Das mit einer Fassadengestaltung aus dem 19. Jahrhundert ornamentierte Restaurant Franziskaner in einer undatierten historischen Aufnahme; ganz rechts im Bild das Stadttheater, das sich noch bis 1971 an diesem Ort befand.

mals als «Restauration» im Telefonbuch aufgeführt, und ab 1882 kennt man es unter dem Namen «Franziskaner». Nach dem Abbruch des Zeughauses und seines Hinterflügels erhält das Gebäude seine ursprüngliche Fassadenbreite zum Bohl hin wieder; die erneuerte Fassade ist gekennzeichnet durch die strikte Rhythmisierung der Fensteröffnungen sowie die Versetzung des Torbogens um eine Fensterachse von der östlichen Ecke weg.[171]

Nach dem Abbruch des Stadttheaters 1971 wird das Ausmass der Vernachlässigung erst richtig sichtbar. Zustand 1973.

Mit der 1960 erfolgten Baurechtsermittlung der «Kaufhaus am Bohl AG» für ein Warenhaus anstelle des alten Stadttheaters und des ehemaligen klösterlichen Konventshauses rückt das bescheidene Haus an der Hechtgasse 1 in den Fokus der allgemeinen Aufmerksamkeit. Nach einer ersten Handänderung 1963 – das Gebäude wird von der nebenan beheimateten Buchdruckerei Karl Weiss AG aufgekauft – gelangt die Liegenschaft 1965 in die Hände der «Kaufhaus am Bohl AG». Die Wirtschaft zum Franziskaner wird im September 1967 geschlossen, das Haus sollte fortan leer stehen.[172] Die Pläne der «Kaufhaus am Bohl AG» zerschlagen sich mit der öffentlichen Anteilnahme am Schicksal des Katharinenklosters. Im Gegensatz zum Konventshaus, das 1972 von der Stadt St. Gallen aufgekauft wird, verbleibt der ehemalige «Franziskaner» aber im Besitz des Rechtsnachfolgers der «Kaufhaus am Bohl AG», Hans Sormani aus Luzern. Dieser stellt 1976 und 1977 zusammen mit dem St. Galler Architekten Hans Morant zwei Baugesuche für die Restaurierung der Liegen-

1978 wird der «Franziskaner» abgebrochen und anschliessend im historisierenden Stil wieder aufgebaut.

schaft. Auch die städtische Denkmalpflege konstatiert, dass die Riegel des in den 1930er-Jahren erstellten dritten Stockes und das Dach zwingend erneuert werden müssen. Anscheinend hat man daraufhin erfolglos versucht, die restliche bestehende Bausubstanz zu erhalten, denn im September kauft die Brauerei Schützengarten AG dem Luzerner Anwalt Sormani den «Franziskaner» ab und stellt im Februar 1978 ein Korrekturgesuch, das neu vom Abbruch und dem anschliessenden Neubau des eigentlich denkmalgeschützten Gebäudes ausgeht.[173] Selbst Albert Knoepfli, der Experte der Eidgenössischen Kommission für Denkmalpflege, misst dem Haus «fast nur Situationswert» zu: Durch seine dominierende Lage und als Nachbar der anderen Bauten soll es aber «von vielen Störfaktoren befreit und mit einiger Kosmetik behandelt werden». Tatsächlich fahren im Mai die Bagger auf, und bereits ein Jahr später feiert man die Eröffnung des in historisierendem Stil wiedererbauten «Franziskaners».[174]

Hans Morant entscheidet sich beim Wiederaufbau für die Erstellung neuer, sichtbarer Riegel in den oberen Geschossen; der Torbogen für den Durchgang zur Goliathgasse wird wieder in die östliche Gebäudeecke versetzt, wo er sich laut den Stichen des 19. Jahrhunderts auch in der Vergangenheit befunden hatte. Heute ist man sich beim Vorbeigehen kaum mehr bewusst, dass es sich beim «Franziskaner» um einen Bau aus den 1970er-Jahren handelt.

Klösterliches Nebengebäude, städtisches Zeughaus mit Hinterflügel, Stadttheater, Markt am Bohl

Das städtische Zeughaus – wo «viele Kanonen von allerlei Kaliber, [...] Mörser und Bomben; viel kleines Gewehr [...] Kugeln, Bomben, Lunten, Pulver [und] Blei»[175] aufbewahrt wurden – zählt natürlich nicht zum eigentlichen baulichen Bestand des Dominikanerinnenkonvents. Es befand sich aber an einer Stelle, die während der Blüte des Klosters mit einiger Sicherheit durch Nebengebäude im Besitz der Schwestern belegt war, und gehört deshalb zum eigentlichen Geviert des Klosters. Hardegger vermutet hier sogar das «neue Refektorium»; Poeschel widerlegt diese Annahme aber auf glaubhafte Weise.[176]

Bohl 9

Auf Melchior Franks Stadtansicht von 1596 ist das mit dem Buchstaben K bezeichnete, prominent gesetzte städtische Zeughaus gut erkennbar. Der Hauptbau mit den beidseitig angebrachten Treppengiebeln grenzt den ehemaligen Klosterhof gegen Süden zum Bohl ab. Gegen Osten schliesst er an die bestehende Klostermauer an, gegen Westen an einen zweigeschossigen Gebäudeflügel, über dessen Funktion keine sicheren Erkenntnisse vorliegen.

Gesichert hingegen ist die Grundsteinlegung für ein städtisches Zeughaus durch Zeugmeister Melchior Gügi und 39 Knechte anno 1556 – ein Jahr, nachdem der Streit um das Kloster zwischen der Stadt und den Ordensschwestern zumindest auf dem Papier beendet wird. Hierbei ist wohl das Gebäude mit den Treppengiebeln am Bohl gemeint. Was für ein Haus sich in klösterlicher Zeit an dieser Stelle befunden hat oder ob einfach die Klostermauer als Abgrenzung zum belebten Bohl diente, ist heute nicht mehr nachvollziehbar. Anzunehmen ist jedoch, dass sich ein allfälliges Gebäude im Besitz des Klosters hätte befinden müssen, da sonst der Sichtschutz – ein wichtiger Bestandteil der strengen Klausur –

Auf der 1642 entstandenen Stadtansicht von Matthäus Merian hat das Katharinenkloster immer noch genau dieselbe bauliche Ausdehnung wie auf der 1596 angefertigten Darstellung von Melchior Frank.

Um 1780 erhält das Zeughaus am Bohl barocke Voluten anstelle der vorherigen Treppengiebel. Zeichnung von Johann Conrad Mayr, um 1790.

nicht gewährleistet gewesen wäre. Man vermutet deshalb, dass an der Stelle des nachmaligen Zeughauses ein Stall und ein Wagenschopf der Dienstleute des Katharinenklosters standen.[177]

Für 1618 ist eine Vergrösserung und Erweiterung des Zeughauses überliefert.[178] Auf dem 1642 von Matthäus Merian angefertigten Stich umfasst das ehemalige Klosterareal allerdings immer noch die gleichen Bauten wie fünfzig Jahre zuvor bei Melchior Frank: Entweder hat Merian also bei Frank kopiert, ohne die aktuelle Situation aufzunehmen, oder das Zeughaus hat sich in bereits bestehende Gebäude ausgedehnt.

Um 1780 erhält das Zeughaus eine neue Aussenansicht: Bei der Renovation der Fassaden werden die nun als altmodisch geltenden Treppengiebel durch barocke Voluten ersetzt.[179] Bevor es 1798 im

BAUGESCHICHTE: VERSTECKTER REICHTUM 253

Zuge der Helvetischen Revolution von der Stadt an die Zentralregierung der Helvetischen Republik und 1803 an den Kanton St. Gallen übergeht,[180] beschreibt Bernhard Wartmann das Zeughaus in einem Manuskript als «mit einem Hinterflügel, der in den Hof des Katharinen-Klosters gehet, versehen». Dieser Hinterflügel ist auf der 1855 entstandenen Grafik von Joseph Nieriker noch ersichtlich (siehe Abbildung Seite 183); er verläuft quer über den Klostergarten und stösst direkt auf das heute als «Franziskaner» bekannte Gebäude.

1848 gelangt das Zeughaus durch einen Tauschhandel vom Kanton St. Gallen wieder zurück in die Hände der Ortsbürgergemeinde.[181] Hier verbleibt es jedoch nicht lange: Bereits sieben Jahre später veräussern die Ortsbürger das gesamte ehemalige Klosterareal inklusive seiner Nebengebäude. Das Zeughaus gelangt zusammen mit einem Wagenschopf und den Hintergebäuden nebst Grund und Boden über die Kaufmännische Corporation

Das 1857 eröffnete und von Johann Christoph Kunkler erbaute Stadttheater, wohl um 1920.

254 BAUGESCHICHTE: VERSTECKTER REICHTUM

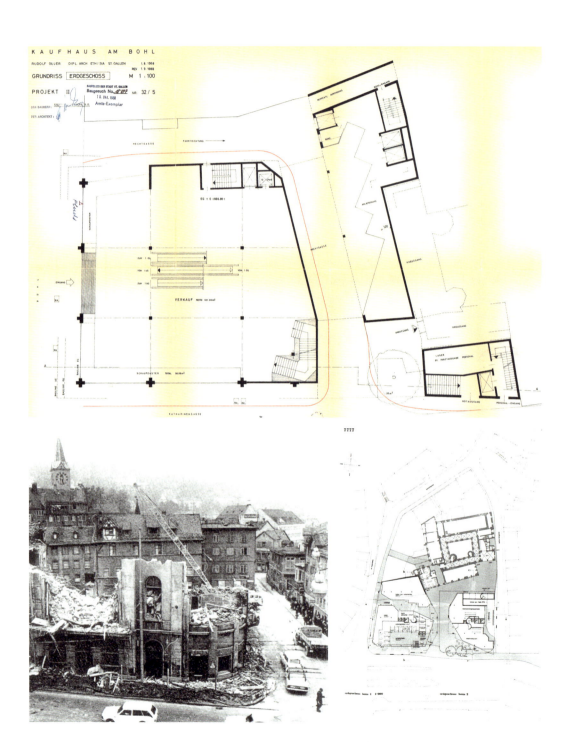

in den Besitz des Theaterbauvereins. Es wird kurz darauf abgebrochen, um dem neuen Stadttheater von Johann Christoph Kunkler Platz zu machen, das nach rascher Planungs- und Bauzeit schon 1857 mit Wolfgang Amadeus Mozarts Oper «Don Giovanni» eröffnet werden kann. Das ehemalige Kloster St. Katharinen entgeht zum wiederholten Mal nur knapp der Zerstörung: Obwohl Kunkler zuerst mit der Ausarbeitung eines Überbauungsplans für das gesamte Klosterareal beauftragt worden war, einigt man sich schliesslich auf das Areal des Zeughauses und des Klosterhofs zum Bohl hin.[182]

Nach etwas mehr als hundert Jahren ergibt sich «die unverhoffte Gelegenheit, das alte Haus [Theater], dessen Räume und Einrichtungen kaum mehr den Anforderungen gerecht werden können, gut zu verkaufen». Neben dem Theatergebäude selbst wird auch das im Besitz des Stadttheaters befindliche «Fundushaus», also der Osttrakt des ehemaligen Klosters mit der heutigen Adresse Katharinengasse 11, veräussert; der Handwechsel findet am 25. Juni 1962 statt. Käuferin ist die «Kaufhaus am Bohl AG», die für die Errichtung eines Warenhauses den Abbruch des Stadttheaters sowie der südlich gelegenen ehemaligen Klosterbauten beabsichtigt.[183] Einer ersten Bauermittlung im November 1960 folgen in den nächsten zehn Jahren diverse Eingabeprojekte mit unterschiedlichen Perimetern; im umfassendsten davon wäre vom ehemaligen Konventshaus nur noch der Kreuzgang im Erdgeschoss stehen geblieben. 1961 schreibt die Stadttheater AG den öffentlichen Projektwettbewerb für einen Neubau im Grossmannpark, am Rande des Stadtparks vis-à-vis der Tonhalle, aus. Planung und Realisierung schreiten voran, so dass 1968 die Eröffnung des neuen Stadttheaters – eines mehreckigen Sichtbetonbaus von Claude Paillard – gefeiert werden kann. Im Mai 1971, drei Jahre nach der letzten Vorstellung im alten Stadttheater am Bohl, wird das Gebäude abgebrochen und gibt so den Blick frei auf die noch bestehenden ehemaligen Klosterbauten.[184]

Das ambitionierte Warenhausprojekt der «Maus frères» hat sich zu dieser Zeit bereits zerschlagen, und so gelangen das ehemalige Konventshaus und die Liegenschaft an der Katharinengasse 11 zuerst an den Rechtsnachfolger der «Kaufhaus am Bohl AG», den Luzerner Rechtsanwalt Hans Sormani, und 1972 von ihm über ei-

Das 1969 bewilligte Bauprojekt für ein Kaufhaus hätte sich vom Bohl bis über den Kreuzgang und in den Osttrakt des ehemaligen Klosters erstreckt; rechts im Plan sind die barocken Türme sichtbar. Architekt ist Rudolf Gujer.

1971 wird das von Johann Christoph Kunkler erbaute Stadttheater abgetragen.

Wettbewerb für eine Überbauung von Hecht und Bohl, 1974 vom Schweizerischen Bankverein ausgeschrieben. Erdgeschossgrundriss des Projekts von Heinrich Graf, Architekt, St. Gallen.

nen Tauschvertrag an die Stadt St. Gallen.[185] Wenn auch ziemlich bald klar wird, dass das Kloster nicht abgebrochen werden darf, gehen die Meinungen darüber doch weit auseinander, wie die Parzelle des ehemaligen Stadttheaters überbaut werden soll. 1974 schreibt der Schweizerische Bankverein unter zehn Architekturbüros einen Wettbewerb für einen Neubau mit Bank, Läden, Restaurant, Grossverteiler, Discothek und Garagen aus; das erstrangierte Projekt wird jedoch nicht ausgeführt. Ein Jahr später, in einer geschichtsträchtigen Debatte am 7. Oktober 1975, fassen der Stadt- und der Gemeinderat von St. Gallen den Beschluss, das ehemalige Kloster St. Katharinen für insgesamt 3,41 Millionen Franken zu restaurieren. Die Parzelle zum Bohl hin, St. Gallens «teuerste Zahnlücke», bleibt jedoch noch mehr als ein Jahrzehnt leer und wird erst 1991 mit dem «Markt am Bohl» überbaut beziehungsweise geschlossen.[186]

AUCH KATHARINEN BEFAND SICH EINST AM TOR ZUR STADT…

Katharinen steht immer noch. Der ehemalige Klosterkomplex wird vielseitig genutzt und von vielen Leuten hochgeschätzt. Nicht nur die Stadt St. Gallen, sondern auch private Eigentümerinnen und Eigentümer haben massgeblich dazu beigetragen. Jedes Mal, wenn ein Abriss der ehemaligen Klostergebäude zuerst aus religiösen, später aus rein funktionalen und im 20. Jahrhundert vornehmlich aus ökonomischen Gründen quasi schon beschlossen war, haben sich Privatpersonen, Historiker, Denkmalpfleger und Parlamentarierinnen für den Schutz von St. Katharinen eingesetzt und das Schlimmste abwenden können. Ihr Engagement für die Erhaltung des historischen Erbes wird heute von allen Seiten anerkannt und gewürdigt.

Dass es im Fall von St. Katharinen dank einiger glücklicher Fügungen des Schicksals noch einmal gut gegangen ist, ist erfreulich. Das baukulturelle Erbe ist im wahrsten Sinne des Wortes ein Vermögenswert nicht nur unserer Zeit, sondern es gehört auch künftigen Generationen. Möge das verdankenswerte Engagement von privater Seite, das die 2012 abgeschlossene Sanierung von St. Katharinen möglich gemacht hat, als Vorbild für die Erhaltung und Aufwertung historischer Bauten und Anlagen dienen.

DANK

Thomas Ryser vom Stadtarchiv der Ortsbürgergemeinde St. Gallen hat mit seiner sorgfältigen Bildrecherche einen wichtigen Grundstein für dieses Kapitel gelegt. Für seine Hilfe möchte ich mich ganz herzlich bedanken.

RENOVATION: RÜSTEN FÜR DIE ZUKUNFT

CLAUDIA REEB

AUSGANGSLAGE – KIRCHE ZU VERKAUFEN…

Den Anstoss zum Projekt Forum St. Katharinen gab ein Zeitungsartikel mit der Überschrift «Verjüngungskur für Kirche», der am Freitag, dem 23. März 2007, im St. Galler Tagblatt erschienen ist.[1] Die «Freie Evangelische Gemeinde Stadtmission», die seit über 150 Jahren die Räume an der Katharinengasse 15 (Kirche) und 21 (Gemeindehaus) nutzte, war auf der Suche nach geeigneten grösseren Räumlichkeiten und wollte aus dem ehemaligen Katharinenkloster ausziehen. Sie suchte deshalb für die beiden Gebäude einen Käufer. Architekt Riccardo Klaiber, dem der erhöhte Platzbedarf der Wegelin & Co. Privatbankiers und deren Interesse an historischen Gebäuden seit langem bekannt waren, besichtigte sie in der Folge. Für ihn war anschliessend klar, dass sich hier eine einmalige Chance bot, an bester Lage und in unmittelbarer Nähe zum Hauptsitz der Privatbank Gebäude zu erwerben, die sich einerseits intern – als Büro- und Schulungsräume – nutzen liessen und andererseits für kulturelle Anlässe bestens geeignet waren. So kontaktierte der Architekt den Verantwortlichen von Wegelin & Co., Konrad Hummler, und empfahl ihm das Projekt zur Prüfung. Dass die Räumlichkeiten ihn ebenso zu überzeugen vermochten, belegt die offizielle Medienmitteilung vom 27. August 2007 mit dem Titel «Wegelin & Co. erwirbt Liegenschaften an der Katharinengasse in St. Gallen».[2]

260 RENOVATION: RÜSTEN FÜR DIE ZUKUNFT

Konrad Hummler (links) und Architekt Riccardo Klaiber präsentieren das Umbauprojekt in der Katharinenkirche.

Das ehemalige Katharinenkloster liegt unmittelbar nördlich des Bohls. Der gelbe Bereich zeigt die Fläche, die sich ursprünglich im Besitz des Klosters befand.

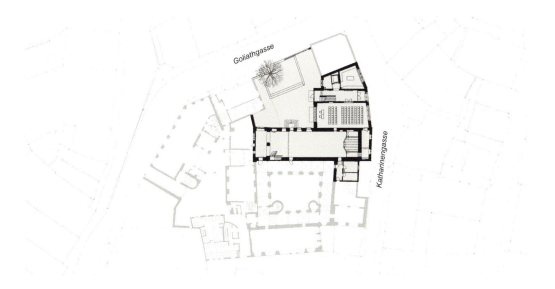

Grundriss des gesamten Katharinenareals. Grau hervorgehoben sind die 2011/12 renovierten Liegenschaften Katharinengasse 15 und 21.

Komplexe Besitz- und Nutzungsverhältnisse

Mit dem Kauf der Gebäude an der Katharinengasse 15 und 21 übernahm die neue Eigentümerin zwei Liegenschaften aus einem Gesamtkomplex, der auf zwei weitere Grundeigentümer aufgeteilt ist. Der Kreuzgang (exklusive Nordflügel), der Südtrakt und das östlich daran anschliessende Eckgebäude sind im Besitz der Stadt St. Gallen. Eigentümerin der westlichen Bauten ist die Gemeinnützige und Hilfsgesellschaft der Stadt St. Gallen (zur Entstehung der heutigen Eigentumsverhältnisse siehe Kapitel «Baugeschichte: Versteckter Reichtum», Kapitelhaus).

Wegelin & Co. Privatbankiers haben im Jahre 2007 die Kirche, ein vierstöckiges Gebäude mit offenem Hof an der Goliathgasse und den Nordflügel des Kreuzgangs erworben. 2012 wurde es auf die Notenstein Privatbank übertragen. Besitzerin des westlichen Vorraums der Kirche ist die Gemeinnützige und Hilfsgesellschaft der Stadt St. Gallen. Mit einem Dienstbarkeitsvertrag regelten die beiden Parteien jedoch, dass die Privatbank den Vorraum zur Kirche nutzen, nach eigenem Gutdünken umbauen und in den Kirchenumbau integrieren kann.

262 RENOVATION: RÜSTEN FÜR DIE ZUKUNFT

Eine senfgelbe Wand- und Emporentäferung und ein Parkettboden prägten das Kircheninnere vor dem Umbau.

Der Saal im ersten Obergeschoss vor der Renovation.

Die Schlatterstube war vor der Renovation in zwei übereinanderliegende Räume unterteilt. Der obere Teil (Bild) wurde als Kinderhort genutzt.

Zustand vor Baubeginn

Die beiden Gebäude waren zum Zeitpunkt des Kaufes 2007 zwar renovationsbedürftig, insgesamt jedoch in gutem baulichem Zustand. In der Liegenschaft Katharinengasse 21 befand sich 2007 im Erdgeschoss die Vadian-Buchhandlung, im ersten Obergeschoss waren Unterrichtsräume und ein grosser Versammlungssaal untergebracht. Das zweite Stockwerk beherbergte Büros und das Dachgeschoss Wohn- und Estrichräume. Über das Dachgeschoss und die Räume oberhalb des Nordflügels des Kreuzganges war diese Liegenschaft bereits seit dem Jahre 1855 mit der Kirche verbunden. Ansonsten bestand ein direkter Zugang zwischen der Kirche und der Liegenschaft Katharinengasse 21 nur über den neugotischen östlichen Anbau der Kirche im ersten Obergeschoss über die Orgelempore.

Um zusätzlichen Platz zu schaffen, hatte die Evangelische Gesellschaft mehrmals Wände und sogar eine neue Decke in das bestehende Gebäude Katharinengasse 21 eingebaut. Im zweiten Obergeschoss und im Dachgeschoss waren verschiedene Wohnungen untergebracht. Die Schlatterstube im ersten Obergeschoss wies nur mehr eine Raumhöhe von 2.36 m anstelle der ursprünglichen 4.20 m auf, da sie in der Höhe durch einen Zwischenboden unterteilt worden war. Der obere Teil wurde als Kinderhort der Stadtmission genutzt.

Nutzung

Die neue Eigentümerin plante von Beginn weg, die beiden Gebäude vielseitig zu nutzen. So stellte die Privatbank bereits in der Medienmitteilung vom August 2007 in Aussicht, dass die Kirche auch der Öffentlichkeit in geeigneter Form zugänglich gemacht werden sollte.[3] Geplant war, die übrigen Räume als Büros oder für Anlässe und Schulungen zu nutzen. Dazu mussten diese besser erschlossen und miteinander verbunden werden. In der Kirche sollten jedoch keine Spektakel stattfinden, dem sakralen Raum sollte weiterhin mit Würde und Respekt begegnet werden. 2012 erwarb die Notenstein Privatbank die beiden Liegenschaften. Ihre Nutzungsabsichten decken sich weitgehend mit denjenigen ihrer Vorgängerin.

BESTANDESAUFNAHMEN

Bislang fehlte es an einer systematischen Bauuntersuchung und -dokumentation der Katharinenkirche. Daher wurde an ihr – und teilweise auch an der Liegenschaft Katharinengasse 21 – ab 2008 eine Reihe verschiedener historischer und bautechnischer Untersuchungen durchgeführt. Ziel dieser Expertisen war das Auffinden allfällig vorhandener historischer Substanz, die Klärung verschiedener Bau- und Umbauphasen sowie die Eruierung des möglichst genauen ursprünglichen Zustands.

Aufnahmepläne

Da weder für die Kirche noch für das Haus Katharinengasse 21 verlässliche Planunterlagen bestanden, beauftragte das mit den Umbauarbeiten betraute St. Galler Architekturbüro Klaiber Partnership AG die Firma Geoinfo AG, Gossau, für diese beiden Gebäude Aufnahmepläne zu erstellen. Mit Hilfe eines sogenannten

Tachymeters fertigte das Vermessungsbüro von Februar bis April 2008 Pläne (Grundrisse, Schnitte, Fassaden) auf CAD-Basis an, die fortan als Grundlage für alle weiteren Projektierungs- und Ausführungsarbeiten dienten.

Thermographie-Aufnahmen

Neben der massgenauen Aufnahme der Gebäude war es notwendig, zusätzliche Informationen zur Bauweise und zur alten Bausubstanz der Kirche zu gewinnen, die sich hinter den verputzten Wand- und Deckenflächen möglicherweise verbarg. So wurde Anfang 2008 eine Gebäudeanalyse mittels Thermographie-Aufnahmen durchgeführt.[4] Ziel dieser auf der Messung der Oberflächentemperatur beruhenden Untersuchung war es, Unregelmässigkeiten im Mauerwerk zu finden, um dadurch auf verdeckte ehemalige Durchgänge, Fenster oder Türen schliessen zu können. In der Katharinenkirche wurden mehrere thermographische Aufnahmen von den Wänden gemacht, deren Wandoberflächen einen Putz von 2 bis 3 cm Dicke aufwiesen. Ausserdem waren die Nord- und Südwand im unteren Bereich bis auf eine Höhe von 1.60 m vertäfert. Um ein möglichst exaktes Ergebnis zu erzielen, war es unerlässlich, die Heizung vorgängig auszuschalten und den gesamten Raum drei Tage vor der Messung zu entlüften. Bei den verschiedenen Aufnahmen haben sich an den Wänden einige Verdunkelungen gezeigt. Die Ursachen waren unklar. Es konnte sich um verdeckte Elektroleitungen, um einen dahinterliegenden Hohlraum oder um eine spätere Ausmauerung mit einem anderen Mauerwerksmaterial handeln. Gewissheit ergäbe sich diesbezüglich nur durch Sondagen – gezieltes Öffnen von Wand-, Decken- und Bodenflächen (zu den Sondagen siehe unten). Die Anfälligkeit beziehungsweise die Grenzen der Thermographietechnik zeigten sich an der Nordwand der Kirche. An dieser Stelle konnte keine Differenz der Oberflächen festgestellt werden, obwohl bei den anschliessenden Abbrucharbeiten eine alte zugemauerte Tür zum Vorschein kam. Hinter der Nordwand und der vorgefundenen Türe befand sich ein anderer Raum, der eine ähnliche Temperatur aufwies wie die Kirche. Dies könnte der Grund dafür gewesen sein, dass die zugemauerte Türöffnung mittels Thermographieuntersuchung nicht entdeckt werden konnte. Die ermittelten Verdunkelungen an den Kirchenwänden

Mittelalterliche Rundbogentüre (vermutlich aus dem 15. Jahrhundert) in der Nordwand der Kirche: Bei den Abbrucharbeiten konnte das zugemauerte Türblatt zur Sakristei wieder freigelegt werden.

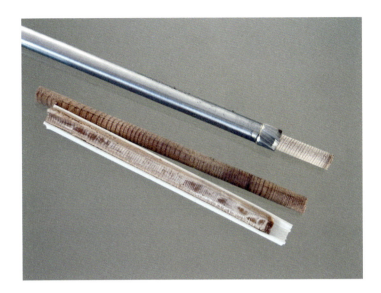

Bohrkern zur Bestimmung des Alters eines Holzes. Anhand der unterschiedlich breiten Jahrringe lässt sich eine Holzprobe mit anderen Hölzern mit bekanntem Schlagdatum vergleichen und danach datieren.

wurden bei den anschliessenden Restaurationsarbeiten sorgfältig freigelegt und untersucht.

Dendrochronologische Datierung

Für die Datierung der Bauhölzer am Dachstuhl und der Empore der Kirche wurden die Spezialisten von Laboratoire Romand de Dendrochronologie, Moudon (VD), zugezogen.[5]

Bei der Dendrochronologie handelt es sich um ein Verfahren, das auf der Erkenntnis beruht, dass Jahrringe von Bäumen aus Jahren mit guten Wachstumsbedingungen (feucht und warm) breiter sind als solche von Bäumen, die unter schlechteren klimatischen Bedingungen (trocken und kalt) zu leiden hatten. Da ausserdem für alle Bäume derselben Art und aus dem gleichen Gebiet die Bedingungen ähnlich sind, weisen diese Bäume vergleichbare charakteristische Abfolgen von breiteren und schmaleren Jahrringen auf. Die Messungen ergeben eine regionsspezifische Kurve, anhand derer die einzelnen am Bau gewonnen Proben verglichen und datiert werden können. Um verlässliche Resultate zu erlangen, bedarf es einer genügend grossen Anzahl von Jahrringen, die möglichst bis zur Rinde reichen.

266 RENOVATION: RÜSTEN FÜR DIE ZUKUNFT

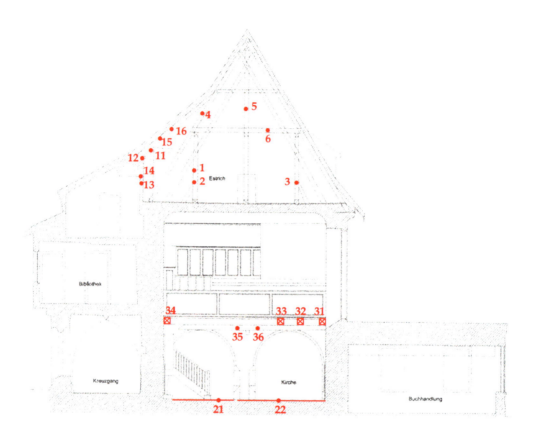

Im Querschnitt sind diejenigen Stellen vermerkt, an denen Proben für die dendrochronologische Untersuchung entnommen wurden.

Insgesamt wurden 21 Proben entnommen. Untersucht wurden Bauhölzer des Dachstuhls (Proben 1–6), der südseitigen Erhöhung des Dachgeschosses (Proben 11–16), des Kirchenschiffs (Proben 21–22 und 31–36) und der Vorkirche (Probe 41). Gezeigt hat sich, dass die untersuchten Hölzer aus dem Hauptdachstuhl (Proben 1–6) eine homogene Gruppe ähnlicher ökologischer Herkunft bilden. Die Bäume wurden in den Monaten Mai und Juni 1418 gefällt.[6] Interessant ist diese Datierung insofern, als am 20. April 1418 ein verheerender Brand in der Stadt St. Gallen wütete und dabei auch Teile des Katharinenklosters zerstörte.[7] Die Dendrodatierung dieser Proben auf das Jahr 1418 bedeutet nicht nur, dass Teile des Kirchendachstuhls ebenfalls vom Feuer in Mitleidenschaft gezogen wurden, sondern auch, dass dieser unmittelbar nach dem Brand wieder aufgebaut wurde. Die Proben 31, 32, 33,

Angehobene Traufseite an der Südseite der Kirche. Die untersuchten Hölzer bilden eine heterogene Gruppe. Es handelt sich dabei um fünf Fichten und eine Tanne unterschiedlicher ökologischer Herkunft. Die Fälldaten dieser Bäume liegen zwischen Sommer 1613 und Frühjahr 1614.

35 und 36 – allesamt aus der Empore – stammen ebenfalls von 1418. So ist anzunehmen, dass das Feuer auch in diesem Bereich Schaden angerichtet hat. Bei den untersuchten Proben an der südseitigen Erhöhung des Dachgeschosses (Proben 11–16) hat sich ein Fälldatum der Hölzer von Sommer 1613 bis Frühjahr 1614 ergeben. Für dieses Jahr sind die Aufstockung des ehemaligen Konventgebäudes (Südtrakt) um ein Geschoss und der Bau der beiden Rundtürme im Kreuzganginnenhof belegt. Die Stadt liess diese Bauarbeiten ausführen, um Platz zu schaffen für die erste Stadtbibliothek. Somit ist davon auszugehen, dass im Zuge dieses Ausbaus die Traufe an der Südseite der Kirche angehoben wurde, um oberhalb des Kreuzgangs einem zusätzlichen Geschoss Platz zu machen.

Historische Bauforschung

In einem weiteren Schritt wurden die Farbschichten analysiert und die Wandputze auf ältere Putzreste oder allfällige Malereien untersucht. Ziel war es – neben einer detaillierten Untersuchung der Oberflächen – herauszufinden, ob unter dem Wandverputz noch historische Ausmalungen vorhanden waren.
Die Firma Fontana & Fontana AG, Jona, die bereits 1999[8] für die frühere Eigentümerin die Raumhülle der Kirche analysiert hatte,

wurde 2008[9] wieder beigezogen und untersuchte in einer ersten Phase die Farb- und Oberflächen und anschliessend, im September 2011, die Wandputze im Innenraum der Kirche und die Orgelfassung.[10] Im Vorfeld der aktuellen Baumassnahmen führte die Fontana & Fontana AG verschiedene Abklärungen zur Baugeschichte, zur ursprünglichen und vorhandenen Farbigkeit und zur Gestaltung von Raumschale und Ausstattung durch. Für die Farbuntersuchung suchte sie zuerst mit Hilfe kleiner Befundöffnungen nach Spuren einer älteren, allenfalls vorhandenen bauzeitlichen Raumfassung. Während der laufenden Bauarbeiten nahm die Firma zudem eine zusätzliche Untersuchung an der Raumschale sowie an der Orgel vor. Diese Ermittlungen ergaben, dass die Decke des Kirchenraums letztmals im Jahre 1973 stark überarbeitet und dabei mit circa 1400 Schrauben gesichert und schliesslich mit einer weissen Isolierfarbe gestrichen worden war. Unter diesem Anstrich wurde lediglich eine weisse, helle Leimfarbe auf der mit Tierhaaren[11] armierten älteren Stuckdecke gefunden. Im Zuge der Restauration wurde nach verschiedenen Abwägungen entschieden, das umlaufende Stuckgesims mit Hohlkehle zu erhalten und die Deckenspiegelfläche vollständig zu erneuern. Bei den Wandflächen stellte sich weiter heraus, dass diese bei der Renovation von 1953 vollständig neu verputzt worden waren.

Während der Sondagearbeiten fanden sich unter dem jüngeren Verputz ältere, teilweise bemalte Putz- und Schlämmschichten. Ausserdem konnten vor allem im Bereich der Nordwand auf der Höhe der Empore Fragmente einer älteren Wandmalerei aus dem 15. Jahrhundert freigelegt werden. Dabei könnte es sich um die – leider nur schriftlich überlieferten – Wandgemälde im Chor handeln, welche 1483 aufgefrischt wurden,[12] oder aber um den in den Quellen erwähnten Bildzyklus mit Szenen aus dem Leben des heiligen Thomas von Aquin, der 1484 im inneren Chor angebracht worden sein soll.[13] Weitere interessante Untersuchungsergebnisse ergaben sich an der Ostwand. Der Einbau der Orgel im Jahre 1805 hatte offenbar bauliche Anpassungen zur Folge. So wurden nach ihrem Ausbau 2011 eine vermauerte Spitzbogenfensteröffnung und eine steinerne Wandnische (Sakramentsnische) mit teilweise abgebrochenem Ziergiebel sichtbar, die 1805 offenbar vollflächig überputzt worden waren. Auf der Wandfläche um die Fensteröffnung und im Bereich der Fensterleibung fanden sich ältere Kalk-

Im Bereich der östlichen Nordwand fanden sich Reste einer figürlichen Kalkmalerei (15. Jahrhundert?).

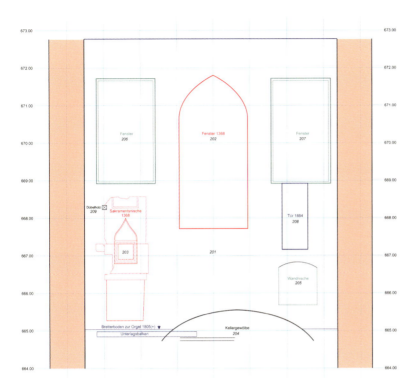

schlämme- und Kalkfarbanstriche. Im westlichen Teil der Südwand (siehe Plan Seite 200 f.) zeigten sich nach Entfernung des jüngsten Wandputzes ebenfalls ältere Putz- und Kalkschlämmschichten. Ausserdem konnte die Leibungskante einer weiteren älteren, vermauerten Fensteröffnung freigelegt werden. Weiter rechts, im Wandanschlussbereich der Empore, wurden zudem Reste einer Kalkmalerei festgestellt. Diese erstrecken sich bis zu einem später vermauerten Tongefäss. Insgesamt konnten sechs solche Gefässe freigelegt werden, fünf davon in der westlichen Nordwand und eines im westlichen Bereich der Südwand. Der Innendurchmesser der einzelnen Töpfe beträgt 14 cm. Peter Albertin, Büro für historische Bauforschung, Winterthur, der mit der historischen Bauforschung und -untersuchung der Kirche betraut war, hat sie in ihrer Lage vermessen, bezüglich ihrer historischen Bedeutung beschrieben und – wie auch alle übrigen Funde – in verschiedenen Plänen festgehalten.[14] Die Gefässe scheinen je in zwei regelmässigen ho-

Aufnahmeplan Ostwand. Das gefundene Spitzbogenfenster und die Sakristeinische dürften beide von 1386 – aus dem Baujahr der Kirche – stammen.

270 RENOVATION: RÜSTEN FÜR DIE ZUKUNFT

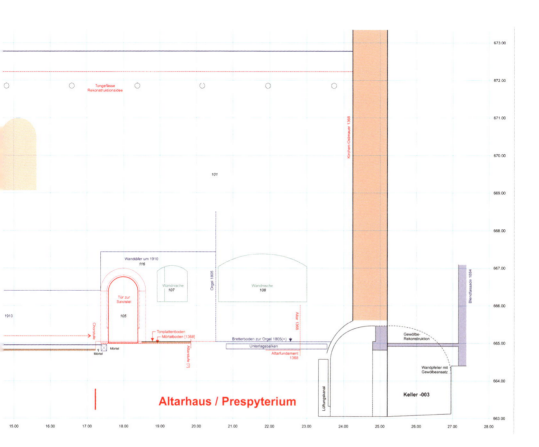

Aufnahmeplan Nordwand. Alle Funde sind in einem Plan festgehalten.

Im Bereich der Ostwand, der im Jahre 1800 ein Orgelprospekt vorgebaut wurde, fanden sind nach Entfernung der Orgel eine vermauerte Spitzbogenfensteröffnung und eine steinerne Wandnische mit teilweise abgebrochenem Ziergiebel.

Kirche während der Bauzeit. Stück für Stück wurde der Verputz entfernt, historische Funde wurden gesichert.

rizontalen Linien an den beiden Längswänden, rund 7 m (Nordwand) beziehungsweise 5 m (Südwand) über dem Tonplattenboden zu liegen. Sie wurden bei den Umbauarbeiten an Ort belassen und mit einem Wärmeputz überdeckt.

In Kirchenwände eingebaute Tongefässe waren vom 11. bis 17. Jahrhundert in ganz Europa verbreitet. Besonders häufig traten sie jedoch zwischen dem 13. und 14. Jahrhundert auf. Die Gefässe wurden meist in der oberen Mauerzone in der Nähe der Decke oder rund um die Fenster plaziert. Die Anzahl der eingemauerten Gefässe variiert stark, durchschnittlich beträgt sie 22 Stück, wobei die Mindestanzahl bei drei und der grösste bisher bekannte Fund bei 106 Gefässen liegt. Letztere entdeckten Archäologen in der reformierten Kirche St. Arbogast in Oberwinterthur. In ei-

Freigelegtes Tongefäss mit einem Innendurchmesser von 14 cm: Die Regelmässigkeit des Mauerwerks deutet auf einen Einbau dieses Gefässes beim Erstellen der Wände hin.

nigen Fällen beziehen die in der Mauerflucht liegenden offenen Mündungen die malerische Ausstattung der Wände mit ein – wie dies in der Kirche des ehemaligen Klosters Oetenbach in Zürich der Fall war –, in anderen ist eine Anordnung in Reihen oder geometrischen Mustern festzustellen.[15]

Die Bedeutung und der Zweck dieser Tongefässe sind umstritten. In der Fachliteratur werden dazu verschiedene Theorien vertreten, die von Fall zu Fall jeweils zu prüfen sind. Angenommen wird, dass es sich bei den Tongefässen zum einen um dekorative Elemente handeln könnte, wobei je nach Anordnung zusätzlich von einer symbolischen Bedeutung ausgegangen wird.[16] Auch ist die Rede von Abgaben oder Gaben von Hafnern und Töpfermeistern an den Bau einer Kirche.[17] Zum andern wird eine technische Ursache für den Einbau der Gefässe vermutet. Durch deren Einbau könnte erstens das auf ein Gewölbe oder Mauerwerk einwirkende Gewicht verringert worden sein. Zweitens wird in Erwägung gezogen, dass der Einbau von Töpfen den Trocknungsprozess einer Wand beschleunigte, was jedoch in der Literatur kontrovers diskutiert wird.[18] Auch ist gelegentlich die Rede von einem raffinierten Kühlsystem oder von Lichtnischen zum Einstellen einer Talglampe.[19] Der dritte und wohl verbreitetste Interpretationsansatz sieht die Verwendung der Tongefässe als sogenannte Schalltöpfe

Nach dem Abbruch des Parkettbelages kamen im ehemaligen Laienchor zwei Grabplatten zum Vorschein. Die eine befindet sich in der Mittelachse der Kirche. Die andere liegt nahe der Südwand unmittelbar unterhalb eines Sandsteingewändes.

vor, mit deren Hilfe man die Raumakustik in sakralen Räumen zu verbessern suchte. Diese Technik geht wahrscheinlich auf die Antike zurück, wo die Verwendung bronzener Töpfe unter den Sitzreihen der Amphitheater mehrfach belegt ist.[20]

Bei den insgesamt sechs in der Katharinenkirche gefundenen Töpfen handelt es sich um nahezu identische grauschwarze Tongefässe von bauchiger Form und mit gerader Standfläche. Ihre Einbindung in den Mauerverband lässt darauf schliessen, dass die Gefässe bereits beim Hochziehen der Wände versetzt wurden. Die schriftlichen Quellen nennen lediglich das Datum der Kirchweihe im Jahr 1368, äussern sich hingegen nicht zum Bau.[21] Auch im Konventsbuch, das während des Zeitraums 1450–1528 verfasst wurde, gibt es keine Hinweise auf derartige Gefässe. Somit spricht einiges dafür, dass die Tongefässe bereits beim Bau eingefügt wurden. Ihre Situierung unmittelbar unter der Mauerkrone entspricht dem üblichen Fundort solcher Töpfe, und auch ihre Anordnung auf einer horizontalen Linie legt keine zufällige Anbringung nahe. Fünf der sechs Gefässe wurden im Bereich der Empore gefunden. Ob den Schwestern, die nachweislich einen intensiven Kirchengesang pflegten, die Verwendung von Tontöpfen zur Verbesserung der Akustik beim Bau ihrer Klosterkirche bekannt war und sie daher deren Einbau veranlassten, muss dahingestellt bleiben.

Unterhalb des Treppenaufgangs zur Empore an der Südwand fanden sich bei der Restauration Reste eines mittelalterlichen Sandsteingewändes.

Die Sandsteinplatte in der Mitte des Kirchenschiffs ist mit einem einfachen lateinischen Kreuz versehen.

Auch wenn die Gefässe aufgrund ihrer Lage durchaus von positivem akustischem Nutzen waren, war dieser aufgrund der geringen Anzahl Töpfe vermutlich kaum effektiv.

Unterhalb des Treppenaufgangs zur Empore an der Südwand fanden sich Reste eines Sandsteingewandes aus dem 15. Jahrhundert mit geradem Sturz und teilweise erhaltener Masswerkbekrönung. Auf der inneren, zurückliegenden Steinplatte sowie im Wandanschluss fanden die Fachleute Reste älterer Putze und einer Graumalerei. Dabei könnte es sich um das Epitaph (Gedenktafel) handeln, welches im Konventsbuch unter der Eintragung zum Jahr 1516 beschrieben ist.[22] Darin hält die Verfasserin fest, dass Hans Conrad Mangolt für seine verstorbene Ehefrau Adelhait von Ramschwag eine Tafel – ein Ölgemälde – in Auftrag gab, welche das Leiden Christi darstellt und «ob siner lieben hussfrowen grab» angebracht werden sollte.[23] Adelhait von Ramschwag war elf Jahre zuvor gestorben und wurde auf ihren Wunsch in der äusseren Kirche an Ostern 1505 begraben. Erwähnt wird zudem, dass ihr Mann auf dem Grab auch einen Grabstein erstellen liess.[24] Die Familie Mangolt

– ursprünglich ein Konstanzer Geschlecht[25] – pflegte eine enge Beziehung zum Katharinenkloster. Neben Conrad Mangolt wird auch seine Mutter – Agta Mangoltin – im Konventsbuch immer wieder wegen ihrer zahlreichen finanziellen und materiellen Zuwendungen erwähnt.[26] Zudem war die Tochter von Conrad Mangolt und Adelhait von Ramschwag – Peternella Mangoltin – ein Mitglied des Konvents.[27] Diese enge Beziehung könnte der Grund für die für Laien aussergewöhnliche Plazierung der Grabstätte in der Katharinenkirche gewesen sein. Beim Ausbau des Parkettbodens von 1884 kamen im westlichen Teil der Kirche – dem ehemaligen Laienchor – neben einem fast flächendeckenden Tonplattenboden denn auch tatsächlich zwei Grabplatten zum Vorschein. Bei der näher an der südlichen Kircheninnenwand liegenden könnte es sich um das Grab von Adelhait von Ramschwag handeln. Dazu würde auch der wieder freigelegte, oberhalb der Grabplatte situierte Sandsteinrahmen mit Masswerkverzierung passen, an dessen Front – wie es scheint – ehemals eine oder zwei Tafeln angebracht gewesen waren. Sichtbar sind heute lediglich noch kleinere viereckige Aussparungen in den noch intakten Ecken der Sandsteinfelder, welche als Befestigung der Tafeln (eventuell aus Holz) gedient haben könnten. Die zweite Grabplatte besteht – wie die zuvor beschriebene – ebenfalls aus Sandstein, ist jedoch mit einem eingehauenen lateinischen Kreuz verziert. Diese Grabplatte liegt genau in der Längsachse des Kirchenschiffs. Im Konventsbuch ist noch an einer zweiten Stelle die Rede von einer Grabplatte. Unter den Einträgen zum Jahr 1498 steht, dass der Dominikanerlektor aus Konstanz, Ludwig Gerly, der einige Zeit in St. Gallen verbracht hatte, ebenfalls in der Klosterkirche bestattet werden wollte. Die Schwestern kamen diesem Anliegen anscheinend nach, bestatteten ihn in der äusseren Kirche und schmückten sein Grab mit einem Grabstein. Ob es sich bei der eingemitteten Grabplatte tatsächlich um das Grab von Ludwig Gerly handelt, muss allerdings dahingestellt bleiben. Tatsache ist jedoch, dass sich auch nicht klerikale, bürgerliche Personen um eine Begräbnisstätte im Kloster St. Katharinen bemühten.[28] Damit suchte sich eine privilegierte Oberschicht des Gebets und des Beistands auch über den Tod hinaus zu versichern. Die unregelmässige Verlegung und die Flickstellen im Tonplattenboden des Laienchors lassen durchaus auf weitere Gräber in diesem Bereich schliessen. In der Quelle finden sich jedoch

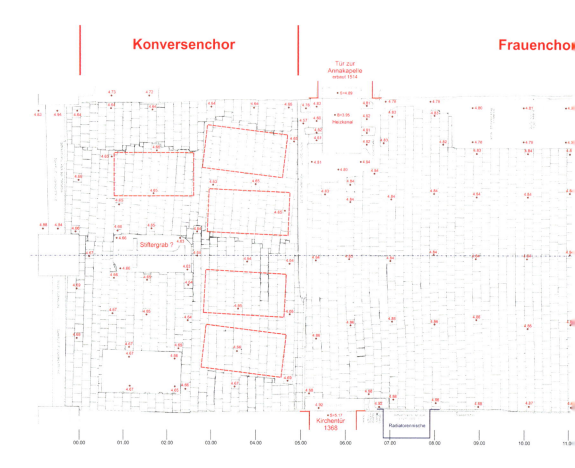

Grundrissaufnahmeplan der Kirche mit der Einzeichnung des gesamten vorgefundenen Tonplattenbodens: Unregelmässige Verlegungen und Flickstellen an den Bodenplatten im Bereich des westlichen Laienchors deuten möglicherweise auf weitere Grabplatten hin.

keine zusätzlichen Hinweise auf Bestattungen im Kirchenbereich. Da der Kirchenboden bei den Umbauarbeiten nicht abgegraben und damit keine Verletzung oder Zerstörung der alten Substanz befürchtet werden musste, verzichtete die Kantonsarchäologie auf zusätzliche Untersuchungen wie zum Beispiel die Überprüfung des Kirchenbodens mittels Georadar. Eine solche geophysikalische Prospektion hätte allfällige Mauerreste eines Vorgängerbaus oder sonstige archäologische Überreste gezeigt. Ohne die zusätzliche Erforschung des Bodengrundes bleiben weiterführende Aussagen somit Mutmassungen.

Weitere Reste von älteren Wandputzen und Fragmente von Wandmalereien konnten nach der Entfernung des Brusttäfers im Sockelbereich der Südwand freigelegt werden. In der Nordwand kam nach der Entfernung der senfgelben Wandtäferung und der Putz-

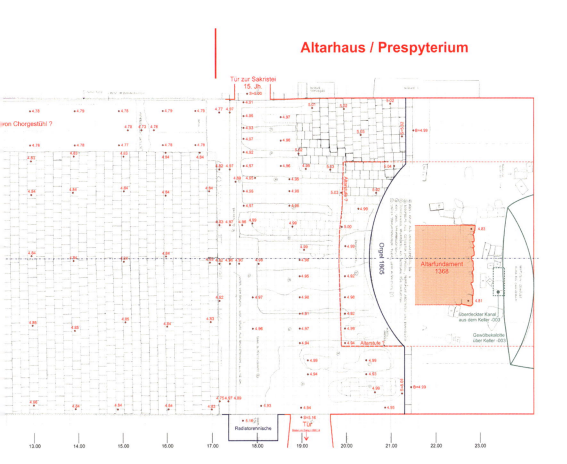

Referenzhöhe = 660.00

schicht einerseits die ehemalige Türe zur St. Anna-Kapelle und andererseits diejenige zur ehemaligen Sakristei zum Vorschein. Die Tür zur St. Anna-Kapelle wurde anlässlich des Baus 1514 erstellt und 1922 zugemauert. Heute wird diese Öffnung neu der Haupteingang zur Kirche vom Hof her sein. Bei der Türe in die ehemalige Sakristei handelt es sich um eine Rundbogentür in exakt gearbeiteten Sandsteinquadern mit Zierfasen von 5 x 5 cm Breite. Die Zierfasen deuten auf eine Entstehungszeit im 15. Jahrhundert hin. Das zugehörige, aus Blech geschmiedete und beschlagene Türblatt ist noch erhalten (siehe Abbildung Seite 264). Die Türe ist – als Zeugnis der ursprünglichen Bausubstanz – an der inneren Kirchennordwand auch nach den Umbauarbeiten sichtbar. Von der Foyerseite her wird die Öffnung jedoch zugemauert bleiben, da die Türnische bei einem früheren Umbau (möglicherweise beim

Neubau des Gemeindehauses 1884, siehe Kapitel «Baugeschichte: Versteckter Reichtum», Haus des Lesemeisters) endgültig zugemauert wurde. Neben diesen beiden Öffnungen konnten zusätzlich Gewändefragmente des im Konventsbuch[29] als «Sinwelfenster» (Rundfenster) bezeichneten Fensters freigelegt werden, das 1482 auf der Empore erstellt wurde.[30] Auf der Grafik von Johannes Mettler (1855) ist das vergitterte Rundfenster in der nördlichen Fassade gut erkennbar (siehe Abbildung Seite 228).

Nach eingehender Diskussion entschied das Architektur- und Planerteam unter Beizug der Denkmalpflege und der Experten von Fontana & Fontana AG, die wiederentdeckten, bemalten Putzfragmente nicht zu zeigen, sondern sie zu überdecken. Zu diesem Schritt haben sich die Fachleute entschlossen, weil die Malereibefunde einerseits zu fragmentarisch waren, um sie auch nur ansatzweise zu rekonstruieren. Andererseits wurde die gesamte Raumhülle der Kirche aus energetischen Gründen mit einem Wärmedämmputz überdeckt, der bei der Freilegung der Fragmente an einzelnen Stellen unterbrochen worden wäre. Der Wärmeaustausch zwischen dem Aussen- und dem Innenraum der Kirche wäre dabei über diese Freistellen beziehungsweise über die bemalten Putzfragmente erfolgt, was diese stark in Mitleidenschaft gezogen und im schlimmsten Fall zerstört hätte. Aus diesem Grund wurden die teilweise fragilen, bemalten Putzfragmente restauratorisch gereinigt, wo nötig gesichert, stabilisiert und anschliessend mit mehreren Schichten dünnem Japanpapier überdeckt. Dadurch konnte eine Schutz- und Trennschicht zwischen die Malereien und den neuen Deckputz gelegt werden. Aufgrund dieser Vorgehensweise sind zwar die Farbfragmente nicht mehr sichtbar, jedoch so weit geschützt, dass sie durch spätere Generationen wieder aufgedeckt werden könnten. Die Wände wurden anschliessend mit Stucanet (der Trägerbasis für die Putzschicht) und einem Wärmedämmputz vollflächig überdeckt.

Im Rahmen der aktuellen Baumassnahmen wurde der in jüngerer Zeit zugemauerte südliche Arkadenbogen unterhalb der Empore wieder geöffnet. Die Befunde zeigten, dass auf diesem Sandsteinbogen unter dem aktuellen mehrschichtigen Anstrichpaket noch in weiten Teilen die gotische Steinfassung in einem dunkelgrauen Kalkanstrich mit Fugenstrichen vorhanden war. Die Putzausfachung der Bogenzwickel war in jüngerer Zeit komplett bis auf das

Farbschichtenabfolge auf einem Profilbrett der Kassettendecke.

Mauerwerk abgeschlagen und durch einen Gipsputz mit Drahtgewebearmierung ersetzt worden.

Die Emporenuntersicht aus Holz besteht aus bemalten Bretttafeln und Deckleisten, die möglicherweise aus dem frühen 16. Jahrhundert stammen. Sie wurden im Zuge der Baumassnahmen freigelegt und restauriert.

Nicht nur das Kircheninnere erfuhr über die Jahre Änderungen, sondern auch die auf der Ostseite der Kirche montierte Orgel. Die ab 2011 von der Fontana & Fontana AG durchgeführten Farbuntersuchungen hatten auch hier zum Ziel, eine möglichst originale Fassung von Orgel und Orgelunterbau freizulegen und das in den vergangenen rund 200 Jahren Neue und Hinzugefügte in den entsprechenden Gestaltungsarten und Maltechniken zu rekonstruieren. Die Demontage, die Holzrestaurierung und der Wiederaufbau der Orgel erfolgten durch die Firma Kuhn, Männedorf. Der Orgelunterbau wurde wie der Orgelprospekt freigelegt, retuschiert und durch den Holzrestaurator Josef Geier, St. Gallen, weiter bearbeitet und teilweise ergänzt (siehe unten, Orgel).[31]

Die Orgel wurde 1806 als neues Instrument im östlichen Bereich der Kirche eingebaut. Jene Farbfassung sollte bei den Farbuntersuchungen durch die Fachleute der Fontana & Fontana AG freigelegt und rekonstruiert werden. Hierfür entfernten sie die jüngeren Überfassungen mittels chemischer und mechanischer Freilegemethoden schichtweise bis auf die Erstfassung und retuschierten anschliessend die vorhandenen Fehlstellen. Im Zuge der Freilegungen konnten weitere Details der ursprünglichen Gestaltung ermittelt und in das Gesamtkonzept eingebunden werden. Es hat sich gezeigt, dass im ursprünglichen Zustand die vergoldeten Bauteile durch Glanz- und Mattvergoldungen zusätzlich differenziert gestaltet und ausgezeichnet waren. Zudem waren die Zwischenräume des Zahnstabes mit einer Blattmetallauflage in Silber unterlegt und mit Lüster (Lacküberzug) ausgefasst. Im Zuge der ersten Überfassung war die ursprüngliche Farbgebung vor allem in den vergoldeten Bereichen stark reduziert worden. So wurden damals die Vergoldungen zur besseren Haftvermittlung und zur Vermeidung eines allfälligen «Durchschlagens» mechanisch reduziert und dadurch in grossen Teilen abgetragen. Aufgrund dieser Ausgangslage und des vorhandenen Erhaltungszustandes der Vergoldungen wurde beschlossen, diese Bereiche gemäss Befund neu zu vergolden.[32] Auch der Orgelunterbau war mehrfach übermalt worden. Die graue, Stein imitierende ursprüngliche Farbgestaltung von 1806 konnte hier wieder freigelegt werden, wobei die vorhandenen Schadstellen retuschiert wurden. Im Rahmen der Freilegearbeiten ergaben sich noch weitere Befunde zur ursprünglichen Gestaltung. Diese zeigten, dass bereits zur Bauzeit der Unterbau und das Orgelgehäuse eine gestalterische Einheit gebildet hatten. So fanden sich zum Beispiel blaue Auszeichnungen im Bereich des Zahnfrieses, welche wiederum mit dem Blau des Orgelprospektes korrespondierten. Interessant ist, dass die «steingraue» Farbfassung des Unterbaus eine stark strukturierte Anstrichoberfläche aufweist; der Pinselduktus ist hier klar erkennbar. Diese Technik und die an Stein erinnernde Farbe Grau sollten einen massiven Unterbau der Orgel vortäuschen. Im Kontrast hierzu wurde der Orgelprospekt wesentlich feiner bemalt.

Um die vorgefundenen Farb- und Verputzschichten für die Zukunft am Bau zu erhalten, beliessen die Fachleute der Fontana & Fontana AG an mehreren Orten grössere Belegfelder mit dem gesamten Anstrichaufbau. Nach genauer Verortung in einem Spezialplan wurden sie anschliessend farblich in die neue Oberfläche eingepasst.

Rissaufnahmen und Setzungsmessungen

Neben diesen bauhistorischen Untersuchungen im Inneren der Kirche wurden auch technische Abklärungen durchgeführt. So nahm das Ingenieurbüro Wälli AG, St. Gallen, vor Beginn der Bauarbeiten an den Liegenschaften Katharinengasse 15 (Kirche) und Katharinengasse 21 Rissaufnahmen und Setzungsmessungen an benachbarten Gebäuden vor, da die Gefahr bestand, dass diese aufgrund der Baumassnahmen durch Vibrationen oder Senkungen in Mitleidenschaft hätten gezogen werden können. Dazu wurde der Zustand der betroffenen Gebäude vor Baubeginn untersucht und schriftlich und fotografisch in einem Bericht festgehalten.[33] Ein Rissprotokoll wurde für die Liegenschaften Katharinengasse 11 (Bericht vom 12. August 2010), Katharinengasse 25 (Bericht vom 30. August 2010) und Goliathgasse 18 und 18a (Bericht vom 19. August 2010) erstellt. Um zudem eine allfällige Absenkung der umliegenden Bauten während der Bauarbeiten feststellen zu können, definierte das Ingenieurbüro 28 Punkte rund um den Katharinen-Gebäudekomplex und ermittelte deren exakte Höhe. Bei baulich bedingten Senkungen oder zusätzlichen Rissbildungen an den umliegenden Gebäuden konnte so jederzeit auf diese Messungen oder Aufnahmen zurückgegriffen werden.

Da beim Projekt Haus Katharinengasse 21 eine Absenkung des Untergeschosses und eine Unterfangung der Mauern vorgesehen waren, mussten zusätzlich gesicherte Erkenntnisse über die Beschaffenheit und die Eigenschaften des Baugrunds gewonnen werden. Die Firma Andres Geotechnik AG, St. Gallen, nahm Untersuchungen vor, um einerseits die Bodenbeschaffenheit zu klären und andererseits die Höhe des Grundwasserspiegels zu ermitteln. Am 12. Juli 2010 führte die Spezialbohrfirma Christian Hartl Baugrunduntersuchungen, Au, eine Rotationskernbohrung im nördlichen Innenhof durch. Dabei zeigte sich, dass der Boden in diesem Bereich aus verschiedenartigen Sand- und Kiesschichten und in der Tiefe von 1.20 m aus einer 0.60 m tiefen Torfschicht besteht, die insgesamt auf keine allzu grosse Tragfähigkeit des Untergrunds schliessen liessen. Deshalb empfahl die Geotechnik AG eine Vergrösserung der Fundamente, um die zusätzlichen Lasten auf eine grössere Fläche zu verteilen und damit die Bauwerksenkung auf ein Minimum zu reduzieren.

Die Messung des Grundwasserspiegels ergab, dass dieser sich zum Zeitpunkt der Messung auf einer Höhe von 661.7 m ü. M. befand, was im Bereich der neuen Bodenplatte des vertieften Untergeschosses liegt. Für die Lüftungskanäle, die ursprünglich unterhalb der Liftunterfahrt geplant waren, wurde deshalb eine praktikablere Lösung gesucht; Frischluft wird nun über ein Fenster im Zwischengeschoss angesogen.

Sondagen

Die bisher beschriebenen verschiedenen bautechnischen Untersuchungen lieferten zwar viele hilfreiche Hinweise auf die alte Bausubstanz, doch konnte teilweise nur mit weiterreichenden Abklärungen und Untersuchungen Gewissheit über darunterliegende Schichten gewonnen werden. So wurden nach dem Auszug der Stadtmission von September 2008 bis Ende 2011 immer wieder gezielt Sondagen an neuralgischen Wand-, Decken- und Bodenbelägen durchgeführt. Dazu öffneten Baumeister und Zimmerleute nach Angabe des Architekten dreissig unterschiedliche Oberflächen in der Kirche und im Haus Katharinengasse 21. Der Konstruktionsaufbau, der sich jeweils unter den einzelnen Öffnungen eruieren liess, wurde beschrieben, fotografisch und zeichnerisch festgehalten und diente als Grundlage für die weitere Planung.[34]

Sondageöffnung in der Kirche: Unter dem Holzparkettboden kam der Tonplattenboden zum Vorschein.

Da vor den Umbauarbeiten der gesamte Kirchenboden mit einem Holzparkettboden bedeckt war, wurde dieser unter anderem im Bereich des alten Kirchenzugangs sondiert. Dabei konnte unterhalb des neueren Holzbodens ein Bodenabsatz von circa 20 cm freigelegt werden, an den früher möglicherweise eine hölzerne Abtrennung angeschlagen gewesen war.

PROJEKT

Die Bauwerke des ehemaligen Katharinenklosters sind für die Stadt St. Gallen von grosser historischer Bedeutung und sollen erhalten bleiben. Dazu mussten die verschiedenen Gebäude und Bereiche einerseits sicherheitstechnisch auf den neuesten Stand gebracht und andererseits besser erschlossen und miteinander verbunden werden. Sowohl die Bauherrschaft als auch das beauftragte Architekturbüro legten während der gesamten Umbauarbeiten grössten

Am 5. Mai 2011 fand der Spatenstich mit Vertretern von Bauherrschaft, Fachplanern, Unternehmern und des Architekturbüros statt.

Wert auf eine nachhaltige Sanierung. So wurden für den Roh- und den Innenausbau qualitativ hochstehende Materialien verwendet; es wurde immer wieder nach bautechnischen Lösungen gesucht, welche die ursprüngliche Bausubstanz so wenig wie möglich beeinträchtigten. Für alle Beteiligten war klar, dass sie mit dem kulturellen Erbe jederzeit sorgsam umgehen mussten.

Baubewilligungsverfahren

Im Dezember 2008 erfolgte nach knapp einjähriger Projektierungszeit die Baueingabe für die Umnutzung und den Umbau der Räumlichkeiten des ehemaligen Katharinenklosters. Mit Beschluss vom 6. März 2009 erteilte die Baubewilligungskommission der Stadt St. Gallen die Baubewilligung. Durch eine Einsprache verzögerte sich jedoch deren Rechtskraft bis Mitte Oktober 2010. Ende April 2011 konnte schliesslich mit den Bauarbeiten begonnen werden.

Bauplatzinstallation

Da die beiden Katharinenliegenschaften in der nördlichen Altstadt in einem sensitiven und engen Gassenbereich mit Fussgänger- und Fahrzeugverkehr liegen, war vor Baubeginn eine detail-

284 RENOVATION: RÜSTEN FÜR DIE ZUKUNFT

Der Innenhof war gut organisiert – neben dem Baukran befanden sich die Baubaracke, der Bauleitercontainer und Mulden für den Abtransport verschiedenster Materialien.

Aufbau des Notdachs über der Kirche.

Der mittelalterliche Dachstuhl der Kirche ist abgesehen von einigen angefaulten Sparrenverbindungen gut erhalten.

lierte Planung der Baustelle erforderlich. Zu diesem Zweck wurde ein Bauinstallationsplan erstellt, aus dem die genauen Standorte des Baukrans, der Umschlagplätze für die Unternehmer, der Mulden, der Bauleitercontainer, der Baubaracke und der Baustellenzu- und -wegfahrten ersichtlich waren. Weiter ist auf dem Plan zu sehen, dass annähernd die gesamte bauliche Infrastruktur im nördlich der Kirche gelegenen Innenhof untergebracht werden konnte, was eine komfortable Situation im Vergleich zu sonstigen Baustellenverhältnissen innerhalb der Altstadt bedeutete. Auch die Goliathgasse bot reichlich Platz für den Warenumschlag. Dies ermöglichte einen reibungslosen Bauablauf.

Erste Skizzen und schriftliche Erläuterungen

Nach anfänglichen grundsätzlichen Überlegungen entwickelte die Klaiber Partnership AG verschiedene Konzepte, um die Vorgaben der Bauherrschaft umzusetzen. Erste Ideen wurden in Handskiz-

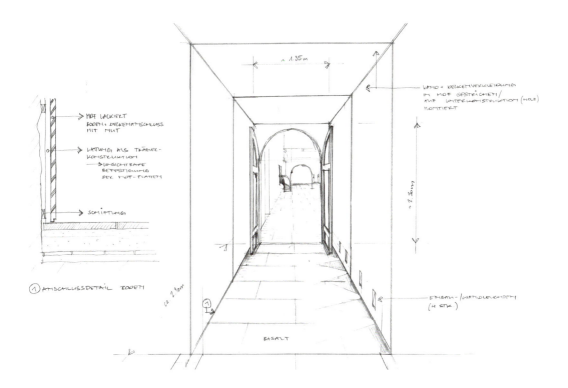

Skizze Orgeldurchgang Vorzone/Kirche.

zen festgehalten und mit der Bauherrschaft diskutiert. Bei Projektbeginn waren zwar die Nutzungsvorstellungen der Bauherrschaft grundsätzlich klar, doch liessen diese viel Spielraum für die detaillierte Ausgestaltung. Auch überliess der Projektausschuss die kreative Planungsarbeit dem Team von Klaiber Partnership AG. Dieses legte dem Gremium nach fundierten Abklärungen verschiedene ausgearbeitete Vorschläge zur Prüfung vor.

Feuerschutzmassnahmen

Jedes Gebäude muss vor Brand geschützt werden. Entsprechende Massnahmen schreiben das Gesetz über den Feuerschutz und die Brandschutznormen vor. Der Schutz historischer Gebäude ist generell anspruchsvoll. Im vorliegenden Projekt verschärften sich diese Auflagen noch durch die geplanten Kundenanlässe und den damit einhergehenden vermehrten Publikumsverkehr. So wurden im Untergeschoss ein Notausstieg und im Erdgeschoss von Kirche und Haus Katharinengasse 21 Fluchttüren eingebaut. Zudem sind die beiden Gebäude ausreichend mit Feuerlöschgeräten sowie mit einer automatischen Brandmeldeanlage mit Vollüberwachung ausgestattet und die Fluchtwege mit einer Sicherheitsbeleuchtung versehen. Für die Stuhlbezüge, Polsterungen und Textilien wurden schwerbrennbare Materialien gewählt.

Energetische Sanierung

Für die energetische Sanierung der Liegenschaften wurde die Firma Studer + Strauss Bauphysik, St. Gallen, beigezogen. Sie hat vor Baubeginn für beide Gebäude unterschiedliche Konzepte erarbeitet, da sich diese bezüglich ihrer bisherigen Nutzung und Geschichte wesentlich unterschieden. Historische Bauten in massiver Bauweise mit grossem Raumvolumen wie die Katharinenkirche stellen eine besondere Herausforderung hinsichtlich der energetischen Optimierung dar. Obwohl das Konventsbuch an mehreren Stellen den Einbau eines Ofens in die Backstube[35] oder in andere «Stuben»[36] erwähnt, ist an keiner Stelle die Rede vom Einbau eines Ofens oder einer anderen Wärmequelle in die Kirche. 1872 ist in der Literatur der Einbau einer neuen Heizung erstmals vermerkt.[37] Angaben, wie diese Heizung ausgesehen haben könnte, liegen jedoch keine vor. 1972 erhielt die Kirche neue Heizkörper, welche bis zum aktuellen Umbau verwendet wurden.[38]

Grundsätzlich gilt die Nutzung historischer Sakralräume als eine der Grundlagen für deren Erhaltung. Zugleich sind aktive bauklimatische Massnahmen erforderlich, um eine Nutzung zu ermöglichen. Diese ist jedoch nur realisierbar, wenn der aktuelle Energieverbrauch vermindert werden kann. Ziel von Studer + Strauss war es daher, Massnahmen zu entwickeln, die sowohl für die künftigen Nutzer als auch für die Ausstattung der Klosterkirche optimale Bedingungen bei gleichzeitiger Reduktion des Energieverbrauchs gewährleisten. Für den Bauphysiker war daher klar, dass aus energetischen Gründen die Gebäudehülle der Kirche gedämmt und bessere Fenster eingebaut werden mussten. Mit diesen Massnahmen konnte auch die störende Zugluft entlang der Wände vermindert werden.

Die Anforderungen an die energetische Sanierung der Liegenschaft Katharinengasse 21 unterscheiden sich stark von jenen der Kirche.

RENOVATION: RÜSTEN FÜR DIE ZUKUNFT

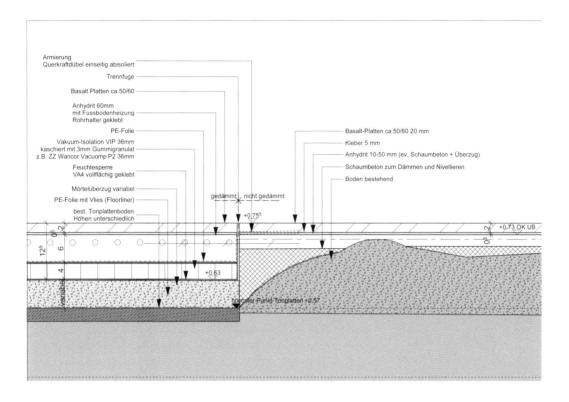

Detailplan Bodenaufbau Kirche.

Beim ehemaligen Vereinshaus handelt es sich um ein Gebäude mit Mauerwerkswänden aus Bruchsteinen im Untergeschoss und massiven Ziegelsteinen in den Obergeschossen. Die Geschossdecken bestehen aus Holzbalken mit Bretterboden und Schlackenfüllung sowie einer Untersicht aus Gips. Aus statischen Gründen mussten einzelne Decken durch neue Stahlbetondecken ersetzt werden. Die übrigen Bauteile konnten jedoch weitgehend erhalten bleiben. Um das Erscheinungsbild der Ostfassade nicht zu verändern und die Vorgaben des Energiegesetzes trotzdem einhalten zu können, wurden die Wände innen mit einer 140 mm dicken Zellulosefaserschicht gedämmt. Die Aussenwände im Untergeschoss wurden – anstatt mit Zellulosefasern – mit dem Wärmedämmstoff XPS versehen, weil dieses Material nicht empfindlich gegen Feuchtigkeit ist. Die abgesenkte Bodenplatte musste neu erstellt werden und wurde daher konventionell aufgebaut mit einem schwimmenden Unterlagsboden und 100 mm PU-Dämmung mit Alu-Kaschierung.

Raumakustik

Die Raumakustik von Kirchenräumen ist wegen der langen Nachhallzeit in der Regel günstig für Chor- und Musikdarbietungen mit Orgelbegleitung. Erschwert ist in solchen Räumen jedoch die Sprachverständlichkeit bei Vorträgen und Ansprachen. Der Raum musste sowohl für musikalische Aktivitäten als auch für Sprachbeiträge geeignet sein. Deshalb sollte er – im Sinne eines Kompromisses – eine mittlere Nachhallzeit aufweisen. Dies hätte den Einbau von grösseren schallabsorbierenden Flächen wie beispielsweise einer Akustikdecke erfordert. Diese Massnahme wurde zwar geprüft, jedoch aus ästhetischen und denkmalpflegerischen Gründen verworfen. Entschieden haben sich die Verantwortlichen schliesslich für einen Raum mit langer Nachhallzeit, der mit seiner guten Akustik für Musikaufführungen ideal ist. Die für die akustische Verständlichkeit negative lange Nachhallzeit konnte aber durch das neue elektroakustische Beschallungssystem verringert werden. Unterhalb der Empore wurde zudem vor die Rückwand eine schallabsorbierende perforierte Holzplatte gestellt, welche zusammen mit der leicht schräg gestellten Brüstung der Empore und der Möblierung ebenfalls schallabsorbierend wirkt, so dass der Raum nun auch bei Reden und Vorträgen eine zufriedenstellende Qualität der Sprachverständlichkeit im Zuhörerbereich aufweist.

Im Haus Katharinengasse 21 wurden für die beiden grössten Räume – das Foyer im Erdgeschoss und den Saal im ersten Obergeschoss – besondere raumakustische Massnahmen vorgesehen. Die Holzbalkendecke über dem Saal wurde durch eine Stahlbetondecke ersetzt. Daher musste auch die bestehende Akustikdecke ausgewechselt werden. Neu wurde eine geschlitzte Akustikdecke mit einem Akustikvlies und einer Mineralfaserauflage eingebaut. Die gleiche geschlitzte Holzdecke wurde auch über dem Foyer im Erdgeschoss angebracht. Ausgespart wurden dabei lediglich die drei eingelassenen Deckenfelder. Sowohl im Saal als auch im Foyer reduziert diese Deckenkonstruktion heute die Schallübertragung und garantiert ein angenehmes akustisches Raumempfinden.

Blick Richtung Osten in den Kreuzganginnenhof.

ARCHITEKTUR

Im Gegensatz zu einem Neubau verlangt die Arbeit an einem historischen Gebäude neben der zukunftsgerichteten Projektierung vor allem auch die Auseinandersetzung mit der Geschichte, der Vergangenheit des Baus. Dies war bei diesem Projekt auch deshalb zwingend, weil es sich bei den beiden Liegenschaften um Teile eines gesamten Gebäudekomplexes handelt. Dieser wurde über die Jahre zwar mehrfach verändert, in seiner Grundsubstanz mit Kirche, Kreuzgang, Südtrakt und dem den Kern umschliessenden Baubestand ist er jedoch erhalten geblieben und bildet eine Einheit. Der Kreuzgang ist das eigentliche Herzstück der Anlage. Mit den ihn umgebenden Bauten unterstreicht er den kontemplativen Charakter des Klosters und lässt noch heute – trotz unmittelbarer Nähe zur belebten Stadt – die Abgeschiedenheit und Zurückgezogenheit der Klosterfrauen erahnen. Diese bewusst gewählte introvertierte Haltung wurde durch die nach dem Stadtbrand 1418 errichtete Klostermauer noch unterstützt. Ziel des Projekts war es, diesem Umstand Rechnung zu tragen und die Geschichte weiter zu führen.

Umgang mit historischer Substanz

Die Gebäude Katharinengasse 15 (Kirche) und 21 sind im städtischen Inventar der schützenswerten Bauten eingetragen und unterstehen zusätzlich den Bestimmungen für den Schutz der Altstadt. Bei der Kirche handelt es sich um ein Bauwerk von ausserordentlichem historischem Wert, was zu einem besonders umsichtigen Umgang bei Umbau- und Renovationsarbeiten verpflichtet. Da beim Projekt für das Haus Katharinengasse 21 eine Absenkung des Untergeschosses vorgesehen war und im Erdreich – aufgrund von Hinweisen in schriftlichen und bildlichen Quellen – Fragmente ehemaliger Gebäudeteile (Mauerzüge) oder auch Gräber vermutet wurden, verlangte die kantonale Denkmalpflege den Beizug der Kantonsarchäologie.

Bei den Bauausführungen standen drei Ziele im Vordergrund: erstens eine möglichst rücksichtsvolle und adäquate Integration der denkmalpflegerischen Substanz, zweitens eine perfekte handwerkliche Umsetzung der Planungsvorlagen und drittens ein sinnvoll gestalteter, rationeller und unfallfreier Bauablauf.

Kirche

Der Mauerbestand der Kirche geht auf das Jahr 1368 zurück. Erbaut wurde der lange ungegliederte Rechteckraum, wie es bei mittelalterlichen Sakralbauten des Bettelordens üblich war, in einfacher, klarer Form. Dabei wurde auf ein Querhaus, auf Türme, auf eine detailreiche und üppige Formensprache ebenso verzichtet wie auf eine aufwendige Bauplastik. Auch wenn sich das Kircheninnere über die Jahre – abgesehen vom Einbau der neuen Orgel – nicht fundamental verändert hat, so haben die verschiedenen Eigentümer doch versucht, dem Gebäude eine gewisse Individualität zu verleihen und es dem jeweiligen Zeitgeschmack anzupassen. Daher wurde beschlossen, bei der Renovation die

RENOVATION: RÜSTEN FÜR DIE ZUKUNFT 291

Querschnitt durch die beiden Liegenschaften Katharinengasse 15 (Kirche; mit Ansicht Orgel) und Katharinengasse 21 (links). Blick Richtung Osten.

über die Jahrhunderte überpinselte, überdeckte und überbaute historische Substanz wieder hervorzuholen und einen von zeitgemässer Sachlichkeit geprägten Raum entstehen zu lassen, dessen klösterlicher Charakter wieder spürbar ist. Dazu sollte die neugotische Ausstattung entfernt werden. Die senfgelbe Wandtäferung, der dunkle Tafelparkettboden und die Wandschriftzüge in deutscher und französischer Sprache verliehen dem Inneren der Kirche während des letzten Jahrhunderts zwar ihr charakteristisches Aussehen, lenkten aber vom klar strukturierten Innenraum ab und hatten nichts mehr zu tun mit der bescheidenen Formensprache mittelalterlicher Bettelordenarchitektur. Bei der Farb- und Materialwahl von Boden, Wänden und Decke entschied man sich für eine zurückhaltende, karge Gestaltung. Für den Boden wurde ein leicht poröser, anthrazitfarbener Lavastein (Basalt) gewählt, der bei einem bestimmten Lichteinfall

Kirche vor dem Umbau mit Blick Richtung Westen. Der Parkettboden und das Wandtäfer an der Nordwand wurden bereits ausgebaut. Sichtbar sind an der Süd- und der Nordwand noch die Schriftzüge in deutscher und französischer Sprache.

einen braun-violetten Schimmer zeigt. Von den Wänden wurde der ursprüngliche Verputz entfernt (zur Sicherung der historischen Funde siehe oben, Ausgangslage) und anschliessend Dämmputz auf das rohe Bruch- und Bollensteinwerk aufgetragen. Dabei wurde darauf geachtet, dass die Wände nicht unnötig begradigt und ausgebessert wurden, so dass sie zwar einen einheitlichen, aber dennoch belebten Eindruck vermitteln, der die darunterliegende alte Bausubstanz erahnen lässt. Gestrichen sind die Wände nun bis unterhalb der Hohlkehle in einem warmen Grauton. Um eine angenehme Atmosphäre zu erzielen, wählte der Architekt in Zusammenarbeit mit dem Fachberater für die Farbgebung der Hohlkehle ein gebrochenes Weiss und für die heruntergehängte Decke ein reines Weiss. Die helle Farbgebung

von Wänden und Decke ergibt einen guten Kontrast zum dunklen Natursteinboden und verleiht dem Raum ein schlichtes und dennoch stimmungsvolles Ambiente. Dazu tragen auch die zurückhaltenden Glaszylinderleuchten an den Wänden bei, welche den Raum nach oben und unten mit indirektem Licht angenehm gedämpft erhellen. Dank der Vergrösserung der beiden Kirchenfenster in der Nordwand dringt mehr Licht in den sakralen Raum. Zudem ist der Blick auf die malerischen nördlichen Altstadthäuser gewährleistet, was im Innern einen unmittelbaren Bezug zur Aussenwelt schafft.

Visualisierung des Kirchenraums mit Blick gegen Osten.

Arbeiten an der Kirchendecke.

Dimmbare Glaszylinderleuchten sorgen in der Kirche für eine angenehme Atmosphäre.

Innenansicht der Kirche mit Blick
Richtung Osten und Westen.

RENOVATION: RÜSTEN FÜR DIE ZUKUNFT 295

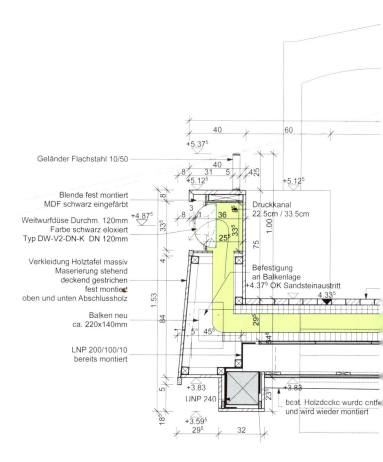

Empore Wesentlich zum Gesamteindruck der Kirche trägt auch die westliche Empore bei. Fünf dendrodatierte Hölzer im Bereich der Empore belegen den Wiederaufbau im Jahre 1418, als ein verheerender Stadtbrand Teile des Katharinenklosters zerstörte.[39] Die Empore mit horizontalem Boden wies damals eine Tiefe von 5.20 m auf. Erschlossen war sie über eine Türe in der Westwand vor der Südwestecke. Im 18. Jahrhundert wurde die Empore um 1.80 m auf eine Tiefe von 7.0 m verbreitert und mit einer Staketenbrüstung versehen. 1788 ist in der Literatur von der Erstellung einer «bequemen Treppe auf die Porkirche» (Empore) zu lesen.[40]

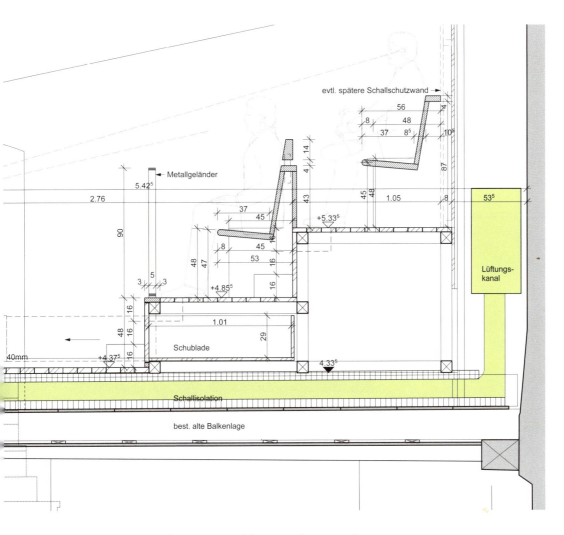

Schnitt durch Empore. Grün eingezeichnet ist die Luftzirkulation vom Lüftungskanal (rechts) bis zu den Weitwurfdüsen (links) in der Brüstung der Empore.

Dabei handelte es sich um den steinernen Treppenaufgang aus dem Kreuzgang, der beim Umbau 1952 zugunsten eines Zugangs im Kircheninnern jedoch wieder aufgehoben wurde.

Das ursprüngliche Projekt aus dem Jahr 2009 sah den vollständigen Rückbau der Empore samt Zugangstreppe vor. Diese Idee entsprang dem Wunsch, den Kirchenraum flexibler zu nutzen. Obwohl dieses Bedürfnis der Baubewilligungskommission plausibel erschien, wies sie das Begehren ab mit der Begründung, dass die denkmalpflegerischen Interessen am substanziellen Erhalt der Empore überwögen. Zugestimmt hat die Bewilligungskommission

Visualisierung des Kirchenraums mit Blick Richtung Westen.

Emporenbrüstung. Weitwurfdüsen sorgen für einen optimalen Luftwechsel im Kirchenraum.

Stufenanlage auf der Empore.

Rechte Seite:
Die Empore ist neu über eine anthrazitfarbene Metallwendeltreppe erreichbar.

jedoch einem Rückbau auf die ursprüngliche Tiefe von 5.20 m und der Neugestaltung des unteren Treppenlaufs.[41] Nach der Überarbeitung des Projekts konnte mit der in ihrer Tiefe reduzierten Empore für alle Beteiligten eine befriedigende Lösung gefunden werden. Farblich passt sich die Empore in harmonischer Weise dem Farbkonzept der Kirche an. Zudem bietet die neu konzipierte Emporenbrüstung Platz für die gesamte Audio- und Videotechnik. Unsichtbar für Besucherinnen und Besucher verstecken sich darin die Audio- und Videotechnik und ein Beamer. Zudem weist die Brüstung Öffnungen auf, die der Belüftung des Raumes dienen. Durch Weitwurfdüsen in der Brüstung wird Frischluft in den Kirchenraum ausgeblasen und anschliessend durch Öffnungsgitter in der Decke wieder angesogen.

Der Hof war vor dem Umbau unstrukturiert und die Kirche durch die Erdgeschosserweiterung von 1922 nicht mehr als solche erkennbar.

Hof Neben der Restaurierung der Kirche und dem Umbau vom Haus an der Katharinengasse 21 war die Neugestaltung des Innenhofs und dessen Einbezug in die gesamte Klosteranlage eines der Hauptanliegen der neuen Eigentümerin. Bis zum Erwerb der Liegenschaft fristete der kleine Hof an der Goliathgasse ein unscheinbares Dasein. Die Dreiteilung in einen mit einer Reihenpflästerung aus Naturstein vorgenommenen Erschliessungsbereich im Osten, einen etwas erhöht angelegten Grünbereich mit einem durch polygonal verlegte Granitplatten erschlossenen Sitzplatz aus Betonplatten in der Mitte und einen mit einer Natursteinpflästerung versehenen Zugangsbereich zur Kirche und zum westlichen Nebengebäude wirkte konzeptlos und nicht dem Ensemble der Katharinenanlage zugehörig. Eine Gartenmauer, Ligusterhecken, Absperrketten und ein dreiteiliges Eisentor bildeten die Abgrenzung zur Goliathgasse, was zwar zu einer gewissen Geschlossenheit der Anlage führte, in der Ausgestaltung der Bepflanzung mit anspruchslosen Gehölzen und Gräsern jedoch unspektakulär und eher langweilig wirkte. Einzig die in der nordwestlichen Ecke situierte Birke setzte einen wohltuenden Akzent. Die Herausforderung dieses auf drei Seiten von Gebäuden umgebenen Platzes stellten die Höhenunterschiede sowohl der einzelnen Bauteile als auch der Goliathgasse dar. Diese wurden bisher mit Neigungen der Erschliessungsflächen, mit Böschungen, Stützmauern oder mit Stu-

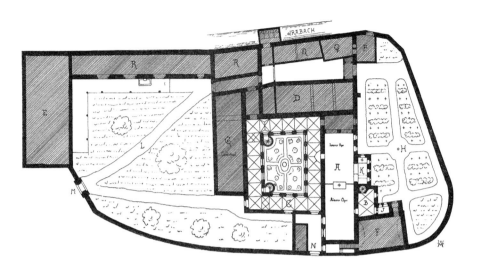

Rekonstruktionszeichnung von August Hardegger (1885), gezeichnet nach dem Stadtplan von Melchior Frank: Im Bereich rechts (H) auf dem Grundriss befindet sich heute der Innenhof.

fenkonstruktionen überwunden. Die Hofsituation widerspiegelte aber in keiner Weise die bedeutende historische Geschichte der Klosteranlage und dürfte im 20. Jahrhundert durch die verschiedenen Um- und Neubauten der umliegenden Gebäude entstanden sein. Noch Mitte des 19. Jahrhunderts hatte sich die Hofsituation ganz anders dargestellt: Zwar war der Innenhof damals ebenfalls auf drei Seiten von Gebäuden umgeben und gegen Norden mittels einiger niedriger Natursteinpoller abgetrennt gewesen, doch hatte der gepflästerte Hof weder unterschiedliche Oberflächen noch differierende Höhenebenen aufgewiesen. Er schien vielmehr gleichmässig von der heutigen Goliathgasse zur Nordseite der Kirche hin sanft anzusteigen (siehe Abbildung Seite 228).

Bei seiner Rekonstruktionszeichnung von 1885 lehnte sich August Hardegger an den Planprospekt von Melchior Frank (von 1596) an, um die vermeintliche Situation zur Zeit des Frauenklosters darzustellen.[42] Im Bereich des Friedhofs mit dem Hochkreuz (H) auf Hardeggers Zeichnung befindet sich heute ungefähr der Innenhof zwischen der Goliathgasse und der Nordseite der Klosterkirche. Die schematische Einteilung der Gräber mit den Zwischenpflanzungen und den Wegen ist eher als Signatur zu lesen denn als genaue Wiedergabe der effektiven Organisation und Gestaltung des Gottesackers. Dennoch steht auch auf dieser Abbildung die geschlossene einheitliche Anlage im Vordergrund.

Visualisierung Innenhof: Das Projekt sieht im nördlichen Teil einen abgesetzten Kiesplatz vor.

Bei der Neugestaltung des Hofs galt es somit, den durch die Fassaden der umliegenden Bauten etwas unruhig gefassten Aussenraum durch zurückhaltende Interventionen neu zu prägen und einen adäquaten Übergang zur Goliathgasse zu finden. Die Idee, den stark nach Norden geneigten Platz zur Goliathgasse hin mit einer Palisadenwand zu begrenzen, die nur einen beschränkten Durchblick zuliess und die unaufdringlich und in einer nicht rekonstruktiven Gestaltung und Materialisierung auf die ehemalige Klostermauer hinweisen sollte, lehnte die Baubewilligungskommission jedoch ab. Dieser Entscheid und der Wunsch der Bauherrschaft, den Innenhof für verschiedenste Bedürfnisse zu nutzen, veranlassten das Planungsteam daher, den gesamten Platz in zwei unterschiedliche Bereiche zu gliedern. Eine freie, nicht versiegelte Natursteinpflästerung (Wildpflästerung) übernimmt die durch die Hauseingänge festgelegten Terrainhöhen und führt in einer schiefen Ebene bis zum Niveau der Goliathgasse. Zwei Stahltore mit in verschiedenen Winkeln in einen Rahmen eingeschweissten Flachstahlstaketen setzen hier eine Grenze zum öffentlichen Raum, ohne jedoch die Sicht gänzlich einzuschränken. In die schiefe Ebene eingelassen ist ein rechteckiger chaussierter Platz mit nur minimalem Gefälle. Dieser senkgartenähnliche Teilbereich ist gegen Norden zur Goliathgasse, gegen Osten zum Anlieferungsbereich und im Westen auf einer Länge von 2.25 m mit einer verputzten Mauer mit einer Stahlplattenabdeckung umgeben. Zur Kirche hin ist der Hof

offen. Die Terraindifferenzen werden mit einer Sockelmauer und grosszügigen Betonstufen ausgeglichen. Ein zierender mittelkroniger Laubbaum bildet hier einen Akzent in der stark geometrischen Anlage.

Mit der gezielten Trennung der einzelnen Bereiche – Zufahrt, Erschliessung und Aufenthalt – konnte eine Lösung gefunden werden, welche den Hof als solchen wieder erlebbar macht und ihn der klösterlichen Architektur anpasst. Der in die Schräge der Fläche eingelassene Kiesplatz lädt die Besucherinnen und Besucher zum Verweilen und Ausruhen ein und widerspiegelt damit gewissermassen die klösterliche Stimmung im Innern der Anlage, wie sie auch mit dem Kreuzgang gegeben ist. Gleichzeitig eignet sich der Innenhof auch für stimmungsvolle Apéros oder für kleinere kulturelle Anlässe. Der Hofbereich wirkt zudem als Pufferzone zwischen der Goliathgasse und der Kirche. Gleichzeitig wertet seine einfache Gestaltung die Kirche und damit die gesamte ehemalige Klosteranlage markant auf. Mit der Vergrösserung der Kirchenschifffenster nach unten und dem Abbruch des Anbaus von 1922 ist das sakrale Gebäude wieder als solches zu erkennen. Der vorgelagerte, neugestaltete Hof vervollständigt diesen Eindruck und gibt der Anlage einen würdevollen Rahmen.

Kolorierte Skizze des Innenhofs: Die nach unten verlängerten Kirchenfenster bringen Licht in den Innenraum und der Bau ist auch von aussen als sakrales Gebäude zu erkennen.

Haus Katharinengasse 21

Untergeschoss Um die Räumlichkeiten bezüglich Technik, Sicherheit und Innenausbau an die Ansprüche und Bedürfnisse der neuen Eigentümerin anzupassen, erfuhren das Untergeschoss und das Erdgeschoss grundlegende Neuerungen. So wurde das gesamte bisherige Untergeschoss um 50 cm abgesenkt, um trotz der neuen heruntergehängten Decke, welche die aufwendige Technik verbirgt, eine zeitgemässe Raumhöhe zu erhalten. Der bisher nicht unterkellerte nördliche Teil der Liegenschaft wurde ebenfalls zu einem Kellerraum ausgebaut, in dem neu die Lüftung und die Kühlung des Office untergebracht sind. Im westlich anschliessenden Raum befindet sich der behindertengerechte Personenlift, der das Gebäude vom Untergeschoss bis zur Wohnung im Dachgeschoss erschliesst. Vom Untergeschoss bis zum ersten Obergeschoss ist die Liftfront mit Glas ausgebildet, im zweiten Obergeschoss und im Dachgeschoss mit Metall. Im Untergeschoss befinden sich ausserdem ein Putzraum, ein Stuhllager, die Heizung, die Elektroverteilung sowie Damen-, Herren- und Behinderten-Toiletten. Alle WC-Anlagen und die technischen Räume sind hochwertig und unterhaltsfreundlich gestaltet. Die klare Formsprache und die schlichte Farbgebung entsprechen zeitge-

Der Liftschacht wird aufgemauert. Das Haus Katharinengasse 21 ist neu vom Untergeschoss bis zum Dachgeschoss mit einem Lift erschlossen.

Die Liftfront ist vom Untergeschoss bis zum ersten Obergeschoss in Glas ausgebildet.

Linke Seite:
Neu gestalteter Innenhof auf der Nordseite der Kirche mit Kopfsteinpflästerung und einem in die Schräge eingelassenen Kiesplatz.

Sanitärraum mit Natursteinlavabo, Wand- und Türabdeckungen aus aufgehelltem Eichenholz.

Im Untergeschoss ist die Absenkung des Bodens um 50 cm gut erkennbar. Unterhalb der ursprünglichen Bruchsteinmauer ist die Betonunterfangung sichtbar.

Rechte Seite:
Grundriss Erdgeschoss.

mässer Architektur. In diesem unterirdischen Bereich dominieren vor allem die Materialien Sicht- und Hartbeton, Kalkstein (Kanfanar) und mit weisser Lasur aufgehelltes Eichenholz, was ein gediegenes Nebeneinander von Naturholz und verschiedenen Grau- und Anthrazittönen zur Folge hat.

Erdgeschoss Für das Erdgeschoss wurden einige konzeptionelle Änderungen beschlossen. Einerseits wurde der westliche einstöckige Anbau ersatzlos zugunsten einer klaren Innenhofsituation abgerissen. Andererseits ist das Haus Katharinengasse 21 neu über eine Durchgangstüre im östlichsten Teil der Kirchennordwand beziehungsweise im Bereich des 1884 erstellten neugotischen Anbaus mit der Kirche verbunden. Bei grösseren Veranstaltungen können Besucherinnen und Besucher problemlos und rasch von den Räumlichkeiten im Foyer zur Kirche gelangen. Schliesslich wurde der Haupteingang an der Katharinengasse leicht verbreitert und die Eingangstüre mehr ins Innere verschoben, was ein bequemes Betreten des Gebäudes ermöglicht. Die dadurch entstandene Eingangsnische wird nachts mit einem Rollgitter gegen Vandalenakte gesichert. Die unschönen, mit dem gequaderten Sockel bündigen neueren Kunststoff-Fenster der Schaufenster im Erdgeschoss der Ostfassade wurden entfernt und die ursprünglichen verzierten Stahlstützen wieder freigelegt. Ansonsten wurde die östliche Gassenfassade in ihrer ursprünglichen Form belas-

RENOVATION: RÜSTEN FÜR DIE ZUKUNFT

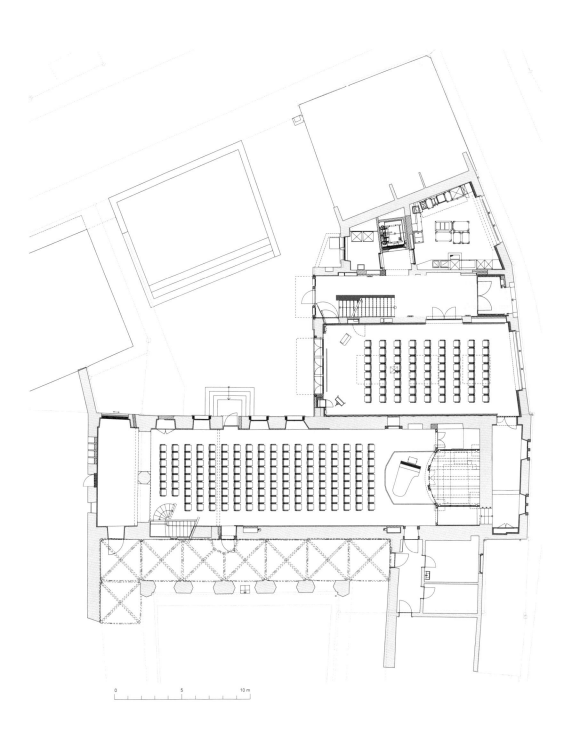

Die Ostfassade folgt dem Verlauf der Katharinengasse.
Neu befindet sich im Erdgeschoss der Haupteingang zum Forum St. Katharinen.

sen; lediglich die rote Backsteinfassade und der gequaderte Sockel mussten gereinigt und der Fachwerk-Erker restauriert werden, ausserdem waren einige Ausbesserungen an den Fenstern vorzunehmen. Der schlechte Zustand des Granitsockels machte jedoch dessen Ersatz nötig. Im Innern dient die Zugangszone als Drehscheibe für die verschiedensten Nutzungen: zum einen als eben beschriebener Haupteingang von der Katharinengasse, zum andern als Personal- und Wohnungseingang von der Hofseite her. Der Hofeingang ist neu rollstuhlgängig und ebenso wie die rechts danebenliegende Glasfensterfront des Foyers mit einem Metallvordach überdeckt.

Hochwertige Materialien und stimmungsvolle Lichtkörper lassen den Eingangsbereich hell und einladend wirken. Im Korridorbereich befindet sich rechts neben dem Eingang zudem eine in die Wand integrierte Garderobe. Direkt dahinter ist das Office gelegen, das bei Anlässen als Küche für Cateringunternehmen dient. Im hinteren Bereich des Gangs liegt die neugestaltete Treppe. Die Treppenwand aus mit Kalkstein aufgehelltem Sichtbeton erstreckt sich vom Untergeschoss bis zum ersten Obergeschoss und weist ein unregelmässig horizontales, reliefartiges Muster auf.

Im Bereich zwischen Korridor und Kirche liegt der stützenfreie Raum, der als Foyer bezeichnet wird und für unterschiedlichste

Kirche und Haus Katharinengasse 21 werden neu über einen Durchgang unter der Orgel erschlossen. Dazu wurde die Kirchenwand (links und rechts vorne im Bild) durchtrennt.

Treppenwand mit Schichtenmuster. Die organischen Linien symbolisieren die bewegte Geschichte des Gebäudes.

Foyer mit Blick Richtung Westen.
Bei der Bruchsteinwand links handelt es sich um die ehemalige Aussenwand der Kirche.

Rechte Seite:
Foyer möbliert.

Anlässe genutzt werden kann. Bei Veranstaltungen in der Kirche bietet sich beispielsweise eine Nutzung als Pausenzone oder als Garderobe an. Dank des überdachten Ausgangs auf der Hofseite könnte der Innenhof bei schönem Wetter auch als Raumerweiterung genutzt werden. Die an die südliche Längswand des Foyers angrenzende ursprüngliche Kirchenaussenwand ist auf der gesamten Länge sichtbar und stellt mit ihrer unregelmässigen Wandstruktur eine bauliche Zeitreise in die Vergangenheit des ehemaligen Katharinenklosters dar. Die beleuchteten, erhöhten Deckenfelder lassen den Raum grosszügig und stimmungsvoll erscheinen. Beim Bodenbelag sowohl des Korridorbereichs als auch des Foyers entschieden sich die Verantwortlichen für einen pflegeleichten hellen Terrazzobelag mit dunklem Randfries. Türen und Garderobe sind aus Eichenholz gearbeitet und mit Stahlzargen eingefasst.

Unterer Teil der Schlatterstube vor dem Umbau.

Rechte Seite:
Die Schlatterstube verfügt wieder über ihre ursprüngliche Raumhöhe von 4.20 m.

Der Saal im ersten Obergeschoss ist mit der neusten Technik ausgestattet und bietet Platz für fünfzig bis achtzig Personen.

Erstes Obergeschoss Insgesamt war das erste Obergeschoss noch geprägt von der Architektur von 1884. Dies sollte auch so bleiben. Daher wurden lediglich die nachträglichen baulichen Änderungen rückgängig gemacht und nur wo nötig einzelne Fenster und Täfer teilweise historisierend ersetzt oder ausgebessert. Die bestehenden Türen mussten aus schall- und brandschutztechnischen Gründen ersetzt werden (EI30). Sie wurden ebenfalls in historisierendem Stil gefertigt. Ansonsten wurden die Fischgratparkettböden, die Wandtäfer und Sprossenfenster erhalten, jedoch farblich verändert und konstruktiv dem heutigen Ausbaustandard angepasst.

Der auf diesem Stockwerk gelegene grosse Saal bietet bei Reihenbestuhlung Platz für fünfzig bis achtzig Personen. Denkbar ist die Nutzung für Schulungen, Präsentationen, Workshops und Seminare. Der Raum ist daher komplett verdunkelbar und mit der neusten Licht-, Audio- und Videotechnik ausgerüstet. Die durch den Korridorbereich vom grossen Saal getrennte Schlatterstube eignet sich für kleinere Gruppen als Sitzungs- und Seminarraum. Mit einer Raumhöhe von 4.20 m und zwei rund 3 m hohen Fenstern bietet dieser Raum ein angenehmes Ambiente und eignet sich bestens für repräsentative Zwecke. Diese Etage ist ebenfalls mit einer Damen- und einer Herrentoilette ausgestattet und sowohl über die Treppe als auch über den Lift mit den übrigen Stockwerken erschlossen.

Vor dem Umbau war der Gang im zweiten Obergeschoss mit Spannteppich ausgelegt und mit einer Täferdecke versehen.

Büroraum im zweiten Obergeschoss: Zustand vor der Renovation.

Grosser Raum im 2. Obergeschoss mit durchlaufender Balkenlage.

Der Dachstuhl von 1418 war in erstaunlich gutem Zustand. Nur wenige schadhafte Teile an den Sparren mussten ersetzt werden.

Rechte Seite: Nach der Renovation. Jeder Büroraum im zweiten Obergeschoss ist farblich individuell gestaltet.

Zweites Obergeschoss Die sich in diesem Stockwerk befindenden Räume der Stadtmission wurden zu Büros umgenutzt. Der Charakter der Architektur von 1884 sollte auch hier erhalten bleiben. Bei den vier östlichen Räumen zur Katharinengasse hin konnten mit Hilfe von detaillierten Farb- und Materialuntersuchungen die ursprünglichen Farbfassungen eruiert werden. Diese Ergebnisse dienten als Anhaltspunkt für die Neugestaltung der einzelnen Räume. Bestehende Kassetten-, Fischgratparkette und Wandtäfer wurden soweit wie möglich wieder verwendet, ergänzt und wo nötig ersetzt. Auch dieses Stockwerk verfügt über eine Damen- und eine Herrentoilette sowie über einen direkten Liftzugang. Über eine kleine Treppe mit massiven Nussbaumtritten ist das Haus Katharinengasse 21 mit dem südlich anschliessenden Raum verbunden. Ursprünglich sollte dieser Bereich in zwei Teile gegliedert werden, mit einem grossen

316 RENOVATION: RÜSTEN FÜR DIE ZUKUNFT

Büroräume im zweiten Obergeschoss.

RENOVATION: RÜSTEN FÜR DIE ZUKUNFT 317

Grosses Sitzungszimmer im zweiten
Obergeschoss mit historischer, durchlaufender Balkenlage.

Refugium im historischen Dachstuhl über der Kirche.

Kreuzförmige Öffnung im westlichen Giebelfeld der Kirche.

Gruppenbüro im östlichen und einem multifunktionalen Raum im westlichen Bereich. Aufgrund der durchgehenden intakten Balkenlage verzichtete die Bauherrschaft jedoch darauf und beschloss stattdessen, die Balken sichtbar zu lassen und den gesamten Raum als eine Einheit zu gestalten. Sollte künftig dennoch eine Zweiteilung des Raumes erwünscht sein, wäre diese dank baulicher Vorkehrungen jederzeit leicht möglich. Westlich an diesen Raum anschliessend folgt – inmitten des ursprünglichen Dachstuhls der ehemaligen Klosterkirche – das sogenannte Refugium. Im Westgiebel dieses Dachstuhls befindet sich ein kaum einsehbares, offenes Sandsteinkreuz. Da der Dachstuhl neu ebenfalls benutzt und daher auch beheizt wird, wurde die Kreuzform mit Glas ausgegossen und in das Gewände eingepasst. Durch das Licht, welches durch dieses neue kreuzförmige Fenster und die bestehende kleine Dachgaube fällt, erhält der westliche Teil des Dachstocks eine gedämpfte Beleuchtung. Das diffuse Licht verleiht dem Raum mit seiner mittelalterlichen Holzkonstruktion eine einmalige stimmungsvolle Atmosphäre.

Dachgeschoss Im obersten Stockwerk des Hauses Katharinengasse 21 wünschte die Bauherrschaft weiterhin eine Wohnung. Zwar wurde das Dachgeschoss bereits vor dem Umbau als solche genutzt, doch waren einige Zimmerwände so eingebaut, dass die eigentliche Baustruktur des Geschosses kaum mehr erkennbar war. So wurden zu Beginn der Renovationsarbeiten nachträglich hinzugefügte Bauteile entfernt und anschliessend vier grosse neue Oblichter und eine zusätzliche Gaube eingebaut. Von der Wohnung führen vier Tritte in den Estrichbereich. Hier befinden sich die Haustechnik und die Monoblöcke für die Lüftung und die Kühlung. Sie versorgen Teile des Gebäudes und die gesamte Kirche mit sauberer Frischluft. Über eine schmale Holzstiege gelangt man vom Estrich auf das Dach und die Dachterrasse und kann die atemberaubende Aussicht auf den St. Mangen-Kirchturm, die umliegenden Dächer der nördlichen St. Galler Altstadt und den dahinterliegenden Rosenberg geniessen.

Loftartige Wohnung im Dachgeschoss.

Glasabschluss im Dachgeschoss: Dank vier Grossflächenoblichtern präsentiert sich die Dachwohnung hell und einladend.

Blick vom Dach Katharinengasse 21 auf die nördliche Altstadt und den angrenzenden Rosenberg.

Dank der dimmbaren Glaszylinderleuchten und der Deckenstrahler kann die Lichtsituation für jede Veranstaltung individuell angepasst werden.

BELEUCHTUNGSKONZEPT

Im Vordergrund des Beleuchtungskonzepts stand – wie auch bei den übrigen technischen Positionen – die Idee, möglichst zurückhaltend in die Raumstrukturen einzugreifen. Vielmehr sollten die einzelnen Räume durch die Lichtgestaltung in ihrer Form und Qualität unterstützt und erlebbar werden. Die Beleuchtungskörper als Mittler des Lichts sollen sich zurückhaltend in die architektonischen Elemente einfügen, so dass sich das Licht über die Flächen und Texturen ausbreiten kann. Licht ist jedoch nicht gleich Licht: Grundsätzlich ist zu unterscheiden zwischen dem «technischen Licht», das einen Raum ausreichend beleuchtet, und dem «Stimmungslicht», welches einer einzelnen Wand, einem Zimmer oder einem gesamten Gebäude strahlend hell oder gedimmt eine ganz besondere Atmosphäre verleiht. Da die Katharinenräume für unterschiedlichste Nutzungen vorgesehen sind, plädierte Lichtplaner Renato de Toffol, Eggersriet, von Beginn an für Leuchten mit differenzierter Ausstrahlung. Bemusterungen vor Ort haben die Entscheidungsfindung erleichtert, welche Leuchten diese Anforderungen sowohl in technischer als auch in optischer Hinsicht

Indirektes Licht hebt das Besondere der historischen Kirchenaussenwand hervor.

erfüllen. Im Foyer entlang der ursprünglichen Kirchenwand haben sich die Verantwortlichen für ein in den Boden eingelassenes LED-Band entschieden, welches das mittelalterliche Bollen- und Bruchsteinmauerwerk in ein warmweisses Licht taucht und dem Raum dadurch ein stimmungsvolles Aussehen verleiht. Eine ganz besondere Herausforderung stellte auch beim Lichtkonzept der Kirchenraum dar, welcher zwar künftig den höchsten technischen Ansprüchen genügen muss, zugleich jedoch eine sakrale und fast asketische Stimmung verbreiten soll. Daher wurden auch erste Überlegungen wieder verworfen, welche von der Decke pendelnde Leuchten vorsahen. Vielmehr sprach sich das Gremium für Wandleuchten mit getrennt schalt- und dimmbaren Lichtquellen aus. Dies ermöglicht eine Lichtgestaltung des Raumes auf unterschiedlichste Weise. Zudem erscheinen die gewählten, aus mattiertem Glas bestehenden Zylinderleuchten auch in unbeleuchtetem Zustand nicht als dominante Elemente. Für die bei Bedarf zuschaltbare Beleuchtung der Orgel und der Empore sorgen einige wenige Einbaustrahler in der Decke.

Für die Betontreppenwand wurden verschiedene Gestaltungsideen erarbeitet.

Beschriftete Betonwand im Treppenhaus von Haus Katharinengasse 21.

SIGNALETIK

Signaletik – eine Disziplin des Grafik-Designs – hat nicht nur die Beschriftung einzelner Räume zum Ziel; vielmehr will sie den Charakter eines Ortes erkennen und formen, sie visualisiert diesen und macht ihn erlebbar. Weiter trägt die Signaletik dazu bei, die Funktion eines Ortes darzustellen und Inhalte der Architektur visuell zu übersetzen und verständlich zu machen. Signaletik verleiht einem Ort eine Identität, wertet diesen auf und macht ihn für Besucherinnen und Besucher besser erlebbar.

Ziel des Signaletikkonzepts für die beiden Liegenschaften Katharinengasse 15 und 21 ist es, eine Brücke zu schlagen zwischen der geschichtsträchtigen Vergangenheit des Ortes und der Gegenwart. Mit einheitlichem Design und einer optisch ansprechenden Beschriftung setzten die Projektverantwortlichen zusammen mit Andrea Gmünder von der Firma Feinform, Zürich, dieses Konzept um. Um die Verbindung zwischen Vergangenheit und Gegenwart zu veranschaulichen, sollte sich die künftige, zeitgemässe Architektur an die bereits früher existierenden vorgefundenen Elemente am Bau in Farbe, Form und Material anlehnen.

Eine Spurensuche vor Ort und das Studium der Geschichte des ehemaligen Klosters brachten eine Fülle von verschiedenen Stilelementen, von unterschiedlichster Ornamentik, Typographie, Materialien und Farben zu Tage.

Die Typographie bestimmt die wesentliche Formgebung der Signaletik. Somit bildete auch die Suche nach einer passenden Schrift einen wichtigen Bestandteil des Konzepts. Denkbar waren Schrifttypen, die sich an der Vergangenheit orientierten, solche mit mo-

derner Umsetzung oder andere, welche einen Kontrast zur Vergangenheit bildeten und sich an die Gegenwart anlehnen. Neben der Typographie sollte eine Sprache, eine Namensgebung oder eine Begrifflichkeit gefunden werden, die wiederum einen Bezug zur Geschichte und zum Ort schaffen konnte. Für das prägnanteste architektonische Element – die Betonscheibe im Treppenhaus von Haus Katharinengasse 21, welche die Stockwerke verbindet – wurde nach weiteren grafischen Möglichkeiten gesucht, den Ort lesbar und seinen Charakter spürbar zu machen. Aus dem Zusammenspiel von Typographie, Farbe und grafischen Elementen erarbeitete Andrea Gmünder verschiedene Gestaltungsideen. Entschieden hat sich die Bauherrschaft für die sogenannte Variante Schichten. Diese überzeugt durch ihre einfache und formale Umsetzung: Durch nicht streng geometrische, sondern organische Linien simulieren die Schichten visuell die verschiedenen Epochen beziehungsweise die bewegte Geschichte des Gebäudes. Für die Betontreppenwand wurden in Zusammenarbeit mit dem Produzenten Betonmuster mit der gewünschten Linienornamentik erstellt. Für die Beschriftung dieser Treppenwand wurden Metallbuchstaben vorgesehen.

Während der Bauzeit bot sich mit der Baustellenverkleidung eine optimale Gelegenheit, den Ort mit seiner langen Geschichte und die geplanten baulichen Massnahmen erstmals der Öffentlichkeit zu präsentieren. Grossflächig und prägnant konnte damit auf die Geschichte und das Bauprojekt hingewiesen werden. Dies war zudem auch die erste Gelegenheit, Farben und Typographie einzusetzen, welche dem fertigen Bauwerk nun seinen Charakter verleihen.

Die einzelnen Räume sind mit Buchstaben des griechischen Alphabets bezeichnet.

Auf der Baustellenverkleidung wurden der Öffentlichkeit die baulichen Massnahmen ein erstes Mal vorgestellt.

MATERIALIEN

Die Grundsätze, welche die Bauherrschaft und die Klaiber Partnership AG als beauftragtes Architekturbüro als Standard für die gesamten Restaurations- und Renovationsarbeiten definiert haben – nämlich eine nachhaltige Bauweise und einen umsichtigen Umgang mit der historischen Bausubstanz – galten auch hinsichtlich der Wahl der Materialien beim Innenausbau. Oberste Maxime war auch hier die Rücksichtnahme auf den Raum und wenn möglich die Rückführung auf den ursprünglichen Zustand. Auf die verschiedenen Farb- und Sondageuntersuchungen wurde bereits eingegangen. Diese bildeten die Richtlinien für die Neugestaltung der Räume. Immer orientierten sich die Architekten zuerst an den Untersuchungsergebnissen der verschiedenen Wand-, Decken- und Bodenoberflächen. Wo dies nicht möglich war, weil die Untersuchungen keine eindeutigen Resultate lieferten, wurde aufgrund historischer und ästhetischer Aspekte ein passendes Farb- und Materialkonzept entworfen, das den ursprünglichen Charakter der einzelnen Räume widerspiegelt. Beispielsweise wurde das senfgelbe Täfer entfernt, das dem Kircheninnern während der letzten Jahrzehnte sein typisch neuzeitliches Aussehen verlieh, so dass den Kirchenraum nun wieder eine reduzierte klare Formensprache prägt, die der ursprünglichen, mittelalterlichen Bauweise einer Sakralbaute nahekommt. Dass der Kirchenboden nun mit anthrazitfarbenen Natursteinplatten bedeckt ist, ist das Resultat fundierter Abklärungen und intensiver Diskussionen mit der stadtischen Denkmalpflege. Nach der Abdeckung des Holzparkettbodens von 1884 kamen Tonplatten zum Vorschein, welche Bauforscher Peter Albertin auf das Jahr 1418 datiert. Die Platten waren jedoch unvollständig und für eine permanente Sichtbarmachung ungeeignet. Daher wurden sie mit Folie abgedeckt und sind nun unter dem aktuellen Belag geschützt erhalten. Erste Überlegungen, wonach der Boden wieder mit einem Holz- oder einem Sandsteinbelag ausgelegt werden sollte, wurden wegen schwieriger Unterhaltsarbeiten wieder verworfen. Entschieden hat sich die Bauherrschaft schliesslich für einen Naturstein – einen dunklen Lavastein –, der durch seine leicht poröse Oberfläche belebt wirkt und den Raum trotzdem nicht dominiert. Neben diesen Grundsatzüberlegungen legte die Bauherrschaft zudem Wert darauf, dass die erworbenen Liegenschaften – bei aller

Ein dunkler Naturstein (Lavastein) bedeckt nach dem Umbau den Boden der Kirche.

Gang im zweiten Obergeschoss mit Blick Richtung Süden.

Individualität – ein einheitliches Erscheinungsbild zeigen und sich harmonisch in den Gesamtkomplex des ehemaligen Katharinenklosters einfügen. Was zuerst als Widerspruch erscheint, kann nun am vollendeten Bau logisch nachvollzogen werden. Sämtliche Materialien dominieren nicht durch ihre Erscheinung, sondern fügen sich zurückhaltend in die einzelnen Räume ein.

Im Haus Katharinengasse 21 wurde als Belag für das Erdgeschoss ein Terrazzoboden gewählt. Dieses gegossene und geschliffene Material ist bereits seit der Antike bekannt und besticht durch seine hohe Lebensdauer und seine nahezu unbegrenzten Gestaltungsmöglichkeiten. Beim Untergeschoss, welches beim Umbau abgesenkt wurde und in Bezug auf die Materialien den oberen Geschossen untergeordnet ist, wurde ein fugenloser Hartbetonbelag gewählt. Es handelt sich hierbei um ein zeitgenössisches und pflegeleichtes Material, das dem Untergeschoss zusammen mit den gewählten Natursteinlavabobecken, den Unterbauten sowie den WC-Wänden aus Eichenholz ein modernes Aussehen verleiht und zu keiner Zeit eine typische Kelleratmosphäre aufkommen lässt. Die beiden gewählten Bodenbeläge sind zwar materialtechnisch miteinander verwandt, unterscheiden sich jedoch in ihrer Wertigkeit – einfachere Materialien im Untergeschoss, edlere im Erdgeschoss.

Manche Materialentscheide waren beeinflusst durch sicherheitstechnische Vorschriften. So wurden beispielsweise bei Vorhängen und allen Bezügen schwerbrennbare Stoffe gewählt. Um die

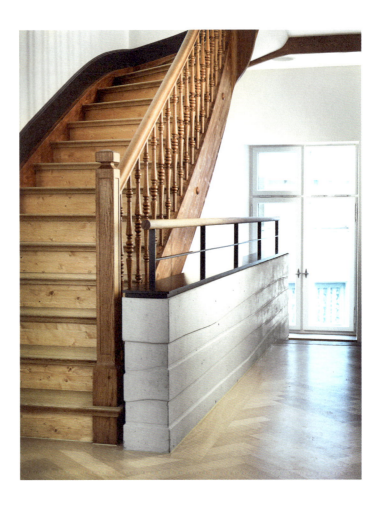

Zusammentreffen von Neu und Alt: Die neue Treppenwand mit einer Metallabdeckung endet im ersten Obergeschoss. Danach führt die ursprüngliche Holztreppe mit Staketengeländer bis ins Dachgeschoss.

gesetzlichen Brandschutzvorschriften einhalten zu können, wurde die ursprünglich Holztreppe mit einer Gipsuntersicht verkleidet und der Treppenkern mit Beton und nicht mit Holz ausgestaltet.

Sämtliche Materialien – seien dies nun die unterschiedlichen Betonoberflächen für die Treppentrennwand, die Natursteinplatten für den Bodenbelag in der Kirche, Farbmuster für Wände und Decken, Holz- oder Steinmuster für Oberflächenverkleidungen oder verschiedene Lampen- und Leuchtenmodelle – wurden immer mit dem Projektausschuss vor Ort besichtigt und aufgrund dieser Bemusterung ausgewählt.

ORGEL

Die Bauherrschaft hielt von Beginn an am Erhalt der Orgel fest. Diskutiert wurden jedoch ihr Standort und der Ersatz des Orgelwerks. Eine Verlegung auf die Westseite der Kirche wurde jedoch bald wieder verworfen, weil sonst die Sandsteinarkadenbögen verdeckt worden wären.

Seit 1770 befindet sich der Standort der Katharinenorgel gegenüber der Empore auf der Ostseite der Kirche. Zuvor war auch jenes 1724 von Hauptmann Caspar Scherer gestiftete und 1770 auf die Ostseite versetzte Instrument – ebenso wie die zwei zuvor bezeugten Orgeln von 1484 und 1519 – auf die westliche Empore montiert worden. 1806 muss die knapp 75 Jahre zuvor gestiftete Orgel in einem dermassen schlechten Zustand gewesen sein, dass die damaligen Eigentümer anstelle einer Reparatur der Anschaffung einer neuen, besseren Orgel zustimmten.[43] 1815 und 1829 wurde Orgelbauer Frosch aus München mit der Reparatur der Orgel beauftragt. Nach einem Eigentümerwechsel Mitte des 19. Jahrhunderts liess der neue Besitzer Ambrosius Schlatter den Orgelprospekt (die Schauseite der Orgel) und die Orgelempore überarbeiten. Im Jahre 1900 hatte auch dieses Instrument ausgedient und wurde durch eine Orgel mit pneumatischer Traktur ersetzt. Eingebaut wurde sie in das bestehende Louis-XVI-Gehäuse von Johann Baptist Lang. Die Orgelbaufirma Kuhn AG, Männedorf, baute einen neuen, freistehenden Spieltisch mit Blick des Organisten zum Kirchenraum. Die Brüstung der Orgelempore musste dabei ausgeschnitten werden, da der Spieltisch zuvor in das Gehäuse eingebaut gewesen war. Bei der neuen Orgel handelte es sich um ein zeittypisches Instrument, das 16 Register auf zwei Manualen und ein Pedal besass.

Die Disposition sah wie folgt aus:

I   Manual
1. Bourdon   16'
2. Principal   8'
3. Bourdon   8'
4. Gamba   8'
5. Dolce   8'
6. Octav   4'
7. Mixtur   2 2/3'

II. Manual, Schwellwerk
1. Flöte 8'
2. Salicional 8'
3. Aeoline 8'
4. Voix céleste 8'
5. Traversflöte 4'
6. Euphonia 8' Bezeichnung im Werkstattbuch, auf der Windlade alte Inschrift «Trompete 8'».

P. Pedal
1. Violonbass 16'
2. Subbass 16'
3. Flötenbass 8'

Da das Instrument in den 1940er-Jahren in klanglicher Hinsicht zu «romantisch» war, baute die Orgelbaufirma Kuhn AG das Instrument um. Neben klanglichen Veränderungen durch verschiedene Intonationsmassnahmen wurden folgende Dispositionsveränderung vorgenommen:

II. Manual, Schwellwerk
Waldflöte 2'   für Aeoline 8'
Nazard 2 2/3' für Voix céleste 8'
Fagott 8'   für Euphonia 8'

P. Pedal
Lieblich Gedeckt 16'   für Violonbass 16'

In diesem Bauzustand blieb die Orgel bis zum Verkauf der Kirche 2007. Die Pflege des Instruments hatte sich seit dem Umbau 1941 auf das Notwendigste beschränkt. Ausserdem wurde die Orgel nur noch wenig bespielt, was zu «Standschäden» führte und die Spielbarkeit des Instruments immer mehr einschränkte.
Beim Orgelwerk entschlossen sich die Verantwortlichen nach eingehenden Gesprächen mit der Denkmalpflege und den Orgelbaufachleuten, zugunsten einer Restauration des Instruments von 1900 auf einen Orgelneubau zu verzichten. Neben finanziellen Überlegungen führten die aktuelle, wieder gewonnene Wertschätzung des Orgeltyps mit pneumatisch gesteuertem Taschenladen und das Bewusst-

Orgel vor der Demontage: Erste Teile des Orgelprospekts sind bereits ausgebaut.

Der fehlende Mittelteil für den Orgelunterbau musste reproduziert werden.

sein, dass es nur noch wenige dieser Orgeln gibt, zu diesem Entscheid. In Zürich wurde die Kirche St. Antonius, die ebenfalls über ein Orgelwerk mit pneumatischer Traktur verfügt, vor wenigen Jahren erfolgreich restauriert. Sie erfreut sich heute bei Fachleuten und Laien grösster Anerkennung und wird klanglich hoch geschätzt. All dies führte dazu, dass das Orgelwerk in der Katharinenkirche wieder in den Originalzustand von 1900 zurückgeführt wurde.

Die neu restaurierte Orgel der St. Katharinenkirche St. Gallen
In prachtvoll leuchtendem Farbton gehalten, mit goldenen Ornamenten verziert, prangt die Orgel der St. Katharinenkirche St. Gallen in erneuerter Gestalt. Hinter dem klassischen Orgelprospekt aus dem Jahre 1806 befindet sich eine zweimanualige romantische Orgel der Orgelbaufirma Kuhn aus dem Jahre 1900. Nach längeren Gesprächen mit Wolfgang Rehn, dem Orgelsachverständigen der Orgelbaufirma Kuhn in Männedorf, wurde die Restaurierung und Zurückversetzung auf den originalen Registerbestand von 1900 beschlossen. Ein meiner Meinung nach hervorragender Entscheid, besitzt die Stadt St. Gallen damit nämlich ein weiteres pneumatisches Werk mit vielen Farben. Eine kleine Schwester der grossen Orgel der Linsebühlkirche! Die Einzelstimmen sind charaktervoll und klangspezifisch intoniert, die neuen Stimmen integrieren sich bestens, der Gesamtklang ist rund und ausgeglichen. Die dynamische Breite ist eindrücklich. Den Orgelbauern der Firma Kuhn sei mein herzliches Kompliment ausgesprochen. Sie haben einmal mehr ihr Einfühlungsvermögen und ihre Meisterschaft bewiesen. *Rudolf Lutz*

Orgel nach der Restauration 2012. Die Farbfassung des Orgelprospekts wurde auf den Zustand von 1806 zurückgeführt.

Am Gehäuse wurden – wie auch in der gesamten übrigen Kirche – Farbuntersuchungen durchgeführt. Bereits 1998/99 haben Orgelexperte Andreas Zwingli, Hinwil, und Restaurator Josef Geier, St. Gallen, die Orgel beurteilt und restauratorisch untersucht.[44] Diese Ergebnisse und die weiteren Farbabklärungen in den Jahren 2008 und 2011 durch die Fontana & Fontana AG, Jona, bildeten die Grundlage für die Erarbeitung eines Restaurierungs- und Gestaltungskonzepts. Aufgrund dieser Erkenntnisse und der Gespräche mit der Denkmalpflege entschieden sich die Verantwortlichen für eine Rückführung der Farbfassung und des Holzwerks auf den Zustand von 1806.

Die anfängliche Frage, ob der gesamte Orgelunterbau zur Überarbeitung ausgebaut oder ob die Reparatur an Ort durchgeführt werden sollte, wurde hinfällig, da die Bauherrschaft entschied, in den Unterbau eine ausziehbare Bühnenschublade zu integrieren. Die beteiligten Restauratoren bauten daraufhin die gesamte Orgel aus und brachten sie zur Bearbeitung in ihre Werkstatt. Bei einem Umbau 1953 hatte die Orgel eine vorgesetzte Kanzel erhalten,

Im Bodenbereich der Orgel ist eine Bühnenschublade eingebaut.

Orgelspieltisch mit Blick des Organisten Richtung Westen.

welche bei den aktuellen Umbauarbeiten wieder rückgebaut werden musste. Josef Geier, der mit der Restauration des Orgelunterbaus und des -prospekts beauftragt wurde, ersetzte die fehlenden Bauelemente in der Mitte und etliche profilierte Gesimse, die Mitte des 20. Jahrhunderts ebenfalls entfernt worden waren. An den Rundbogentüren ergänzte und reparierte er Schwundrisse und fehlende Holzteile in traditioneller Orgelbautechnik. Für die Ergänzungen verwendete er dabei ausschliesslich Hölzer (Fichte und Linde), aus denen die Orgel zur Entstehungszeit gefertigt worden war. Die mit den Farbuntersuchungen betraute Fontana & Fontana AG stellte fest, dass der Orgelprospekt in seiner Erstfassung von 1806 in Schwarz und Blau gehalten und mit punktuellen vergoldeten Elementen versehen war. Der Unterbau war monochrom grau und das Geländer mit grauschwarzer Farbe gestrichen. Diese Farbgebung war ebenfalls massgebend für das neue Farbkonzept. Der Orgelprospekt passt sich somit dem zurückhaltenden Erscheinungsbild der Kirche an. Das Holzwerk der unteren Orgelpartie ist in einem kühlen Grau, der obere Bereich in einem dunklen Anthrazit gehalten, das sich der Farbe des Natursteinbodens angleicht. Punktuell setzen in warmer Goldfarbe gestrichene Verzierungen und Ornamente Akzente – ein wunderbarer Kontrast zum übrigen kargen Kirchenraum.

Im Bodenbereich der Orgelempore – über den fragmentarischen Mauerresten des ehemaligen Altars – ist nun eine Bühnenschublade eingebaut. Diese lässt sich auf eine Länge von 2.50 m Richtung Kirchenschiff ausziehen und ermöglicht eine vielseitige Nutzung, die von der Plazierung eines Konzertflügels bis zu einem erhöhten Podest für die Referierenden reicht.

TECHNIK
Der Einbau modernster Technik in einen bestehenden Bau und besonders in ein denkmalgeschütztes Gebäude verlangt von allen Beteiligen grösstmögliche Flexibilität hinsichtlich der Suche nach tragfähigen, individuellen Lösungen, aber auch das nötige Fachwissen sowohl seitens der Planer als auch der Unternehmer. Als hilfreich erwies sich der Umstand, dass die moderne Technik mittlerweile so weit fortgeschritten ist, dass lediglich mittels eines einzigen komplexen Gerätes ein ganzer Raum oder gar ein gesamtes Gebäude beheizt, gekühlt, belüftet, beleuchtet, verriegelt, mit Strom und Musik versorgt etc. werden kann. Der zur Verfügung stehende Platz für Kanäle, Kühlgeräte und andere technische Einrichtungen war allerdings beim vorliegenden Projekt knapp bemessen, wie die untenstehenden Ausführungen über die Arbeit der technischen Fachplaner deutlich zum Ausdruck bringen.

Audiovisuelle Technik
Die beiden Katharinenliegenschaften sind mit ihrer historischen Substanz, den schützenswerten Strukturen und dem Anliegen, sie wieder in schönstem Licht erstrahlen zu lassen, kein einfaches Objekt, um modernste Bild- und Audiotechnik zu integrieren. Dennoch soll die Technik von heute und morgen in den Gebäuden des ehemaligen Klosters Einzug halten, um diese vielseitig und bedienerfreundlich nutzbar zu machen. Wo die Technik nicht versteckt werden kann, soll sie möglichst diskret in Erscheinung treten, ohne dadurch jedoch an Qualität einzubüssen. Während des denkmalpflegerisch und architektonisch sensiblen Bauvorhabens konnten dank konstruktiver Auseinandersetzung aller Beteiligter Speziallösungen gefunden werden, auch wenn es manchmal – im wahrsten Sinne des Wortes – eng wurde: Wände, Decken und Böden beherbergen neu einiges an Kanälen, Kabeln und Kühlgeräten.
Die Technik im audiovisuellen Bereich basiert heute auf Computern und Software und unterliegt wie die Unterhaltungselektronik einem schnellen Wandel. Diesem «Fortschrittswahn» muss man

nicht zwingend folgen, es sei denn, man plant heute die Technik für die Anwendung von morgen. Dies war beim Katharinenprojekt der Fall: Die Firma Gallus Media AG, St. Gallen, begann mit der Planung zwei Jahre vor Baubeginn, da die audiovisuelle Technik auch nach Inbetriebnahme noch lange genutzt werden und technisch kompatibel sein sollte. Die Audiotechnik hat ihren grossen Entwicklungsschritt mit einer weitgehend standardisierten Digitalisierung und der Beschallung durch Linearrays erfolgreich vollzogen, während sich die Bildtechnik nun im Wandel von Standard Definition (SD) zu High Definition (HD) befindet. Die Schweiz hat zwar eine vergleichsweise hohe Haushaltsdurchdringung von HD, jedoch verwenden viele Referenten für ihre Präsentationen noch Laptops mit analogen Schnittstellen und Bildformate aus der Ära von Standard Definition (4:3). Diese sollen ebenso berücksichtigt werden wie die jüngste Generation in HD (16:9). Die verschiedenen Formate erfordern jedoch eine unterschiedliche Grösse der Leinwand. Auf solche Gegebenheiten zu reagieren, war nur eine der Herausforderungen dieses Projektes. Sämtliche Verbindungen im Gebäude sind digital ausgelegt und grösstenteils in Glasfasertechnik ausgeführt, weil Kupferkabel die enormen Datenmengen von HD-Video nicht mehr über grössere Strecken latenzfrei (ohne Verzögerungen) übertragen können. Sämtliche Bild- und Audioinhalte werden zentral verwaltet, aufbereitet und wieder zurück in die einzelnen Räume geschickt.

Für Wortbeiträge in kleinen und mittleren Räumen braucht es in der Regel zwar keine technische Verstärkung. Vorträge werden jedoch oft von Bild- und Toninhalten begleitet, was Projektion und Beschallung voraussetzt. Kammermusik benötigt anderes Licht als Referate oder Filmvorführungen. Alle diese möglichen künftigen Nutzungen wurden bei Projektbeginn bedacht. In die Überlegungen einbezogen wurden auch grundsätzliche administrative Fragen: Wird mehr oder weniger Publikum an einer Veranstaltung teilnehmen? Ist die Klimatisierung der akustisch gedämpften Hochleistungsbeamer aktiv, bevor diese gestartet werden? Wo im Gebäude soll der Pausengong erklingen? Das sonst energiesparende, nur auf Bewegung reagierende Durchgangslicht darf während eines Konzerts nicht löschen. Und am Abend schliesslich: Haben alle Personen das Gebäude verlassen, und ist in allen Räumen die Audio- und Video-Technik (AV-Technik) ausgeschaltet?

Wichtig war der Bauherrschaft, dass der Betrieb der AV-Technik auch durch Laien erfolgen kann. Bedingt durch die vielseitige Nutzung der Katharinenräume entstehen im Hintergrund teils komplexe Befehlsfolgen. Auf der Bedieneroberfläche sollen diese jedoch im richtigen Mass vereinfacht dargestellt werden. Die Bedienung erfolgt mehrheitlich über Touchpanels, deren Oberfläche speziell für jeden Raum entwickelt wurde. Sie umfassen die Steuerung und Überwachung von Licht, Ton, Projektion, Heizung, Lüftung und Verdunkelung. So können Dutzende von Reglern und Schaltern auf eine handflächengrosse Bedienungseinheit reduziert werden, was die optische Beeinträchtigung der einzelnen Räume auf ein Minimum reduziert.

Elektrotechnik

Vor den Umbauarbeiten waren sowohl die Kirche als auch die Liegenschaft Katharinengasse 21 mit einer einfachen, zweckmässigen elektrischen Installation ausgestattet gewesen. Die Kirche verfügte zusätzlich über eine mechanische Rauch- und Wärmeabzugsanlage, das Haus Katharinengasse 21 über eine Kraft- und Telefoninstallation. Diese Installationen befriedigten die damaligen Bedürfnisse ausreichend, erfüllten jedoch die hohen Ansprüche einer gehobenen und komplexen Elektrotechnik, wie sie für die umgebauten Katharinenliegenschaften vorgesehen ist, in keinster Weise. Daher suchte die Elektroplanerfirma IBG Engineering, St. Gallen, nach einem offenen System, das einerseits erweiterbar und andererseits auch für die Integration der Steuerung von Beleuchtung, von Audio- und Videoanlage (AV), von MSR-Technik für die Heizungs- und Lüftungsanlage und von Brand- und Einbruchssicherung geeignet war. Der beauftragte Elektroplaner schlug ein Bussystem (KNX) vor. In herkömmlichen elektrischen Installationen sind die Steuerfunktionen mit der Energieverteilung fest verbunden, was dazu führt, dass nachträgliche Änderungen nur schwer vorgenommen werden können. Ein KNX-System trennt die Steuerfunktion und die Energieverteilung voneinander. Sämtliche Geräte werden über einen Bus miteinander verbunden, und die Daten können so untereinander ausgetauscht werden. Das System kann jederzeit verändert und angepasst werden, was ein wichtiger Grund für die Wahl dieses Elektrosystems war.

Im Technikraum über der Kirche sind Lüftungs- und Klimageräte untergebracht.

Neben den technischen Anforderungen stellten auch die teilweise engen Platzverhältnisse in den Gebäuden eine Herausforderung dar. Die Rohrführung konnte nicht immer wie geplant umgesetzt werden, Alternativen mussten direkt vor Ort gefunden werden. Hier sind die Sanitär- und Elektroleitungen in einen ehemaligen Kaminzug eingebaut.

Energietechnik (Heizung, Lüftung, Klima)

Bei beiden Liegenschaften wurde die gesamte Haustechnik neu installiert. Die Wärmeerzeugung erfolgt primär über einen Gasheizkessel, welcher zu einem späteren Zeitpunkt – falls gewünscht – durch einen Fernwärmeanschluss ersetzt werden kann. Die anfallende Abwärme der Kälteanlage kann bei Bedarf vollständig zu Heizzwecken genutzt werden. Allfällige überschüssige Energie wird über einen Rückkühler an die Umgebung abgegeben.

Die Wärmeverteilung erfolgt konventionell, je nach Gegebenheit über Bodenheizung oder Heizkörper. Die Kälteverteilung findet über die Lüftung und über Umluftkühler statt, welche über ein Kaltwassernetz mit der benötigten Energie versorgt werden.

Räume wie Kirche oder Foyer, welche zeitweise eine hohe Personenbelegung aufweisen können, werden über eine Lüftung individuell und bedarfsabhängig mit Frischluft versorgt. Im Kirchenraum gewährleistet die Lüftung zusätzlich eine minimale Feuchtigkeit für die Orgel.

Die engen Platzverhältnisse waren auch für die Firma IG Energietechnik GmbH, St. Gallen, welche für die Planung der Heizungs-, Lüftungs- und Klimaanlage zuständig war, eine grosse Herausforderung. Einerseits musste sie auf die bestehenden Strukturen und die denkmalgeschützten Gebäudeteile und andererseits auf die Brandschutzanforderungen und die anderen Baugattungen wie Elektro, Sanitär und Statik Rücksicht nehmen.

Fast in jeder Installationsschicht versagte die übliche Standardvorgehensweise, und es mussten individuelle Lösungen gefunden werden, was eine ausserordentliche Flexibilität und ein fundiertes Fachwissen aller Beteiligter erforderte.

Ostfassade – Fenster und Natursteinarbeiten

Das ehemalige Katharinenkloster wird von aussen kaum mehr als Gesamtkomplex, geschweige denn als Kloster wahrgenommen. Sakral mutet heute lediglich noch die 1884 neugotisch vorgebaute Ostfassade der Kirche an. Sie prägt mit ihrer hellen Backsteinfassade, den beiden hohen, mit Masswerk geschmückten Fenstern, dem darüberliegenden kleinen spitzbogigen Doppelfenster und dem von steilen Zwergarkaden begleiteten Dachverlauf den östlichen Teil der Katharinengasse. Nördlich an diese Kirchenfassade schliesst das ebenfalls 1884 erstellte Vereinshaus der Evangelischen Gesellschaft an. Die damals beauftragten Baumeister Wartmann + Schlatter, St. Gallen, gestalteten die aus rotem Backstein und gequadertem Sockel bestehende Fassade im Vergleich zur Kirchenfassade zurückhaltend: Lediglich ein Fachwerkerker, ein markantes Gesims und einige filigrane Säulen an den Schaufenstern zieren diese. Für die Arbeiten an den Kirchenfenstern wurde die Firma Engeler AG Glaswelt, Andwil, beauftragt. Ihre Aufgabe bestand darin, die Verglasungen zu restaurieren und sie – teilweise in Verbindung mit einem Isoliersystem – den heutigen Anforderungen entsprechend wieder in die Fenster einzubauen. Die Fenstergläser bestehen aus in Rauten unterteilten Kunstverglasungen aus mundgeblasenem Tafelglas. Sie befanden sich teilweise in desolatem Zustand. Die Bleiprofile und deren Lötstellen waren durch die Witterung und durch wiederholte Reparaturarbeiten stark in Mitleidenschaft gezogen und vermochten daher die Gläser nicht mehr sicher zu umschliessen. Zahlreiche Gläser waren ausserdem gebrochen und einige in der Vergangenheit durch neues industriell gefertigtes Floatglas ersetzt worden. Die Kunstverglasungen der neugotischen Sandsteinfenster wiesen zudem ein zu kleines Mass auf. Dies begünstigte die Verwitterung der Verglasungen und der Sandsteinkonstruktion durch die eindringende Feuchtigkeit und führte zum schlechten Zustand der Kirchenfenster. Die Engeler

RENOVATION: RÜSTEN FÜR DIE ZUKUNFT

Ostfassade Forum St. Katharinen.

AG zerlegte die Kunstverglasungen im Erdgeschoss und die Verglasungen der neugotischen Sandsteinfenster komplett und fasste sie mit neuen Bleiprofilen. Die industriell hergestellten Gläser ersetzte sie mit mundgeblasenem Glas und passte sie in die ursprünglichen Fensterrahmen. Die Fachleute restaurierten die Verglasungen im zweiten Obergeschoss, ersetzten die defekten Gläser und dichteten die Bleiprofile mit einer Leinöl-Verkittung ab. Zusätzlich wurden die Verglasungen im Erdgeschoss und im ersten Obergeschoss mit Isolierverglasung vor äusseren Einflüssen geschützt, was den idealen Witterungsschutz mit den energetischen Vorteilen der Isolierverglasung verbindet. Die Masswerke und Rosetten des Sandsteinfensters wurden wegen der geringeren Bautiefe des Fensters anstatt mit Isolierglas mit einem einfachen und gehärteten Sicherheitsglas gegen die Witterung geschützt.

Die Sandsteingewände waren teilweise stark verwittert und mussten überarbeitet oder teilweise ersetzt werden.

Granitsockel Ostfassade: Der neue Granitsockel wird versetzt.

Die reparaturbedürftigen Holzfenster sanierte die Haller Fenster AG, St. Gallen. Für den Bau der neuen Fenster wurde die Firma Vogel Fensterbauer AG, Rorschach, beauftragt, die auf die Herstellung von Fenstern in denkmalgeschützten Gebäuden spezialisiert ist. Vorgabe der Denkmalpflege war der Erhalt von möglichst viel alter Fenstersubstanz sowie der Ersatz der vor einigen Jahren eingebauten unschönen Kunststoff-Fenster. Die Fensterbaufirma nahm die Masse für den Nachbau anhand bestehender Fensterdimensionen am Bau, ebenso verfuhr sie mit der profilierten Kämpferpartie auf der Aussenseite der Fenster. Die Flügelprofilierung wurde geschrägt und die äussere Profilierung des Flügels mit einer Hohlkehle versehen. Auch die Drehbänder wurden originalgetreu nachgebaut. Sie mussten jedoch verstärkt werden, da sie neu fast das Dreifache an Gewicht zu tragen hatten. Für die Fensterbeschläge liess der Fensterbauer eine Spezialausführung herstellen, welche in Technik und Gestalt einem Fensterverschluss zur Biedermeierzeit gleicht. Um den antiken optischen Eindruck auch mit dem Glas zu unterstützen, wurde das Isolierglas mit einer äusseren Ziehglasscheibe versehen. Diese unterscheidet sich in ihrem Aussehen von heutigem Fensterglas durch eine leicht belebte, unregelmässige Oberfläche, was ein historisches Erscheinungsbild vermittelt.

Die Baumeister Wartmann + Schlatter, St. Gallen, hatten 1884 die neugotische Nordfassade der Kirche und die anschliessende, dem Gassenverlauf folgende rote Backsteinfassade der Liegenschaft Katharinengasse 21 erstellt. Diese nördlichere Fassade ist durch einen gequaderten Sockel und durch je einen ausgeprägten Gurt

Neugotische Spitzbogenfenster nach der Renovation.

über dem Erd- und dem hohen ersten Geschoss horizontal gegliedert. Ein Fachwerkerker mit Konsole und Lisene unterteilt die Fassadenfläche vertikal in zwei unterschiedlich grosse Teile.

Der Kunststeinsockel, der bei einem früheren Umbau den ursprünglichen ersetzt haben muss, befand sich in schlechtem Zustand und wurde durch einen witterungsbeständigen Granitsockel ersetzt. Die mit den Natursteinarbeiten beauftragte Firma Roland E. Schmitt AG, Herisau, reinigte den gequaderten Sockel und ersetzte die defekten Bossenquader. Die Gesimse über dem Erd- und dem ersten Obergeschoss mussten zudem saniert werden. Ebenso wurden die Fenstereinfassungen im ersten und zweiten Obergeschoss durch die Natursteinfirma überarbeitet. Wo dies nicht möglich war, wurden die einzelnen Sandsteinstücke ersetzt. Im Vergleich zu dieser Fassade verfügt die südlich anschliessende neugotische Kirchenfassade mit ihren Masswerkarbeiten und den Arkadenbögen im Traufbereich über deutlich vielfältigere und reichere Sandsteinarbeiten. Aufgrund der fortgeschrittenen Verwitterung mussten jedoch auch an dieser Fassade die neugotischen Sandsteingewände überarbeitet oder sogar ersetzt werden. Die beiden stark profilierten Vierpassmasswerkblumen in den Giebeln der beiden grossen Spitzbogenfenster waren allerdings in erstaunlich gutem Zustand. Daher wurden sie sorgfältig ausgebaut, gereinigt und anschliessend wieder in die Gewände eingebaut. Das doppelte Spitzbogenfenster im zweiten Obergeschoss und das dem Giebel folgende Rundbogenfries waren jedoch stark verwittert und mussten ersetzt werden.

DANK DES ARCHITEKTEN

So reizvoll ein solches Projekt wie die Renovation des Forum St. Katharinen auch ist, so stellt es doch auch immer eine grosse Herausforderung dar: Einerseits gilt es, die historische Substanz weitest möglich zu erhalten, andererseits soll auch den heutigen Anforderungen an Komfort, Raumprogramm und Technik Rechnung getragen werden. Ohne das Engagement und das Zutun aller Beteiligten hätten die Umbauarbeiten an den Liegenschaften Katharinengasse 15 und 21 nicht durchgeführt werden können. Daher möchte ich einer ganzen Reihe von Personen meinen Dank aussprechen, die dem Unternehmen in vielfacher Weise den Weg bereitet haben. Zuerst danke ich meinem langjährigen Freund Konrad Hummler, dessen Weitsicht und kulturelles Verständnis dieses Projekt erst ermöglicht hat. Ihm, Wegelin & Co. Privatbankiers und der Notenstein Privatbank ist es zu verdanken, dass durch die Renovation der beiden Liegenschaften der ursprüngliche Charakter des ehemaligen Katharinenklosters weitgehend wieder zur Geltung kommt. Dem Architekten Wolfgang Behles, der das Projekt als externer Berater begleitet hat, danke ich für seine Anregungen und Diskussionen, die zu vielen guten Lösungen geführt haben. Dem Projektteam der Notenstein Privatbank gebührt Dank für die konstruktive Zusammenarbeit, welche die erforderlichen Entscheidungen speditiv ermöglicht hat. Der kantonalen und städtischen Denkmalpflege, der Archäologie des Kantons St. Gallen und dem Amt für Baubewilligungen danke ich für ihr Entgegenkommen, ihr Interesse an diesem Projekt und der Bereitschaft zur nutzbringenden Lösungsfindung, was den beiden Liegenschaften sehr zugute kam. Auch das grosse Engagement der beteiligten Fachplanerinnen und -planer und der motivierten Handwerksleute haben sehr zum guten Gelingen und zum reibungslosen Ablauf der Renovationsarbeiten beigetragen. Dass dieses ambitionierte Projekt ohne nennenswerte bauliche Zwischenfälle durchgeführt werden konnte, ist nicht zuletzt meinem Partner Cédric Bosshard (Projektleiter) und meinen Mitarbeitern Daniel Brühlmann (Leiter Ausführungsplanung), Werner Zehnder (Bauleiter) und Roman Schober (Lernender) zu verdanken. Ein herzlicher Dank gebührt schliesslich auch der Nachbarschaft und den Anwohnerinnen und Anwohnern der nördlichen St. Galler Altstadt, die mit Geduld und Verständnis auf die nicht unerheblichen Lärm- und Verkehrsimmissionen reagiert und auch immer wieder ihr Interesse am Projekt bekundet haben.

Riccardo Klaiber

BAUCHRONOLOGIE

2007
Zeitungsartikel   Am Freitag, dem 23. März 2007, erscheint im St. Galler Tagblatt ein Artikel mit dem Titel «Verjüngungskur für Kirche». Im letzten kurzen Absatz mit der Überschrift «Was passiert mit St. Katharinen?» steht zu lesen, dass die «Freie Evangelische Gemeinde Stadtmission» die Kirche verlassen wird und sie zu verkaufen beabsichtigt.
Besichtigung   Besichtigung im Juli 2007 durch den Architekten Riccardo Klaiber mit Konrad Hummler.
Kauf Liegenschaften   Am 27. August 2007 veröffentlichen die Wegelin & Co. Privatbankiers eine Pressemitteilung, wonach sie die beiden Liegenschaften Katharinengasse 15 (Kirche) und Katharinengasse 21 in St. Gallen von der «Freien Evangelischen Gemeinde Stadtmission» erworben haben.

2008
Projektierung   Ausarbeitung verschiedener Projektvarianten und Nutzungsstudien.
Bauuntersuchungen   Zur Vorabklärung werden verschiedene bautechnische Untersuchungen der Gebäude durchgeführt.
Baueingabe   Im Dezember 2008 erfolgt die Baueingabe für die Umnutzung sowie den Umbau der Räumlichkeiten der beiden Liegenschaften Katharinengasse 15 und 21.

2009
Baubewilligung   Mit Beschluss vom 6. März 2009 erteilt die Baubewilligungskommission der Stadt St. Gallen die Bewilligung zum Baugesuch.

2010
Einsprache Wegen einer Einsprache wird die Baubewilligung erst Mitte Oktober 2010 rechtskräftig.

2011
Spatenstich Am 5. Mai 2011 erfolgt der Spatenstich mit Vertretern von Bauherrschaft, Fachplanern, Unternehmern und Partnern des Architekturbüros.
Baubeginn/Rohbau Am 26. April 2011 beginnen die Bauarbeiten. Im Jahr 2011 werden einerseits alle äusseren Arbeiten wie Fassaden- und Dachsanierung, andererseits auch innere Arbeiten wie Abbrüche, Kellertieferlegung, neue Decken und andere Rohbauarbeiten ausgeführt. Parallel dazu erfolgen Anpassungs- und Umbauarbeiten in den oberen Stockwerken und in der Kirche.

2012
Innenausbau Ausführung des gehobenen und anspruchsvollen Innenausbaus in der Kirche und im Haus Katharinengasse 21. Ebenfalls wird die im Frühjahr 2011 demontierte Orgel in historisch überarbeitetem Zustand wieder eingebaut.
Eigentümerwechsel Die Notenstein Privatbank erwirbt die Liegenschaften von Wegelin & Co. Privatbankiers.
Abschluss Bauarbeiten Nach knapp 1½ Jahren Bauzeit finden die Bauarbeiten ihren Abschluss, und die Räumlichkeiten an der Katharinengasse erstrahlen in neuem Glanz.
Gebäudebezug Die neuen Räumlichkeiten können im Herbst 2012 ihren neuen Benutzerinnen und Benutzern übergeben werden.

BAUHERRSCHAFT, BERATER, BEHÖRDEN, AMTSSTELLEN, PLANER, BAUFORSCHER UND UNTERNEHMER

Projektausschuss Bauherrschaft
Dr. Konrad Hummler, Wegelin & Co. Privatbankiers
Dr. Steffen Tolle, Wegelin & Co. Privatbankiers
Dr. Adrian Künzi, Notenstein Privatbank
Dr. Basil Heeb, Notenstein Privatbank
Wolfgang Behles (extern beratender Architekt)
Dr. Hanspeter Geiser (extern beratender Rechtsanwalt)

Behörden und Amtsstellen
Elisabeth Beéry, Stadträtin
Dr. Madeleine Herzog, Kulturbeauftragte Stadt St. Gallen
Niklaus Ledergerber, Leiter Städtische Denkmalpflege St. Gallen
Pierre Hatz, Leiter Kantonale Denkmalpflege St. Gallen
Dr. Martin P. Schindler, Leiter Archäologie St. Gallen
Peter Albertin, Bauforscher im Auftrag der Kantonsarchäologie
Christian Widmer, Bereichsleiter technischer Brandschutz

Planer

Architektur und Gesamtplanung	Klaiber Partnership AG	9000 St. Gallen
Bauleitung	Klaiber Partnership AG	9000 St. Gallen
Bauingenieur	Wälli AG Ingenieure	9016 St. Gallen
Elektroplaner	IBG B. Graf AG	9006 St. Gallen
Beleuchtungsplaner	Renato de Toffol	9034 Eggersriet
HLK-Planer	IG Energietechnik GmbH	9008 St. Gallen
Sanitärplaner	Alpiq InTec Ost AG	9006 St. Gallen
Bauphysik/Akustik	Studer + Strauss Bauphysik	9011 St. Gallen
Akustikanlagen/ Audiovisuelle Kommunikation	Gallus Media AG	9000 St. Gallen
Orgelanlage	Orgelbau Kuhn AG	8708 Männedorf
Orgelexperte	Lutz Rudolf	9011 St. Gallen
Gastroberatung	Reorga GmbH	8053 Zürich
Signaletik	feinform grafik	8005 Zürich
Farbgestaltung Kirche	Fontana & Fontana AG	8645 Jona
Landschaftsplaner	Martin Klauser	9400 Rorschach

Bauuntersuchungen

Gebäudeaufnahmen	Geoinfo Gossau AG	9200 Gossau SG
Grundwassererhebung	Andres Geotechnik AG	9016 St. Gallen
Bausondagen	Baugeschäft Bärlocher AG	9016 St. Gallen
Farbuntersuchungen	Fontana & Fontana AG	8645 Jona
	Herovits Kostgeld AG	9000 St. Gallen
Baugeschichtliche Aufnahmen	Peter + Helen Albertin-Eicher	8405 Winterthur

Unternehmer

Baumeisterarbeiten	Morscher AG	9000 St. Gallen
Betonschalungen	Burkhard Betonschalungen	9325 Roggwil
Montagebau in Holz	Weber Holzbau AG	9533 Kirchberg SG
Isoflocarbeiten	Curau AG	8570 Weinfelden
Natur- und Kunststeinarbeiten	Roland E. Schmitt AG	9100 Herisau
Fenster aus Holz neu	Vogel Fensterbauer AG	9400 Rorschach
Fenstersanierung bestehend	Haller Fenster AG	9000 St. Gallen
Fenster und Türen aus Metall	Hautle Metallbau AG	9304 Bernhardzell
Kirchenfenster	Engeler AG Glaswelt	9204 Andwil SG
Spengler/Blitzschutz	Eigenmann AG	9300 Wittenbach
Deckungen Steildach	Eigenmann AG	9300 Wittenbach
Spezielle Feuchtigkeitsabdichtung	SikaBau AG	9016 St. Gallen
	Anderegg AG	9008 St. Gallen
Brandabschottungen	De Luca GmbH	9403 Goldach
Gerüste	Roth Gerüste AG	9245 Oberbüren
Äussere/innere Verputzarbeiten	Stutz AG St. Gallen	9000 St. Gallen
Äussere Malerarbeiten	Hofmann Malerei AG	9015 St. Gallen
Äussere Abschlüsse	Roth AG Sicherheitsanlagen	6403 Küssnacht am Rigi
Bodenkanäle Elektro	Breco-Bauelemente AG	9015 St. Gallen
Elektroinstallationen	Baumann Electro AG	9010 St. Gallen
Leuchten und Lampen	Regent Beleuchtungskörper AG	9014 St. Gallen
Brandmeldeanlage	Securiton AG	9000 St. Gallen
AV-Technik	Gallus Media AG	9000 St. Gallen
Heizungs- und Kälteanlagen	Otto Keller AG	9320 Arbon
Lüftungsanlagen	Hälg & Co. AG	9009 St. Gallen
Sanitäre Installationen	Alpiq InTec Ost AG	9006 St. Gallen
Kücheneinrichtungen	Herzog Küchen AG	9200 Gossau SG
Aufzüge	AS Aufzüge AG	9016 St. Gallen

Gipserarbeiten	Broggini AG	9000 St. Gallen
	Tinella GmbH Gipsergeschäft	9014 St. Gallen
Metallbauarbeiten	Stöckle AG	9000 St. Gallen
Innentüren aus Holz	Lehmann Arnegg AG	9212 Arnegg
	RWD Schlatter AG	9325 Roggwil TG
Schreinerarbeiten	Kern + Kern AG	9016 St. Gallen
	Schwitter Schreinerei AG	9032 Engelburg
	Koster AG Holzwelten	9015 St. Gallen
	Th. Sutter AG	9054 Haslen AI
Schliessanlage	FOBUS R. Petek	9032 Engelburg
WC-Trennwände	Eurodoor AG	4147 Aesch BL
Unterlagsböden	Ernö Roncz AG	9200 Gossau SG
Fugenlose Bodenbeläge	Walo Bertschinger AG	9300 Wittenbach
Bodenbeläge aus Holz	Schcuermann AG	9403 Goldach
Innere Malerarbeiten	Kostgeld Malergeschäft AG	9000 St. Gallen
Spezielle Malerarbeiten	Fontana & Fontana AG	8645 Jona
Bauheizung	Krüger + Co. AG	9113 Degersheim
Sicherheitsanlagen	Securiton AG	9000 St. Gallen
	Siemens Schweiz AG	7000 Chur
	Elektro Schmid AG	9000 St. Gallen
Grosskücheneinrichtungen	Resta AG	9230 Flawil
Orgel		
Restaurierung Malerarbeiten	Fontana & Fontana AG	8645 Jona
Holzbau	Bruno Köppel AG	9000 St. Gallen
Orgelwerk	Kuhn AG	8708 Männedorf
Stahlbau	Hofstetter AG Stahlbau	9304 Bernhardzell
Bühne	Eberhard Bühnen AG	9642 Ebnat-Kappel
Restaurierung Holzwerk Unterbau	Josef Geier	9000 St. Gallen
Gärtnerarbeiten	Remund Gartenbau AG	9244 Niederuzwil
Einfriedungen	Stöckle AG	9000 St. Gallen
Strassenbau Innenhof	Morant AG	9000 St. Gallen
Fotos	Ernst Schär	9016 St. Gallen
	Hauser & Partner Imaging GmbH	9053 Teufen
	Jürg Zürcher Fotografie	9000 St. Gallen
Bauversicherung	Helvetia Versicherungen	9001 St. Gallen
Baugrafik	Grafitec AG	9000 St. Gallen

ANMERKUNGEN

Vom Kloster zur Bank

1 De Voragine, Jacobus, Legenda aurea (1263–1273).
2 Munding 1948.
3 De Voragine.
4 Hauptsächlich benutzte Literatur: Vogler 1938b; Bless-Grabher 1999; Ehrenzeller 1988; Wilts 1994.
5 Chartularium Sangallense, Bd. III, St. Gallen 1983, S. 159–171.
6 Chartularium Sangallense, Bd. III, Nr. 1152.
7 McDonnel 1980, S. 404 ff.
8 Jäggi 2006.
9 Literatur zum Spital und zu Magdenau: Mayer/Sonderegger 2011; Krauer/Sonderegger 2010; Kloster Magdenau 1244–1994 1994.
10 Thiele 1988, S. 11.
11 Rüthe 1999.
12 Borst 2010.
13 Ziegler 2000.
14 Rüegg 2010. Die von Ursula Hasler, Stadtarchiv der Ortsbürgergemeinde, erstellte Umschrift findet sich auf der CD-ROM im Anhang dieses Buches. Vgl. auch das Kapitel «Klosterfrauen wirtschaften».
15 Mengis 2005.
16 Ochsenbein 1990.
17 Rickenbacher 2001.
18 Mengis 2005.
19 Blarer 2006 und 2011.
20 Die Ausführungen zu Katharinen vom 16. Jahrhundert bis heute stützen sich hauptsächlich auf Ehrenzeller 1981; Heilig 1978; Ehrenzeller 1988.
21 Weiss 2004.
22 Ehrenzeller 1981, S. 22 f.
23 Ehrenzeller 1981, S. 26.
24 Weiss 2004.
25 Ziegler 1991.
26 Duft 1994.
27 Ehrenzeller 1981, S. 32.
28 Scherer 1951.
29 Ehrenzeller 1981, S. 35.
30 Tremp 2003.
31 Gamper 2001.
32 Weidmann 1831.
33 Du Bois 1985.
34 Ziegler 2000.
35 Ehrenzeller 1981, S. 53.
36 Ehrenzeller 1981, S. 55.
37 Baumann 2006.
38 Ehrenzeller 1981, S. 57.
39 Reifler 2007.
40 Reifler 2004.
41 Ehrenzeller 1981, S. 63.
42 Wettach 1949.

Klosterfrauen wirtschaften

1 Gegenwärtig verfassen zwei Studierende der Universität Zürich, Claudia Sutter und Stefan Wyss, eine Abschlussarbeit zum Kloster St. Katharinen. Beide Arbeiten werden von Prof. Dr. Stefan Sonderegger betreut.
2 StadtASG, Bd. 482 (Zinsbuch des Klosters St. Katharinen). Dabei handelt es sich wohl um das älteste Zinsbuch des Klosters, das 1482 angelegt wurde. Das Zinsbuch ist nach Höfen geordnet, die dem Kloster Abgaben schuldig waren. Im Zinsbuch wurde aufgelistet, wann die Bauern welche Abgaben (Getreide, Hanf, Flachs, Obst) an das Kloster lieferten.
3 Klosterarchiv St. Katharina Wil (Konventsbuch). Eine ausführliche inhaltliche Beschreibung liefert Monika Michel-Rüegg in ihrem Beitrag.
4 Rüegg 2010.
5 Das von der Universität Fribourg lancierte Projekt e-codices ist eine virtuelle Handschriftenbibliothek und bietet zahlreiche mittelalterliche und frühneuzeitliche Handschriften in digitalisierter Form dar. Zum Konventsbuch des Klosters St. Katharinen vgl. http://www.e-codices.unifr.ch/de/list/one/kaw/konventsbuch.
6 Quellen zur Geschichte des Klosters St. Katharinen sind darüber hinaus auch in anderen Archiven wie beispielsweise im Stiftsarchiv St. Gallen zu finden. Einen guten Überblick über die Archivverhältnisse bietet Bless-Grabher 1999, S. 766–768.
7 Zur Geschichte des Klosters St. Katharinen in St. Gallen vgl. den Beitrag von Josef Osterwalder.

8 Vgl. Mayer/Ziegler 2003; Stadtarchiv St. Gallen, Ämterarchiv (Bücher) 1997.
9 Urkunde vom 30. Juni 1228, StadtASG, Tr. C, 10; Chartularium Sangallense, Bd. IV, Nr. 1132.
10 StadtASG, Tr. XXVIII, 6.
11 StadtASG, Tr. XXVIII, 5.
12 Von der Bedeutung des Konflikts um die Aufnahme von Barbara Hux in die Klostergemeinschaft zeugt, dass dieser auch Eingang in das Konventsbuch gefunden hat und dass dort ausführlich darüber berichtet wird, vgl. Konventsbuch, Fol. 63r, 63v.
13 StadtASG, Tr. XVIII, 52.
14 StadtASG, Bd. 482 (Zinsbuch).
15 StadtASG, Bd. 538, S. 507.
16 Klosterarchiv St. Katherinen Wil; Chartularium Sangallense, Bd. IV, Nr. 3517 und 3518.
17 Die von Otto P. Clavadetscher (Bd. III–VII) resp. Otto P. Clavadetscher und Stefan Sonderegger (Bd. VIII–XI) bearbeitete Edition umfasst alle St. Galler Urkunden aus der Zeit von 1000 bis 1411. Inzwischen ist die Edition mit Band XI bis zum Jahr 1397 vorgerückt (Chartularium Sangallense, Bd. XI, 1390–1397, bearb. von Otto P. Clavadetscher und Stefan Sonderegger, St. Gallen 2009). Mit den letzten beiden Bänden XII (1398–1404) und XIII (1405–1411) wird diese umfassende Urkundenedition in den nächsten Jahren vervollständigt werden.
18 Bis 1463 sind einige Urkunden im Urkundenbuch der Abtei Sanct Gallen, Teile 5 und 6, bearb. von Placidus Bütler, Traugott Schiess u.a., St. Gallen 1904–1955, ediert.
19 Vgl. Malamina 2000, S. 11.
20 Vgl. Mayer/Sonderegger 2011.
21 Bless-Grabher 1999, S. 740.
22 Bless-Grabher 1999, S. 740.
23 Bless-Grabher 1999, S. 749.
24 StadtASG, Bd. 482 (Zinsbuch).
25 Zinsbuch, S. 5.
26 Vgl. Zangger 1991, S. 644–646.
27 Zinsbuch, S. 9.
28 Sonderegger 1994. Rezia Krauer beschäftigt sich in ihrem von Prof. Dr. Stefan Sonderegger betreuten Dissertationsprojekt mit dem Besitz städtischer Akteure im Umland der Stadt St. Gallen im 14. Jahrhundert.
29 Zinsbuch, S. 102.
30 Vgl. Malamina 2003, S. 45.
31 Waldordnung Bernhardzell (1496), in: Die Rechtsquellen des Kantons St. Gallen, Bd. I/1, Alte Landschaft, bearb. und hg. v. Max Gmür. Aaarau 1903, S. 316–320.
32 Vgl. Zangger 1991, S. 314. Für Belege zur Verteuerung des Getreides vgl. ders. 2003, S. 60.
33 Zinsbuch, S. 50.
34 Konventsbuch, Fol. 131v.
35 Konventsbuch, Fol. 134v.
36 Theoretische Bemerkungen zur Widerrechnung finden sich im Teil von Stefan Sonderegger.
37 Obwohl diese Notizen nicht überliefert sind, müssen sie vorhanden gewesen sein; es ist unvorstellbar, dass die Schaffnerin ohne Notizen die Zahlen für alle 35 Posten während eines ganzen Jahres im Kopf behalten konnte.
38 Vgl. Sonderegger 1994, S. 141 ff.
39 Zur Leinwandherstellung vgl. Mayer 2008; Schirmer/Strehler 1967.
40 Vgl. den Beitrag von Katrin Eberhard in diesem Buch.
41 Konventsbuch, Fol. 146r.
42 Konventsbuch, Fol. 150v.
43 Mengis 2009, Beschreibung für e-codices: Konventsbuch [früher: Chronik].
44 Palmer 1989, S. 44.
45 Bsp. Konventsbuch, Fol. 47v/114r.
46 Vgl. Konventsbuch, Fol. 5v.
47 Neidiger 1997, S. 118.
48 Löhr 1924, S. 2–4. Vgl. auch Neidiger 1997.
49 Konventsbuch, Fol. 5v.
50 Bless-Grabher 1999, S. 774. Vgl. Vogler 1938b, S. 27: 1453 standen mit Priorin Elisabeth Rainsberg und der Subpriorin Anna Krumm zwei Reformbefürworterinnen dem Konvent vor, bereits zwei Jahre später nahm Ursula Visch, eine scharfe Reformgegnerin, die führende Stellung ein. 1459 drehte sich der Wind erneut und mit Anna Krumm folgte wiederum eine Befürworterin der Observanz.
51 Konventsbuch, Fol. 5v; Vogler 1938b, S. 28.
52 Zu den Beziehungen mit Basel vgl. Vogler 1938b, S. 35. So hatte Johannes Bötschner aus dem Basler Konvent mehr als 20 Jahre lang die Schwestern schriftlich im Sinne der Observanz betreut.

53 Bless-Grabher 1999, S. 775.
54 Vogler 1938b, S. 33–37.
55 Konventbuch, Fol. 22r; Schwesternbuch, 149r.
56 Schwesternbuch, 182v ff.
57 Bless-Grabher 1999, S. 748–759.
58 Bless-Grabher 1999, S. 749/755.
59 Vgl. Mengis 2005, speziell S. 16/99.
60 Rüther 1994, S. 142.
61 Mengis 2009, Beschreibung für e-codices: Konventbuch [früher: Chronik]
62 Mengis 2009, Beschreibung für e-codices: Konventbuch [früher: Chronik]. Mengis 2005, S. 47.
63 Konventbuch, Fol. 5v; Bless-Grabher 1999, S. 775. Rickenbacher 2001, S. 52. Angela Varnbühlers Vater Hans gehörte dem Kleinen Rat an und nahm in den Jahren 1436, 1441 und 1444 das Amt des Aussenmeisters des Heiliggeist-Spitals ein. Des Weiteren war er zeitweise Zunftmeister der Schneider. Ihr Bruder Ulrich Varnbühler bekleidete später das Amt des Bürgermeisters. Er führte in den Schlachten von Grandson und Murten die sanktgallischen Streitkräfte an und war federführend an den politischen Entwicklungen beteiligt, welche im St. Gallerkrieg gipfelten.
64 Rickenbacher 2001, S. 32/53; Vogler 1938b, S. 48.
65 Vgl. Konventbuch, Fol. 5v: «Item in dem lviiij fiengend wir ain Gemaind an...»
66 Mengis 2005, Anhang: Wil M 1 Psalterium feriatum.
67 Konventbuch, Fol. 6r/8v; Bless-Grabher 1999, S. 776; Vogler 1938b, S. 38.
68 Konventbuch, Fol. 22r.
69 Konventbuch, Fol. 45r.
70 Bless-Grabher 1999, S. 745.
71 Schwesternbuch, u.a. XIXa–XXIXa.
72 Konventbuch, Fol. 120r; Bless-Grabher 1999, S. 749/754; Schwesternbuch, 241v.
73 Konventbuch, Fol. 94v.
74 Konventbuch, Fol. 119v–126r.
75 Mengis 2009. Vgl. Konventbuch, Fol. 17r.
76 Staerkle 1949, S. 213. Vgl. hierzu auch die Angaben bei Mengis, wonach die Muntprats jahrzehntelang weit über 100000 Pfund in Konstanz versteuerten (Mengis 2005, S. 48).
77 Vogler 1938b, S. 31.
78 Mengis 2005, S. 47. Mengis bezieht sich bezüglich des Geburtsdatums von Elisabeth auf das Psalterium derselben, in welchem Geburtstag und Klostereintritt vermerkt sind (Wil M XI, 3r–v). Vogler gibt als Geburtstag den 8. Mai an, wobei sie sich auf dieselbe Quelle stützt. Vogler geht von zwei Ordensschwestern mit dem Namen Elisabeth Muntprat aus, eine, welche am 15. Juli 1472 ins Kloster St. Katharinen eintrat und wohl früh verstorben sei, und eine, Elisabeth Muntprat, welche die Tochter Konrad Muntprats aus Konstanz war (vgl. Vogler 1938b, S. 30). Mengis und Rickenbacher gehen jedoch bei Elisabeth Muntprat von ein und derselben Person aus (vgl. Rickenbacher 2001, S. 43).
79 Fechter 1979, S. 436.
80 Rickenbacher 2001, S. 63.
81 Konventbuch, Fol. 7r/159r.
82 Vogler 1938b, S. 31. Mengis untermauert diese Feststellung (vgl. Mengis 2005, S. 49).
83 Mengis 2005, S. 49.
84 Vogler, 1938b, S. 115; vgl. Konventbuch, Fol. 11v.
85 Rickenbacher 2001, S. 43. Vgl. Einträge dazu im Konventbuch (Geschwister Agatha, Anna und Jakob): Fol. 21r, 25v, 26r, 27v, 38v, 41v, 50r, 51r, 56v, 63v, 71v, 73v, 83v, 89v.
86 Fechter 1979, S. 437–441.
87 Konventbuch, Fol. 43v.
88 Sicher 1885, S. 227.
89 Konventbuch, Fol. 11v: «die CC gl hat sin tochter Elsbet mit ir uss dem closter genomen».
90 Sicher 1885, S. 227. Kesswil ist ein Schreib- oder Lesefehler. Eine Schwester solchen Namens gab es im Kloster St. Katharinen nicht. Es handelt sich hierbei wohl um Barbara von Boswil. Vgl. hierzu Vogler, 1938a, S. 22.
91 Vogler 1938b, S. 184.
92 Fol. 102r–v, 138r, 149r oder 151r; Mengis 2005, S. 55.
93 Bless-Grabher 1999, S. 778.
94 Vogler 1938b, S. 160.
95 Die intensiven schriftlichen Kontakte zwischen den Dominikanerinnenkonventen St. Katharinen in St. Gallen und St. Katharinen in Nürnberg konnten durch kaufmännische Botengänge gewährleistet werden. Vgl. dazu Schelling 1919 und Rüther 1999, S. 675.

96 Rickenbacher 2001, S. 56–57.
97 Bless-Grabher 1999, S. 778.
98 Nachweise zu ihrer Person, zu Verwandten oder Schenkungen im Konventsbuch siehe u.a. Fol. 8r, 14v, 106r, 109r, 113v, 123v, 125v, 134r, 136v, 149r, 151r, 177r (vgl. Rickenbacher 2001, S. 56–57).
99 Schwesternbuch, V31–V32.
100 Konventsbuch, Fol. 8r.
101 Vgl. Vogler 1938b, S. 52, 160.
102 Rickenbacher 2001, S. 56–57; Mengis 2005, S. 54.
103 Konventsbuch, Fol. 136v.
104 Bless-Grabher 1999, S. 778–779.
105 Vogler 1938b, S. 186.
106 Mengis 2005, S. 56.
107 Rickenbacher 2001, S. 48.
108 Konventsbuch, Fol. 71v/38v.
109 Vgl. Mengis 2005, Anhang: Wil M 13.
110 Mengis 2005, S. 59–60.
111 Rickenbacher 200,1 S. 48–49; Mengis 2005, S. 59–60.
112 Konventsbuch, Fol. 38v.
113 Mengis 2005, S. 56–57.
114 Konventsbuch, Fol. 82v–83r: Die bereits früher von St. Katharinen ausgesandten Schwestern konnten die Reform in Zoffingen offenbar nicht nach Wunsch umsetzen, weswegen der Bischof noch einmal zwei Schwestern aus St. Katharinen anforderte: «Item unser g Her von Costenz [=der gnädige Herr von Konstanz =der Bischof] hett so gross ernstlich Bit an uns gelait durch sinen Hofmaister och durch Doctor Machari und durch sin aigen Handgeschrift und vil Schribens, dz wir noch zwo Frowen uss unsern Convent gen Zofingen schicken söltind, dz sy der vordren zwaigen hilflich und trostlich wärind...»
115 Mengis 2009.
116 Staerkle 1949, S. 212.
117 Sablonier 2000, S. 75.
118 Staerkle 1949, S. 110.
119 Vogler 1938b, S. 271: Agnes, Anna, Elisabeth, Justina, Klara, Kyburg und Sophia.
120 Dorothea und Appolonia Blarer.
121 Agnes und Justina Blarer.
122 Fechter 1979, S. 433.
123 Konventsbuch, Fol. 50r.
124 Rickenbacher 2001, S. 30–31.
125 Mengis 2005, S. 62.
126 Fechter 1979, S. 434; Vogler 1938b, S. 146; Konventsbuch, Fol. 116v. Die Donatoren werden namentlich genannt: die Mutter Walpurg, der Bruder Bartholome und der Schwager Hürus.
127 Mengis 2005, S. 62.
128 Mengis 2005, S. 62–63.
129 Mengis 2009, Beschreibung für e-codices: Konventsbuch [früher Chronik].
130 Mengis 2005, S. 66; Rickenbacher 2001, S. 47 und 61; Vogler 1938b, S. 188; Konventsbuch, Fol. 129r, 134r.
131 Konventsbuch, Fol. 131r, 137r, 165v.
132 Mengis 2005, S. 66.
133 Vogler 1938b, S. 167–220.
134 Mengis 2009. Regula Keller zugeschrieben: Fol. 102rv, 115v f., 152rv, 154r–157r, 158r–161r, 162v–164r, 169r ff., 175v, 185r. Eine Randbemerkung findet sich beispielsweise auf Fol. 11v.
135 Mengis 2005, S. 64.
136 Konventsbuch, Fol. 145r.
137 Vgl. Mengis 2005, S. 64; Rickenbacher 2001, S. 39; Konventsbuch, Fol. 156r.
138 Bless-Grabher 1999, S. 761. Vgl. hierzu auch das Kapitel über ihre Mitschwester Elisabeth Schaigenwiler.
139 Zitiert nach Vogler 1938a, S. 18.
140 Bless-Grabher 1999, S. 761–762; Vogler 1938a, S. 33–54.
141 Kolb 1759, S. 568–569.
142 Vgl. Geburtsjahr Angela Varnbühler 1441, Geburtsjahr Regula Keller 1497.
143 Vgl. Mengis 2005, S. 41–68.
144 «...mag es och lesen in disem Buoch...»
145 Die Gelübde sollte eine Schwester nicht vor dem 13. Lebensjahr ablegen. Rechnet man ein üblicherweise einjähriges Noviziat hinzu, so sollte eine Novizin nicht jünger als 12 Jahre sein (Engler 1998, S. 117: Konstitutionen für Dominikanerinnen, Kapitel XVI).
146 Engler 1998, S. 115–116: Konstitutionen für Dominikanerinnen, Kapitel XIV.
147 Dies zumindest, wenn sie Chorschwester werden

wollte. Zur Aufnahme als Laienschwester reichte auch eine wesentlich geringere Mitgift. Vgl. Rickenbacher 2001, S. 63.
148 Engler 1998, S. 116–117: Konstitutionen der Dominikanerinnen Kapitel XV.
149 Vgl. Rickenbacher 2001, S. 75; Schwesternbuch Fol. 249v, 150r.
150 Schwesternbuch, Fol. 245r.
151 Schwesternbuch, Fol. 27r, 245v, 247r, 248v.
152 Ehrenschwendter 2004, S. 85–86; Mengis 2005, S. 38.
153 Schwesternbuch, Fol. 245r.
154 Mengis 2005, S. 30–40.
155 Schwesternbuch, Fol. 244r–v.
156 Rickenbacher 2001, S. 31, 56, 61–77.
157 Vogler 1938b, S. 110–111.
158 Schwesternbuch, Fol. 247r.
159 Konventsbuch, Fol. IIr–1r, 42r, 185v.
160 Vgl. Rüegg 2010, S. 69.
161 Vogler 1938b.
162 Stump, Akte 5, A.II.a.5,1.
163 Kolb 1759, Chronick.
164 Stump, Akte 5, A.II.a.5,1.
165 Stump, Akte 4, A.II.a.4, Brief vom 5. November 1925.
166 Stump, Akte 5, A.II.a.5,1.
167 Stump, Akte 5, A.II.a.5,2.
168 Stump, Akte 5, A.II.a.5,3.
169 Stump, Akte 5, A.II.a.5,6.
170 Stump, Akte 5, A.II.a.5,8+9.
171 Stump, Akte 5, A.II.a.5,14/5,16.
172 Es waren deren vier: ein Predigtkodex, das Buch des Reformacio Predigerordens, ein mystisches Traktat und die Chronik [Konventsbuch]. Vgl. Stump, Akte 5, A.II.a.5,15.
173 Stump, Akte 5, A.II.a.5,15.
174 Stump, Akte 5, A.II.a.5,22.
175 Stump, Akte 5, A.II.a.5,23.
176 Vgl. Mengis 2009, Beschreibung für e-codices: Konventsbuch [früher Chronik]. Bless-Grabher 1999, S. 767; Vogler 1934, 1938a.
177 Rickenbacher 2001, S. 29.
178 Vogler 1934, 1938a.
179 Konventsbuch, Fol. 61r.

Baugeschichte: Versteckter Reichtum
1 Hardegger 1885, S. 8; Ziegler 1978, S. 4.
2 Mengis 2005, Katalog der Handschriften, o. S.
3 Konventsbuch, Fol. 9v.
4 Ehrenzeller 1981, S. 76 ff., Vogler 1938b, S. V.
5 Vogler 1938b, S. 4 f., 13; Poeschel 1957, S. 136 f.; Ehrenzeller 1981, S. 13; Bless-Grabher 1999, S. 742.
6 Ehrenzeller 1981, S. 17; Ziegler 2011, S. 38. Laut Bless-Grabher 1999, S. 738 wurde das Kloster im Jahre 1435 allerdings noch als «extra muros opidi» bezeichnet.
7 Einschätzung von Bauforscher Peter Albertin. Begehung vom 15. Dezember 2011. Siehe auch Heilig 1978, S. 32.
8 Konventsbuch, Fol. 5v; Ehrenzeller 1981, S. 13; Hardegger 1922, S. 252; Poeschel 1957, S. 136.
9 Begehung mit Peter Albertin, 15. Dezember 2011.
10 Der St. Galler Architekt und Bauforscher Laurenz Hungerbühler vermutet gar, dass das untere Teilstück des südwestlichen Turms nicht erst 1614, sondern gleichzeitig mit dem Bau des Kreuzgangs erstellt wurde und als Erschliessung des Obergeschosses diente; ein solcher Turm müsste jedoch in Melchior Franks Stadtansicht ersichtlich sein.
11 Bless-Grabher 1999, S. 751. Wahrscheinlich liegt hier ein Lesefehler vor, denn Poeschel schreibt richtigerweise von der Einrichtung eines neuen Refektoriums. Vgl. Konventsbuch, Fol. 53r, 56v.
12 Konventsbuch, Fol. 53r, 56v; Poeschel 1957, S. 141.
13 Konventsbuch, Fol. 50v und 51r.
14 Vogler 1938b, S. 148, bezugnehmend auf Konventsbuch, Fol. 56v, 73v und 99r; Hardegger 1922, S. 251; Poeschel 1957, S. 140.
15 Konventsbuch, Fol. 114r; vgl. Poeschel 1957, S. 140 und Vogler 1938b, S. 149.
16 Auch die Balkenlage deutet auf eine ehemalige Zweiteilung des heutigen Saals im erhöhten Erdgeschoss hin. Sie müsste ehemals im östlichen Teil in Ost-West-Richtung verlaufen und deshalb auf einer heute nicht mehr vorhandenen Trennwand/-mauer aufgelegen sein. Die Fensteraufteilung ist ebenfalls unterschiedlich: 3, 3, 3, 2, 2. Begehung mit Peter Albertin, 15. Dezember 2011. Siehe auch Heilig 1978, S. 32.

17 Vogler 1938b, S. 86, 95, 149. Dass der Wärmequelle bei den klimatischen Bedingungen St. Gallens grösste Wichtigkeit zukommt, erscheint nur logisch: Einträge zum Einbau, zur Erneuerung oder zum Unterhalt der Öfen gibt es im Konventsbuch diverse, vgl. beispielsweise Konventsbuch, Fol. 42r, 99r, 123r, 176v.

18 Die drei über eine einzelne Türe erschlossenen Dormentorien können höchstens zwei Fensterachsen breit (ca. 4.6m) gewesen sein. Konventsbuch, Fol. 114r.

19 Konventsbuch, Fol. 108v, 114v; siehe auch Vogler 1938b, S. 138.

20 Konventsbuch, Fol. 99r.

21 Konventsbuch, Fol. 108v, 114r, 114v, 123v; Vogler 1938b, S. 87, zit. nach Ämterbuch, Msc. der Universitätsbibliothek Leipzig, Nr. 1546, Bl. 54b, 149.

22 Konventsbuch, Fol. 176v.

23 Ehrenzeller 1981, S. 20f.

24 Diese Schule ersetzt die Deutsche und Lateinschule. Die drei Stifter sind Georg Zollikofer von Altenklingen, Jacob Zollikofer von Nengensberg und Pannerherr Heinrich Keller. Ehrenzeller 1981, S. 22 und 24; Poeschel 1957, S. 138; Ziegler 1978, S. 6.

25 Zit. nach Wegelin 1842, S. 724.

26 Ehrenzeller 1981, S. 20, 26 f., 55; Ziegler 1978, S. 6, zitiert nach Wartmann, um 1792/98, S. 131 ff.

27 In der Literatur werden die Türme als gleich alt beschrieben. Es ist jedoch möglich, dass der südöstliche Turm erst mit dem Ausbau des östlichen Gebäudeflügels 1664 erstellt worden ist; er wird erst dann tatsächlich notwendig (Gespräch mit Laurenz Hungerbühler, 31.10.2012); Poeschel 1957, S. 138, 151; Ehrenzeller 1981, S. 36; Heilig 1978, S. 29; Keller 1965/66, S. 16.

28 Eine dendrochronologische Untersuchung wurde nie veranlasst; laut Peter Albertin könnte die Decke gleichzeitig mit dem laut Inschrift 1639 erstellten Dachstuhl oberhalb des dritten Obergeschosses entstanden sein. Begehung mit Peter Albertin, 15. Dezember 2011.

29 Ziegler 1978, S. 6.

30 Ehrenzeller 1981, S. 36; Ziegler 1978, S. 7.

31 Scherer 1951, S. 58, zit. nach Ziegler 1978, S. 7.

32 Ziegler 1978, S. 7 f. Laut Ehrenzeller wurde das Krokodil schon 1623 gestiftet, Ehrenzeller 1981, S. 48ff.

33 Ehrenzeller 1981, S. 39 und 48.

34 Ehrenzeller 1981, S. 55.

35 Ziegler 1978, S. 15.

36 Knöpfli, Albert, Beiblatt zum Expertenbericht der Eidgenössischen Kommission für Denkmalpflege zu St. Katharinen St. Gallen vom 28. November 1977, S. 3.

37 Steinbuch 1971, S. 19.

38 Mit der Ausnahme einer dreiteiligen Artikelserie der Kunsthistorikerin Beatrice Keller, die verschiedene Aspekte rund um das ehemalige Kloster beleuchtet. «Ostschweiz» vom 27., 28. und 29. Juli 1967.

39 Edelmann 1961, S. 31.

40 Ehrenzeller 1981, S. 64.

41 Bsp. Lendi 1971, o. S.; Röllin 1971, o. S.; H-r. 1971, S. 25.

42 Ehrenzeller 1981, S. 64, 66. Siehe auch Morant 1979, o. S.

43 Vogler 1938b, S. 13; Poeschel 1957, S. 142. Mit dem 1368 erfolgten Übertritt vom Augustiner- in den Dominikanerorden legen die Schwestern jedoch auch den Grundstein für eine strengere bauliche Organsiation und letztlich auch für die Ende des 15. Jahrhunderts erfolgte Klausurierung.

44 Albertin 2012, Plan 12, o. S.

45 Fontana 2011, S. 14 f., 17 ff., 21 f. 1483 berichten die Schwestern von der Auffrischung der Wandgemälde im Chor, die die Passion Christi schildern. 1484 erhält der innere Chor einen Zyklus mit Szenen aus dem Leben des heiligen Thomas von Aquin. 1484 werden weitere Gemälde in Öl- und Leimfarbe angebracht. Konventsbuch, Fol. 27v, 41v; Bless-Grabher 1999, S. 753; Vogler 1938b, S. 139 ff.

46 Albertin 2012, S. 15 f., 18; Fontana 2011, S. 10, 20.

47 Vogler 1938b, S. 20; Poeschel 1957, S. 137; Laboratoire Romand de Dendrochronologie 2008, S. 2. Laut Ziegler 1978, S. 4 und Bless-Grabher 1999, S. 743 wurde das Kloster vollständig zerstört.

48 Hardegger geht von der Annahme aus, der innere Chor habe sich in der westlichen Hälfte der Kirche befunden. Hardegger 1885, S. 13.

49 Fontana 2011, S. 21; Konventsbuch, Fol. 9v; Poeschel 1957, S. 142.
50 Altaraufsatz: 1478, vgl. Konventsbuch, Fol. 11v; Ziegler 1978, S. 4. Glockentürmchen: 1480, vgl. Konventsbuch, Fol. 16r; laut Ziegler 1978, S. 4 schon 1479. Kirchendecke: 1480, vgl. Konventsbuch, Fol. 16r; Poeschel 1957, S. 142; laut Ziegler 1978, S. 4 schon 1479. Kämmerlein: Hardegger 1922, S. 245; Konventsbuch, Fol. 22r; Vogler 1938b, S. 136.
51 Konventsbuch, Fol. 22r; Poeschel 1957, S. 137. Bless-Grabher schreibt sogar, dass zur inneren Sammlung das Stillschweigen innerhalb des Klosters eingeführt worden war, belegt diese Anmerkung jedoch nicht. Bless-Grabher 1999, S. 745.
52 Konventsbuch, Fol. 24r, 24v; Hardegger 1885, S. 9; Poeschel 1957, S. 143; Bless-Grabher 1999, S. 745. Gefunden wurden hölzerne Zapfen im Emporenbalken, die auf eine Holzabschrankung hindeuten. Begehung mit Peter Albertin, 15. Dezember 2011. Hardegger 1885, S. 13; Poeschel 1957, S. 143; Keller 1965/66, S. 10.
53 Das Redefenster ist eine ggf. mit Blech oder Stoff abgedeckte Öffnung, durch die die Klosterfrauen mit ihren Angestellten oder mit Besuchern kommunizieren können. Vogler 1938b, S. 50; Bless-Grabher 1999, S. 745.
54 Konventsbuch, Fol. 102v.
55 Hardegger 1885, S. 13 f.; Konventsbuch, Fol. 41r, 102r; Poeschel 1957, S. 144.
56 Konventsbuch, Fol. 42r; Vogler 1938b, S. 136.
57 «Die S. Cathrina Kirchen ist bis dato niehmals anderst gebauet worden und hat in der länge 44 schritt, in der breitte aber nit halb so vill. Zu oberst in dem Thor rechter seitten, und schier in der Mitten befinden sich 2 gewölber, welche mit eiserne Thiren verschlossen seind.» Beschreibung durch den St. Galler Stiftsbibliothekar Pater Pius Kolb, festgehalten 1758. Zit. nach Wegelin 1842, S. 725.
58 Kirchenchor: 1487, vgl. Konventsbuch, Fol. 56v; Vogler 1938b, S. 137. Reliefplastiken: 1489, vgl. Konventsbuch, Fol. 59v; Bless-Grabher 1999, S. 753.
59 Konventsbuch, Fol. 75v.
60 Konventsbuch, Fol. 99r; Vogler 1938b, S. 137; Albertin 2012, S. 18.
61 Chorgestühl: 1512/15, vgl. Konventsbuch, Fol. 145v; Poeschel 1957, S. 148. Erweiterung der Empore: 1513, vgl. Konventsbuch, Fol. 138r; Vogler 1938b, S. 137. Orgel: 1519, vgl. Konventsbuch, Fol. 159v; Vogler 1938b, S. 66; Rüegg 2010, S. 41.
62 Konventsbuch, Fol. 40r, 159r, 170v; Vogler 1938b, S. 65, 142 f.; Wegelin 1842, S. 637; Ziegler 1978, S. 4.
63 Konventsbuch, Fol. 142r; Hardegger 1885, S. 15; Hardegger 1922, S. 256; Poeschel 1957, S. 143; Bless-Grabher 1999, S. 752.
64 Das Problem der Dunkelheit scheint damit jedoch nicht ganz zufriedenstellend gelöst worden zu sein. Pater Pius Kolb schreibt 1758: «Es ist beinebens die kirch zimlich tunkel, weilen die fenster nit tieff genueg herunter langen.» Zit. nach Wegelin 1842, S. 725.
65 Ziegler 1978, S. 4; Vogler 1938b, S. 137; Bless-Grabher 1999, S. 752.
66 Baudokumentation der Stadt St. Gallen, Dossier Katharinengasse 21.
67 Poeschel 1957, S. 137 f., 157 f.; Vogler 1938b, S. 180.
68 Stiftslibell. Ehrenzeller 1981, S. 25, 43; Ziegler 1978, S. 5.
69 Ehrenzeller 1981, S. 43 f.; Fontana 2011, S. 2, 4; Poeschel 1957, S. 138; Ziegler 1978, S. 5. Merkwürdig in diesem Zusammenhang ist allerdings die Anmerkung Hildbrands, dass 1784 die Holzdecke («Thiele») der Kirche mit Gips überzogen worden sei. Hildbrand 1829, S. 37; Keller 1965/66, S. 12.
70 St. Laurenzen beispielsweise erhält erst 1762 eine Orgel, vgl. Ehrenzeller 1981, S. 44. Der Rat der Stadt verbindet die Zustimmung «mit der Auflage, dass die Leitung der Kirche (bisher vier durch das kaufmännische Directorium gewählte Anciens) durch zwei Vertreter der Stadtregierung zu ergänzen sei. Diese Zusammensetzung bleibt bis 1834.» Weigelt 2011, S. 1.
71 Zit. nach Wegelin 1842, S. 725.
72 Ehrenzeller 1981, S. 44; Hildbrand 1829, S. 64 f.
73 Hildbrand 1829, S. 65, 77, 105; Keller 1965/66, S. 9; Fontana 1999, S. 4, 7.

74 Ehrenzeller 1981, S. 57; Weigelt 2011, S. 1; Ziegler 1978, S. 11.
75 Ehrenzeller 1981, S. 57; Fontana 1999, S. 4; Rivier 1909, S. 207; Ziegler 1978, S. 12; Zwingli 1994, S. 2.
76 Keller 1965/66, S. 12; Rivier 1909, S. 218.
77 «An der innern Wand nach Morgen stehen die Wappen der fünf Haupt-Stiftern dieser Kirche und des Gymnasii, als die Keller, die Zollikofer, Locher und Hochreut. An denen beiden andern Wänden sind viele Wappen derjenigen Burgern, die Legate oder Vermächtnisse an die Schulkasse gemachet. Diese Wappen werden bis diese Stunde fortgesezet. In dem Gange der Kirche liegen noch alte gehauene Stein-Blatten, auf welchen die Wappen der daselbst so wie auch in dem Kreuz-Gange begrabenen Nonnen liegen.» Wartmann 1792/98, S. 142, zit. nach Ehrenzeller 1981, S. 44.
78 Ehrenzeller 1981, S. 58 f.; Rivier 1909, S. 218.
79 Ehrenzeller 1981, S. 59 f.
80 «Rappelons encore ici que jusqu'en 1903, l'église se prolongeait sous la galerie, audelà du mur de cette dernière, et occupait ainsi le rez-de-chaussée de la maison d'à côté, aujourd'hui détruite. On pouvait entrer dans le temple par une porte qui s'ouvrait tout au fond, sur la cour contiguë à la Goliathgasse.» Rivier 1909, S. 229; Fontana 1999, S. 4.
81 Ehrenzeller 1981, S. 61; Rivier 1909, S. 229; Zwingli 1994, S. 3.
82 Um 1910: Vertäferung des vorderen Teils der Nordwand und Neueinfassung von Orgelprospekt, Orgelempore und bestehendem Täfer; um 1928: Neufassung von Orgelprospekt, Orgelempore und Täfer; um 1940: Teilausbesserung am Täfer mit Sperrholzplatten und Neufassung von Täfer, Orgelprospekt und Orgelempore. Fontana 1999, S. 4; Zwingli 1994, S. 3.
83 Konventsbuch, Fol. 102v; Ehrenzeller 1981, S. 63; Fontana 1999, S. 5; Hildbrand 1829, S. 43; Keller 1965/66, S. 11; Ziegler 1978, S. 15.
84 Ausserdem: Einbau neuer Heizkörper und Ausbesserungen am Parkettboden sowie Versetzung der Kirchenbänke. Fontana 1999, S. 5; Ehrenzeller 1981, S. 62.
85 Björk 2007, o. S.
86 Hardegger 1885, S. 12.
87 Konventsbuch, Fol. 38v; siehe auch Bless-Grabher 1999, S. 752. Laut Poeschel 1957, S. 141 bereits 1482.
88 Diese Annahme wird durch einen weiteren Eintrag im Konventsbuch gestützt: Um 1503 mit dem Bau des Kreuzgangs beginnen zu können, müssen die Klosterfrauen nämlich erst die Schwester Wandelburgen aus dem «obren stubly», wo sie seit 15 Jahren wohnte, in das neue Refektorium (wahrscheinlich den Südflügel) umsiedeln. Konventsbuch, Fol. 99r.
89 Die Bezeichnung «Altes Refektorium» verwendet auch Ziegler, siehe Ziegler 1978, S. 15. Wahrscheinlich handelt es sich hierbei aber um einem Irrtum Hardeggers: Spätestens nach dem Bau des Konventshauses 1486 befindet sich das Refektorium im Südflügel (und nicht im «nachmaligen Zeughaus»). Poeschel 1957, S. 140.
90 Konventsbuch, Fol. 123r.
91 Konventsbuch, Fol. 123r.
92 Konventsbuch, Fol. 99r, 123r; siehe auch Bless-Grabher 1999, S. 752 und Vogler 1938b, S. 149.
93 Wegelin 1842, S. 724; Pater Pius Kolb, zit. nach Wegelin 1842, S. 724f.
94 Ehrenzeller 1981, S. 39.
95 Ehrenzeller 1981, S. 55; Ziegler 1978, «Abbruch des Katharinenklosters?», o. S.
96 Ehrenzeller 1981, S. 63; Ziegler 1978, S. 12 f.
97 Baudokumentation der Stadt St. Gallen, Dossier Goliathgasse 18/18a.
98 25. Juni, korr. 3. Oktober 1952: Baueingabe für den Neubau des Brockenhauses. Bauherrschaft: Hausmann AG Sanitätsgeschäft, Grundeigentümer: Hülfsgesellschaft der Stadt St. Gallen, Planverfasser: Hänny & Brantschen. Baudokumentation der Stadt St. Gallen, Dossier Goliathgasse 18/18a. Siehe auch Ziegler 1978, S. 14.
99 Ehrenzeller 1981, S. 63; Ziegler 1978, S. 15; Keller 1965/66, S. 11; Fontana 1999, S. 5.
100 24. Oktober, korr. 27. Juni 1975: Baugesuch für Umbauarbeiten und den Einbau eines Warenlifts. Bauherrschaft: Gemeinnützige und Hilfsgesellschaft, Planverfasser: Emil Winzeler Baudokumentation der Stadt St. Gallen, Dossier Goliathgasse 18/18a.

101 Das heisst, sie lassen ihn «reconciliieren», Konventbuch, Fol. 75v.
102 Konventbuch, Fol. 94v. Laut Poeschel 1957, S. 148 und Ziegler 1978, S. 4 Baubeginn erst 1504. Laut Vogler 1938b, S. 143 und Bless-Grabher 1999, S. 752 schon 1503.
103 Poeschel 1957, S. 148; Konventbuch, Fol. 99r.
104 Konventbuch, Fol. 104r, 107v, 114v.
105 Konventbuch, Fol. 114v.
106 Konventbuch, Fol. 116r, 116v; Ziegler 1978, S. 4. Laut Vogler 1938b, S. 144–146 erst 1512 (siehe dort auch die Namen aller Spenderinnen und Spender der insgesamt 30 Fenster).
107 Konventbuch, Fol. 114v.
108 Dendrolabor Wallis 2006, o. S. Das Kloster geht erst mit diesem Vertrag definitiv in den Besitz der Stadt über. Poeschel 1957, S. 138.
109 Pater Pius Kolb, zit. nach Wegelin 1842, S. 724 f.
110 Ehrenzeller 1981, S. 63; Ziegler 1978, S. 13.
111 Entfernung von neueren Einbauten und Erneuerung schadhafter Rippenteile im Westtrakt; Verlegung des Eingangs zum südwestlichen Treppenturm. Poeschel 1957, S. 138. Ausserdem: Aufhebung der im westlichen Flügel des Kreuzgangs eingerichteten Waschküche der Hülfsgesellschaft. Vgl. Keller 1967, o. S.
112 Ehrenzeller 1981, S. 64.
113 Hardegger 1885, S. 14; Ehrenzeller 1981, S. 14. Laut Vogler 1938b, S. 46 und Bless-Grabher 1999, S. 745 am 29. September. 1467 hatten die Nonnen ein Teilstück der «Mur zwüschent des Closters Hoff vnd dem Closter von dem Grund biß in dz Tach» errichtet. Konventbuch, Fol. 8v; Poeschel 1957, S. 70. Zum detaillierten Verlauf der Mauer siehe Hungerbühler, Laurenz, Notizen zur Klostermauer des St. Katharinenklosters in St. Gallen. Unpublizierte Schrift, St. Gallen 2012.
114 Konventbuch, Fol. 18v. August Hardegger vermutet überdies neben der Sakristei eine Beichtkammer, die ebenfalls von Aussenstehenden benutzt worden sein könnte. Allerdings geht Hardegger von der wahrscheinlich falschen Annahme aus, der Innere Chor habe sich in der westlichen Hälfte der Kirche befunden, und ordnet deshalb das Tor zum Äusseren Chor auf der südöstlichen Seite an. Hardegger 1885, S. 13.
115 «Agnes Burgauer, Adelheid von Ramschwag, Ursula Zainler, Ursula Sturmi von St. Gallen, Agnes Steiner aus Töß und der Dominikanerlektor von Konstanz, Ludwig Gerly, fanden ihre letzte Ruhestätte auf dem Gottesacker zu St. Katharinen.» Vogler 1938b, S. 13 und 112.
116 Konventbuch, Fol. 53r, siehe auch Vogler 1938b, S. 148.
117 Konventbuch, Fol. 53r, 104r; Scherer 1951, S. 76, zit. nach Poeschel 1957, S. 140.
118 Konventbuch, Fol. 46r, 114r. Siehe auch Hardegger 1885, S. 14; Ziegler 1978, S. 4; Vogler 1938b, S. 96, 148.
119 «[...] Auf dem Hoff gehet man durch ein gewölbtes grosses Portal in das Kloster, unter welchem ein geraumer Plaz ist und 2 aufgäng ohne Thiren hat, iener der grössere zur linken Hand fiehret in das hindere Höfflein, der Kleinere zur rechten aber öffnet durch einen gesprengten Bogen den Eingang in den Creizgang.» Zit. nach Wegelin 1842, S. 724 f.
120 Vogler 1938b, S. 6; Wegelin 1842, S. 669, datiert die erste Erwähnung des Klostergartens 1294. (Evtl. Verwechslung der Jahreszahlen 1244 und 1294?)
121 Vogler 1938b, S. 96f. Ämterbuch, Msc. der Universitätsbibliothek Leipzig, Nr. 1546, Bl. 108 b, zit. nach Vogler 1938b, S. 87.
122 Vogler 1938b, S. 88; Konventbuch, Fol. 18v. Neubau des Bindhauses: Konventbuch, Fol. 116v. Siehe auch Bless-Grabher 1999, S. 752; Wegelin 1842, S. 669.
123 Wahrscheinlich 1504. Konventbuch, Fol. 99r und 176r.
124 Grüninger 1977, S. 76.
125 Vgl. das Kapitel Hof (in diesem Buch), S. 300
126 Vogler 1938b, S. 137; Konventbuch, Fol. 75v.
127 Ehrenzeller 1981, S. 78, zitiert nach Wartmann 1916.
128 «S isch gsii, als wäärs extra soo für üs paut worde und s isch doch s Gasthuus und s Pförtnerhuus gsii vom aalte St. Katharinachlooschter, wo anno 1530 uufghobe worde isch. Im Henderhuus isch no s Plätzli gsii vo der ehemoolige Tröli, wo d Chlooschterfraue früehner d Chrööpfli useggee und di Aarme gspise hend.» Wettach 1949, S. 24. Siehe auch Bauer 1976, S. 46.

129 Poeschel 1957, S. 138.
130 Es sei ein Ofen in die «Portstuben» eingebaut worden, heisst es 1487; Konventsbuch, Fol. 54r. «Und ist die Portstub gantz hübsch nüw vnd lustig worden mit nüwen Glasfenstern vnd hand die Linden abgehowen vnd verkoft vmb i Guldin dz es gantz haitter ist worden vnd hand dz Redfenster ernüwret», Konventsbuch, Fol. 123r.
131 Stiftsbibliothekar Pater Pius Kolb, zit. nach Wegelin 1842, S. 724 f.
132 Ziegler, «St. Katharinen nicht versteigert», 1978, o. S.
133 Ehrenzeller 1981, S. 66; Ziegler 1978, S. 13 f.
134 Konventsbuch, Fol. 25r, 56v, 57r, 60r, 61r etc.
135 Konventsbuch, Fol. 18r, 22r, 22v.
136 «Item wir hand gemuret driger Gemach hoch in den Garten […].» Konventsbuch, Fol. 50v/51r. Siehe auch Poeschel 1957, S. 141; Ziegler 1978, S. 4. Laut Vogler 1938b, S. 147 erst 1486; laut Wegelin 1842, S. 637 erst 1486/87; laut Bless-Grabher 1999, S. 752 erst 1487. Wegelin und Vogler vermuten im zweiten Stock dieses Gästehauses das neue Refektorium, Zellen und Stuben darüber. Glaubwürdiger ist Bless-Grabher, die das neue Refektorium im Konventshaus, separat vom Gästehaus, ansiedelt.
137 Dendrolabor Wallis 2006, o. S. Möglicherweise handelt es sich bei diesem Osttrakt um einen 1505 erwähnten, nicht näher bezeichneten Neubau «in dem Kilchhof», von dem Vogler vermutet, er beherberge die Konventsstube, welche «sieben Fenster mit Glasmalereien, wovon vier gegen den Garten und drei gegen den Kirchhof schauten», besässe. Konventsbuch, Fol. 104r; Vogler 1938b, S. 146.
138 Heilig 1978, S. 36; Wegelin 1842, S. 724 f.
139 Das dendrochronologische Gutachten ergab eine Bauzeit zwischen 1562 und 1612. Dendrolabor Wallis 2006, o. S.
140 Laboratoire Romand de Dendrochronologie 2008, S. 2.
141 Die Öffnungen befinden sich auf der Höhe der heutigen Ausleihe und am westlichen Ende des Traktes zur Empore hin. Angaben von Michael Niedermann, Architekt, St. Gallen (Begehung vom 15. Dezember 2011).
142 Poeschel 1957, S. 138, Ziegler 1978, S. 11; Ehrenzeller 1981, S. 57.
143 Ziegler, «St. Katharinen nicht versteigert», 1978, o. S.; Ehrenzeller 1981, S. 58.
144 Visieranzeige 1875 (?): Plan für eine Erhöhung des Wohnhauses von Lüthi, Schreinermeister, St. Gallen. Planverfasser Eberle, Zimmermeister. Das Kanalisationsbegehren vom 9. Juli 1907 ist von Th. Schlatter und Söhne, der Französischen (?) Gesellschaft der Kantone St. Gallen und Appenzell und von A. Lüthi-Zeller, Fotograf, unterschrieben. Baudokumentation der Stadt St. Gallen, Dossier Katharinengasse 11.
145 Die dendrochronologisch untersuchten Hölzer deuten auf einen Bau zwischen 1802 und 1883 hin. Dendrolabor Wallis 2006, o. S.
146 Am 25. Juni 1962 werden das Stadttheater und die Liegenschaft Katharinengasse 11 an die «Kaufhaus am Bohl AG», eine Tochter der Genfer Firma «Maus frères», verkauft. Diese plant den Abbruch des Stadttheaters sowie der Häuser Hechtgasse 1, 3 und Katharinengasse 11 für die Errichtung eines Warenhauses. Ehrenzeller 1981, S. 63 f.; Ziegler 1978, S. 15.
147 Morant 1979, o. S.; Ehrenzeller 1981, S. 64.
148 Baugesuch vom 8. Januar 1976: Restauration des ehemaligen Katharinenklosters an der Hechtgasse 3, Katharinengasse 11 und 15 sowie Goliathgasse 18a. Bauherrschaft: Stadt St. Gallen, Planverfasser: Städtisches Hochbauamt. Baudokumentation der Stadt St. Gallen, Dossier Katharinengasse 11/15 / Goliathgasse 18a. Siehe auch Ehrenzeller 1981, S. 66; Schaufelberger 1976, o. S.
149 Grüninger 1977, S. 76; Su. 1977, o. S.
150 Bauer 1976, o. S.
151 Baudokumentation der Stadt St. Gallen, Dossier Katharinengasse 11/15.
152 Albertin 2012, S. 15; Konventsbuch, Fol. 56v; Vogler 1938b, S. 148.
153 Ehrenzeller 1981, S. 57; Poeschel 1957, S. 138; Ziegler 1978, S. 11; Ziegler, «St. Katharinen nicht versteigert», 1978, o. S.
154 Ehrenzeller 1981, S. 58 f.
155 Die Gemeinde mit Vision und Tradition – Portrait o. J., S. 1; Baudokumentation der Stadt St. Gallen, Dossier Katharinengasse 21.
156 Die Gemeinde mit Vision und Tradition – Portrait o. J., S. 1; Björck 2007, o. S.
157 «Item das Bindhus, Kornnhus vnd Vffzug dar vff

zwüschend des Bichters Hus vnd dem gemureten Kornhus vnd der Schopf in dem vssren Garten mit dem Ku stall vnd mit der Hölege vnd das Knechtstübly vnnen in dem Gasthus vnd dz Kerrly dar vnder [...].» Konventsbuch, Fol. 18v; siehe auch Wegelin 1842, S. 669; Vogler 1938b, S. 148 und Keller 1967, o. S.
158 Hardegger 1885, S. 16; Wegelin 1842, S. 670.
159 Konventsbuch, Fol. 13v, 39v, 60v, 76v; siehe auch Bless-Grabher 1999, S. 751.
160 Konventsbuch, Fol. 31r. Siehe auch Vogler 1938b, S. 97.
161 Bless-Grabher 2003, S. 242.
162 Vgl. Bless-Grabher 2003, S. 750 f.
163 Mengis 2005, S. 19 f.; Hardegger 1885, S. 11.
164 Bless-Grabher 2003, S. 769.
165 Mengis 2005, S. 80, 120.
166 Einbau von bemalten Fenstern z. B. 1512, wahrscheinlich aber auch schon früher. Vogler 1938b, S. 146.
167 «Die Hofseite, also gegen Nordwest, besteht aus einem Sockel aus wahrscheinlich noch gotischer oder Renaissancezeit». Denkmalpflege der Stadt St. Gallen, Renovation Franziskaner, Dossier Katharinengasse 11, o. S.
168 Ziegler 1978, S. 5. Laut Ehrenzeller 1981, S. 20 f. erst ab 1570. «Der offizielle Schulbeginn in St. Katharinen, das ja erst hatte geräumt und instand gestellt werden müssen, erfolgte am 12. November 1599 [...]». Ehrenzeller 1981, S. 26.
169 Ehrenzeller 1981, S. 17; Poeschel 1957, S. 138.
170 «Gymnasium Nr. 175 bestehend aus der über dem westlichen Durchgang und an das Hintergebäude des Zeughauses stossenden Gebäulichkeit (Nr. 153A, Lehrerwohnung von Herrn Rektor Fuchs) [...]», Ziegler, «St. Katharinen nicht versteigert», 1978, o. S.
171 Ziegler 1979, o. S., «Die Fassade gegen Südost ist klassizistisch.» Denkmalpflege der Stadt St. Gallen, Renovation Franziskaner, Dossier Katharinengasse 11, o. S.
172 Steinbuch 1971, S. 19; Ziegler 1979, o. S.; Ehrenzeller 1981, S. 64; Morant 1979, o. S.
173 Ehrenzeller 1981, S. 64; Denkmalpflege der Stadt St. Gallen, Renovation Franziskaner, Dossier Katharinengasse 11, o. S; Baudokumentation der Stadt St. Gallen, Dossier Hechtgasse 1.
174 Knoepfli 1977, S. 4. «Das Gebäude steht unter Denkmalschutz und wurde in Zusammenarbeit mit Herrn Dr. A. Knöpfli nach alten Aufnahmen mit den früheren Stockwerkshöhen und Fenstern neu erstellt. Die Hoffassade lässt noch den gemauerten Teil aus der Gotik mit ihrem Riegelaufbau über dem 2. Stock erkennen. Auf der Südseite gegen den Platz am Bohl wurde im Klassizismus die ganze Fassade, die im Erdgeschoss gemauert und im oberen Teil geriegelt war, verputzt. Beim Wiederaufbau wurde auch das oberste Geschoss, wie es aus früheren Darstellungen ersichtlich ist, mit sichtbaren Riegeln erstellt.» Morant 1979, o. S.
175 Wartmann 1792/1798, S. 229f., zit. nach Ziegler «Zeughaus» 1978, o. S.
176 Hardegger 1922, S. 251; Poeschel 1957, S. 140; Wartmann 1792/98, S. 229 f., zit. nach Ziegler «Zeughaus» 1978, o. S.
177 Poeschel 1957, S. 138. «Wie schon oben verdeutet, muss es vor der Reformation ein Haus für die Knechte der Nonnen in diesem Kloster gewesen sein, worin zugleich Stallung für das Vieh und Wagen und Geschirr darinnen aufzubehalten; weilen damals dieses Kloster vor der Stadt gestanden, ehe die untere Stadt mit der obern anno 1422 verbunden und mit einer Mauer umgeben wurde, und erst nach Aufhebung dieses Klosters zu einem andern Gebrauche gewidmet.» Wartmann 1792/98, S. 229 f., zit. nach Ziegler «Zeughaus» 1978, o. S. Siehe auch Ziegler 1978, S. 10.
178 Wartmann 1792/98, S. 229 f., zit. nach Ziegler «Zeughaus» 1978, o. S.
179 Ziegler «Zeughaus» 1978, o. S.
180 Ziegler 1978, S. 11.
181 Die Ortsbürgergemeinde gibt dafür die Gebäude des ehemaligen Klosters St. Leonhard auf. Ziegler 1978, S. 11.
182 Röllin 1981, S. 460; Poeschel 1957, S. 273.
183 Paillard 1968, S. 777 f.; Ehrenzeller 1981, S. 63 f.
184 Paillard 1968, S. 777 f.; Ehrenzeller 1981, S. 64; Ziegler 1978, S. 15.
185 Morant 1979, o. S.; Ehrenzeller 1981, S. 64.
186 ps. 1976, o. S.; Ziegler 1978 «Abbruch», o. S.

Renovation: Rüsten für die Zukunft

1 Klingenberg 2007, S. 43.
2 Björck 2007, o. S.
3 Björck 2007, o. S.
4 Felder 2008.
5 Laboratoire Romand de Dendrochronologie 2008.
6 Das Bauholz wurde stets frisch, d.h. unmittelbar nach dem Fällen, verarbeitet.
7 Vgl. Vogler 1938b, S. 20; Poeschel 1957, S. 137. Uneinig ist sich die Forschung, ob und welche Teile des Klosters beim Brand zerstört wurden.
8 Fontana/Traeber 1999.
9 Fontana/Raymann/Traeber 2008.
10 Fontana/Raymann/Hunkel 2011.
11 Die Tierhaare dienen als Verstärkung, um das Reissen des Putzes und des Mörtels zu verhindern.
12 Konventsbuch, Fol. 27v.
13 Vgl. Vogler 1938b, S. 139 ff. und Bless-Grabher 1999, S. 753.
14 Albertin 2012, S. 15 f. und 18.
15 Schmaedecke 2006, S. 150.
16 Vgl. dazu die detaillierten Ausführungen von Rudolf Schnyder zum Schalltopfbesatz im Bogenfeld der Chorschlusswand von St. Arbogast. Schnyder 1981, S. 268.
17 Schnyder 1981, S. 274.
18 Werner Stöckli hat sich dezidiert gegen diese These ausgesprochen, vgl. Schmaedecke 2006, S. 151.
19 2011 kam in Zürich-Albisrieden in einem Keller ein liegend eingebauter Topf (wahrscheinlich aus dem 14. Jahrhundert) zum Vorschein, von dem man annehmen kann, es sei eine Lichtnische. Vgl. dazu auch Albertin 2012, S. 15 f.
20 Schmaedecke 2006, S. 151 und Desarnaulds/Loerincik 2001, S. 70.
21 Vogler 1938b, S. 13; Ehrenzeller 1981, S. 13; Bless-Grabher 1999, S. 742.
22 Konventsbuch, Fol. 149r.
23 Konventsbuch, Fol. 149r.
24 Konventsbuch, Fol. 102v.
25 Es gibt Hinweise, dass die Mitglieder der Familie Mangolt im Spätmittelalter auch in St. Gallen Bürger waren.
26 Konventsbuch u.a. Fol. 28v, 45r, 47r, 57r, 61r, 102v, 116r, 122v, 149r, 160v.
27 Konventsbuch, Fol. 102v (1505 findet die Profess von Peternella Mangoltin statt. Aus diesem Anlass hat «ir ir vater Cunrat Mangolt ainen hubschen silbrin becher gabet»).
28 Vgl. Vogler 1938b, S. 112.
29 Konventsbuch, Fol. 9v.
30 Vgl. Poeschel 1957, S. 142.
31 Vgl. dazu Untersuchungsbericht Geier, St. Gallen 1999.
32 Vgl. dazu Untersuchungsbericht Fontana/Traeber, Rapperswil-Jona 1999.
33 Wälli 12./19./30.08.2010 und Wälli 28. September 2010.
34 Klaiber Partnership AG 2008.
35 Konventsbuch, Fol. 50v, 63v.
36 Konventsbuch, Fol. 54v, 60v, 76v, 99r, 114v, 123r.
37 Rivier 1909, S. 218.
38 Fontana/Traeber 1999, S. 5.
39 Albertin 2012, Anhang 1.2.
40 Hildbrand 1829, S. 43.
41 Beschluss der Baubewilligungskommission vom 6. März 2009, S. 12.
42 Abbildung in Hardegger 1885, S. 13 und Hardegger 1922, S. 251.
43 Hildbrand 1829, S. 64 f.
44 Zwingli 1999; Geier 1998.

BIBLIOGRAPHIE

QUELLEN

Ungedruckte Quellen

Klosterarchiv St. Katharina Wil

Kolb, Pius: Chronick. Kurtze Beschreibung oder kleine Chronick dess löblichen gottshausses s. catharinae ordinis S. dominici Beij Wijl. Von seinem Ersten Ursprung zu St. Gallen bis auf dass Jahr nach der geburth Christi 1608. Aufgesetzt von P. Pio Kolb Capitul. und Bibliothecario zu St. Gallen Anno 1759.

Konventsbuch. Faksimile unter http://www.e-codices.unifr.ch/de/description/kaw/konventsbuch (Stand 18. Juli 2012).

Schwesternbuch. Faksimile unter: http://www.e-codices.unifr.ch/de/preview/kaw/SrBuch (Stand 18. Juli 2012).

Stump, Schwester M. Rosa: Akte 4. Korrespondenz. Ungedruckt.

Stump, Schwester M. Rosa: Akte 5. Angelegenheit Handschriften aus unserem Archiv. a) Rechtsstreit 1925 b) Endresultat 1934. Ungedruckt.

Stadtarchiv der Ortsbürgergemeinde St. Gallen (StadtASG)

Hildbrand, Georg Caspar: Annalen der Französischen Kirche und des Predigerdiensts bei derselben, 1685–1829. (Kirchenarchiv X,1,2).

Schreiben von Bischof Thomas zu Konstanz, um 1490 (Tr. XXVIII, 6).

Schreiben von König Maximilian, 12. Januar 1490 (Tr. XXVIII, 5).

Stadtsatzungsbuch, 1353–1434 (Bd. 538).

Urkunde zum Verkauf der Güter des Klosters St. Katharinen an die Stadt St. Gallen, 1594 (Tr. XVIII, 52).

Zinsbuch des Klosters St. Katharinen (Bd. 482).

Gedruckte Quellen

Chartularium Sangallense, Bd. III–XI, bearb. von Otto P. Clavadetscher (Bd. III–VII) resp. Otto P. Clavadetscher und Stefan Sonderegger (Bd. VIII–XI), St. Gallen 1983–2009.

Die Rechtsquellen des Kantons St. Gallen, Bd. I/1: Alte Landschaft, bearb. und hg. v. Max Gmür, Aarau 1903.

Fridolin Sichers Chronik, hg. v. Ernst Götzinger, St. Gallen 1885 (Mittheilungen zur Vaterländischen Geschichte 20).

Urkundenbuch der Abtei Sanct Gallen, Teile 5 und 6, bearb. von Placidus Bütler, Traugott Schiess u.a., St. Gallen 1904–1955.

LITERATUR

Anderes, Bernhard: Gutachten zur Erhaltung des ehemaligen Klosters St. Katharina in St. Gallen, Rapperswil 1971.

Albertin-Eicher, Peter und Helen: St. Gallen Katharinengasse 15 – Baugeschichtliche Dokumentation mit dendrochronologischen Datierungen 2009–11, Winterthur 2012.

Andres Geotechnik AG: Umbau St. Katharinen St. Gallen, St. Gallen 2010.

B.: Gutes Altes neu geworden, in: «Ostschweiz», 28. Mai 1979, o. S.

Bauer, Hermann: Aufschlussreiches Restaurierungsprojekt: St. Katharinen, in: «Ostschweiz», April 1976, o. S.

Bauer, Hermann: St. Gallen wie es nicht mehr steht, St. Gallen 1976.

Baumann, Daniel, Noger Arno: Die Kantonsschule am Burggraben 1856–2006, St. Gallen 2006.

Blarer, Stefan: Margareta Blarer 1494–1541. Humanistin und Diakonissin von Konstanz, Ostermundigen 2006.

Blarer, Stefan: Justina Blarer. Dominikanerin Kloster St. Katharina St. Gallen, Ostermundigen 2011.

Bless-Grabher, Magdalen: Die Dominikaner und Dominikanerinnen in der Schweiz, St. Gallen, in: Helvetia Sacra, Abteilung IV: Die Orden mit Augustinerregel, Band 5, Teil 2, Basel 1999, S. 738–779.

Bless-Grabher, Magdalen: Frömmigkeit im Mittelalter, in: Sankt-Galler Geschichte 2003, Band 2: Hochmittelalter und Spätmittelalter, St. Gallen 2003, S. 231–262.

Borst, Arno: Mönche am Bodensee, Lengwil 2010.

De Voragine, Jacobus: Legenda aurea (1263–1273).

Dendrolabor Wallis, Martin Schmidhalter: Sankt Gallen – St. Katharinenkloster: Dendrochronologischer Untersuchungsbericht, Brig 2006.

Denkmalpflege der Stadt St. Gallen: Archäologische Beobachtungen 1976, Dossier Katharinengasse 11, o. S.

Denkmalpflege der Stadt St. Gallen: Renovation Franziskaner, Dossier Katharinengasse 11, o. S.

Desarnaulds, Victor, Loerincik, Yves: Vases acoustiques dans les églises du Moyen Age, in: Mittelalter – Moyen Age – Medioevo – Temp medieval. Zeitschrift des Schweizerischen Burgenvereins 6, 2001, S. 65–72.

Die Gemeinde mit Vision und Tradition – Portrait, o. J., S. 1. http://www.stami.ch/main/Uns/documents/Portrait_Stami.pdf (Stand: 5. Januar 2012).

Du Bois, Etienne: L'Eglise française à Saint-Gall 1685–1985, St. Gallen 1985.

Duft, Johannes: Barocke Dichtkunst zu Ehren St. Otmars, in: Die Abtei St. Gallen, Bd. III, hg. v. dems., Sigmaringen 1994, S. 95–103.

Dütschler, Walter: Bericht Orgelrenovation, St. Gallen 1941.

Edelmann, Heinrich: St. Katharinen in Geschichte und Aktualität, in: St. Galler Tagblatt, 9. April 1961, S. 31.

Ehrenschwendtner, Marie-Luise: Die Bildung der Dominikanerinnen in Süddeutschland vom 13.–15. Jahrhundert, Stuttgart 2004 (Contubernium. Tübinger Beiträge zur Universitäts- und Wissenschaftsgeschichte 60).

Ehrenzeller, Ernst: Stadt-st. gallisches Kulturleben im ehemaligen Katharinenkloster, St. Gallen 1981 (121. Neujahrsblatt des Historischen Vereins des Kantons St. Gallen).

Ehrenzeller, Ernst: Geschichte der Stadt St. Gallen, St. Gallen 1988.

Engler Maurer, Claudia: Regelbuch und Observanz. Der Codex A 53 der Burgerbibliothek Bern als Reformprogramm des Johannes Meyer für die Berner Dominikanerinnen, Bern 1998.

Fechter, Werner: Wer war Justina Blarerin?, in: Zeitschrift für Deutsches Altertum und Deutsche Literatur 108, 1979, S. 430–442.

Felder, Martin: Gebäudeanalyse, Objekt Katharinenkirche St. Gallen, Report IR-Thermographie, St. Gallen 10./14. Januar 2008.

Fontana, Rino, Traeber, Michel: Katharinenkirche, St. Gallen: Kurzuntersuch der Raumhülle, Rapperswil-Jona 1999.

Fontana, Claudio, Raymann, Bruno, Traeber, Michel: St. Gallen Kirche St. Katharinen: Nachuntersuch September 2008, Rapperswil-Jona 2008.

Fontana, Claudio, Raymann, Bruno, Hunkel, Thomas: Forum St. Katharinen, Kirche: Kurzuntersuch und Putzsondierung im Kircheninnenraum, Rapperswil-Jona 2011.

Gamper, Rudolf: Sum Jacobi Studeri Sangallensis. Die Sammlung des bibliophilen Kaufmanns Jakob Studer (1574–1622) in der Vadiana, St. Gallen 2001.

Geier, Josef: Untersuchungsbericht Katharinenkirche, St. Gallen, St. Gallen 29. September 1998.

Geier, Josef: Bericht Befund Orgel Katharinenkirche, St. Gallen 1999.

Grüninger, Irmgard: St. Gallen, Ehemaliges Kloster St. Katharinen, in: Benito Boari, Denkmalpflege des Kantons St. Gallen 1975–1980, St. Gallen 1982, S. 150 f.

H-r.: Thema: St. Katharinen, Interpellationen im Gemeinderat, in: St. Galler Tagblatt, 7. Juli 1971, S. 25.

Hardegger, August: Die Frauen zu St. Katharina in St. Gallen, St. Gallen 1885 (25. Neujahrsblatt des Historischen Vereins des Kantons St. Gallen).

Hardegger, August, Schlatter, Salomon, Schiess, Traugott: Die Baudenkmäler der Stadt St. Gallen (Band I der Reihe Die Baudenkmäler des Kantons St. Gallen, herausgegeben vom Historischen Verein des Kantons St. Gallen), St. Gallen 1922.

Heilig, Edgar: Das ehemalige Katharinenkloster – eine kunsthistorische Würdigung, in: St. Katharinen – vom Kloster zum kulturellen Zentrum, hg. v. Peter E. Schaufelberger, St. Gallen 1978, S. 23–38.

Herovits, Johann, Kostgeld, Stefan: Untersuchungsbericht mit Fotonachweis: Katharinengasse 15–21, St. Gallen, St. Gallen 2010.

Jäggi, Carola: Frauenklöster im Spätmittelalter, Petersberg 2006.

Keller, Beatrice: Das St. Katharinen-Klösterchen in St. Gallen (Seminararbeit Universität Zürich), St. Gallen 1965/66.

Keller, Beatrice: St. Kathrinen – Situation, Baugeschichte und heutiger Bestand (I): Eine Bettelorden-Kirche, in: «Ostschweiz», 27. Juli 1967, o. S.

Keller, Beatrice: St. Kathrinen – Situation, Baugeschichte und heutiger Bestand (II): Der Kreuzgang, in: «Ostschweiz», 28. Juli 1967, o. S.

Keller, Beatrice: St. Kathrinen – Situation, Baugeschichte und heutiger Bestand (III): Konventshaus, Rundtürme, Osttrakt, in: «Ostschweiz», 29. Juli 1967, o. S.

Klaiber Partnership AG: Katharinen Bausondagen, 10./11. September 2008, St. Gallen 2008.

Klingenberg, Daniel: Verjüngungskur für Kirche. Projekt für eine St. Galler Jugendkirche bei den Landeskirchen in der Pipeline, in: St. Galler Tagblatt, 23. März 2007.

Kloster Magdenau 1244–1994, Festschrift, hg. v. Kloster Magdenau, Magdenau 1994.

Knoepfli, Albert: Komplex St. Katharinen St. Gallen. Expertenbericht zuhanden der Eidgenössischen Kommission für Denkmalpflege, Frauenfeld 28. November 1977.

Krauer, Rezia, Sonderegger Stefan: Die Quellen des Heiliggeist-Spitals St. Gallen im Spätmittelalter, in: Quellen zur europäischen Spitalgeschichte in Mittelalter und Früher Neuzeit, hg. v. Martin Scheutz u. a., Wien 2010, S. 423–441.

Laboratoire Romand de Dendrochronologie: Dendrochronologisches Gutachten, Objekt: Ehemaliges St. Katharinenkloster, Moudon 2008.

Lendi, Walter: Rettet St. Katharinen, in: «Ostschweiz», 10. Juni 1971, o. S.

Löhr, Gabriel M.: Die Teutonia im 15. Jahrhundert. Studien und Texte vornehmlich zur Geschichte ihrer Reform, Leipzig 1924 (Quellen und Forschungen zur Geschichte des Dominikanerordens in Deutschland 19).

Malamina, Paolo: Economia preindustriale. Mille anni: dal IX al XVIII secolo, Monadadori 2000.

Malamina, Paolo: Uomini, risorse, tecniche nell'economia europea dal X al XIX secolo, Monadadori 2003.

Mayer, Marcel: Leinwand, in: Historisches Lexikon der Schweiz, Bd. 7, Basel 2008, S. 759–762.

Mayer, Marcel, Sonderegger, Stefan: Sankt Gallen (Gemeinde), in: Historisches Lexikon der Schweiz, Bd. 10, Basel 2011, S. 708–721.

Mayer, Marcel, Ziegler, Ernst: Archivführer, St. Gallen 2003.

McDonnel, Ernest William: Beginen/Begarden, in: Theologische Realenzyklopädie, Bd. V, Berlin/New York 1980, S. 404–411.

Mengis, Simone: Schreibende Frauen in der Frühneuzeit. Scriptorium und Bibliothek des Dominikanerinnenklosters St. Katharina St. Gallen, Dissertation der Philosophisch-historischen Fakultät der Universität Basel, Basel 2005.

Mengis, Simone: Handschriftenbeschreibung für e-codices: Konventsbuch (früher: Chronik), Basel 2009. http://www.e-codices.unifr.ch/de/description/kaw/konventsbuch (Stand 18. Juli 2012).

Morant, Hans: Der Franziskaner-Neubau in St. Gallen, in: «Ostschweiz», 29. Mai 1979, o. S.

Munding, Emmanuel: Die Kalendarien von St. Gallen, Beuron 1948.

Neidiger, Bernhard: Der Armutsbegriff der Dominikanerobservanten. Zur Diskussion in den Konventen der Provinz Teutonia (1389–1513), in: Zeitschrift für die Geschichte des Oberrheins 145, 1997, S. 117–158.

Ochsenbein, Peter: Spuren der Devotio moderna im spätmittelalterlichen Kloster St. Gallen, in: Studien und Mitteilungen zur Geschichte des Benediktiner-Ordens und seiner Zweige 101, 1990, S. 475–496.

Paillard, Claude: Das Stadttheater St. Gallen: 1964–1968, in: Werk Nr. 12, 1968, S. 777 f.

Palmer, Nigel F.: Kapitel und Buch. Zu den Gliederungsprinzipien mittelalterlicher Bücher, in: Frühmittelalterliche Studien 23, 1989, S. 43–88.

Pfaff, Carl: Die Welt der Schweizer Bilderchroniken, Schwyz 1991.

Poeschel, Erwin: Die Kunstdenkmäler des Kantons St. Gallen, Bd. 2: Die Stadt St. Gallen, erster Teil, Basel 1957.

Reifler, Willy: Das achte Werk. 100 Jahre Verein Evangelischer Pflegeheime St. Gallen, St. Gallen 2004.

Reifler, Willy: Ein wirtliches Dach. Die Herberge zur Heimat in St. Gallen von ihrer Gründung bis zu ihrer Gegenwart, St. Gallen 2007.

Rickenbacher, Markus: Das Kloster St. Katharina in St. Gallen. Untersuchungen zur sozialen Zusammensetzung eines Dominikanerinnenklosters am

Ende des 15. Jahrhunderts, Lizentiatsarbeit der Universität Freiburg, Freiburg 2001.

Rivier, Théodore: L'Eglise Réformée Française de Saint-Gall. 1685 à nos jours, Paris 1909.

Röllin, Peter: En alte Huffe, in: St. Galler Tagblatt, 12. Juni 1971, S. 31.

Röllin, Peter: St. Gallen. Stadtveränderung und Stadterlebnis im 19. Jahrhundert. Stadt zwischen Heimat und Fremde, Tradition und Fortschritt, St. Gallen 1981.

Rosenplänter, Johannes: Rechnungsführung und Abrechnungspraxis in norddeutschen Frauenklöstern im späten Mittelalter in: Kloster und Wirtschaftswelt im Mittelalter, hg. v. Claudia Dobrinski u.a., München 2007 (Mittelalter Studien des Instituts zur Interdisziplinären Erforschung des Mittelalters und seines Nachwirkens 15), S. 189–200.

Rüegg, Monika: Die sogenannte «Chronik» von St. Katharina in St. Gallen. Inhaltsanalyse eines Konventsbuches. Masterarbeit der Universität Freiburg, Freiburg 2010.

Rüther, Andreas: Reformchronik und Schwesternbuch des St. Galler Katharinenklosters. Möglichkeiten und Aufgaben einer kommentierten Edition, in: Miszellen aus dem Schülerkreis. Kaspar Elm dargebracht zum 23. September 1994 (Masch. Ms. Freie Universität Berlin), Berlin 1994, S. 137–152.

Rüther, Andreas: Schreibbetrieb, Bücheraustausch und Briefwechsel. Der Konvent St. Katharina in St. Gallen während der Reform, in: Vita Religiosa im Mittelalter, hg. v. Stephanie Haarländer, Berlin 1999, S. 653–677.

Sablonier, Roger: Adel im Wandel. Eine Untersuchung zur sozialen Situation des Ostschweizer Adels um 1300, Zürich 2000.

Schaufelberger, Peter: Zwischen alter und künftiger Gestalt, in: St. Galler Tagblatt, 12. Juli 1976, S. 23.

Scherer, Georg Caspar: Die Stadtbibliothek St. Gallen (Vadiana), 1. Teil, hg. v. Hans Fehrlin, St. Gallen 1951.

Schirmer, Curt, Strehler, Hermann: Vom alten Leinwandgewerbe in St. Gallen, St. Gallen 1967.

Schmaedecke, Felicia: Die reformierte Kirche St. Arbogast in Oberwinterthur, Zürich 2006 (Zürcher Archäologie 20).

Schnyder, Rudolf: Die Schalltöpfe von St. Arbogast in Oberwinterthur, in: Zeitschrift für Schweizerische Archäologie und Kunstgeschichte 38, 1981, S. 266–275.

Sonderegger, Stefan: Landwirtschaftliche Entwicklung in der spätmittelalterlichen Nordostschweiz, St. Gallen 1994.

Stadtarchiv St. Gallen, Ämterarchiv (Bücher), bearb. von Ernst Ziegler unter Mitwirkung von Ursula Hasler, St. Gallen 1997.

Städtische Denkmalpflege St. Gallen: Baugeschichte der Kirche St. Katharinen, St. Gallen, o. J.

Staerkle, Paul: Zur Familiengeschichte der Blarer, in: Zeitschrift für Schweizerische Kirchengeschichte 43, 1949, S. 100–131, 203–224.

Steinbuch, H. C.: Rettet St. Katharinen: Eine Entgegnung, in: St. Galler Tagblatt, 26. Juni 1971, S. 19.

Stöckli, Werner: Keramik in der Kirche des ehemaligen Augustiner-Chorherren-Stiftes in Kleinlützel, in: Archäologie des Kantons Solothurn 1, 1979, S. 14–48.

Su.: Die Renovation des Katharinenklosters: Innenausbau macht Fortschritte, in: St. Galler Tagblatt, 13. Januar 1977, S. 25.

Thiele, Johannes: Die religiöse Frauenbewegung des Mittelalters – Eine historische Orientierung, in: Mein Herz schmilzt wie Eis im Feuer. Die religiöse Frauenbewegung des Mittelalters in Porträts, hg. v. dems., Stuttgart 1988, S. 9–34.

Tremp, Ernst, Huber, Johannes, Schmuki, Karl: Stiftsbibliothek St. Gallen, St. Gallen 2003.

Vogler, Katharina: Das Dominikanerinnen-Kloster St. Katharina in St. Gallen zur Zeit der Reformation, in: Zeitschrift für Schweizerische Kirchengeschichte 28, 1934, S. 1–19, 105–116, 161–183, 256–271.

Vogler, Schwester M. Thoma (Katharina): Das Dominikanerinnen-Kloster St. Katharina in St. Gallen zur Zeit der Reformation, Freiburg 1938 (Vogler 1938a).

Vogler, Schwester M. Thoma (Katharina): Geschichte des Dominikanerinnen-Klosters St. Katharina in St. Gallen 1228–1607, Freiburg 1938 (Vogler 1938b).

Wälli AG: Protokolle über Rissaufnahmen am 12./19./30. August 2010, St. Gallen 2010.

Wälli AG: Setzungsmessung: Katharinengasse 15 & 21, 28. September 2010, St. Gallen 2010.

Wartmann, Bernhard: Zur Geschichte der Stadt St. Gallen, St. Gallen um 1792/98.
Wegelin & Co.: Wegelin & Co. erwirbt Liegenschaften an der Katharinengasse in St. Gallen, Medienmitteilung vom 27. August 2007, o. S. http://www.stami.ch/main/Uns/documents/Medienmitteilung_Wegelin_20070827.pdf (Stand: 18. April 2012).
Wegelin, Karl: Das ehemalige St. Kathrinakloster in St. Gallen, in: Tagblatt der Stadt St. Gallen und der Kantone St. Gallen, Appenzell und Thurgau, Jg. 105 (1842), Nr. 125, S. 617 f., Nr. 129, S. 637 f., Nr. 135, S. 669 f., Nr. 143, S. 709 f., Nr. 146, S. 724 f.
Weidmann, Franz: Geschichte des ehemaligen Stiftes und der Landschaft St. Gallen unter den letzten zwei Fürstäbten, St. Gallen 1831.
Weigelt, Kurt: Eglise Française – Katharinenkloster, Aktennotiz vom 13. Mai 2011 (im Archiv Klaiber Partnership AG).
Weiss, Josef: Schulstadt St. Gallen. Eine Entwicklungsgeschichte, St. Gallen 2004.
Wettach, Clara: Mis Vatterhuus, in: Schwyzerlüt. Zytschrift für üsi schwyzerische Mundarte, Jg. 11, Nr. 5, 1949, S. 23–26.
Wilts, Andreas: Beginen im Bodenseeraum, Sigmaringen 1994.
Zangger, Alfred: Grundherrschaft und Bauern. Eine wirtschafts- und sozialgeschichtliche Untersuchung der Grundherrschaft der Prämonstratenserabtei Rüti (ZH) im Spätmittelalter, Zürich 1991.
Zangger, Alfred: Von der Feudalordnung zu kommunalen Gesellschaftsformen, in: Sankt Galler Geschichte 2003, Bd. 2: Hoch- und Spätmittelalter, St. Gallen 2003, S. 11–101.
Ziegler, Ernst: Aus dem alten St. Gallen, St. Gallen 1975.
Ziegler, Ernst: St. Katharinen – geschichtliche Anmerkungen, in: St. Katharinen – vom Kloster zum kulturellen Zentrum, hg. v. Peter E. Schaufelberger, St. Gallen 1978, S. 3–22.
Ziegler, Ernst: Vom «Theaterplatz» am Bohl (I): Das alte Zeughaus am Bohl, in: St. Galler Tagblatt, 4. Juli 1978, o. S.
Ziegler, Ernst: Vom «Theaterplatz» am Bohl (II): Die verpasste Chance der Vorfahren, in: St. Galler Tagblatt, 7. Juli 1978, o. S.
Ziegler, Ernst: Vom «Theaterplatz» am Bohl (III): Vom «Gärtlein» zur heutigen Kantonsschule, in: St. Galler Tagblatt, 17. Juli 1978, o. S.
Ziegler, Ernst: Vom «Theaterplatz» am Bohl (IV): Abbruch des Katharinenklosters?, in: St. Galler Tagblatt, 25. Juli 1978, o. S.
Ziegler, Ernst: Vom «Theaterplatz» am Bohl (V): St. Katharinen nicht versteigert, in: St. Galler Tagblatt, 7. August 1978, o. S.
Ziegler, Ernst: Bemerkungen zur Hausgeschichte des «Franziskaner» an der Hechtgasse, in: «Ostschweiz», 29. Mai 1979, o. S.
Ziegler, Ernst: Sitte und Moral in früheren Zeiten. Zur Rechtsgeschichte der Reichsstadt und Republik St. Gallen, Sigmaringen 1991.
Ziegler, Ernst: Die Tore der Stadt St. Gallen, St. Gallen 2000.
Zwingli, Andreas: Inventar der Orgeln im Kanton St. Gallen, St. Gallen 1994.
Zwingli, Andreas: Bericht zur Orgel der Kirche St. Katharinen zu St. Gallen, Hinwil 7. April 1999.

BILDNACHWEIS

Umschlagbild
Hauser Tobias, Teufen

Bilder bei Vorworten
Hauser Tobias, Teufen: 12
Kantonsbibliothek St. Gallen (Vadiana)
    Sammlung Zumbühl: 10

Vom Kloster zur Bank
Archiv Freihandbibliothek St. Gallen
    Rast, Michael: 54
Fotoarchiv Regina Kühne und Karl Künzler: 16, 18, 19, 20, 28, 30, 31, 38, 40, 41, 63, 67, 68, 88
Hauser, Tobias, Teufen: 108
Kantonsbibliothek St. Gallen (Vadiana): 99, 100, 104
Naturmuseum St. Gallen: 92
Schweizerisches Nationalmuseum: 45
Stadtarchiv St. Gallen: 22, 25, 27, 33, 37, 70, 73, 91, 96, 106
Stadtmission: 101
Tourismus Brügge: 23
Vadianische Sammlung der Ortsbürgergemeinde St. Gallen: 70, 82, 77, 79, 98

Klosterfrauen wirtschaften
Dominikanerinnenkloster St. Katharina, Wil: 118, 119, 138, 143, 147, 169
Luzerner Schilling: 122, 131
Stadtarchiv St. Gallen: 114, 115, 116, 127, 129, 134
Zentralbibliothek Zürich: 174

Baugeschichte: Versteckter Reichtum
Albertin-Eicher Peter und Helen, Winterthur: 201
Archiv Freihandbibliothek St. Gallen
    Rast, Michael: 184, 235
Baudokumentation Stadt St. Gallen: 194, 194/195, 217, 218, 232, 234, 240 (unten), 241 (rechts), 248, 253, 254 (oben)
Fotoarchiv Regina Kühne und Karl Künzler: 196, 210, 250
Hauser, Tobias, Teufen: 188 (unten), 189, 214, 222 (rechts), 233
Historisches und Völkerkundemuseum St. Gallen: 183, 188 (oben), 204, 228
Kantonale Denkmalpflege St. Gallen: 193, 208 (rechts), 221, 249
Kantonsarchäologie St. Gallen: 236, 254 (unten links)
Kantonsbibliothek St. Gallen (Vadiana)
    Sammlung Zumbühl: 216, 222 (links), 231 (links), Seeger, Theo: 224
    Vadianische Sammlungen: 192, 252
Klaiber Partnership AG, St. Gallen: 208 (links)
Schär, Ernst, St. Gallen: 191, 197, 199, 207, 229, 239, 240 (oben), 241 (links),
Staatsarchiv St. Gallen: 254 (unten rechts)
Stadtarchiv St. Gallen: 180, 182, 203, 212, 213, 226, 231 (rechts), 237 (unten), 251
    Bauer, Walter: 237 (oben)
St. Galler Freihandbibliothek St. Katharinen, in: Die neue Bibliothek, Nr. 9/1980: 185
Stiftsbibliothek St. Gallen: 245

Renovation: Rüsten für die Zukunft

Albertin-Eicher Peter und Helen, Winterthur: 266, 269, 270 (oben)/271, 276/277

feinform grafik, Zürich: 323 (rechts)

Fontana & Fontana AG, Rapperswil-Jona: 268, 279

Hauser, Tobias, Teufen: 274 (links), 289, 293 (unten rechts), 294, 295, 298 (unten), 299, 304, 305 (rechts), 306 (links), 308, 309, 310, 311, 313, 315, 316, 317, 318, 319 (oben), 320, 321, 322 (rechts), 323 (links), 325, 326, 330, 331 (links), 334, 335 (links), 337, 339

Jürg Zürcher Fotografie, St. Gallen: 273, 274 (rechts)

Klaiber Partnership AG, St. Gallen 260, 261, 262, 264, 267, 270 (unten), 272, 282, 283, 284, 285, 287, 291, 293 (oben), 293 (unten links), 296/297, 298 (oben), 300, 302, 303, 305 (links), 306 (rechts), 307, 312, 314, 319 (unten), 322 (links), 329, 329, 331 (rechts), 335 (rechts), 338

Schär, Ernst, St. Gallen: 292

Schmidhalter, Martin, Brig: 265

Stadtarchiv St. Gallen: 301

AUTORINNEN UND AUTOREN

KATRIN EBERHARD 1977, hat im Tessin und an der ETH Zürich Architektur studiert. 2008 promovierte sie am Institut für Geschichte und Theorie der Architektur und lehrte in der Folge sowohl an der ETH Zürich als auch am Kunsthistorischen Seminar der Universität Zürich. 2011 erschien ihre Monographie über den St. Galler Architekten Heinrich Graf. Die hier gedruckte Baugeschichte entstand zum grössten Teil im Auftrag des Architekturbüros Klaiber Partnership AG. Abgeschlossen hat die Autorin die Arbeiten am Buchkapitel in ihrer heutigen Funktion als wissenschaftliche Mitarbeiterin der städtischen Denkmalpflege St. Gallen.

URSULA HASLER 1948, lebt in St. Gallen und ist Mitarbeiterin des Stadtarchivs der Ortsbürgergemeinde St. Gallen und des Chartularium Sangallense (Neubearbeitung des St. Galler Urkundenbuchs). Ihre Spezialität ist das Lesen alter Originalschriften; zusammen mit Stefan Sonderegger führt sie die jährlichen Schriftenlesekurse des Stadtarchivs durch.

RICCARDO KLAIBER 1953, dipl. Architekt ETH SIA RIBA. Aufgewachsen in St. Gallen, Studium in Zürich, längere Lebensabschnitte in Finnland, Italien, Südostasien und Südafrika – vielleicht deshalb ein breitgefächertes kulturelles Interesse. Senior Partner der «Klaiber Partnership AG» in St. Gallen, die als Architekturbüro für das Projekt Forum St. Katharinen zuständig war. Nach vielen ausgeführten Projekten für Banken und ebenso vielen Kirchenrestaurierungen war es eine spannende und einmalige Aufgabe, diese Erfahrungen in einem aussergewöhnlichen Projekt zusammenführen zu können.

REZIA KRAUER 1983, aufgewachsen in Zürich, studierte an der Universität Zürich Allgemeine Geschichte, Historische Hilfswissenschaften und Deutsche Sprachwissenschaft. Seit 2008 arbeitet sie als wissenschaftliche Mitarbeiterin im Stadtarchiv der Ortsbürgergemeinde St. Gallen. Ihr Interesse gilt dem Leben der Menschen in der Stadt und auf dem Land im Spätmittelalter. Gegenwärtig verfasst sie eine von Prof. Dr. Stefan Sonderegger betreute Dissertation, in der sie den Besitz von Stadtsanktgaller Bürgern und Institutionen im vorwiegend klösterlichen Umland im 14. Jahrhundert untersucht. Sie lebt in Zürich.

MONIKA MICHEL-RÜEGG 1981, hat in Wil und St. Gallen ihre Grundausbildungen absolviert, darunter in der Mädchensekundarschule St. Katharina in Wil, wo sie erste Kenntnisse von der Geschichte dieses Dominikanerinnenklosters erhielt. Sie studierte Geschichte und Religionswissenschaften an der Universität Fribourg und hat sich in ihrer Masterarbeit intensiv mit dem Konventsbuch von St. Katharinen auseinandergesetzt. Nach verschiedenen Tätigkeiten als Historikerin ist sie nun als Gymnasiallehrerin in Luzern tätig.

JOSEF OSTERWALDER 1940–2012, aufgewachsen in St. Gallen, hat bereits in seiner Jugendzeit die Serenaden in St. Katharinen kennen und schätzen gelernt. Nach seinem Studium der Philosophie und Theologie in Innsbruck und Rom arbeitete er sechzehn Jahre lang als katholischer Seelsorger, anschliessend als Stadtredaktor beim St. Galler Tagblatt. Seit seiner Pensionierung war er weiterhin mit Artikeln und einzelnen Sachbüchern publizistisch tätig.

CLAUDIA REEB 1966, lebt in St. Gallen, sie hat an der Universität Zürich Kunstgeschichte sowie Sozial- und Wirtschaftsgeschichte studiert und arbeitet unter anderem in einem St. Galler Architekturbüro im Bereich Architekturgeschichte und Bauuntersuchungen. Die Auseinandersetzung mit historischen Gebäuden und deren Erhalt liegt ihr besonders am Herzen. Die Dokumentation der Renovation in dieser Publikation hat die Autorin im Auftrag des Architekturbüros Klaiber Partnership AG, St. Gallen, verfasst. Sie ist verheiratet und hat zwei Kinder.

STEFAN SONDEREGGER 1958, verheiratet, vier Kinder, ist Leiter des Stadtarchivs der Ortsbürgergemeinde St. Gallen, Mitbearbeiter des Chartularium Sangallense (Neubearbeitung des St. Galler Urkundenbuches) und Titularprofessor an der Universität Zürich. Er lehrt und forscht zur mittelalterlichen Wirtschafts- und Sozialgeschichte und zu den historischen Hilfswissenschaften. Seit seiner Dissertation mit dem Titel «Landwirtschaftliche Entwicklung in der spätmittelalterlichen Nordostschweiz» beschäftigt er sich mit der Geschichte der ländlichen Gesellschaft im Mittelalter.

CLAUDIA SUTTER 1986, aufgewachsen im Kanton St. Gallen, studiert Romanistik und Geschichte, mit Schwerpunkt Wirtschaftsgeschichte des Mittelalters, an den Universitäten Zürich, Neuchâtel und Bern. Zurzeit arbeitet sie an ihrer Lizentiatsarbeit, betreut von Prof. Dr. Stefan Sonderegger, in der sie die Wirtschaftsgeschichte eines Hofs des Klosters St. Katharinen in St. Gallen beleuchtet. Gleichzeitig absolviert sie ein Praktikum im Stadtarchiv der Ortsbürgergemeinde St. Gallen. Sie lebt in Zürich.